职业技能培训鉴定教材

汽车驾驶员

（技师）

主　编　张　树
审　稿　李玉茂

中国劳动社会保障出版社

图书在版编目(CIP)数据

汽车驾驶员:技师/人力资源和社会保障部教材办公室组织编写. —北京:中国劳动社会保障出版社,2013

职业技能培训鉴定教材

ISBN 978-7-5167-0706-7

Ⅰ.①汽… Ⅱ.①人… Ⅲ.①汽车驾驶员-职业技能-鉴定-教材 Ⅳ.①U471.3

中国版本图书馆 CIP 数据核字(2013)第 278398 号

中国劳动社会保障出版社出版发行

(北京市惠新东街1号 邮政编码:100029)

*

北京昌联印刷有限公司印刷装订 新华书店经销
787 毫米×1092 毫米 16 开本 20 印张 458 千字
2013 年 11 月第 1 版 2025 年 7 月第 21 次印刷
定价:39.00 元

营销中心电话:400-606-6496
出版社网址:http://www.class.com.cn

版权专有 侵权必究

如有印装差错,请与本社联系调换:(010)81211666
我社将与版权执法机关配合,大力打击盗印、销售和使用盗版图书活动,敬请广大读者协助举报,经查实将给予举报者奖励。
举报电话:(010)64954652

内容简介

本教材由人力资源和社会保障部教材办公室组织编写。教材以《国家职业标准·汽车驾驶员》为依据，紧紧围绕"以企业需求为导向，以职业能力为核心"的编写理念，力求突出职业技能培训特色，满足职业技能培训与鉴定考核的需要。

本教材详细介绍了汽车驾驶员技师要求掌握的最新实用知识和技术。全书分为9个模块单元，主要内容包括：交通的代价、油柴发动机电控技术、汽车转向系统、汽车悬架系统、汽车安全保护设施、车用空调系统、汽车不常见故障判断与排除、汽车新技术发展简介，以及汽车运输企业日常管理。单元后安排了单元测试题及答案，全书最后设置了理论知识考试试卷和操作技能考核试卷，供读者巩固、检验学习效果时参考使用。

本教材是汽车驾驶员技师职业技能培训与鉴定考核用书，也可供相关人员参加在职培训、岗位培训使用。

前 言

　　1994年以来，原劳动和社会保障部职业技能鉴定中心、教材办公室和中国劳动社会保障出版社组织有关方面专家，依据《中华人民共和国职业技能鉴定规范》，编写出版了职业技能鉴定教材及其配套的职业技能鉴定指导200余种，作为考前培训的权威性教材，受到全国各级培训、鉴定机构的欢迎，有力地推动了职业技能鉴定工作的开展。

　　原劳动保障部从2000年开始陆续制定并颁布了国家职业标准。同时，社会经济、技术不断发展，企业对劳动力素质提出了更高的要求。为了适应新形势，为各级培训、鉴定部门和广大受培训者提供优质服务，人力资源和社会保障部教材办公室组织有关专家、技术人员和职业培训教学管理人员、教师，依据国家职业标准和企业对各类技能人才的需求，研发了职业技能培训鉴定教材。

　　新编写的教材具有以下主要特点：

　　在编写原则上，突出以职业能力为核心。教材编写贯穿"以职业标准为依据，以企业需求为导向，以职业能力为核心"的理念，依据国家职业标准，结合企业实际，反映岗位需求，突出新知识、新技术、新工艺、新方法，注重职业能力培养。凡是职业岗位工作中要求掌握的知识和技能，均作详细介绍。

　　在使用功能上，注重服务于培训和鉴定。根据职业发展的实际情况和培训需求，教材力求体现职业培训的规律，反映职业技能鉴定考核的基本要求，满足培训对象参加各级各类鉴定考试的需要。

　　在编写模式上，采用分级模块化编写。纵向上，教材按照国家职业资格等级单独成册，各等级合理衔接、步步提升，为技能人才培养搭建科学的阶梯型培训架构。横向上，教材按照职业功能分模块展开，安排足量、适用的内容，贴近生产实际，贴近培训对象需要，贴近市场需求。

　　在内容安排上，增强教材的可读性。为便于培训、鉴定部门在有限的时间内把最重要的知识和技能传授给培训对象，同时也便于培训对象迅速抓住重点，提高学习效率。另外，学习单元后安排了单元测试题，全书最后提供了理论知识和操作技能考核试卷，方便培训对象及时巩固、检验学习效果，并对本职业鉴定考核形式有初步的了解。

本书在编写过程中得到北京市人力资源和社会保障局的大力支持和热情帮助,在此一并致以诚挚的谢意。

编写教材有相当的难度,是一项探索性工作。由于时间仓促,不足之处在所难免,恳切希望各使用单位和个人对教材提出宝贵意见,以便修订时加以完善。

人力资源和社会保障部教材办公室

目 录

第1单元 交通的代价/1
第一节 交通事故产生的原因/2
第二节 汽车行驶必须注意的力学问题/3
单元测试题/9
单元测试题答案/10

第2单元 柴油发动机电控技术/13
第一节 概述/14
第二节 电控燃油喷射系统的控制原理/16
第三节 其他控制/52
单元测试题/73
单元测试题答案/74

第3单元 汽车转向系统/75
第一节 汽车转向系统概论/76
第二节 汽车的动力转向系统/76
单元测试题/99
单元测试题答案/100

第4单元 汽车悬架系统/101
第一节 概述/102
第二节 主动悬架与半主动悬架/104
第三节 电子控制悬架系统的工作原理/107
第四节 电子控制悬架系统的主要部件
　　　　结构原理/118
单元测试题/129
单元测试题答案/130

第5单元 汽车安全保护设施/131
第一节 安全带/132
第二节 安全气囊（SAB）/134
第三节 安全靠枕与儿童安全座椅/145
单元测试题/146
单元测试题答案/147

第6单元 车用空调系统/149
第一节 汽车用空调系统/150
第二节 汽车空调系统的热力过程/153
第三节 制冷循环的热力过程/161
第四节 制冷剂和润滑油/162
第五节 车用空调压缩机的构造/166
第六节 电磁离合器/179
第七节 储液干燥器/180
第八节 热交换器/182
第九节 汽车空调系统的分类/184
第十节 汽车空调取暖系统/201
第十一节 汽车空调通风和调节系统/207
第十二节 汽车空调的保护和控制装置/226
第十三节 汽车空调系统使用注意事项/235
单元测试题/235
单元测试题答案/239

第7单元 汽车不常见故障判断与排除/241

第8单元 汽车新技术发展简介/245
第一节 发动机结构/246
第二节 汽车轮胎/247
第三节 汽车新燃料/250
第四节 混合动力汽车/256
第五节 电动汽车/260
第六节 氢燃料电池汽车/266
第七节 太阳能汽车/270

单元测试题/272
单元测试题答案/272

第9单元　汽车运输企业日常管理/273

第一节　运输成本管理/274
第二节　车用物资管理/280
第三节　劳动人事管理/286
第四节　职工全员培训/288
第五节　计算机基础知识/294
第六节　汽车编队行驶管理/296
单元测试题/297
单元测试题答案/299

理论知识考核试卷/300
理论知识考核试卷答案/303
操作技能考核试卷/306

第1单元

交通的代价

- 第一节　交通事故产生的原因 /2
- 第二节　汽车行驶必须注意的力学问题 /3

自汽车诞生之日起，在驾车行驶中，人们就开始和交通有联系。成千上万辆汽车在道路上高速行驶，因此，交通事故的出现是必然的。但是，汽车的出现也给人们的出行带来了极大的方便，缩短了人与人、地区与地区之间的距离。总的说来，利大于弊。特别是在科学技术高速发展的今天，道路、交通设施日益完善，汽车安全性能的提高，对减少交通事故，避免交通事故的发生是完全可能的。人、车、路、气候条件构成了交通的环境，在这些因素中，人是关键的因素。因此，提高驾驶员的安全意识、驾驶技术是弥补交通设施、道路条件和气候条件不足的重要环节。

第一节 交通事故产生的原因

一、交通事故产生的人为因素

交通事故中，人为因素占极大的比重，在对发生的交通事故分析中发现，当发生交通事故时最少有一方是违章的。只要参与交通行为中的每一个人都遵守交通法规，交通事故是完全可以避免的。

1. 驾驶员的心理因素

驾驶员的心理因素对交通安全影响极大。情绪稳定、遇事不慌的驾驶员，不容易出交通事故；而情绪容易波动、亢奋的驾驶员，在遇到异常情况时易冲动，做事不顾后果，开"斗气车""英雄车"，是引发交通事故的重要原因。

2. 驾驶员的身体因素

驾驶汽车对驾驶员身体的要求很严格，必须身体健康状况良好，精力充沛。一些驾驶员在身体不健康、甚至有影响驾车安全的病患情况下驾车出行；更有一些驾驶员疲劳驾驶，这便是引发重大交通事故的又一重要原因。

3. 驾驶员的法制观念

遵纪守法是对公民的基本要求。驾驶员法制观念淡薄，知法违法是引发交通事故的主要原因之一。酒后驾车严重违反交通法规，但就是有一些驾驶员漠视法规，酒后驾车，引发交通事故，这样的例子屡见不鲜。

4. 驾驶员的责任

驾驶员缺乏责任心是引发交通事故的极重要原因之一。驾车时漫不经心，既对别人不负责任，也对自己不负责任。出事后追悔莫及，这样的事例并不少见。

二、交通事故产生的力学因素

汽车行驶要遵守运动规律。在对发生的交通事故进行分析时，可以发现很多是违反运动规律行驶引发的交通事故。在转弯时，不减速行驶，导致汽车侧滑，车辆翻入防护沟；下雪后路面附着系数减低，仍然盲目高速行驶，转弯半径加大，车辆驶入对方车道或是制动距离加长，引发交通事故；总之由于对高速运动的汽车运动规律了解不充分而引发交通事故。

本书将从力学和运动学的角度，对汽车的运动状态进行分析，给出正确的驾驶汽车的方式，以减少交通事故发生的可能性。

第二节 汽车行驶必须注意的力学问题

汽车在行驶过程中，经常要改变运动状态，如由静止到高速行驶；由直线行驶改变行驶方向曲线行驶，经常遇到的是惯性力、离心力、力与力矩、附着力与附着系数。正确认识这些问题，按物体的基本运动规律驾驶车辆，及时减速、制动，就可以少发生交通事故或不发生交通事故。

一、行车中的各种力

1. 惯性力

汽车行驶过程中，最先遇到的是惯性力。物体维持原有运动状态的性质，称为惯性，由惯性产生的力称为惯性力。汽车起步、加速、转弯、减速、停车无时无刻不在克服惯性力的作用。惯性力与汽车质量、速度、运动方式有关。汽车运动的速度越高，惯性力越大，对惯性力估计不足，是造成事故的重要原因之一。

2. 离心力

汽车在转弯行驶或改变行驶方向时，惯性力会以离心力的形式表现出来。汽车要转弯行驶，而惯性要保持原来的行驶方向，这时惯性力表现为离心力。在汽车行驶中必然要转弯，改变行驶方向，这时如果速度过高、转弯半径过小，或地面附着系数突然减小（路面上有沙、油、冰雪等），都会使汽车在转弯时产生侧滑，引发事故。

3. 附着系数与附着力

路面附着系数决定汽车的附着力，即决定汽车的驱动能力。路面附着力会因气候条件不同而变化，如下雪、路面结冰时路面附着力下降；路面上有遗洒物，如沙石、不易蒸发的油污等也会使路面的附着系数下降。当汽车在这样的路面上行驶时，如果驾驶员没有及时采取措施，降低车速，汽车就会偏离正常行驶路线，突然驶入其他车道，而引发事故。

4. 力与力矩

汽车行驶时，依靠地面作用在轮胎上的力推动汽车前进。如果将汽车看作刚体，用汽车的重心运动的状态代表汽车的运动状态。作用在汽车重心上的力和汽车重心高度形成力矩，驾驶员必须对作用在汽车上的力与力矩做出正确判断，才能保证安全行驶。

在人、车、路、环境等诸多因素中，驾驶员能决定的因素有两个，即车速和方向。这就要求驾驶员控制好车速和方向，正确处理交通情况，保证行车安全。

二、转弯时车辆侧滑引发交通事故的分析

1. 转弯时发生事故的力学分析

汽车在横向坡路上等速转向行驶时,会受到重力分力、惯性力(离心惯性力)、风的阻力等侧向分力的作用,如图1—1所示(设道路无纵向坡度)。

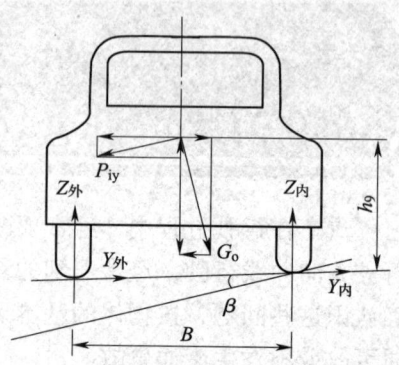

图1—1 汽车在横坡道上向右转弯等速行驶受力图

由图1—1列方程如下:
$$\left.\begin{array}{l}\sum Z = G_a\cos\beta + P_{jv}\sin\beta \\ \sum Y = P_{jv}\cos\beta - G_a\sin\beta\end{array}\right\}$$

随离心力 P_{jy} 增加,内侧车轮的法向负担作用力 $Z_内$ 减小,当 $Z_内 = 0$ 时,汽车失去侧向稳定性,向左侧翻。

$$\sum M_内 = 0$$

由此可推出开始侧翻的极限坡度为:

$$\tan\beta = \frac{P_{jv}h_g - G_a\frac{B}{2}}{G_a h_g + P_{jv}\frac{B}{2}}$$

如果汽车沿半径 R 的圆周以等速 v (m/s) 转向行驶,则离心惯性力(把汽车作为刚体)为:$P_{jv} = \frac{G_a v^2}{gR}$,则 $\tan\beta$ 公式可改写成:

$$\tan\beta = \frac{\frac{v^2}{gR}h_g - \frac{B}{2}}{\frac{v^2}{gR}\frac{B}{2} + h_g}$$

按此式可以推出汽车在一定横坡道上等速转向行驶,不发生横向翻车的允许最大车速 v_{max} 为:

$$v_{max} = \sqrt{\frac{gR\left(h_g\tan\beta + \frac{B}{2}\right)}{h_g - \frac{B}{2}\tan\beta}}\,\text{m/s}$$

当横线坡度 $\tan\beta = 2h_g/B$ 时,汽车不发生横向侧翻的最大车速为无穷大 $v_{max} = \infty$,因此,为了汽车在转弯处不需减速行驶,将道路筑成向内倾斜(向转弯圆弧圆心倾斜)的一定的横向坡度。

若在横向水平道路上,$\beta = 0$,汽车转向行驶不发生侧翻的最大车速为:

$$v_{\beta 0max} = \sqrt{\frac{gRB}{2h_g}}\,\text{m/s}$$

为保证汽车安全行驶,将汽车设计成在发生侧翻前先发生侧滑,由上式可以推出在横向水平道路上等速转弯行驶,φ 为附着系数,汽车侧滑允许的最大车速为:

$$v_{\varphi omax} < v_{\beta omax}$$
$$\sqrt{gR\varphi} < \sqrt{\frac{gRB}{2h_g}}$$
$$\varphi < B/2h_g$$

在正常气候条件下，如干燥的沥青路面、水泥路面上 $\varphi = 0.7 \sim 0.8$，能满足 $\varphi < B/2h_g$ 的要求，如果路面附着系数下降，汽车超速将会发生侧滑。

根据前述公式，汽车转弯时的半径为：$R = \sqrt{V^2/g \times \Phi}$

例：某人驾驶一辆"红旗"牌小客车在雪后的路上行驶，直线行驶中加速超车后马上右转，由于转弯时车速过快，车辆侧滑，冲入对方车道，将正常行驶的出租车撞入排水沟，造成两车严重损伤，所幸没有人员伤亡。设出事轿车当时的行驶速度为 40～50 km/h，冰雪路面的附着系数 $\varphi = 0.15$，则转弯半径 R 为 80～170 m；如果该车不超车，按正常车速行驶，车速按 30 km/h 计算，则转弯半径约为 46 m，可以避免这次事故，事故现场情况如图 1—2 所示。

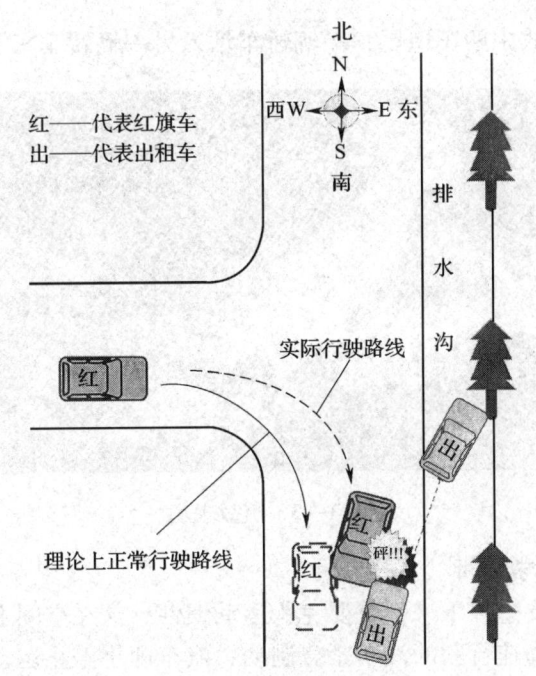

图 1—2　事故现场场景

2. 预防转弯时发生事故的措施

（1）控制车速。避免汽车转弯行驶时发生侧滑、翻倾的有效措施是减速。由前述事故可以看出，如果出事车辆控制好车速，就可以避免这次事故。在人、车、路、环境诸多因素中，驾驶员不可能要求每个参与交通的人按规则行事；也不可改变路况，更不可能控制自然环境。在这种形势下，驾驶员能控制的就是车速和行驶方向。在这两项可控因素中，车速是最有效的控制措施。在公式 $R = \sqrt{v/g \times \varphi}$ 中，转弯半径和速度的平方成正比，控制车速可有效地减少转弯半径，使车辆不出现侧滑现象。

(2) 正确控制方向。当车辆出现侧滑时，不要惊慌，要向侧滑方向转动方向盘，加大转弯半径，使车辆尽快脱离侧滑状态；车辆正常行驶时，再继续转向。

三、追尾事故的力学分析

追尾事故是常见的交通事故，发生事故的原因主要是对汽车的运动惯性估计不足，跟车距离过近，来不及反应。

1. 追尾事故产生的原因

（1）驾驶员跟车距离过近，与前车的车距小于安全车距。经验表明，与前车的车距应保持3倍车身长度或与前车的时间间隔要保持3 s，这样就可有足够的反应时间，避免追尾事故。

（2）驾驶员精神不集中，当前车制动时，反应过慢，造成追尾。

（3）地面附着系数变化，驾驶员估计不足，造成追尾。

（4）能见度低，看不见前车，造成追尾。大雾、沙尘暴、大雨等天气驾驶员视线模糊，容易造成追尾。

例：某次追尾事故中两车追尾，一辆轿车钻入另一辆轿车车下，如图1—3所示。

图1—3 事故现场

2. 追尾事故的力学分析

高速运动的汽车要想停下来，就要克服运动惯性，这在空间上需要距离，完成这一过程也需要时间。在高速行驶的汽车紧急制动、汽车即将停止运动的瞬间，以汽车重心到前轮接地中心的距离为力臂与汽车行驶的惯性力形成一个使汽车向上翘起的旋转力矩（见图1—4），惯性力F_G在汽车制动的瞬间，以OA为力臂，惯性力的分力F'_G以汽车瞬时重心O为力点，形成一个绕A的旋转力矩，使汽车产生沿分力F'_G抬起的趋势。此时，如没有外力干涉，汽车后部会很快落地、停止。如果有外力干涉，特别是后部追尾，就会加重上翘

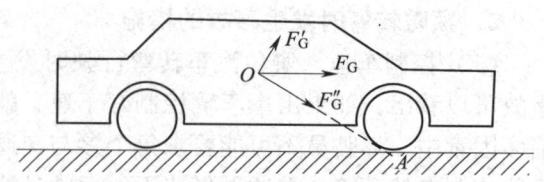

图1—4 汽车制动时惯性力使汽车保持原来运动状态

的趋势，严重时将会出现如图1—3所示的情况。要避免事故，必须遵守这一规律，与前车保持足够的时空距离。

3. 预防追尾事故的措施

预防追尾事故必须保证在驾驶时精力集中，分析路面情况，以留有足够的时间和空间，控制好车速，才能保证不出追尾事故，不同反应时间、不同车速汽车行驶距离见表1—1。

表1—1　　　　　　不同反应时间、不同车速汽车行驶距离表　　　　　　　　　　m

反应时间（s） \ 车速（km/h）	5	10	20	30	40	50	60	70	80	90	100	110	120
0.2	0.28	0.56	1.11	1.66	2.22	2.78	3.33	3.89	4.44	5	5.56	6.11	6.67
0.5	0.69	1.39	2.78	4.17	5.56	6.94	8.33	9.72	11.11	12.5	13.89	15.28	16.67
0.625*	0.87	1.74 m	3.47	5.21	6.94	8.68	10.42	12.15	13.89	15.63	17.36	19.10	20.83
1	1.39	2.78	5.56	8.33	11.11	13.89	16.67	19.44	22.22	25	27.78	30.56	33.33

*0.625 s为美国驾驶员操作制动器反应时间合格标准，在这段时间内，车速为120 km/h时汽车行驶20.83 m。

四、高速行驶爆胎的措施

高速行驶中爆胎极其危险，处理不当会造成车毁人亡，必须积极预防。

1. 高速爆胎的原因

（1）轮胎磨损超过使用极限。每个轮胎都标有磨损极限，当磨损到这一极限值时，必须更换轮胎，否则容易引起爆胎。

（2）车速超过轮胎速度使用极限。每种轮胎都有其使用速度极限，这一极限表示轮胎在行驶中发生变形后恢复其原来尺寸的能力，轮胎行驶速度极限见表1—2，超过这一速度极限行驶时，轮胎在变形后不能恢复原来形状，形成驻波现象（见图1—5）。驻波现象一旦出现，轮胎会急剧磨损，橡胶胎体脱离，引发爆胎。

表1—2　　　　　　　　　　轮胎行驶速度极限

车速代号	最高车速（km/h）	车速代号	最高车速（km/h）
L	120	T	190
M	130	U	200
N	140	H	210
P	150	V	240
Q	160	W	270
R	170	VR	>210
S	180	ZR	>240

(3) 汽车前轮定位中的前束不当，定位角失准，造成轮胎异常磨损，导致爆胎。前轮定位失准，造成轮胎异常磨损，使轮胎承载和承压能力下降，造成爆胎。

(4) 轮胎气压过高、过低，导致爆胎。轮胎气压过低，使轮胎恢复变形的能力下降，造成轮胎异常磨损，导致爆胎（见图1—6）。轮胎气压低，在汽车行驶过程中变形严重，滚动阻力加大，轮胎温度升高加快，这些因素交互作用，驻波现象更容易出现，导致爆胎。

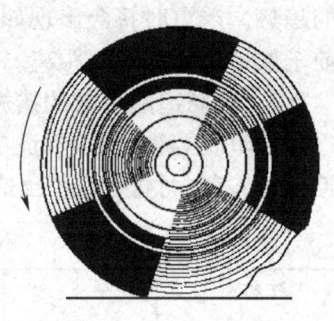

图1—5 轮胎驻波现象

轮胎压力过高，使轮胎与地面的接触面积减少，高速运动时，轮胎温度升高，使接触面积进一步减少，单位面积上压力增加，使这一部分胎面磨损急剧增大，承受不了过高的内部压力而爆开。这与胎压过低导致的爆胎的过程、部位不同，如图1—7所示。

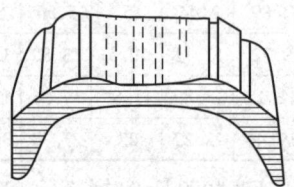

图1—6 胎压过低，造成胎肩过度磨损

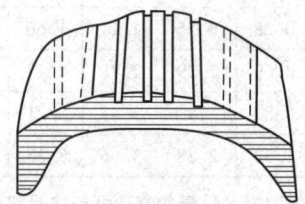

图1—7 气压过高，造成胎冠中间部分过度磨损

(5) 碾压、冲撞，使轮胎受损爆胎。汽车高速行驶时，一些驾驶员未选择平坦的路面行驶，使轮胎冲撞路面上的物体造成爆胎。

2. 高速爆胎时的处理措施

在高速行驶中发生爆胎时，要保持冷静，扶稳转向盘（可向爆胎的反方向轻打方向，保持车辆直线行驶），抬油门使车辆自然减速。等到速度减到30 km/h以下时，将车停到安全地点再换轮胎。高速发生爆胎时切忌立即制动，一旦制动，将导致车毁人亡。

3. 预防高速爆胎的措施

(1) 定期检查轮胎，保证轮胎在使用极限内。
(2) 定期检查轮胎气压，使其保持气压正常。
(3) 遵守交通规则，不超过轮胎规定的最大速度（v_{max}）行驶。
(4) 行驶时注意躲避障碍物。

五、滑水现象

汽车行驶时，轮胎与路面之间的水由轮胎花纹排出，使轮胎与路面直接接触，保证有足够的附着力。车速过快或积水足够深时，不能及时将水全部排出，轮胎与路面之间形成水层，出现轮胎在水层上行驶的状态。轮胎与路面不接触，失去附着力——这就是滑水现象。汽车行驶时一旦出现滑水现象，汽车将失去控制，极其危险。

轮胎与路面接触的胎面部分可分成以下三个区域，如图1—8所示。

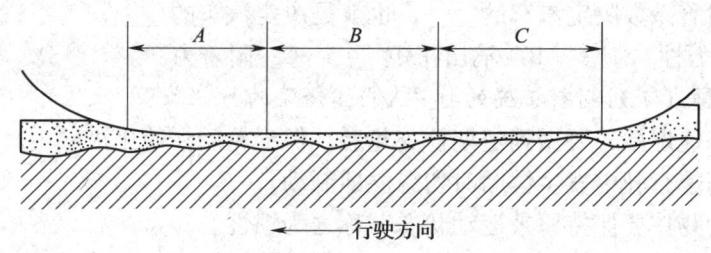

图1—8 轮胎胎面与路面接触面的分区

A：排水区，将路面与轮胎之间的水向两侧推开，或通过胎面上的锯齿形花纹和通道将水排出。

B：擦拭区，刀槽花纹将残余的水膜擦去。

C：附着区（摩擦区），胎面花纹附着在已干的剩余接触面上。

车速较低时，C区（附着区）有足够的面积，轮胎牢固附着地面，胎面与路面之间产生足够的附着力，汽车处于稳定状态。当车速足够快时，A区（排水区）急剧扩大，B区（擦拭区）、C区（附着区）减少直至消失，车辆失去附着力，处于危险状态。当水深达 2.5～10 mm 时，汽车易发生滑水现象，其过程如图1—9所示。因此，当雨中驾驶汽车或路面积水达到一定深度时，必须降低车速，才能避免滑水现象，保证行车安全。

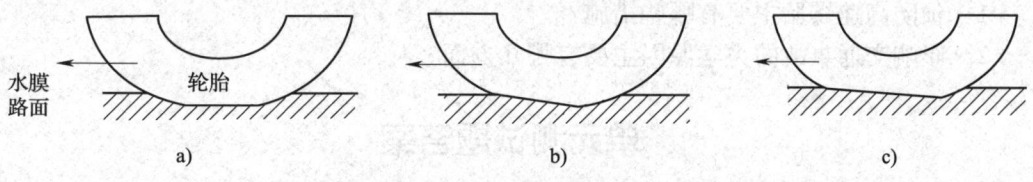

图1—9 滑水现象过程
a) 轮胎与地面全部接触 b) 楔形水膜逐渐进入胎面和路面之间
c) 路面与胎面间充满水膜

单元测试题

一、多项选择题（下列每题的选项中，至少有1个是正确的，请将正确答案填在横线空白处）

1. 汽车运动的速度____，惯性力____，对惯性力估计不足，是造成事故的重要原因之一。
   A. 越高　　　　B. 越大　　　　C. 越小　　　　D. 匀速

2. 在人、车、____的诸多因素中，驾驶员能决定的因素有两个：____和方向。
   A. 路、环境　　B. 车辆　　　　C. 行人　　　　D. 车速

3. 避免汽车转弯行驶时发生____、翻倾的最有效的措施是____。
   A. 侧滑　　　　B. 加速　　　　C. 减速　　　　D. 转方向

4. 路面附着系数决定汽车的____，也就是决定汽车的____。
   A. 动力性　　　　B. 输出扭矩　　　　C. 附着力　　　　D. 驱动能力

二、判断题（下列判断正确的打"√"，错误的打"×"）

1. 预防高速爆胎，要做到定期检查轮胎，保证轮胎在使用极限内。　　（　　）
2. 汽车高速行驶中发生爆胎时切忌立即制动。　　（　　）
3. 运动的物体要保持原来运动状态，称之为惯性。　　（　　）
4. 每种轮胎都有其使用速度极限，这一极限表示轮胎在行驶中发生变形后恢复其原来尺寸的能力。　　（　　）

三、计算题

1. 一辆轿车乘坐5人，其重心高度为 $h_g = 0.7$ m，该车轮距 $B = 1.414$ m，行驶在水平沥青路面上，附着系数 $\varphi = 0.6$；转弯时转弯半径 $R = 16$ m，求，此时该车不发生侧滑及侧翻的安全车速是多少？

2. 某中型客车轮距 $B = 1.590$ m，重心高 $h_g = 0.82$ m，行驶在水平沥青路面上，附着系数 $\varphi = 0.6$；若在半径 15 m 的弯道上转弯，发生侧滑和侧翻的车速各是多少？哪种情况先发生？

3. 某载重汽车中心高度 $h_g = 2.2$ m，重心距后轴的距离 $L_2 = 0.8$ m，该车用一挡匀速爬 40% 的坡时能否顺利上坡？

四、简答题

1. 预防高速爆胎主要有哪些措施？
2. 影响交通事故的力学原因主要有哪几方面？

单元测试题答案

一、多项选择题

1. AB　2. AD　3. AC　4. AD

二、判断题

1. √　2. √　3. √　4. √

三、计算题

1. 解：(1) 在此条件下发生侧滑的最高车速

$$v_{max} = (g\varphi R)^{1/2} = (9.8 \times 0.6 \times 16)^{1/2} = 9.699 \text{ m/s}$$

换算成常用单位（km/h）为：

$$v_{max} = 9.699 \times 3\,600 \div 1\,000 = 34.916 \text{ km/h}$$

(2) v_{max} 在此条件下发生侧翻的最高车速：

$$v_{max} = (gBR/2h_g)^{1/2} = [(9.8 \times 1.414 \times 16) / (2 \times 0.7)]^{1/2} = 12.58 \text{ m/s}$$

换算成常用单位（km/h）为：

$$v_{max} = 12.58 \times 3\,600 \div 1\,000 = 45.288 \text{ km/h}$$

答：在此条件下，该车发生侧滑的最高车速为 34.916 km/h，发生侧翻的最高车速为 45.288 km/h，安全车速应小于 34 km/h。

2．解：（1）在此条件下发生侧滑的最高车速 $v_{\max}$ 为：
$$v_{\max} = (g\varphi R)^{1/2} = (9.8 \times 0.6 \times 15)^{1/2} = 9.39 \text{ m/s}$$
换算成常用单位（km/h）为：
$$v_{\max} = 9.39 \times 3\,600 \div 1\,000 = 33.80 \text{ m/s}$$
（2）在此条件下发生侧翻的最高车速 $v_{\max}$ 为：
$$v_{\max} = (gBR/2h_g)^{1/2} = [(9.8 \times 1.59 \times 15)/(2 \times 0.82)]^{1/2} = 11.94 \text{ m/s}$$
换算成常用单位（km/h）为：
$$v_{\max} = 11.94 \times 3\,600 \div 1\,000 = 42.98 \text{ km/h}$$
答：在此条件下，车速大于等于 33.8 m/s 时发生侧滑，车速大于等于 42.98 km/h 时发生侧翻，由此可知先发生侧滑，后发生侧翻。

3．解：查三角函数表得：$\sin 21.8° = 0.371$；$\cos 21.8° = 0.928$
汽车在纵向坡道稳定行驶的条件为：
$$L_2 \times \cos\beta - h_g \sin\beta \geq 0$$
代入已知条件：
$$0.8 \times 0.928 - 2.2 \times 0.371 = 0.742\,4 - 0.816\,2 = -0.073\,8 \leq 0$$
车辆处于不稳定状态。

答：在此种条件下，车辆将发生纵向翻倾，不能顺利上坡。

四、简答题

1．答：

（1）定期检查轮胎，保证轮胎在使用极限内。

（2）定期检查轮胎气压，使其保持气压正常。

（3）遵守交通规则，不超过轮胎规定的最大速度（$v_{\max}$）行驶。

（4）行驶时注意躲避障碍物。

2．答：汽车在运行过程中，经常要改变运动状态，如由静止到高速行驶；由直线行驶改变行驶方向曲线行驶，经常遇到的是惯性力、离心力、力与力矩、附着力与附着系数等因素。

第2单元

柴油发动机电控技术

- 第一节 概述 /14
- 第二节 电控燃油喷射系统的控制原理 /16
- 第三节 其他控制 /52

第一节 概述

一、柴油机电控系统的发展

与现代汽车汽油机电控技术的发展背景一样，面对无法回避的局部和全球性的环境和能源问题，现代汽车柴油机不得不采用和发展电子控制系统，以保持汽车柴油机的可持续发展，更充分发挥柴油机固有的优点（低油耗和低 CO 排放）。柴油机电控技术的发展过程与汽油机电控系统相似。自 20 世纪 80 年代开始进入市场的现代汽车柴油机电控系统也是随着控制项目的不断增多，控制任务从简单到复杂，直至全方位控制。例如，早期的电控燃油喷射系统都采用了"位置控制"，保持了传统的脉冲高压供油原理，只是通过以微机为核心的控制单元对位置伺服机构进行控制，改变油量调节齿条（直列泵）或油量调节滑套（VE 型分配泵）等的位置，用以调节喷油泵的循环供（喷）油量。但由于位置伺服机构执行频率响应慢，控制频率低，控制精度不稳定，经过了近十年的发展，到 20 世纪 90 年代初，"时间控制"式电控燃油喷射系统开发成功，采用了新型高速强力电磁阀代替传统的油量调节齿条（直列泵）或油量调节滑套（VE 型分配泵）等，直接对高压燃油进行数字式的高频调节，由电磁阀的关闭时刻和闭合持续时间决定循环供（喷）油量和供（喷）油正时。尽管如此，这种"时间控制"式电控燃油喷射系统仍保持了传统的脉冲高压供油原理。直到 90 年代中期，一种新型的电控共轨式燃油喷射系统问世，采用"时间—压力控制"式燃油计量原理，通过对公共油轨中油压的连续控制和各缸喷油过程的电磁阀控制相结合的方式实现对循环供（喷）油量的控制，才使柴油机的电控燃油喷射技术进入了一个新的发展阶段。

柴油机电控技术还有许多课题需要解决，特别是当采用高压电控喷油时，柴油机电控系统的成本几乎占发动机成本的一半。尽管如此，只有在汽车柴油机上广泛采用电控技术，才能面对越来越严格的排放法规的挑战。近几年来柴油机电控系统的发展势头令人瞩目。以柴油汽车用得最多的欧洲为例，由于欧洲道路车辆用多缸柴油机从 2000 年开始执行欧Ⅲ排放标准，电控技术已在需满足欧Ⅲ标准的柴油机上普遍使用，一些研究机构和大的厂商则早已着手研制满足欧Ⅳ排放标准的电控柴油机，现在，电控共轨系统和电控单体泵系统在多缸柴油机上的应用已明显增多。

我国对现代柴油机电控技术的研究和开发尚处于起步阶段，目前还主要集中在对柴油机电控喷射系统的研究与开发上。但随着社会经济的发展，对环保的要求越来越高，柴油机电控系统的研究和相应产品的开发必将成为我国汽车柴油机技术领域中的一个热点，这将大大促进我国汽车柴油机产品的更新换代，为在未来不长的时期里参与国际竞争奠定坚实的基础。

二、柴油机电控系统的控制项目

现代汽车柴油机电控系统的控制项目已经从仅有循环供（喷）油量控制、喷油正时控制等最基本的控制项目的燃油喷射控制，扩展到包括对喷油速率控制和喷油压力控制在内的多项目标控制的燃油喷射控制；从单一的燃油喷射控制扩展到包括怠速控制、进气控制、增压控制、排放控制、起动控制、故障自诊断、失效保险、发动机与变速器的综合控制等在内的全方位控制。

1．燃油喷射控制

电控汽车柴油机的燃油喷射控制主要包括循环供（喷）油量、喷油正时、喷油规律和喷油压力的控制。此外还有柴油机低油压保护，增压器工作状况保护等。

2．怠速控制

电控汽车柴油机的怠速控制主要包括怠速转速的控制和怠速时各缸工作均匀性的控制。

3．进气控制

电控汽车柴油机的进气控制主要包括进气管节流控制、可变进气涡流控制和可变配气正时控制。

4．增压控制

汽车柴油机电控系统的增压控制主要包括废气旁通控制和涡流通流面积的控制。

5．排放控制

汽车柴油机电控系统的排放控制主要是废气再循环（EGR）控制。ECU以柴油机转速和负荷信息作为主控信号，经过查看EGR率与发动机转速、进气量的三维脉谱图和计算修正输出适当占空比脉冲电压，控制EGR真空电磁阀通电时间，进而控制EGR阀开度，以调节EGR率。

6．起动控制

起动时，计算机（ECU）根据柴油机冷却液温度，决定电热塞或进气预热塞是否点燃和通电持续时间。当点燃指示灯熄灭，表示起动条件已具备，点燃/起动开关转到"起动"位置，发动机起动。起动完成后或需中断起动时则自动将电源切断。此外，起动控制还包括起动阶段循环供（喷）油量（起动油量）和起动时喷油正时的控制。

7．故障自诊断、失效保险

当柴油机或电控系统出现故障时，ECU将会点亮仪表板上的指示灯，提醒驾驶员注意，并存储故障信息。检修时，通过一定程序，可将故障代码及有关信息资料调出。当ECU出现故障时，ECU内的备用电路可使系统进入失效保险程序的控制状态，让车辆低速开到最近的维修站检修。

8．柴油机与变速器的综合控制

在汽车上采用电控自动变速器时，将柴油机计算机（ECU）与自动变速器计算机（ECU）结合在一起，实现柴油机与变速器的综合控制，以大大改进变速性能。

图2—1所示为德国大众汽车公司TDI 1.9 L增压中冷直喷式轿车柴油机上的Bosch MSA6电控系统的方框图。

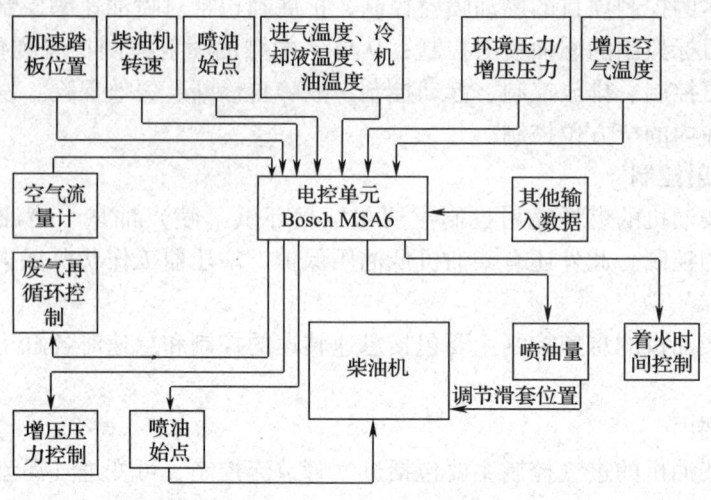

图 2—1 德国 Bosch MSA6 电控系统方框图

第二节 电控燃油喷射系统的控制原理

一、概述

1. 柴油机电控燃油喷射系统的控制内容

（1）循环供（喷）油量的控制。计算机（ECU）以柴油机转速和负荷信息作为主控信号，按预设的基本循环供（喷）油量计算程序或三维脉谱图，确定基本循环供（喷）油量并根据其他有关输入信号（如进气温度、进气压力等）加以补偿和修正，最后确定总的循环供（喷）油量。

（2）喷油正时的控制。计算机（ECU）以柴油机转速和负荷信息作为主控信号，按预设的基本喷油正时三维脉谱图，确定基本供（喷）油正时，并根据其他有关输入信号（如进气温度、进气压力等）加以补偿和修正，根据曲轴位置信号，最后将各缸喷油正时控制在一个最佳时刻。

（3）喷油速率和喷油规律的控制。计算机（ECU）以柴油机转速和负荷信息作为主控信号，按预设的程序确定最佳的喷油速率和喷油规律。

（4）喷油压力的控制。计算机（ECU）以柴油机转速和负荷信息作为主控信号，按预设的程序确定最佳的喷油压力。

（5）柴油机机油低油压保护。柴油机机油压力过低时，ECU 根据机油压力传感器来的信号减少循环供（喷）油量，降低转速并报警；当机油压力降至极限值以下时，则切断燃油供应，以保护柴油机。

(6) 增压器工作状况保护。当增压压力因增压器超速而过高，并造成中冷器压力太高或气缸内爆发压力过高、超过极限时，ECU根据增压压力传感器来的信号减少循环供（喷）油量；而如果因增压压力过低，造成空气量不足使排气温度过高时，ECU根据增压压力传感器来的信号减少循环供（喷）油量，并报警。

2. 柴油机电控燃油喷射系统控制方式的发展及类型

近20年来，柴油机电控燃油喷射系统也经历了几个重要的发展阶段。按对循环供（喷）油量、喷油正时、喷油速率和喷油压力等的控制方式分，经历了从"位置控制"到"时间控制"，再到"时间—压力控制"或"压力控制"的发展过程。按燃油喷射系统的基本组成和结构分，经历了常规压力电控喷油系统的第一代电控喷油系统到高压电控喷油系统的第二代电控喷油系统的发展过程。

在采用"位置控制"的第一代电控喷油系统中，保留了传统燃油喷射系统（直列泵、径向柱塞式或轴向柱塞式分配泵、单体泵和泵喷嘴系统等）的基本组成和结构，只是将原有的机械式喷油泵及其机械控制部件用电控喷油泵及其控制部件取代，通过设置控制系统，使控制精度和响应速度得以提高。柴油机的结构几乎不需改动，生产继承性好，便于对现有柴油机进行升级换代。缺点是"位置控制"系统执行频率响应慢，控制频率低，控制自由度小，控制精度还不够高，喷油压力无法独立控制。在采用"时间控制"的第一代电控喷油系统中，基本保留了传统燃油喷射系统的组成和结构，通过设置控制系统，形成数字式高频调节系统，由电磁阀的关闭时刻和闭合时间决定循环供（喷）油量和喷油正时，其控制自由度和控制精度都是"位置控制"所无法比拟的，其技术上的难点在于如何加快需要通过大油量的高速电磁阀的响应速度，同时喷油压力还是无法独立控制。第一代电控喷油系统包括电控直列泵系统和电控分配泵系统，以及一部分电控单体泵喷油系统或电控泵喷嘴喷油系统。高压电控喷油系统，除了一部分电控单体泵喷油系统或电控泵喷嘴喷油系统外，不再沿用传统燃油喷射系统的组成和结构，而采用电控共轨式喷油系统。它们对循环供（喷）油量以及喷油正时、喷油速率和喷油规律、喷油压力等进行"时间—压力控制"或"压力控制"。

以高压、中压或低压供油泵、电磁—液力控制式喷油器和公共油轨组成的各种电控共轨式喷油系统的最大特征是：喷油系统的两个基本任务，燃油压力的形成和燃油量的计量，在时间上、在系统中的部位和功能方面都是分开的。燃油压力的形成和燃油的输送基本上与喷油过程无关。根据ECU的指令，带有电液控制件的喷油器可按所要求的喷油正时精确地从共轨中"调出"具有所要求的精确压力和精确循环量的燃油。因无二次喷射的约束，喷油压力可按需控制实现高压喷射，其平均喷油压力与最大喷油压力非常接近，从而明显改善燃油雾化品质，改善燃烧过程，提高燃烧效率，降低燃烧噪声，降低排放。由于系统可直接控制喷油器针阀的运动，可以实现预喷射和后喷射，因而可获得理想的喷油速率。这样，柴油机负荷和转速就不对循环供（喷）油量、喷油正时、喷油速率和喷油压力产生影响，从而实现系统的独立控制，使实现循环供（喷）油量、喷油正时、喷油速率和喷油压力的优化控制成为可能，从而大大提高了柴油机的在装车率，特别是在轿车发动机中的竞争能力；同时，在采用传统的泵、管、嘴喷油系统的柴油机上使用时，不需要对原有结构作很大的改动，所以发展前景很好。

电控共轨式喷油系统采用无液压放大的高压共轨系统或有液压放大的增压共轨系统形成高压，运用"时间—压力式"或"压力式"燃油计量原理，用电磁阀控制喷油过程，即在确定的喷油压力下控制喷油时刻和喷油持续时间，或在确定的喷油持续时间内控制喷油压力。在图2—2所示的无液压放大的高压（蓄压）共轨系统中，高压供油泵将燃油送入共轨，然后经各缸高压油管送到电/液控制喷油器；在图2—3所示的有液压放大的液力增压共轨系统中，中压（或低压）供油泵将燃油（或机油）送入共轨，再经过中压（或低压）油管送到具有液力放大机构的电/液控制喷油器。由供油泵、共轨上的油压传感器和ECU组成的闭环系统对共轨内的燃油（或机油）压力实施精确的控制。用高速电磁液力控制式喷油器对循环供（喷）油量、喷油正时、喷油速率和喷油规律进行控制。

电控无液压放大高压共轨系统的优点是：由于无液压放大，在电/液控制喷油器电磁阀控制的是小油量，控制活塞具有小的截面积和行程，不仅电磁阀开关的速率可以提高，而且喷油器结构简单、尺寸小，在气缸盖上布置方便，制造成本相对较低，其喷油压力已达到140～160 MPa。同时，由于是小油量的控制，所以对喷油速率的控制比较简单，容易实现预喷油。其缺点是：需要有高压的供油泵，系统中许多零部件处在高压下工作，如图2—2所示。

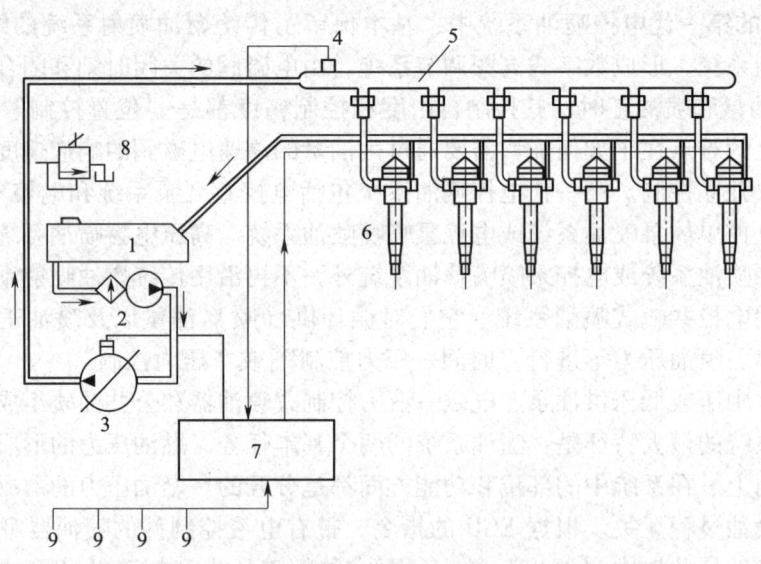

图2—2 电控无液压放大的高压共轨系统
1—燃油箱 2—滤清器+输油泵 3—高压供油泵 4—共轨压力传感器
5—公共油轨 6—喷油器 7—计算机（ECU） 8—限压阀 9—各种传感器

电控有液压放大的增压共轨系统的优点是：由于采用了液压放大，只需采用具有中等油压（但需要有较大的供油量）的供油泵，就有可能实现非常高的喷油压力，目前已可达到150～180 MPa。系统中承受高压的零部件较少。其缺点是：起液压放大作用的增压活塞的上部有较大的面积，控制油腔容积大，所需控制油量多，使控制时电磁阀开关的速度很难提高，造成对小油量控制（如预喷射时）的困难，不易进行喷油速率的控制。此外，由于电—液控制喷油器中设有液压放大机构，此喷油器结构复杂、安装尺寸大，在气缸盖上布置较为困难，如图2—3所示。

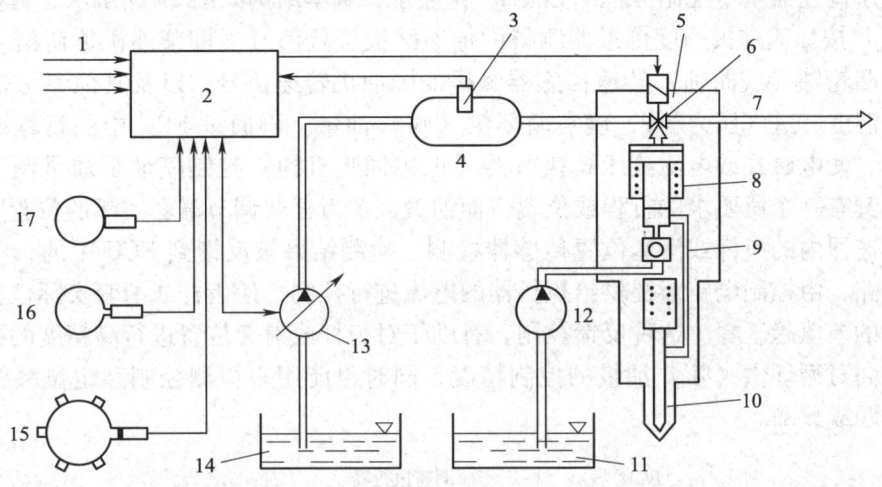

图2—3 电控有液压放大的增压共轨系统
1—各种传感器 2—ECU 3—共轨压力传感器 4—公共油轨 5—喷油器
6—二位三通电磁阀 7—回油 8—压力放大活塞 9—节流阀 10—喷嘴
11—燃油箱 12—供油泵 13—机油泵 14—机油箱 15—柴油机转速传感器
16—凸轮轴位置传感器 17—加速踏板

二、常规压力电控喷油系统的控制原理

现代汽车柴油机常规压力电控喷油系统的基本特征是保留传统燃油喷射系统基本组成结构。它们通过增设由传感器、ECU和执行器等组成的电控系统，对循环供（喷）油量、喷油正时、喷油速率和喷油规律等进行"位置控制"或"时间控制"，这类系统包括电控直列泵系统和电控分配泵系统，以及一部分电控单体泵喷油系统或电控泵喷嘴喷油系统。

1. 对循环供（喷）油量的控制

（1）对循环供（喷）油量的"位置控制"。所谓对循环供（喷）油量的"位置控制"，就是将传统的泵—管—嘴系统中的机械式（或气膜式、液压式）调速器用电控调速器（或称电子调速器）来代替（但在结构中仍然保留了如直列泵中的油量调节齿杆、柱塞上控油螺旋槽，VE型分配泵中的油量调节滑套等机械传动机构），即用发动机转速和驾驶员加速踏板角度传感器（也称负荷传感器）来代替原有的转速和负荷传感机构（如机械式离心飞块、真空室等），用ECU控制的电子调速执行机构来代替机械式（或气膜式、液压式）调速执行机构。在具有电控调速器的情况下，可通过预设的程序使调速器不仅具有稳定怠速与超速保护的功能，而且使调速特性能在全速式和两速式之间变换，以满足汽车在一般行驶条件下希望具有两速式调速性能，获得加速踏板力小、加速性好、加速冒烟少等要求，而在较复杂行驶条件下希望具有全速式调速性能，保证柴油机在负荷多变的情况下仍可使转速保持基本稳定、减轻驾驶员操作疲劳的要求。同时，可以按柴油机转矩特性的要求，通过预设的程序，方便地调整喷油泵的速度特性，进行转矩校正。

电子调速器基本控制方框图如图2—4所示，基本结构如图2—5所示，其控制方法是：ECU按加速踏板角度传感器测得的加速踏板位置信号（即柴油机负荷信号）和由喷油泵凸轮轴（或曲轴）转速传感器测得的柴油机转速信号，以及其他参考信号（如冷却液温度、进气压力等），确定循环供（喷）油量。再通过ECU中的行程或位置伺服电路，使电磁式或电磁液压式执行器（也称伺服机构）控制喷油泵油量调节齿杆或调节滑套有一个所要求的行程或位置。而油量调节齿杆或调节滑套实际的位置则由装在电子调速器内的齿杆或滑套位置传感器检测，检测结果被反馈到ECU中的行程或位置控制电路，由控制电路对提供给执行器的电流进行控制，使齿杆或滑套实际位置与预定位置间的差值趋于零。这种反馈控制，有助于对齿杆或滑套位置进行高精度的控制和定位，提高对循环供（喷）油量的控制精度，同时也能用来检测控制和定位系统可能出现的问题或故障。

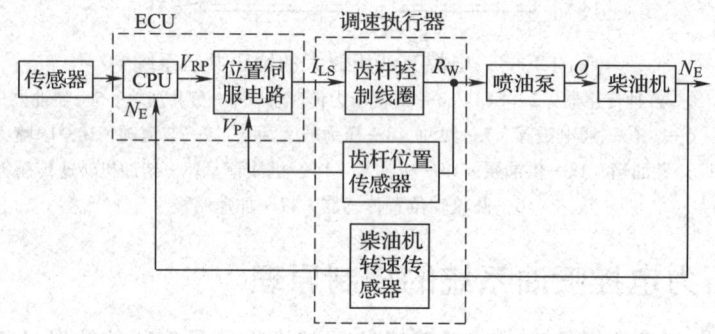

图2—4　电子调速器基本控制方框图

V_{RP}—要求的齿杆位置电压　V_p—实际的齿杆位置电压　I_{LS}—通过齿杆位置线圈的电流
N_E—柴油机转速　Q—供油量　R_W—齿杆位移

"位置控制"中最重要的一个环节是执行计算机（ECU）指令对喷油泵油量调节齿杆或调节滑套位置进行控制的执行机构，它包括计算机（ECU）中的位置（或行程）控制电路和由它控制的执行器（即电子调速器的执行机构）。

在行程或位置控制电路中，通常采用的控制策略类似于在模拟电路中的比例—积分—微分控制（PID控制）。当然，除PID控制外，其他一些控制策略也可实现。图2—6所示为一种典型的"位置控制"的控制逻辑图。ECU中的CPU通过10位并行输出接口，传送出齿杆或滑套的位置的目标值，即它对应于循环供（喷）油量的目标值，一方面通过10位数模转换（D/A），转换为模拟信号"V_{spp}"输入到控制电路；另一方面，齿杆或滑套位置传感器则将直流电压信号（DC）"V_{sp}"输入到控制电路。在控制电路内，"V_{spp}"和"V_{sp}"之和保持在一特定常数。如果"V_{spp}"和"V_{sp}"之和有偏差，则通过微分和积分电路进行相位补偿。相位补偿信号的最终值转变为400 Hz的交流信号，通过电流反馈电路传送给由它控制的执行器，以调整齿杆或滑套的位置。

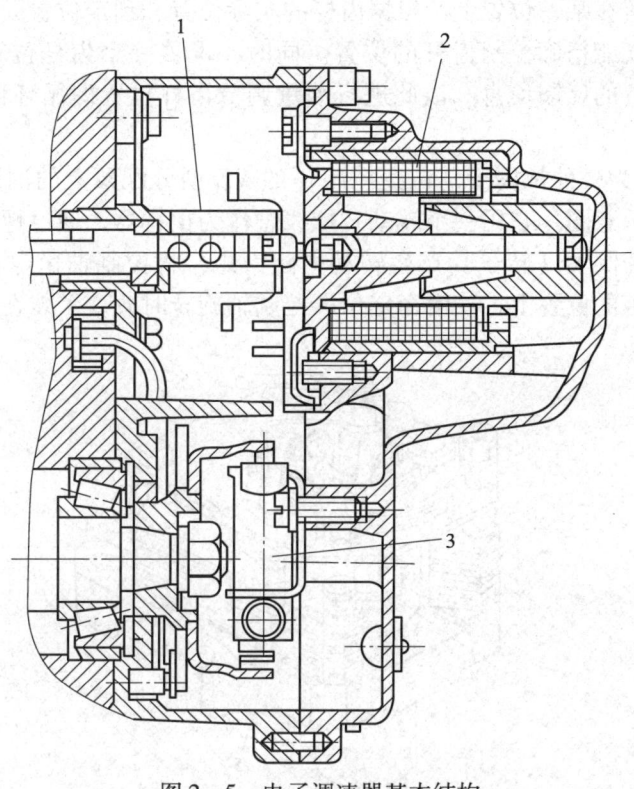

图 2—5 电子调速器基本结构
1—复位弹簧 2—线性电磁铁 3—转速传感器

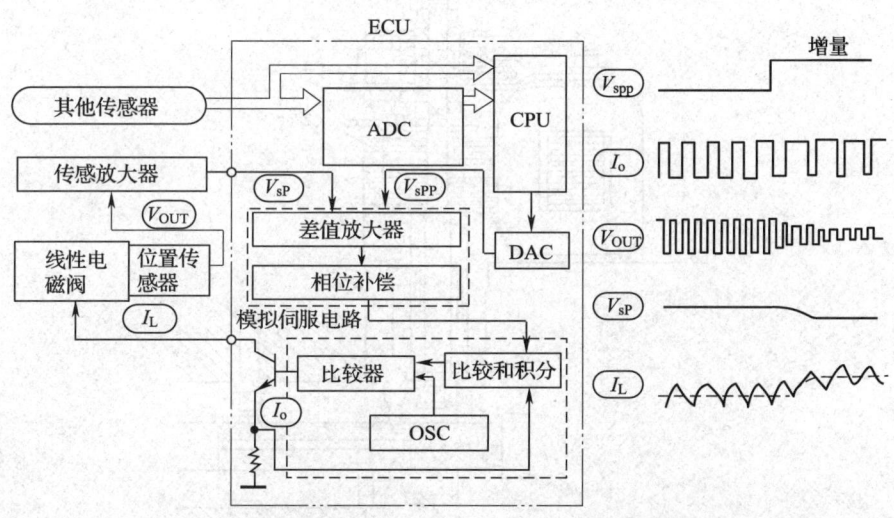

图 2—6 典型的"位置控制"的控制逻辑图

图 2—5 所示的电子调速器就是采用线性螺线管作为执行器的直列泵油量调节齿杆行程或位置控制装置的。当控制电流通过螺线管时,产生一个作用在电枢(铁心)上的与螺线管中的电流成正比的电磁力,推动油量调节齿杆移动,当推力与复位弹簧力平

衡时，齿杆就停留在某一位置上。根据齿杆的实际位置和预定位置间的偏差量，改变输入螺线管的电流就能精确控制齿杆的位置。同时，设置一个齿杆位置传感器，向 ECU 提供齿杆实际位置的反馈信息，以此进行油量调节齿杆位置即循环供（喷）油量的反馈控制。

图 2—7 所示为一种常用于"位置控制"的 VE 型分配泵上的油量调节滑套行程或位置控制装置的示意图。它用一个转动式螺线管作为执行器，通过螺线管的电流，使与电枢连在一起的控制轴（转子）产生转动电磁力矩，将控制轴稳定在转动力矩与转子复位弹簧力矩平衡的位置上，使滑套定位。控制轴旋转时改变了装在轴下端的偏心钢球

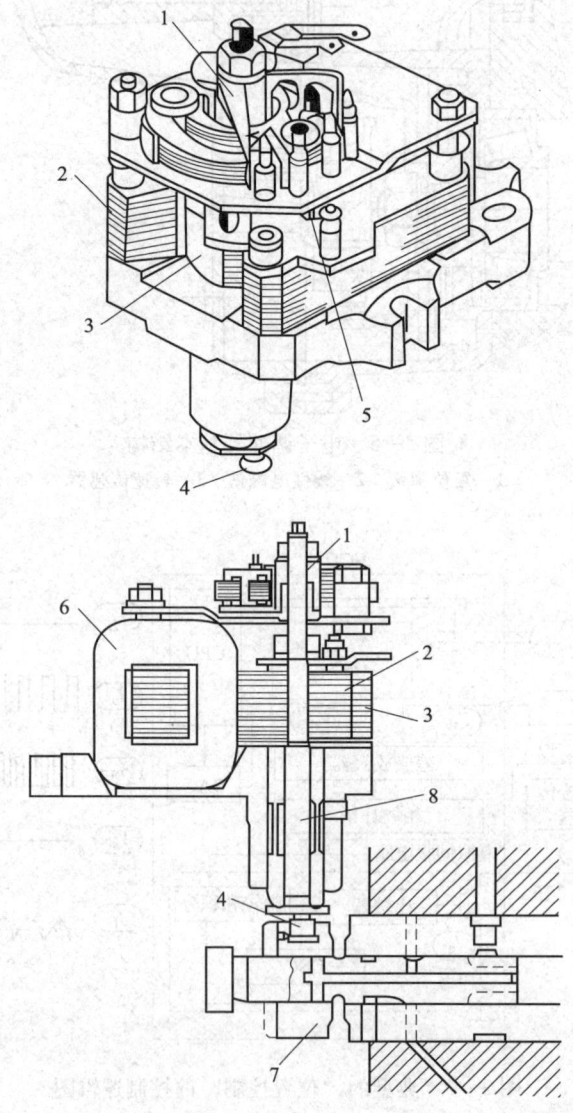

图 2—7 电控 VE 型分配泵上的"位置控制"装置示意图
1—转角传感器（油量调节滑套传感器） 2—定子 3—转子 4—偏心钢球
5—复位弹簧 6—线圈 7—油量调节滑套 8—轴

的位置,使与其啮合的油量调节滑套移动。控制轴在0°~60°范围内旋转,相应滑套的位移量为1.5~2.0 mm。相应地,用一只角度传感器作为滑套位置的传感器,提供滑套位置的反馈信号。

图2—8所示为一种用电磁阀控制的,以柴油作为工作液的液压伺服机构的电—液控制电子调速器,为保证液压伺服机构工作稳定可靠,用供给喷油泵燃油的电动输油泵以一定的油压同时向喷油泵和伺服机构供油。控制时,由滑阀式伺服电磁阀打开工作液的进油或回油道,直至齿杆位置达到要求。需增加循环供(喷)油量时,液压伺服机构中油压升高,克服复位弹簧力,将齿杆调节到所要求的位置;需减少循环供(喷)油量时,液压伺服机构中油压降低,复位弹簧力将齿杆推到要求的位置。柴油机超速时,ECU发出指令使电动输油泵停止供油,保证柴油机不"飞车"。

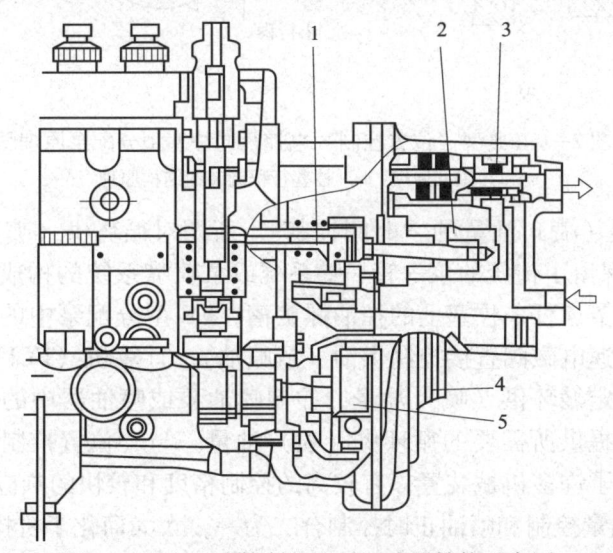

图2—8 电—液控制的电子调速器结构示意图
1—齿杆位置传感器 2—伺服活塞 3—电磁阀 4—接头 5—转速传感器

如图2—9a所示为一种采用"位置控制"的电控径向柱塞型分配泵的供油原理图。计算机(ECU)通过对供油电磁阀和排油电磁阀的控制,改变分配转子油腔内的油压,使分配转子产生轴向位移,关闭供油电磁阀,打开排油电磁阀,分配转子在弹簧的作用下向右移动,反之向左移动。由于驱动轴柱塞斜面间的配合关系(其结构原理见图2—9b),分配转子产生的轴向位移使径向柱塞行程发生改变,从而改变循环供(喷)油量。在分配转子的尾部有轴向位移传感器,提供分配转子实际位移的反馈信号。"位置控制"的特点是用模拟量来控制执行器的工作,通过对油量调节齿杆或滑套的定位来得到所需要的循环供(喷)油量。而提供给ECU的作为精确控制依据的油量调节齿杆或滑套实际位置的反馈信号是由模拟量传感器测定的。由于计算机(ECU)不能直接处理模拟量信号,必须进行A/D转换,因此影响控制精度,同时这种模拟量控制只能对循环供(喷)油量进行间接的低频连续调节。此外,不论采用何种执行器(即电子调速器),在喷油泵总成中总还是有一个带有某些机械装置的调速机构来执行对循环供(喷)油量的控制,这必然影响控制的响应速度,同时其结构也比较复杂。

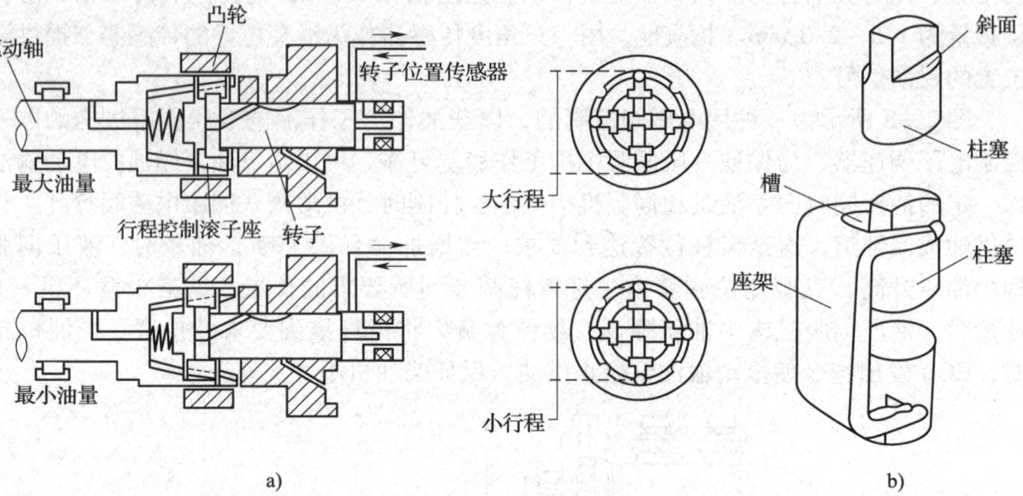

图 2—9 典型"位置控制"电控径向柱塞型分配泵原理图
a) 供油原理 b) 柱塞行程调节的结构原理

(2) 对循环供(喷)油量的"时间控制"。所谓对循环供(喷)油量的"时间控制",就是基本上保留了传统的泵—管—嘴系统或泵喷嘴系统的构成形式,但取消了如直列泵中的油量调节齿杆、柱塞上的控油螺旋槽,VE 型分配泵中的油量调节滑套等机械传动机构,用高速电磁阀直接控制供油(或喷油)。计算机(ECU)根据柴油机的转速和负荷信号,确定循环供(喷)油量,控制喷油泵或喷油器中的高速电磁阀的开启或关闭持续时间,提供所需要的循环供(喷)油量。与"位置控制"相比,因采用了数字量控制和省掉了许多机械装置,有较高的控制精度和较快的响应速度。此外,它可将循环供(喷)油量控制和喷油正时控制合二为一,大大简化了机构。

早期的"时间控制"主要用于各种电控分配泵。这是因为在分配泵中,原来就是利用一个油量调节滑套的位置变化来控制高压腔与低压腔(溢油通路)相通时间的变化,从而调节循环供(喷)油量的多少。因而,用一个受计算机(ECU)控制的高速电磁溢流阀来代替油量调节滑套也就能实现循环供(喷)油量的"时间控制"。而这个高速电磁溢流阀通常布置在各缸出油口之间,紧靠柱塞顶部内的高压腔。

图 2—10 和图 2—11 所示分别为一种用常闭式高速电磁溢流阀作为执行机构的电控 VE 型分配泵的电控系统示意图和这种分配泵的纵剖面示意图。

其基本工作原理是:ECU 根据柴油机转速传感器、加速踏板角度传感器来的信息,按预存的负荷-转速-循环供(喷)油量三维脉谱图,确定基本循环供(喷)油量,并根据冷却液温度等信息计算出经过优化的循环供(喷)油量,然后发出指令,使装在溢油通路内的常闭式高速电磁溢流阀关闭或打开。电磁溢流阀电流接通,溢流阀关闭,由喷油泵凸轮驱动的柱塞在泵油行程开始后使柱塞顶部高压腔内的燃油产生高压,喷油泵即开始向喷油器供油。电磁溢流阀电流切断,电磁溢流阀打开,柱塞顶部高压燃油卸压,喷油泵停止供油。从电磁溢流阀关闭后柱塞开始泵油到电磁溢流阀打开所持续的时间确定了循环供(喷)油量。溢流阀打开时间越迟,循环供(喷)油量越多。而

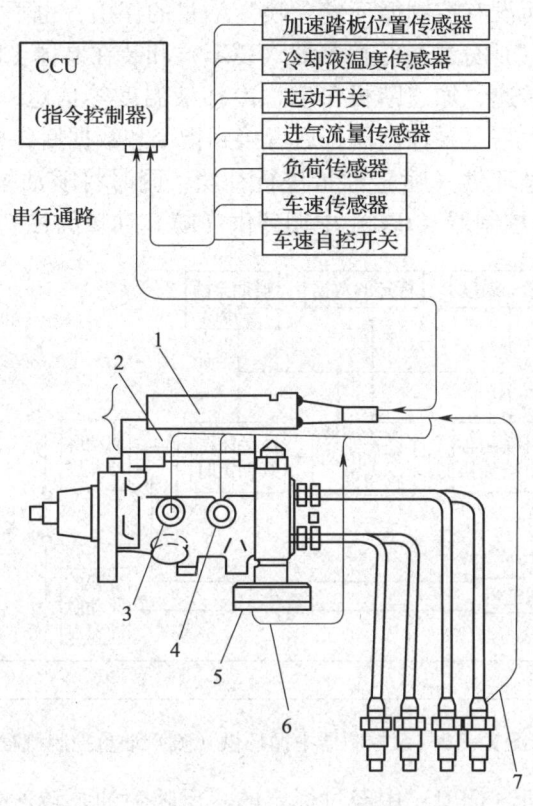

图 2—10 带常闭式高速电磁阀的电控 VE 泵的电控系统示意图
1—控制器 2—驱动器 3—参照的和标准的凸轮角度传感器 4—油温传感器
5—高速电磁阀 6—阀关闭持续期传感器 7—喷油始点传感器

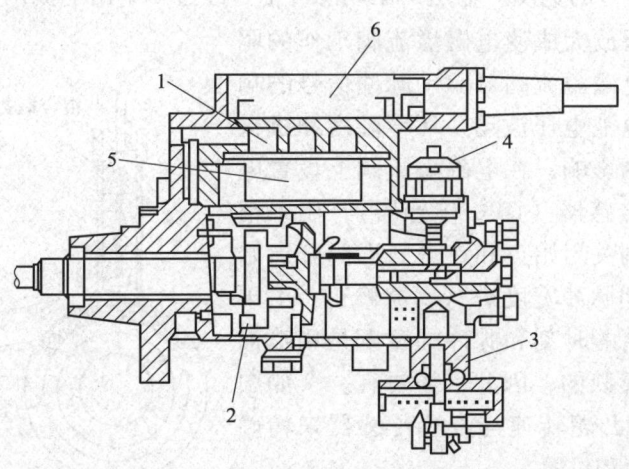

图 2—11 电控 VE 泵纵剖面示意图
1—油道 2—磁铁环 3—高速电磁阀 4—燃油切断阀 5—驱动器 6—控制器

柱塞泵油开始点即为供油始点。在这种 VE 型分配泵中，喷油泵柱塞的往复运动只起到吸油和泵油的作用，而没有控制循环供（喷）油量的作用，也不需要调速器。

在这个系统中，ECU 分成指令控制器（CCU）和装在泵体上的泵控制器（IPC）两部分，前者按柴油机转速、加速踏板角度、冷却液温度等信息，确定循环供（喷）油量，然后发出指令和数据至泵控制器；后者接到指令和数据后，根据燃油温度及各缸工作情况的差异对各缸循环供（喷）油量进行补偿，同时将喷油泵的转速信息送给指令控制器（CCU）。在泵控制器（IPC）中循环供（喷）油量的控制流程如图 2—12 所示。

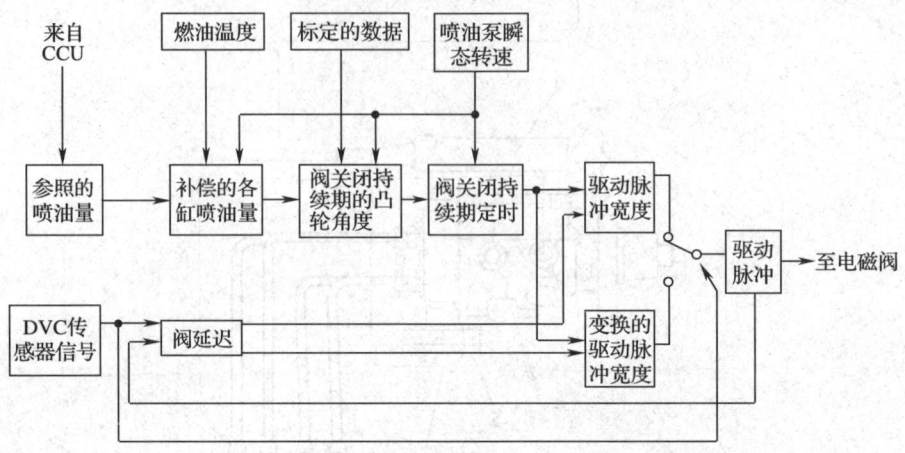

图 2—12　泵控制器中循环供（喷）油量控制流程

利用存储在计算机（CPU）中经过标定的、反映喷油泵转速变化时所要求的循环供（喷）油量与对应于电磁溢流阀关闭持续时间的喷油泵凸轮转角之间特定关系的数据表，将补偿的循环供（喷）油量数据转换为对应的参考的喷油泵凸轮转角，然后根据喷油泵瞬态的转速信息，将参考的喷油泵凸轮转角再转换为电磁溢流阀关闭持续时间，以决定驱动脉冲信号的宽度。输出的驱动脉冲信号经过一个由电流调节电路和大功率晶体管组成的驱动器放大成使电磁溢流阀工作的驱动电流。考虑到电磁溢流阀对驱动脉冲信号的响应速度要受到蓄电池电压波动、环境温度和机械部件磨损等因素的影响，在电磁溢流阀上设置电磁阀关闭持续期传感器（DVC 传感器），用来精确测定电磁溢流阀关闭始点和终点（即阀开启始点）时刻，对驱动脉冲宽度进行反馈修正。由于驱动脉冲信号开始的时刻和脉冲的宽度是用喷油泵凸轮的转角来反映的，因此，需要有一个如图 2—13 所示喷油泵凸轮转速与位置传感器来精确地测定凸轮的转速和位置。

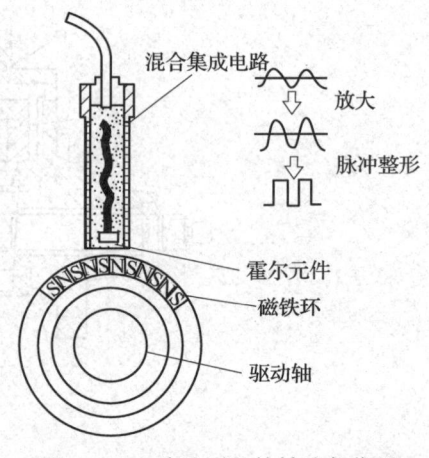

图 2—13　喷油泵凸轮转速与位置传感器（36 极）示意图

上述中，由于喷油泵凸轮的存在，尽管供油的终点可以由电磁溢流阀打通溢油通路的时刻来确定，但是供油的始点往往并不取决于电磁溢流阀关闭溢油通路的时刻，而是取决于由凸轮型线决定的柱塞泵油行程开始的时刻。这就带来了循环供（喷）油量控制的复杂性。因此，各种电控分配泵循环供（喷）油量的"时间控制"可分为泵油—溢油法（PS法）、溢油—泵油—溢油法（SPS法）和充油—溢油法（FS法）3种控制方法。

1）泵油-溢油法（PS法）。就是在整个柱塞吸油行程中，燃油经与溢流通路完全分开的进油通道从分配泵顶部经柱塞进油槽进入高压腔，即高压腔一直在充油，直至柱塞进油槽关闭，此时柱塞处于行程的下止点。在此前，电磁溢流阀已关闭，所以当滚柱与凸轮泵油斜面的始点一接触，即柱塞泵油行程刚开始的时刻，由于高压腔内油压迅速上升，供油即开始。待电磁溢流阀一打开，供油马上结束。图2—14所示为采用PS法的一种以常闭式高速电磁溢流阀作为执行器的VE型分配泵电控系统的循环供（喷）油量控制原理图。由于电磁溢流阀是常闭式的，所以在吸油、泵油和供油过程中，电磁溢流阀关闭，只有当需要停止供油时，ECU才发出指令使电磁溢流阀打开，让溢油通路开启。所以循环供（喷）油量的多少决定于电磁溢流阀开启的早晚。由于供油始点并不取决于电磁溢流阀关闭溢油通路的时刻，而取决于分配式喷油泵柱塞泵油的始点，即滚柱与平面凸轮升程始点的接触点，所以在分配泵内必须设有一个装在滚柱环上的凸轮转速和位置传感器（泵角度传感器）和一个装在凸轮轴上的凸轮位置脉冲发生器（泵角度脉冲发生器）。带齿的脉冲发生器使凸轮每转动5.625°产生一个脉冲。在脉冲发生器上有4个（与柴油机气缸个数相同）均布的缺2个齿的无齿段，用以测定平面凸轮

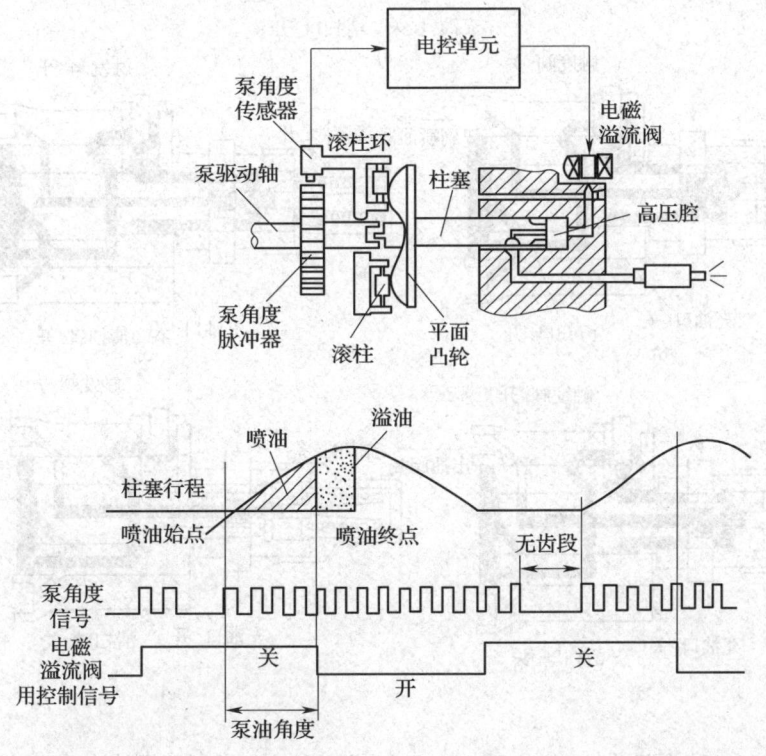

图2—14 循环供（喷）油量"时间控制"的泵油—溢油法

开始推动滚柱即柱塞开始压油的位置。根据测定的无齿段结束点的信号,计算机(ECU)识别出燃油被压缩的开始点,即供油始点。在凸轮转过一个对应于所要求的供油持续时间的供油持续角(即泵油角度)后,达到所要求的循环供(喷)油量。然后计算机(ECU)发出指令切断电磁溢流阀电流,溢流阀打开,高压燃油卸压,喷油泵停止供油。溢流阀打开越迟,循环供(喷)油量越多。所以,它是通过对电磁溢流阀关闭后柱塞开始泵油到电磁溢流阀开启这段时间的控制,即对柱塞泵油持续时间(或泵油角度)的控制来控制循环供(喷)油量的。

2)溢油—泵油—溢油法(SPS法)。SPS法和PS法的不同在于:第一,电磁溢流阀既是溢油阀又是进油阀;第二,滚柱处在凸轮基圆或泵油斜面上时,电磁溢流阀关闭,并立即供油。图2—15所示为一种用SPS法通过一个电磁触发阀控制的溢流阀作为执行器的电控径向柱塞型分配泵的供油原理图。有一个溢流阀设在转子头部靠近柱塞处,它由接受ECU指令关闭或打开的电磁触发阀的液压作用而自动开关。电磁触发阀

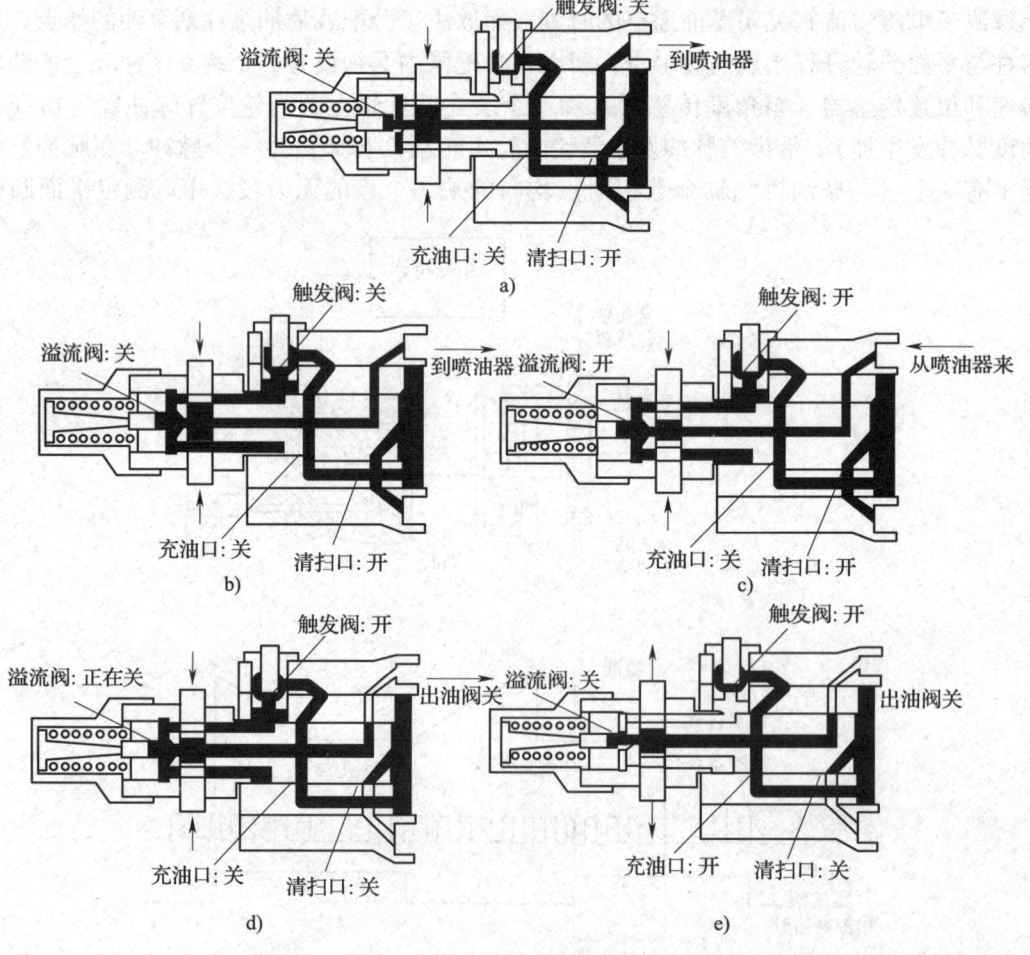

图2—15 循环供(喷)油量"时间控制"的溢油—泵油—溢油法(SPS法)
a)泵油 b)溢流触发 c)主溢流 d)再充油 e)输送压力充油

关闭时，溢流阀在弹簧力作用下关闭，进油口也关闭。此时，柱塞刚好位于内凸轮升程的最低点，即柱塞泵油行程开始的位置（当然也可位于内凸轮上升工作段上任何一点，即柱塞泵油行程的某一位置）。在柱塞泵油作用下，供油开始；电磁触发阀通电后开启时，由于液压滞后，溢流阀仍处于关闭状态，供油继续；当液压滞后结束，从电磁触发阀流来的燃油推动溢流阀打开，此时燃油压力作用在溢流阀体的大截面上。溢流阀打开后，流通面积突然增大，使高压油腔迅速卸压，造成快速溢流断油，供油结束。由于其供油始点为内凸轮工作行程的始点，所以，溢流阀关闭的持续时间决定了循环供（喷）油量。电磁触发阀打开越迟，循环供（喷）油量越多。当柱塞开始反向运动时，油路系统开始充油，在弹簧力作用下溢流阀趋于关闭，等电磁触发阀关闭，溢流阀完全关闭时，进油口打开，靠输油压力继续充油。为了获得实际供油始点的反馈信息，喷油泵内也安装了凸轮转角—时间测量系统。清扫口的作用是使各缸高压油路系统在供油结束后的一个阶段中，与低压油腔接通一次，使各缸高压油路系统内的残余压力平衡，有利于各缸均匀供油。

3）充油—溢油法（FS法）。就是在充油 - 泵油 - 溢油过程中在充油 - 泵油期间加一段稳定期（或称锁闭期）的控制方法。图2—16所示为一种装有一个高速推拉型螺旋电磁线圈的电磁溢流阀作为执行器的电控径向柱塞型分配泵的供油原理图。其电磁溢流阀的阀座设在泵的进油通路（此例中溢油和进油也在同一通路）中，紧靠高压腔，使高压腔容积最小。充油开始时电磁溢流阀不通电，呈开启状态，燃油经阀座进入高压腔，滚柱与凸轮型线回程侧接触；电磁溢流阀通电后关闭，充油结束，进入稳定期，燃油不进不出；当滚柱与凸轮型线泵油侧接触时，供油开始，此时电磁溢流阀仍关闭，供油过程一直持续到电磁溢流阀断电开启，燃油经阀座泄出。所以电磁溢流阀关闭后滚柱与凸轮型线泵油侧接触的时刻决定了供油始点。而由于在稳定期内燃油不进不出，所以电磁溢流阀关闭持续时间决定了循环供（喷）油量。与没有这段稳定期的控制方法（如SPS法）相比（见图2—17），FS法具有以下明显的优点：电磁溢流阀是在很低的充油压力（100 Pa）下关闭的，且关闭迅速，冲击和振动极小，因而对循环供（喷）油量的控制更为精确。但是，采用FS法后，电磁溢流阀关闭得越早，供油越延迟。

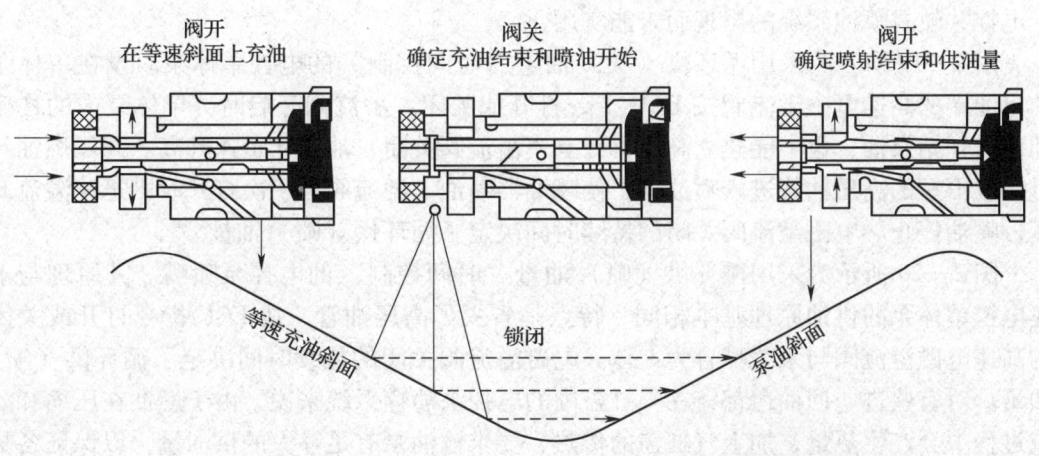

图2—16 循环供（喷）油量"时间控制"的充油—溢油法（FS法）

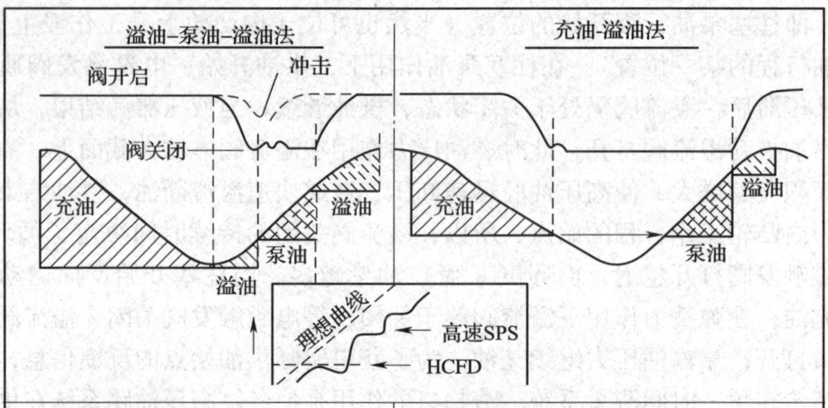

溢油-泵油-溢油法	充油-溢油法
(1) 工作中控制阀的冲击限制了最小可控制供油量(MCFD); (2) 高速时开环计量,设有阀关闭检测; (3) 阀在高压时关闭; (4) 阀必须关闭迅速; (5) 必须无振动; (6) 阀关闭必须高度准确; (7) 为了快速溢油,阀必须快速开启	(1) 制阀关闭时间长,无冲击; (2) 当阀关闭时总是闭环反馈; (3) 阀在充油压力(100Pa)时关闭; (4) 在泵油开始时阀处在关闭状态; (5) 振动不影响供油量,在凸轮基圆上无振动; (6) 充油/泵油比最高达4∶1,使关闭时刻位于凸轮曲线临界点以下; (7) 为了快速开启,阀的设计必须最优化

图 2—17 SPS 法和 FS 法的比较

在传统的直列泵上采用上述各种用于电控分配泵上的高速电磁溢流阀作为执行机构来实现循环供（喷）油量的"时间控制"，在理论上是可行的。如图2—18所示的一种试验系统（PPVI系统）就是在喷油泵和每个喷油器之间的高压油管中设置一个高速电磁溢流阀。由经过结构简化（取消了油量调节机构、出油阀、柱塞上的螺旋槽等）和强化的直列泵提供高压燃油，而由接受ECU指令的高速电磁溢流阀关闭或打开来控制循环供（喷）油量和喷油正时。同时，通过溢流阀关闭时的"油锤"压力波及其叠加作用，提高喷油压力和实现快速断油。这种"时间控制"的电控直列泵喷油系统，由于电控共轨式喷油系统的出现而未能实用化。

图2—19所示为采用循环供（喷）油量"时间控制"的电控单体泵。设在单体泵的出油端的高速电磁溢流阀按ECU指令打开或关闭。溢流阀开启时，单体泵内的柱塞即使已开始泵油，也不能建立高压；只有当溢流阀关闭，油压才迅速升高。高压燃油经过一段很短的高压油管进入喷油器，使喷油器喷油。溢流阀再一次打开时则迅速溢流卸压，喷油停止。电磁溢流阀关闭的持续时间决定了循环供（喷）油量。

图2—20所示为采用循环供（喷）油量"时间控制"的电控泵喷嘴。其原理与上述电控单体泵的供油原理基本相同，特点是省去了高压油管，按ECU指令打开或关闭的高速电磁溢流阀与泵喷嘴合为一体。电磁溢流阀关闭的持续时间决定了循环供（喷）油量。对有些进、回油道都铸在气缸盖内的电控泵喷嘴系统来说，由于燃油在压缩和溢流过程中会产生热量，加上气缸盖的传热，要求输油泵有足够大的供油量，以保证各缸泵喷嘴燃油温度相同。

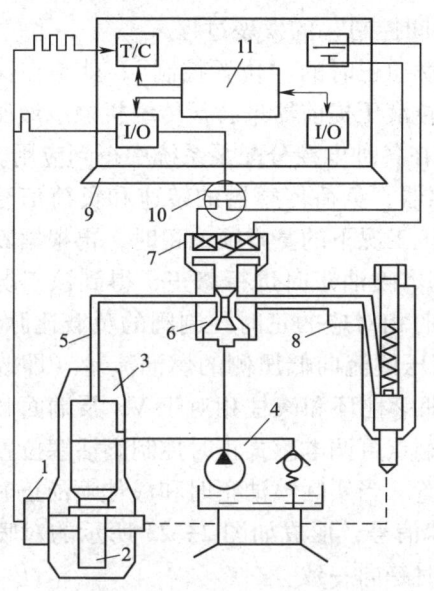
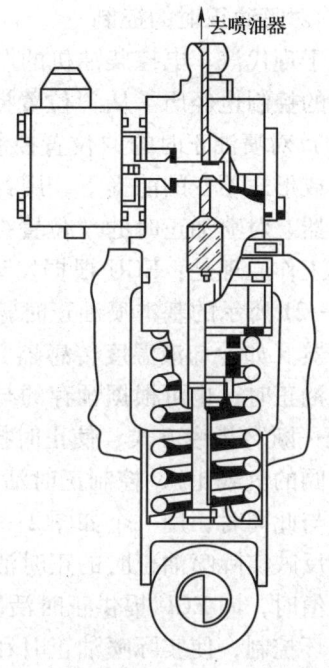

图 2—18 PPVI 系统示意图
1—增量式凸轮轴角度编码器 2—凸轮 3—喷油泵
4—低压系统 5—油管 6—旁通溢流阀
7—高速电磁铁 8—喷油器 9—ECU
10—功率开关电路 11—CPU

图 2—19 采用循环供（喷）油量"时间控制"的电控单体泵

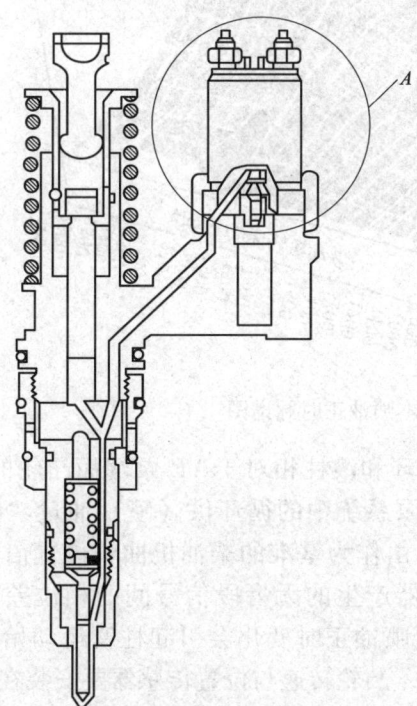
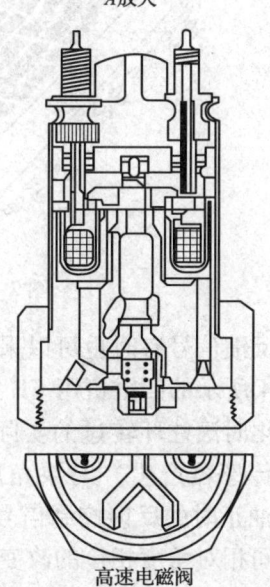

图 2—20 循环供（喷）油量"时间控制"电控泵喷嘴

2. 对喷油正时的控制

对于现代汽车电控柴油机的燃油喷射电控系统来说，其常规压力电控喷油系统对喷油正时的控制也经历了从"位置控制"到"时间控制"的发展过程。

（1）对喷油正时的"位置控制"。所谓对喷油正时的"位置控制"，就是在保持传统的构成形式不变的前提下，用各种形式的电控液压提前器来替代传统机械或液压式自动提前器。对喷油正时的"位置控制"首先是在各种电控分配泵系统中得到应用。

其工作原理是：ECU根据发动机转速传感器、负荷传感器的转速和负荷信号，在如图2—21所示的基本喷油正时脉谱图中找到该工况下的基本喷油正时，再根据其他有关传感器（如冷却液温度传感器）的信号对基本喷油正时进行修正，得到该工况下的最佳喷油正时；也可根据预存的与最佳喷油正时相对应的正时控制阀的负载比脉谱图，以"通—断"指令方式，使正时控制阀改变高压侧流向低压侧的燃油流量（即改变正时控制阀的负载比），控制正时活塞的位置，即滚柱环和滚柱相对于VE泵端面凸轮的位置。与此同时，用一个如图2—22所示的非触点可调电感式正时控制阀活塞位置传感器测定反映实际喷油正时的正时活塞的实际位置，当实际喷油正时和最佳喷油正时之间存有差值时，向ECU提供正时活塞位置的反馈信号，形成如图2—23所示的对喷油正时的闭环控制，使实际喷油正时和最佳喷油正时趋向一致。

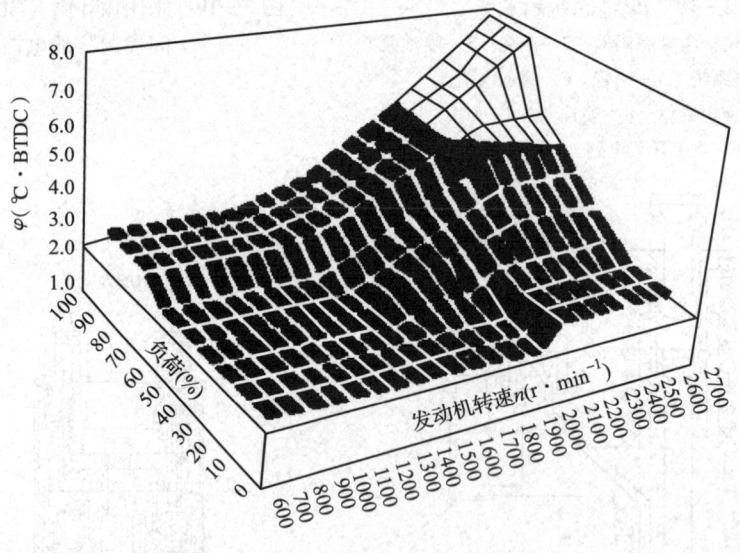

图2—21 基本喷油正时脉谱图

这里的反馈信号有时也可以采集滚柱环和滚柱相对于VE泵端面凸轮的实际转角。例如图2—14所示的四缸机用VE型分配泵系统中的循环供（喷）油量"时间控制"，喷油正时变化时滚柱环转过的实际角度，由作为基准的柴油机曲轴位置信号（由曲轴转速与位置传感器产生）与泵角度传感器产生的无齿段信号间的相位差来算出，为ECU提供喷油正时的反馈控制信号。由于喷油正时变化会引起柱塞运动始点即供油始点至无齿段间相对角度相位的改变，所以，凸轮转速与位置传感器要安装在滚柱环上而不是固定在泵体上。如图2—24所示，喷油泵处于（A）状态时，供油在泵油角度θ内

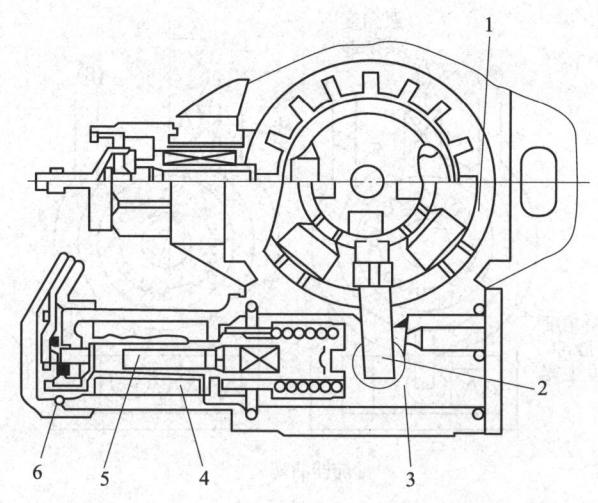

图 2—22 正时控制阀活塞位置传感器
1—滚轮 2—滑动销 3—正时控制阀活塞 4—线圈 5—磁心 6—正时控制阀活塞位置传感器

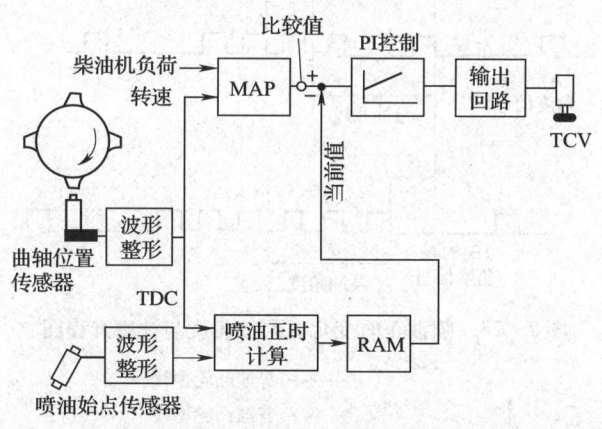

图 2—23 用喷油始点传感器进行喷油正时闭环控制的方框图

完成；喷油正时改变使喷油泵处于（B）状态时，由于凸轮转速与位置传感器安装在滚柱环上，所以滚柱环转过一个角度α时，无齿段结束点的信号也延迟一个角度。这样，喷油正时变化时就不会影响对循环供（喷）油量的控制。然而，当采用的凸轮型线使柱塞速度曲线呈三角形时，喷油正时的变化会带来不可避免的喷油速率的变化，以致影响柴油机的性能。因此，这种电控分配泵的凸轮要采用能使柱塞速度曲线呈梯形的等速凸轮型线，使整个供油持续期内的平均喷油速率相近，使喷油正时的变化对喷油速率的影响最小。图 2—25 所示为不同凸轮型线的柱塞升程与速度曲线。

由于燃料品质的变化、柴油机工作环境条件（如海拔高度）的变化以及喷油器长期工作后性能的恶化（如启喷压力降低，燃油喷雾不良等）都会使着火延迟（或称滞燃期）发生变化，影响柴油机的性能，特别是使排放恶化。为保证燃烧始点总能处在上止点前的最佳位置，必须根据所希望的着火时间来对喷油正时进行更精确的控制。为

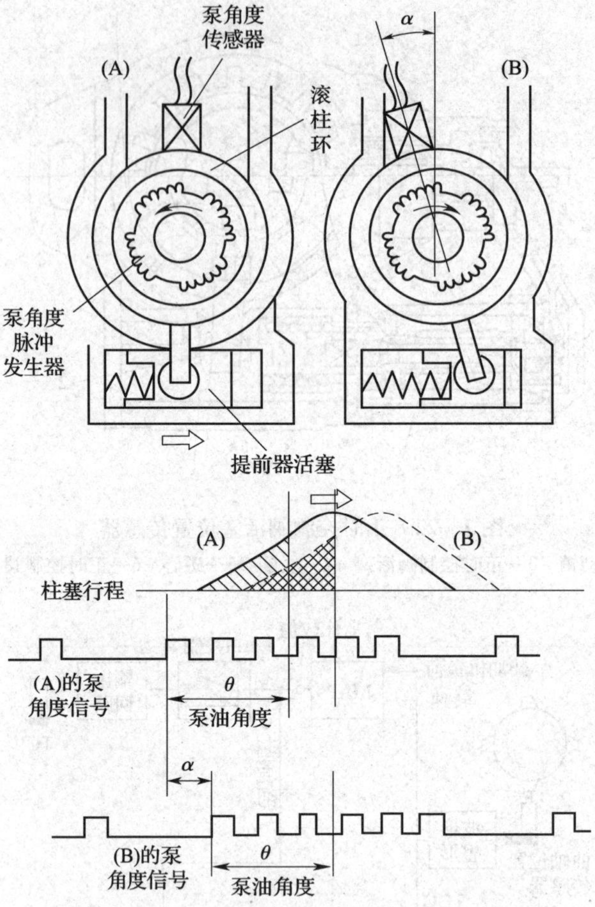

图 2—24 喷油正时变化时泵油角度与柱塞升程图

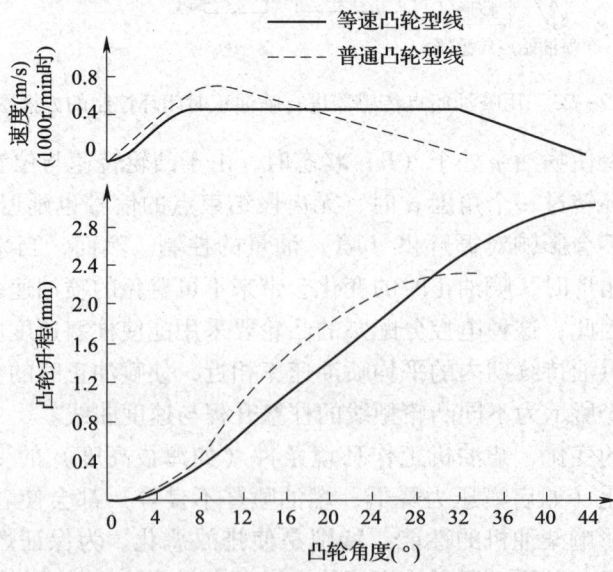

图 2—25 不同凸轮型线的柱塞升程与速度曲线

此，在有些喷油正时"位置控制"的电控分配泵系统中采用了如图2—26所示的着火时间补偿调节系统。只有当实际着火开始（燃烧开始）时间与所要求的着火开始（燃烧开始）时间一致时，其对应的喷油正时才是所要求的。检测着火开始（燃烧开始）时间有许多方法，如对燃烧压力、振动和燃烧闪光的检测等，以检测燃烧闪光的方法最为实用。这种燃烧始点光电传感器通过石英晶体传至光敏晶体管，将燃烧室内的燃烧闪光转换为脉冲的电信号，准确测出实际着火开始（燃烧开始）时间，向ECU提供相应的供油始点补偿信息。为了能对喷油泵原始设计时的误差、零件之间的制造偏差等进行修正，也可采用装在喷油器内的非触点可调电感式喷油器喷油始点传感器直接检测喷油开始的时间，向ECU提供实际喷油正时的反馈信号，以此来形成对喷油正时的闭环控制。

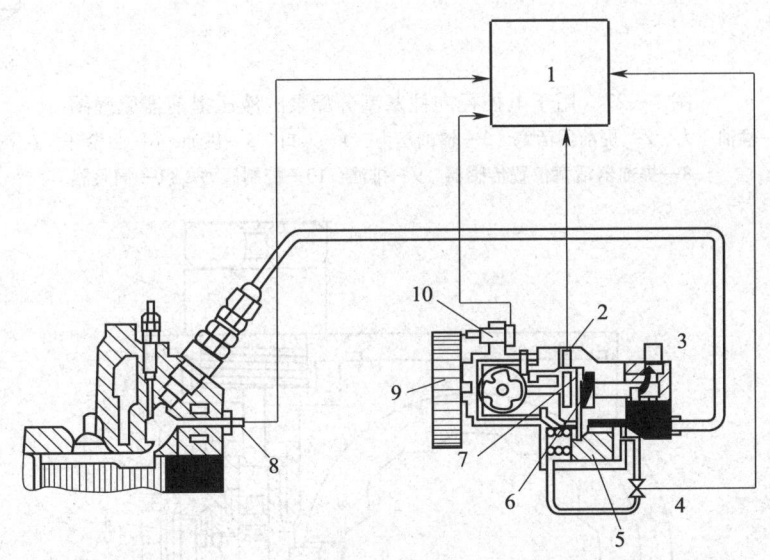

图2—26　着火时间补偿调节系统图
1—ECU　2—泵角度传感器　3—电磁溢流阀　4—正时控制阀　5—提前器活塞　6—滚柱环
7—泵角度脉冲器　8—燃烧始点传感器　9—泵驱动轮　10—曲轴位置传感器

图2—27所示为一种在电控径向柱塞型分配泵上实现喷油正时"位置控制"的电控液压提前器。它也是在原有液压伺服器上增加一个由ECU控制的电磁阀来调节正时活塞的高压侧和低压侧间的压差，以改变正时活塞的行程，控制正时活塞的位置，即内凸轮环相对于其随动件滚柱座的位置。同样，也设有正时活塞位置传感器，来实现反馈控制。

图2—28所示为另一种电控径向柱塞型分配泵上实现喷油正时"位置控制"的电控液压提前器。它采用步进电机来控制液压伺服机构中伺服活塞的位置，进而控制内凸轮环相对于其随动件滚柱座的位置，实现对喷油正时的"位置控制"。用装在喷油器中的霍尔效应式或压电陶瓷式传感器来检测针阀升程，确定喷油始点，提供反馈信息，实现闭环控制。

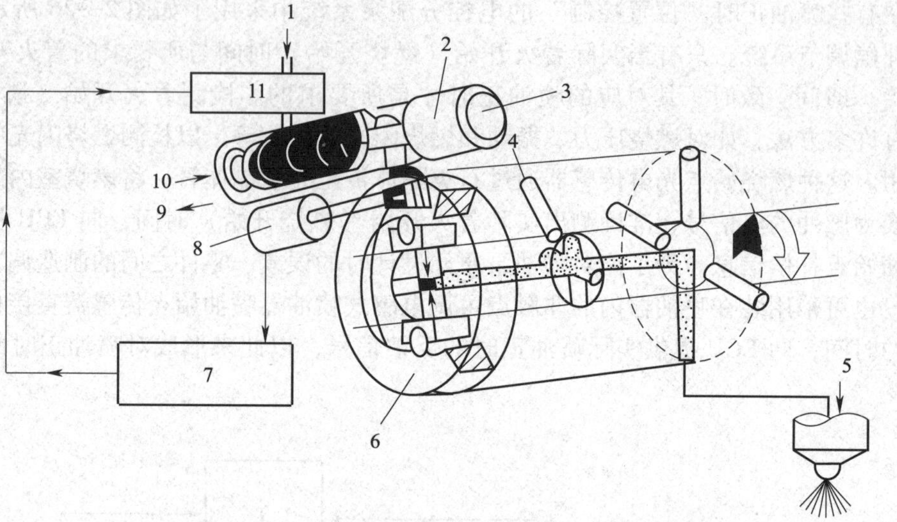

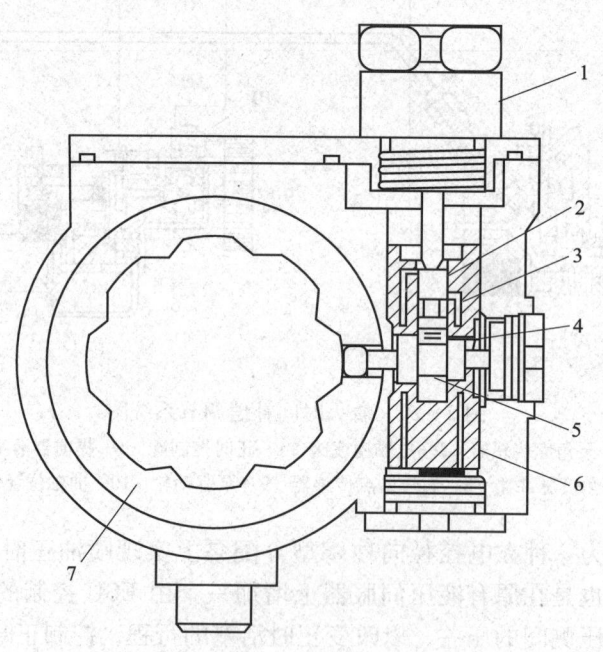

图2—27 用于电控径向柱塞型分配泵的液压提前器原理图
1—输油压力 2—提前器活塞 3—输油压力 4—入口 5—供油 6—凸轮环 7—ECU
8—提前器活塞位置传感器 9—排油 10—控制压力 11—伺服器

图2—28 用步进电机控制的液压提前器
1—步进电机 2—伺服活塞 3—输油压力环路 4—伺服弹簧 5—内凸轮销 6—提前器活塞

对电控直列泵喷油正时的"位置控制"通常是采用一个由ECU控制的电磁液压提前器(喷油正时控制阀)来实现的。这个提前器安装在直列泵的机械离心式自动提前器的位置上,即连接在喷油泵凸轮驱动轴和喷油泵凸轮轴之间,借改变它们之间的相位来实现对喷油正时的控制。图2—29和图2—30所示分别为一种采用喷油正时的"位置控制"的控制系统电控直列泵控制系统示意图和"位置控制"框图。

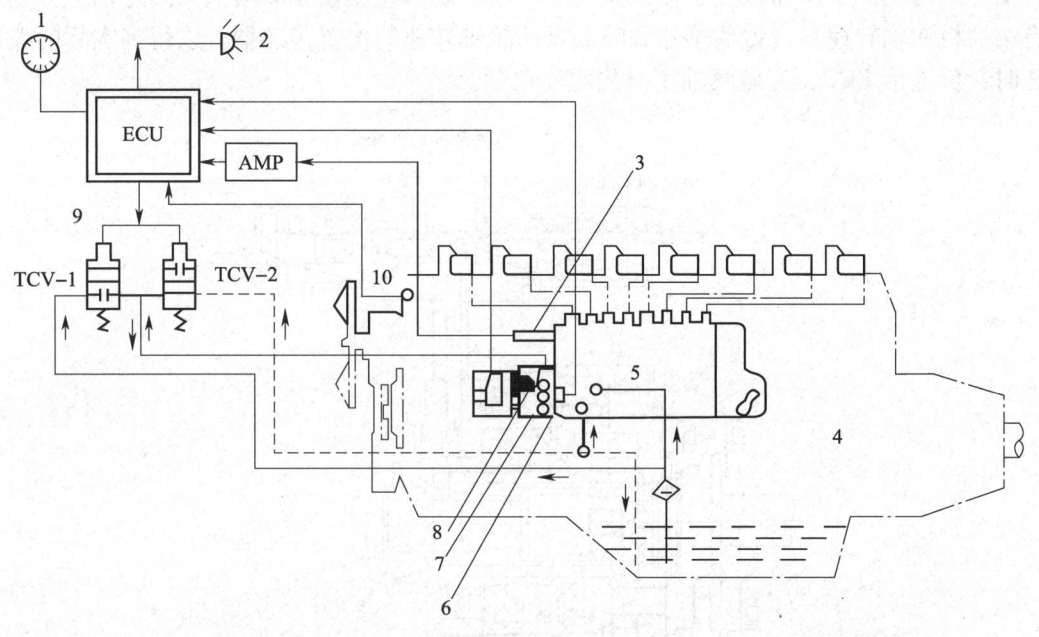

图2—29 电控直列式喷油泵喷油正时"位置控制"系统示意图
1—转速表 2—诊断灯 3—齿杆位置传感器 4—柴油机 5—直列式喷油泵
6—正时控制阀位置传感器 7—液压提前器位置传感器 8—柴油机转速传感器
9—正时控制阀 10—冷却液温度传感器

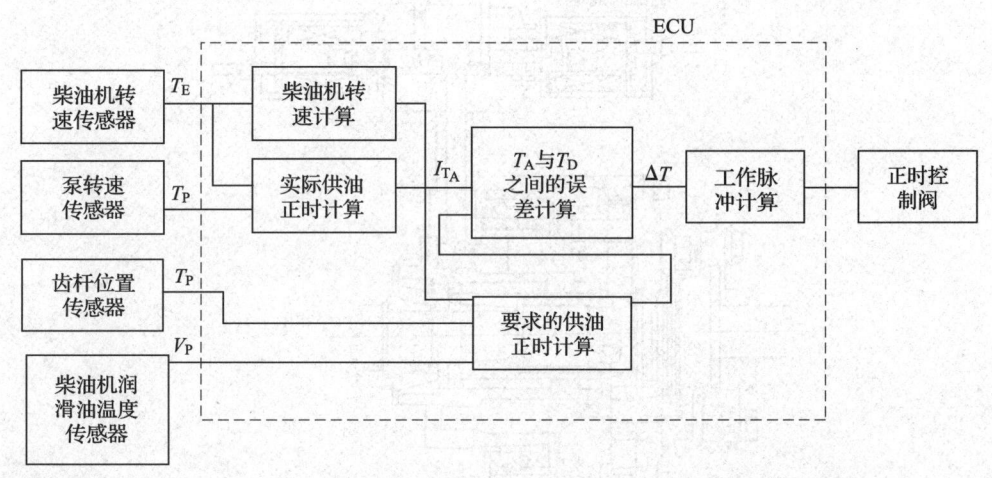

图2—30 电控直列式喷油泵喷油正时"位置控制"框图

图2—31所示为该系统中由ECU控制的电磁—液压提前器（喷油正时控制阀）的工作原理图。在此提前器中有两个电磁阀分别控制液压伺服机构的进油与出油。工作油来自柴油机的润滑油，且油压不低于0.2 MPa。液压伺服机构由双偏心轮、伺服活塞、拨叉和拨叉销组成。四个沿轴向布置的伺服活塞在较低的油压下就能推动滑块克服弹簧力向外运动，而滑块又通过滑块销使双偏心轮转动。双偏心轮的结构改变了驱动轴与凸

轮轴之间的相位,从而改变了喷油正时。在喷油泵凸轮驱动轴和喷油泵凸轮轴上分别装有柴油机曲轴转速与位置传感器和喷油泵凸轮轴转速与位置传感器,以得到实际的喷油正时,反馈给ECU,实施喷油正时的闭环控制。

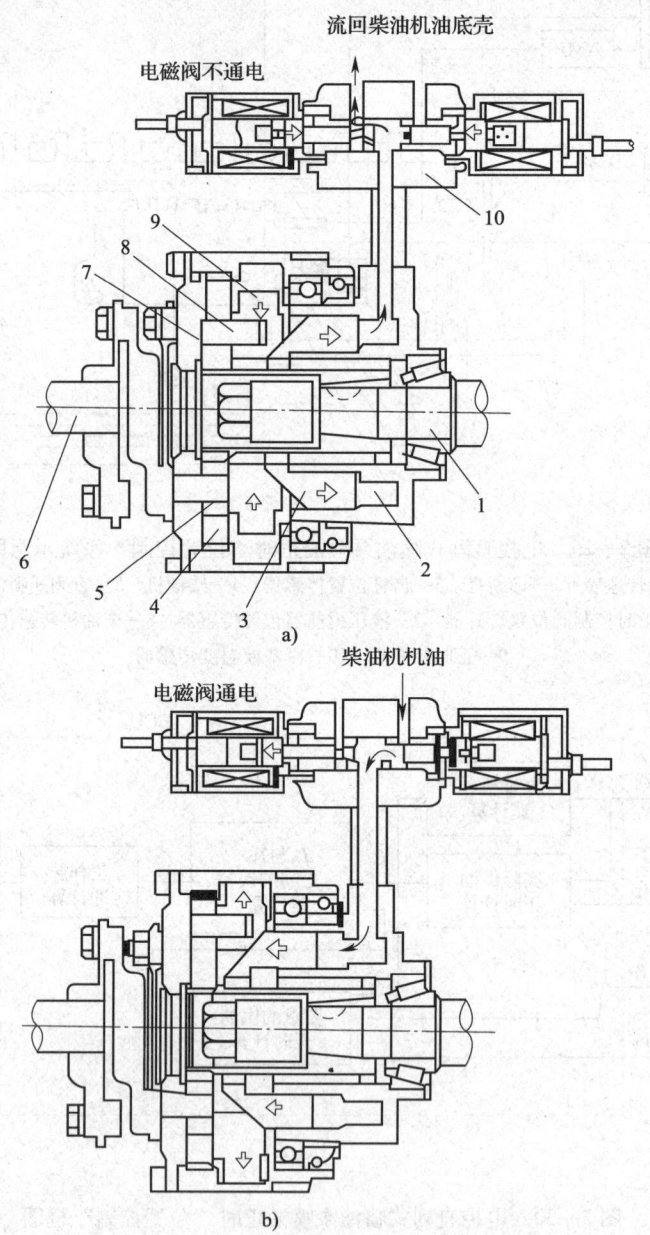

图2—31 电磁—液压提前器工作原理
1—喷油泵凸轮轴(从动轴) 2—液压腔 3—液压活塞 4—大偏心轮 5—小偏心轮
6—喷油泵驱动轴(主动轴) 7—驱动外壳 8—滑块 9—滑块销 10—电磁阀

图2—32所示为一种用于对电控直列泵喷油正时进行"位置控制"的无刷力矩电机(B1M)驱动的双作用式液压提前器。这种电机是一种特殊设计的旋转式比例螺线

管。在 ECU 指令下，无刷力矩电机控制液压活塞的运动，当活塞打开进油孔时，在油压作用下，内、外圆周上分别加工有螺旋线的驱动架轴向移动，由于驱动架内、外圆周上的螺旋线分别与喷油泵凸轮轴凸缘外圆周上的螺旋线和喷油泵凸轮轴传动齿轮内圆周的螺旋线啮合，驱动架的轴向移动迫使喷油泵凸轮轴传动齿轮和喷油泵凸轮轴之间产生相对的角度相位差，从而改变喷油正时。为了进行精确的喷油正时的反馈控制，采用了一个能提供液压活塞实际位置信号的线性电位器作为反馈信号传感器。这种装置可控制的喷油正时范围达 50°曲轴转角。

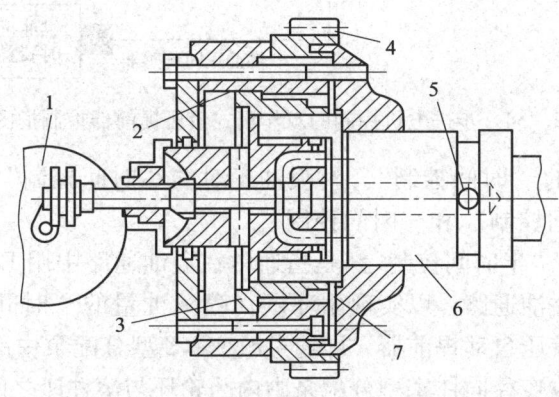

图 2—32 无刷力矩电机驱动的双作用式液压提前器
1—无刷力矩电机　2、7—螺旋槽　3—驱动架　4—传动齿轮
5—到伺服系统的油路　6—喷油泵凸轮轴

图 2—33 和图 2—34 分别为另一种用于对电控直列泵喷油正时进行"位置控制"的双作用式液压提前器和控制系统方框图。喷油泵凸轮随动件上的滚柱体装在一个滑套内，滑套的两端受弹簧力和润滑油压力的共同作用而处于某一平衡位置。根据 ECU 指令由步进电机控制的润滑油压力调节阀动作，滑套润滑油一端的压力改变，打破平衡，滑套向左或向右移动，进而使滚柱体向左或向右移动，向左移动时供油提前；向右移动时供油推迟。系统中设有实际喷油正时的传感器，用来进行反馈控制。

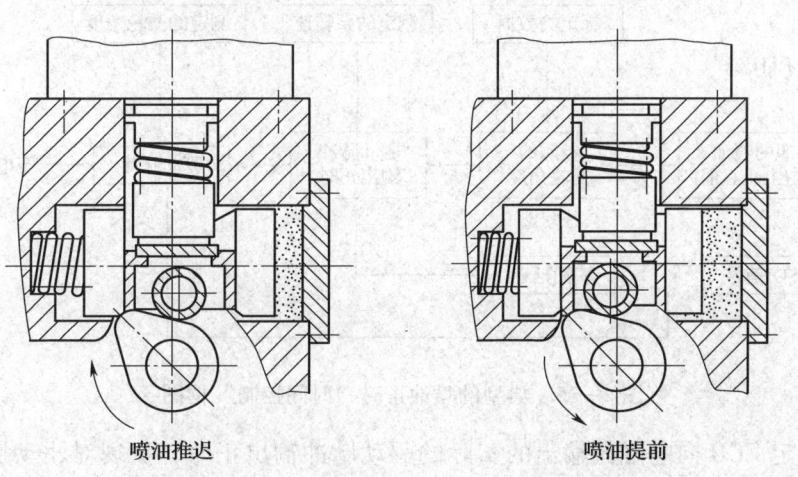

喷油推迟　　　　　　　　　喷油提前

图 2—33 步进电机控制的双作用式液压提前器

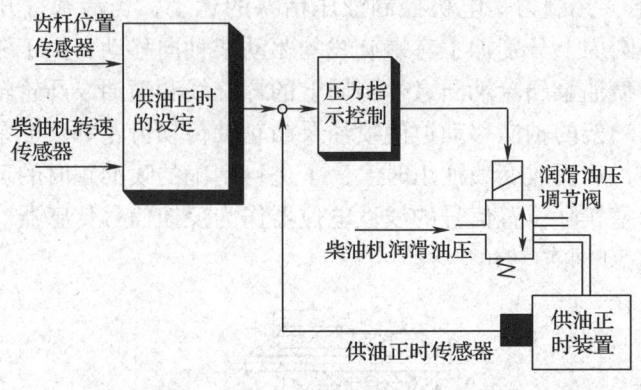

图 2—34 步进电机控制的双作用式液压提前器控制框图

（2）对喷油正时的"时间控制"。对喷油正时的"时间控制"先后发展了两种形式，在此称为"半时间控制"和"时间控制"。

1）对喷油正时的"半时间控制"。是指通常在溢油通路中用 ECU 控制的高速电磁溢流阀来打通或关闭溢油通路，以实现循环供（喷）油量的"时间控制"的电控分配泵中，仍保留了电控液压自动提前器，即通过改变 VE 型分配泵中的滚柱座与端面凸轮之间的相对位置，或改变径向柱塞型分配泵中内凸轮环与滚柱座之间的相对位置来改变喷油正时。这样，喷油正时的"整体调整"仍然采用了"位置控制"，不过，尽管实际的供油始点并不完全取决于电磁溢流阀关闭的时刻（只有在采用溢油—泵油—溢油法或充油—溢油法时才取决于电磁溢流阀关闭的时刻），但供油终点却决定于电磁溢流阀开启的时刻。因此，这种形式对喷油正时的"时间控制"是不完全的，所以称为"半时间控制"。

2）对喷油正时的"时间控制"。与"半时间控制"相比，"时间控制"在构成上取消了电控液压自动提前器，完全用高速电磁溢流阀关闭或开启的时刻来控制喷油正时。图 2—35 所示为这类分配泵喷油正时典型的"时间控制"的控制框图。

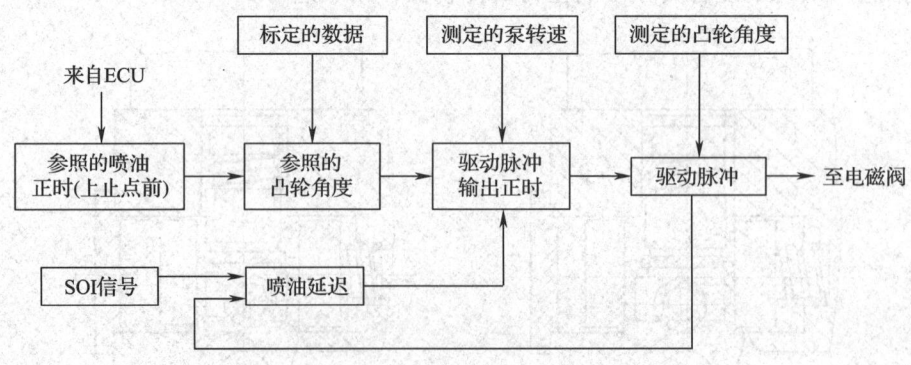

图 2—35 典型的喷油正时"时间控制"框图

为了测定 ECU 向电磁阀输出的实际的驱动脉冲输出正时，实现对驱动脉冲输出正时的反馈控制，采用了一种设置在电磁阀上的电磁阀关闭持续期传感器来精确测定电磁阀关闭始点和终点时刻，向 ECU 提供电磁阀实际的驱动脉冲输出正时。为了向 ECU 提供曲轴转速和位置信息，在这类电控分配泵中还必须设有如图 2—13 所示的凸轮转速与位置传感器和凸轮位置（转角）脉冲发生器。由于在喷油泵柱塞高压腔内建立压力需要时间，加上通过高压油管时的压力传递延迟时间，因而驱动脉冲输出正时和喷油器的实际喷油正时之间有一定程度的时间延迟。总的延迟时间受柴油机转速、温度以及高压油管长度等因素的影响。因此必须使驱动脉冲输出正时包括上述延迟时间。为了测定喷油器的实际喷油正时，以便进行反馈控制，需采用各种形式的喷油始点传感器，以精确地测定实际的喷油始点。

对于循环供（喷）油量"时间控制"的电控单体泵和泵喷嘴，前者由于高压油管较短，故通过高压油管的压力传递延迟时间很短，因此，往往可近似将喷油正时看作是高速电磁阀将溢油（或进油）通路打通或关闭的时刻，即供油正时；而后者则完全没有高压油管，只有喷油正时，而无供油正时。为了使喷油正时的变化对喷油速率的影响最小，这种电控单体泵和泵喷嘴中的凸轮也要采用能使凸轮随动件速度曲线呈梯形的等速凸轮型线。

3. 喷油速率和喷油规律的控制

在以微机为控制单元的现代汽车柴油机燃油喷射电控系统中，就比较容易实现对喷油速率的动态而又柔性的控制。常规压力电控喷油系统对喷油速率和喷油规律的控制同样也经历了从"位置控制"到"时间控制"的发展过程。

（1）对喷油速率和喷油规律的"位置控制"。对喷油速率和喷油规律的"位置控制"主要用于电控直列泵上，通过改变柱塞预行程来实现对喷油速率的控制。只要能实现喷油泵凸轮随动件上的滚柱体高度的连续可变，就能实现预行程的连续可变。所以，按不同的控制部位有控制滑套式、改变柱塞长度式、改变滚柱体高度式 3 种。

1）控制滑套式。如图 2—36 所示，在循环供（喷）油量"位置控制"的电控直列泵的柱塞偶件上增加一个控制滑套，由控制滑套的上下移动改变供油始点，即用改变柱塞预行程的方法来实现对喷油速率的控制，而柱塞有效行程不变，即循环供油量不变。其工作原理如图 3—37 所示，当滑套上移时，柱塞预行程增大，即喷油泵柱塞在凸轮型线工作段上速度较高的区段工作，喷油速率增大；相反，滑套下移时，柱塞预行程减小，即喷油泵柱塞在凸轮型线工作段上速度较低的区段工作，喷油速率下降。滑套由偏心导销定位，只能上下移动，不能旋转，其驱动端装有一个自动定位轴承，以减少摩擦。滑套上下移动的位置由一套装在喷油泵内的电磁式旋转螺线管按 ECU 指令来驱动旋转控制杆转动一个角度进行控制。这就是喷油速率的"位置控制"。由于柱塞预行程的改变（即喷油速率的改变）会使喷油正时也发生改变，需要时，要另外设置电控液压喷油提前器。

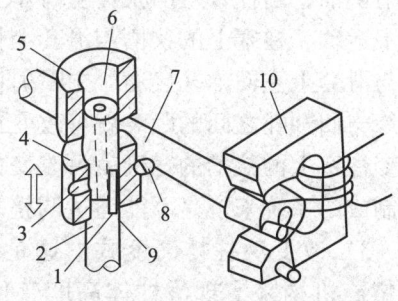

图 2—36 带有控制滑套的可变预行程控制机构

1—进油孔（进油及回油） 2—柱塞
3—溢油孔（回油） 4—控制滑套
5—柱塞套筒 6—柱塞腔 7—控制杆
8—销子 9—切槽 10—转动螺线管

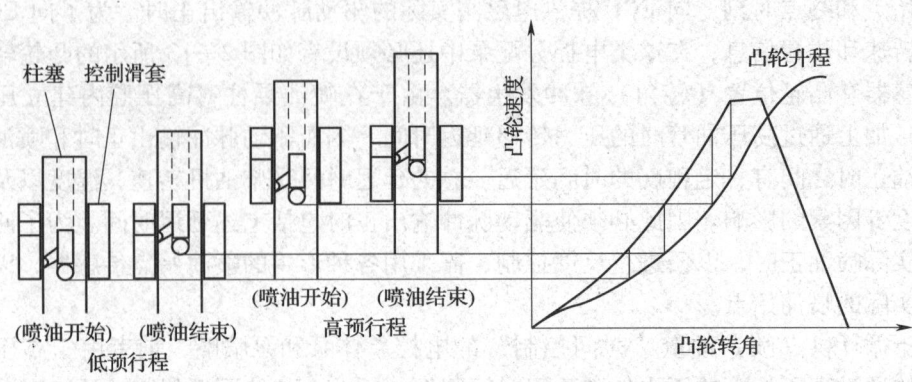

图 2—37　带有控制滑套的可变预行程控制机构工作原理

2）改变柱塞长度式。如图 2—38、图 2—39 和图 2—40 所示分别为在循环供（喷）油量"位置控制"的电控直列泵中采用通过改变柱塞长度来改变柱塞预行程，实现对喷油速率控制的弹簧、控制机构和控制系统示意图。其柱塞分割为上、下两个部分，上柱塞下部有一台阶形弹簧座，连同弹簧一起伸在下柱塞上部的弹簧室内，一般情况下，靠弹簧力将上、下柱塞连成一体。机油泵来的机油从柱塞套筒上的控制油孔进入弹簧室时，机油压力克服弹簧力，使上、下柱塞分开，柱塞长度相对变长，上柱塞的上端面就较早关闭柱塞套筒上的燃油进油孔，使柱塞预行程减小，喷油速率下降。上、下柱塞连成一体时，柱塞预行程最大。上、下柱塞间距离的变化范围为 0～1 mm，这也是柱塞预行程的变化范围。变化的大小由控制油压和弹簧力的平衡决定。用一个电磁—液压比例控制阀使控制机油压力按 ECU 指令的控制电流的大小成比例变化。同样，由于柱塞预行程的改变（即喷油速率的改变）会使喷油正时也发生改变，需要时，也要另外设置电控液压喷油提前器。

为了实现预喷射，在柱塞螺旋槽的下方增加一条狭槽，在控制滑套上增加一个预喷射回油用的长方形孔。柱塞向上运动供油时，滑套下缘遮盖了柱塞上的狭槽，开始了预喷射供油；当柱塞上的狭槽与滑套上长方形回油孔接通，预喷射中止。随着柱塞的继续向上运动，柱塞上的狭槽与滑套上长方形回油孔脱开，主喷射供油开始；当柱塞上螺旋槽与滑套上主回油孔接通，主喷射供油结束。因此，改变柱塞上的狭槽的位置或滑套下边缘与回油孔之间的距离就可改变预喷射供油行程，从而改变预喷射供油量的大小；而改变柱塞上的狭槽的宽度就可改变预喷射和主喷射之间的间隔。当然，预喷射参数对于已制成的系统来说是不能通过调整来改变的。

3）改变滚柱体高度式。这是用在电控单体泵上的可变柱塞预行程装置，它是用螺旋机构来实现滚柱体高度变化的。在滚柱体内圆加工出内螺纹，把原喷油泵的滚柱体垫片改成有外螺纹的可旋转部件，通过一个类似于拨叉式的油量调节杆的装置来拉动并使其旋转（拉力应为满足螺纹自锁条件的最小摩擦力），从而改变滚柱体的高度。

上述对喷油速率和喷油规律的"位置控制"只能使平均喷油速率的大小成为可变，而不能优化喷油规律曲线。

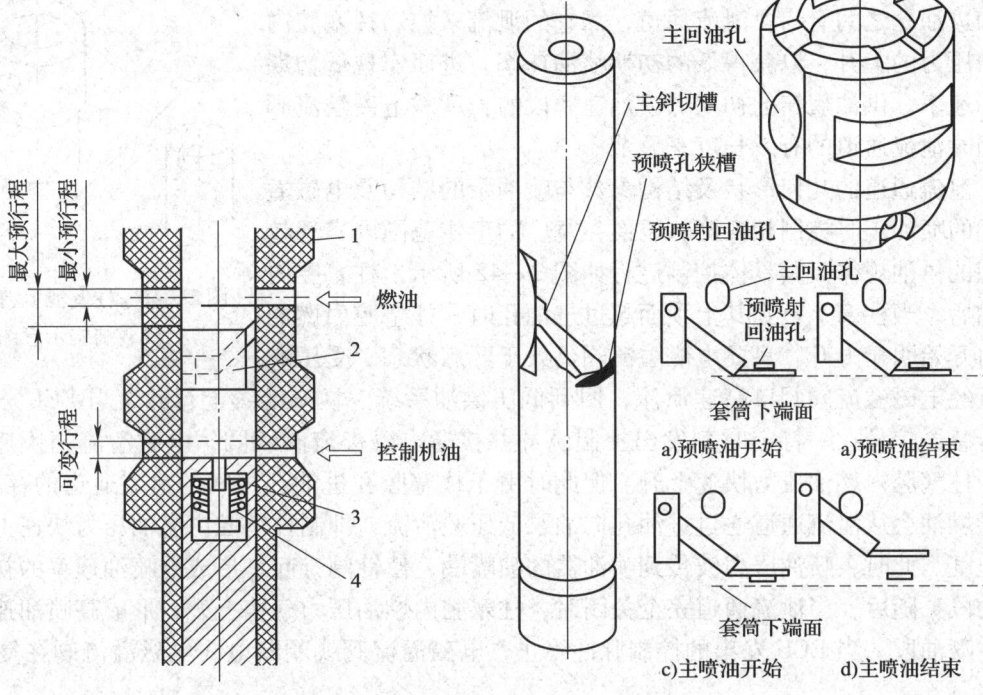

图2—38 改变柱塞长度的可变预行程弹簧　图2—39 改变柱塞长度的可变预行程控制机构
1—柱塞套　2—上柱塞　3—下柱塞　4—弹簧

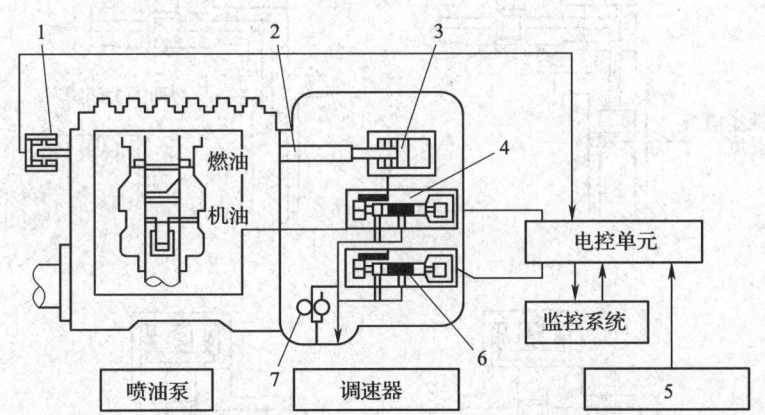

图2—40 改变柱塞长度的可变预行程控制系统示意图
1—齿杆位置传感器　2—齿杆　3—动力活塞　4—电磁—液压比例控制阀（油量控制）
5—柴油机转速传感器　6—电磁—液压比例控制阀（正时控制）　7—齿轮泵

（2）对喷油速率和喷油规律的"时间控制"。对喷油速率和喷油规律进行"时间控制"能够优化喷油规律曲线。

在图2—18所示的试验型的循环供（喷）油量用高速电磁溢流阀进行"时间控制"的电控直列泵系统中，利用喷油泵柱塞上设置泄流槽与电磁阀相结合来实现可控制的低初期喷油速率和供油特性。其基本原理是：在如图2—41所示的柱塞顶部正对柱塞套进油孔一侧开一段泄流槽,当柱塞顶部到达进油孔上缘后,柱塞腔和进油孔之间有一段泄流通道,靠它的泄流来控制柱塞腔内燃油压力的上升,以获得低的初期喷油速率,进而实现低初期喷油速率。供油规律的初期低喷油速率段的长度靠电磁溢流阀关闭时泄流通道的有效长度来调节。

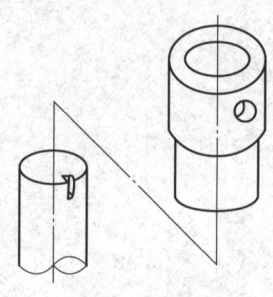

图2—41 柱塞泄流槽结构示意图

泄流通道的几何形状及结构参数与喷油泵的结构及电磁溢流阀的喷油正时控制相匹配,以便在宽广的工作范围内实现较理想的供油规律。其具体控制过程如图2—42所示,柱塞腔内充油后,当柱塞上行到其上顶面超过进油孔时,柱塞腔内燃油压力开始明显上升,只要电磁溢流阀仍处于开启状态,受压燃油就经电磁溢流阀阀口高速泄流,回到低压供油系统。柱塞继续上行时,当ECU根据各传感器信号在一特定时刻发出控制脉冲并接通电磁溢流阀线圈,电磁溢流阀快速关闭,柱塞腔内燃油压力快速上升。但此时由于柱塞腔和进油孔之间的泄流通道的存在,少量燃油会从泄流通道通过进油孔向油泵低压腔泄流,抑制柱塞腔内燃油压力快速上升的速度。此时,喷油压力波传到喷油器的喷嘴端,使针阀升起,形成低喷油速率的初始喷油段。随后,当泄流通道完全关闭时,柱塞腔内燃油压力急速上升,形成高喷油速率的主喷油段。当ECU发出的控制脉冲终止,电磁溢流阀线圈断电,电磁溢流阀在复位

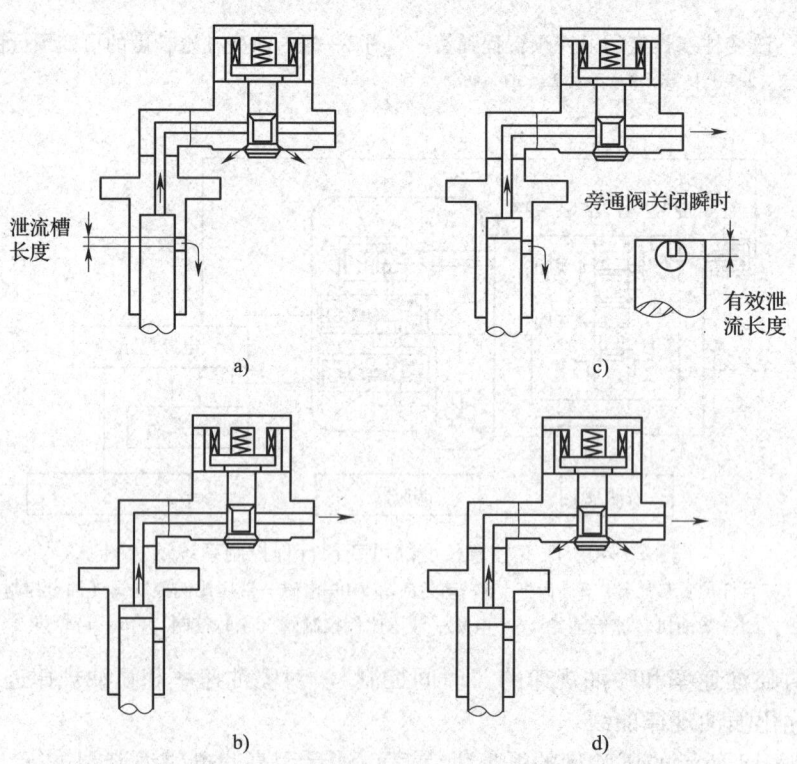

图2—42 初期喷油速率控制过程
a) 旁通过程 b) 预喷开始 c) 预喷结束,主喷开始 d) 主喷结束,卸载开始

弹簧的作用下快速打开，高压燃油经电磁溢流阀阀口高速泄流，回到低压供油系统。可见，是泄流通道的泄流作用形成了低喷油速率的初始供油段。其长短与电磁溢流阀关闭时刻泄流通道起作用的长度，即有效泄流长度有关。因此，通过改变电磁溢流阀的关闭时刻就可以调节有效泄流长度，进而控制低喷油速率初始喷油段的长度。低速时，由于柱塞速度低，喷油速率小，泄流作用相对较强，压力上升缓慢，喷油始点推迟，喷油规律形成三角形的形态，正好满足低速时的燃烧匹配的要求。中速时，喷油速率增大，喷油始点逐步提前，喷油规律形成靴形的形态，正好满足中速时的燃烧匹配的要求。高速时，喷油速率高，泄流作用相对减小，泵端压力上升速度加快，喷油始点提前。尽管此时三角形形态的喷油规律不够理想，但可通过喷油正时的调整，利用高速时喷油压力波产生预喷射，在低速率初始喷油段获得靴形喷油规律的形态。泄流槽的结构尺寸（长度、宽度、深度等）对初期喷油速率，进而对初期喷油规律有影响。

4. 喷油压力的控制

常规压力电控系统无法实现独立地对喷油压力进行柔性的控制，只能通过对喷油速率和喷油规律或对它们影响最大的供油速率和供油规律的调节来使喷油压力发生变化。所以在常规压力电控系统中，没有对喷油压力进行柔性控制的典型方法。

三、高压电控喷油系统的燃油喷射控制

1. 对循环供（喷）油量控制

高压电控喷油系统的基本特征是改变了传统燃油喷射系统的基本组成和结构。是通过设置传感器、ECU 和高速电磁阀或电/液控制执行器等组成的电控系统，对循环供（喷）油量以及后面将介绍到的喷油正时、喷油速率和喷油规律、喷油压力等进行"时间—压力控制"或"压力控制"。这类系统包括电控共轨式喷油系统和一部分电控单体泵喷油系统或电控泵喷嘴喷油系统。其中最典型的是电控共轨式喷油系统。在电控共轨式喷油系统中，对循环供（喷）油量采用了"时间—压力控制"或"压力控制"。其中用得最多的是"时间—压力控制"。

（1）对循环供（喷）油量的"时间—压力控制"。图 2—43 所示为一种电控无液压放大的高压共轨系统。凸轮驱动式高压供油泵将高压（120 MPa）燃油输入共轨，其供油量必须是实际喷油量的几倍。供油泵上装有喷油压力调节阀（PCV 阀），它通过调节供油量的增减而调节共轨中的油压。共轨中油压由 ECU 根据柴油机工况的要求进行调节。按照流量方程，在喷油器针阀开启时间、燃油密度和喷孔截面积都不变的情况下，燃油喷射量与喷油器喷孔内外的压力差的平方根成正比。因此，共轨中油压的脉动会造成循环供（喷）油量的变化，为此，高压供油泵的供油特性、调压阀的工作特性和共轨的几何尺寸与形状等都需设计成使共轨中的油压脉动为最小。共轨上设有油压传感器，将共轨油压的信号输送给 ECU，由 ECU 对 PCV 阀实施反馈控制，使共轨油压稳定于目标值。当共轨油压低于目标值时，PCV 阀提前关闭，供油泵提前供油，而供油终点位置与凸轮升程最高点不变。所以，供油泵提前供油就使供油量增加，共轨油压升高；反之，当共轨油压高于目标值时，PCV 阀延迟关闭，供油量减少，共轨油压降低。在电/液控制喷油器上方设置了一个电磁式二位三通阀，它的通电持续时间（作用在三

通阀上的控制脉冲宽度）和（由 ECU 根据柴油机工况的要求而决定的）共轨压力（它决定了喷油压力）决定了循环供（喷）油量，它的通电时刻（作用在三通阀上的控制脉冲开始时间）决定了喷油始点。

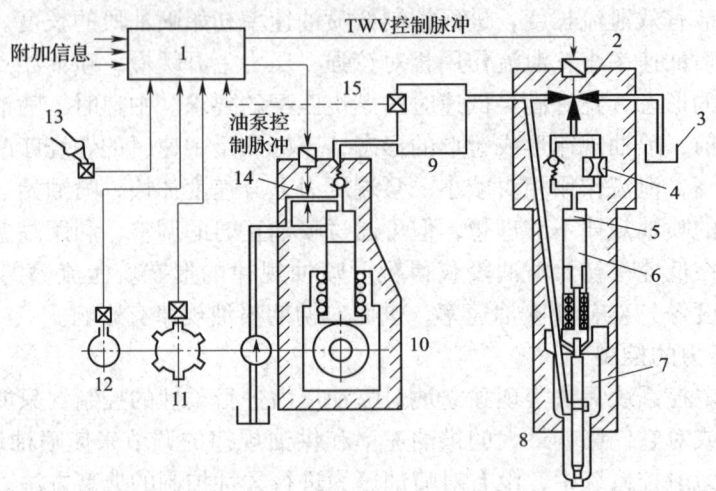

图 2—43　一种带二位三通电磁阀喷油器的电控高压共轨系统示意图
1—ECU　2—三通阀　3—燃油箱　4—节流孔　5—控制室　6—液压活塞　7—喷嘴　8—喷油器
9—公共油轨　10—高压供油泵　11—柴油机转速传感器　12—曲轴位置传感器
13—加速踏板位置传感器　14—供油泵喷油压力调节器　15—燃油压力传感器

图 2—44 所示为另一种电控无液压放大的高压共轨系统。其通过一个径向柱塞式高压供油泵向共轨输送高压燃油。由 ECU 控制的 PCV 阀则通过对带有控制边缘的滑阀与套筒上量孔的相对位置的调节，改变进入泵油柱塞腔的油量，同样通过供油量的增减来调节共轨中的油压。共轨中的燃油压力（140～150 MPa）由 ECU 根据柴油机工况的要求进行调节，并由共轨上的油压传感器向 ECU 提供油压反馈控制信号。它所使用的电/液控制喷油器带有二位二通电磁阀，同样，由 ECU 根据柴油机工况的要求而决定的共轨油压（它决定喷油压力）和电磁阀通电持续时间决定了循环供（喷）油量，电磁阀的通电时刻决定了喷油始点。

（2）对循环供（喷）油量的"压力控制"。在电控共轨式喷油系统中还有一种循环供（喷）油量的"压力控制"方法。

图 2—45 所示为一种电控有液压放大的增压共轨系统。它由低压（2～10 MPa）供油泵、蓄压式电—液控制喷油器、喷油压力调节器（PCV 阀）和共轨等组成。供油泵将燃油输入共轨，共轨油压由 ECU 根据柴油机工况的要求进行调节。共轨中燃油进入蓄压式电—液控制喷油器中的增压活塞上部低压腔，该低压腔所具有的蓄压性能可以允许泵油能量的积累和喷射过程有一定的时间间隔，这样就大大降低了对喷油压力的要求。增压活塞上下面积之差可使增压活塞下部的燃油产生极高的压力，因为压力能量可以持续产生，所以压力的建立不受喷油过程时间极短的影响。在包括起动、急速的全部转速范围内，都可以有很高的喷油压力和非常短的喷油持续期。循环供（喷）油量由增压活塞上部低压腔内的压力来调节，也就是说，循环供（喷）油量是由共轨中的油

压来控制的,这也就是循环供(喷)油量的"压力控制"方法。虽然采用低压供油,但却能实现高达160MPa的喷油压力。

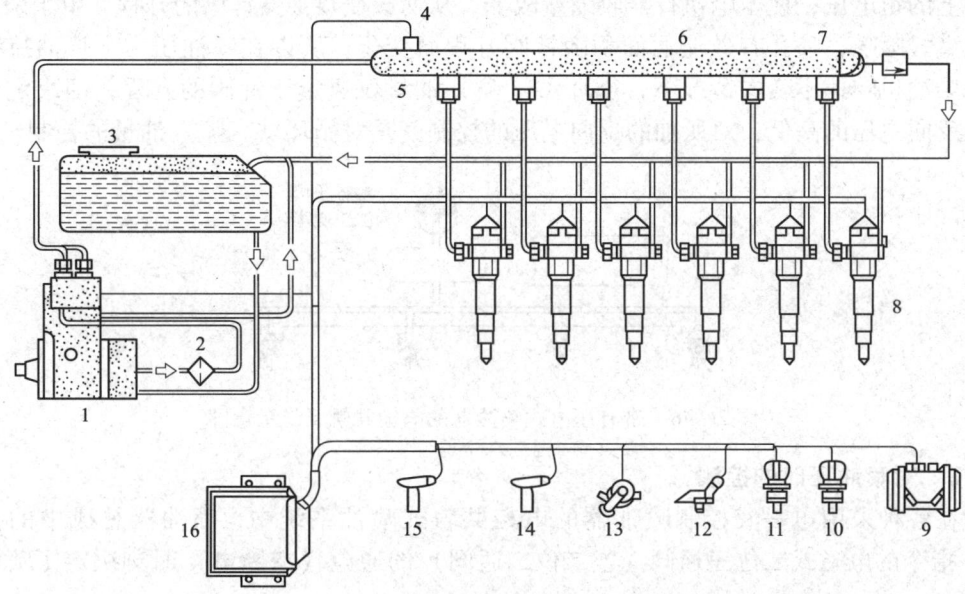

图2—44 一种带二位二通电磁阀喷油器的电控高压共轨系统示意图
1—高压供油泵 2—滤清器 3—燃油箱 4—共轨压力传感器 5—限流器 6—公共油轨 7—限压阀 8—喷油器 9—进气质量流量计 10—冷却液温度传感器 11—空气温度传感器 12—增压压力传感器 13—加速踏板位置传感器 14—曲轴位置传感器 15—柴油机转速传感器 16—ECU

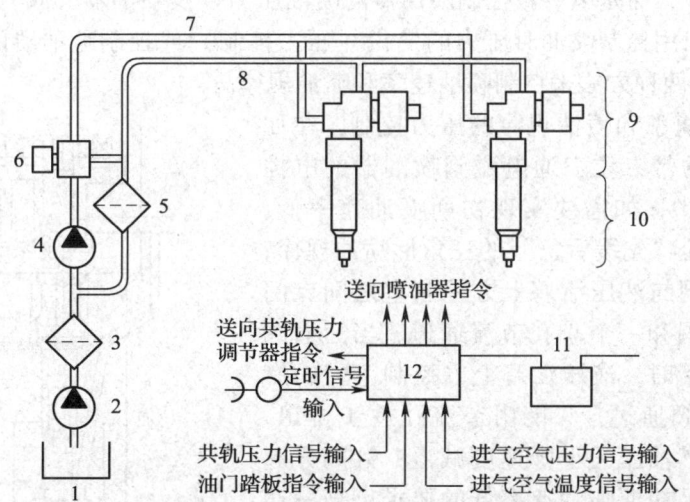

图2—45 一种电控有液压放大的增压共轨系统示意图
1—燃油箱 2—供油泵 3—滤清器 4—中压供油泵 5—热交换器(需要时) 6—调压器 7—燃油供油轨 8—燃油回油轨 9—高速电磁阀和油压增压器 10—喷油器 11—蓄电池 12—ECU

在电控共轨式喷油系统中,还有一种不用电磁—液力式喷油器而用带有压电执行器的压电式喷油器的系统,如图2—46所示。其高压供油部件采用由电动机驱动的径向柱塞泵。共轨中燃油压力为 120 MPa，由调节阀调节，以保持压力稳定。这种压电式喷油器包括压电执行器和无压力室式喷嘴。它利用压电元件的反向压电效应，改变加在压电元件上的负电压，使压电执行器收缩量改变，从而改变喷油器针阀的升程。由于采用无压力室式喷嘴，喷孔有效流通面积随针阀升程而变化，所以在喷油压力、喷油持续时间、柴油机转速不变的情况下，循环供（喷）油量仅决定于针阀的升程，即决定于所加的反向电压的高低，对所加的反向电压的控制就是对循环供（喷）油量的控制。

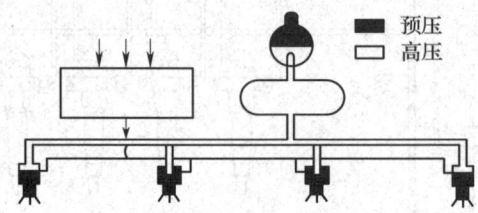

图 2—46　带有压电式喷油器的电控共轨系统示意图

2. 对喷油正时的控制

在各种采用电—液控制喷油器的电控共轨式喷油系统中，喷油器总成中的接受 ECU 指令的电磁式二位三通阀（或二位二通阀）的通电（或断电）时刻决定了喷油始点。

3. 喷油速率和喷油规律的控制

在循环供（喷）油量"时间—压力控制"的各种电控共轨式喷油系统中，由于不存在传统喷油泵的凸轮及其随动件柱塞等，所以决定喷油速率和喷油规律的不再是凸轮型线或柱塞尺寸，而是电-液控制喷油器的喷油压力以及喷油器针阀升程的变化规律。也就是说，可以用控制喷油时压力的变化（压力控制）或控制喷油器的针阀升程速度（升程控制）这两种方法来控制喷油速率和喷油规律。

（1）喷油速率和喷油规律的压力控制。在如图 2—43 所示的带二位三通电磁阀喷油器的电控高压共轨系统中，如需要实现初期喷油速率低，后期断油迅速的"先缓后急"的三角形喷油规律，可在二位三通阀与液压活塞上方控制室之间专门设置一个单向阀和一个小孔节流通道。当三通阀通电，喷油开始时，液压活塞上方控制室内的燃油不能从单向阀通过，只能由节流孔逐步排出，使控制室内的燃油压力下降速度减慢，针阀升起速度减慢，满足初期喷油速率低的要求；当三通阀断电，高压燃油迅速经单向阀进入液压活塞上方控制室，并迅速将针阀关闭，满足后期断油迅速的要求。如需要实现靴形喷油规律，则可在三通阀与控制室之间的单向量孔的位置上设置一个靴形阀，如图 2—47 所示，靴形阀和液压活塞之

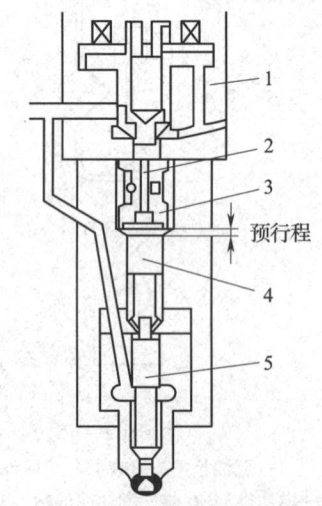

图 2—47　装有靴形阀的喷油器结构
1—三通阀　2—靴形阀节流孔　3—靴形阀
4—液压活塞　5—针阀

间的间隙作为可调的预行程。当三通阀通电后，靴形阀上部的高压燃油泄放至泄油道，随着靴形阀上方油压的下降，通过液压活塞作用在针阀上的压力降低，针阀顶着液压活塞上升，但由于靴形阀中的节流孔的节流作用，液压活塞与靴形阀之间的油压不可能很快下降，所以针阀顶着液压活塞先升起到相当于预行程的高度。当液压活塞与靴形阀之间的燃油通过靴形阀中的节流孔逐渐泄放至泄油道，使靴形阀末端残余压力下降到一定程度后，针阀才继续升高到最大升程，达到最大的喷油速率。通过对预行程量和靴形阀节流孔直径的合理组合，可以得到各种形式的靴形喷油规律，如图 2—48 所示。在这种系统中实现单纯的预喷射也非常简单，只需在主喷射前给三通阀一个小宽度的电脉冲信号，即每喷射一次驱动两次三通阀即可。

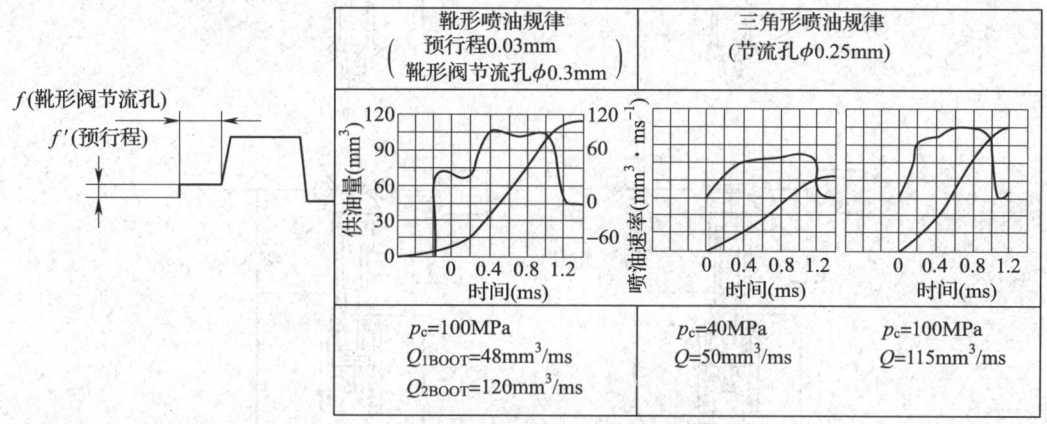

图 2—48 有靴形阀后的靴形喷油规律

图 2—49 所示为一种能实现包括预喷射、主喷射和快速断油三个部分的喷油速率控制的电控有液压放大的增压共轨式喷油系统的工作原理。电磁阀通电打开后，共轨油压作用在增压活塞上，使小蓄压室、大蓄压室和增压室内的油压上升；电磁阀断电关闭后，增压室内的油压迅速下降，喷油器针阀开启，小蓄压室内燃油喷出，形成预喷射。随着小蓄压室内油压的下降，在大蓄压室内油压的作用下，如图 2—50 所示的控制阀上移，将小蓄压室与大蓄压室隔断，大蓄压室内的燃油不能喷出，而小蓄压室内油压下降后，喷油器针阀很快关闭。随着增压室内油压的继续下降，控制阀继续上移，小蓄压室与大蓄压室接通，小蓄压室内油压再次升高，使喷油器针阀再次开启，大蓄压室内的燃油经小室与小蓄压室内的燃油一起喷出，形成主喷射。控制阀继续上升，再一次将大蓄压室与小蓄压室切断，主喷射迅速结束。从图 2—50 可以看出，上述喷油速率和喷油规律的控制是通过对控制阀 L_A、L_B 和 L_C 段以及 L_B 段的流通截面积的精心设计实现的。例如，L_A 段的长度可决定预喷射与主喷射的间隔；在蓄压室压力和针阀弹簧力一定的情况下，预喷射燃油量取决于小蓄压室的容积；L_B 段的长度决定了主喷射的时间；L_B 段的截面决定了喷油规律曲线的形状，当截面为等截面时，主喷射时的喷油规律曲线为"前高后低"；当截面为两级台阶形时，主喷射时的喷油规律曲线的初期较低；当截面为渐开斜线形时，主喷射时的喷油规律曲线近似于矩形。L_C 段的设置为大蓄压室提供了减压容积，有利于快速断油。而对于一个已设计好的控制阀来说，最终还是由共轨压力的变化来决定喷油规律曲线的变化。

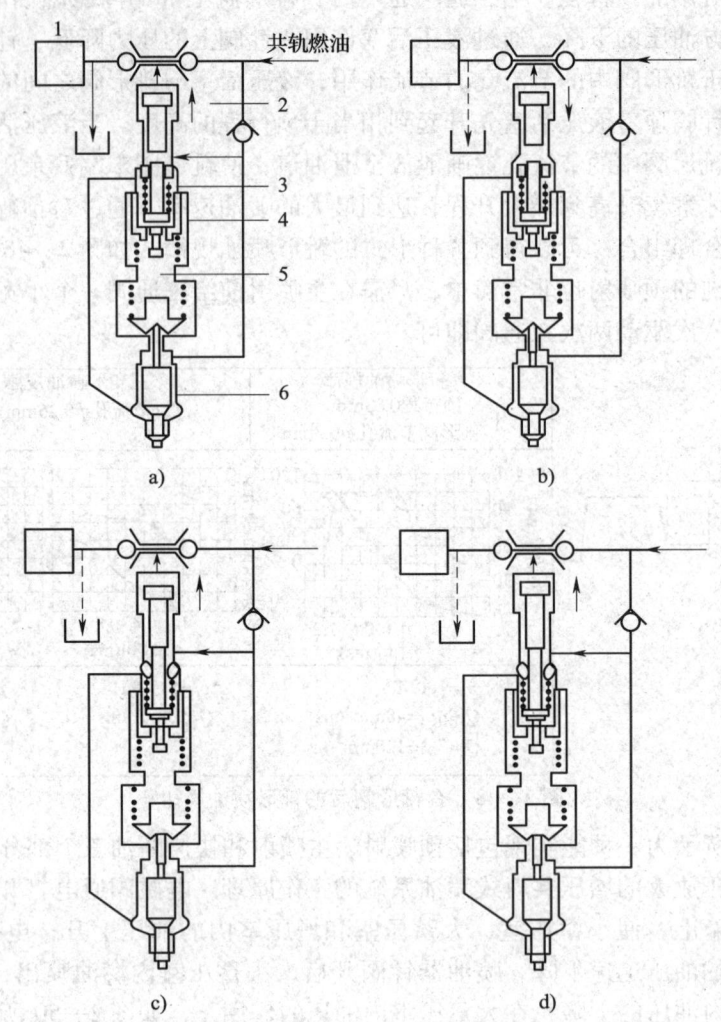

图 2—49 一种喷油规律可控的喷油器工作原理图
a) 进油 b) 储压 c) 预喷射 d) 主喷射
1—阀 2—增压活塞 3—小室 4—控制阀 5—大室 6—喷嘴

(2) 喷油速率和喷油规律的升程控制。在采用压电式喷油器的电控共轨式喷油系统中,控制施加在执行器上的反向电压的大小,即控制了针阀升程的大小,也就是喷油量的多少。而在喷油压力和喷油持续时间都不变的情况下,喷油速率与循环供(喷)油量的多少成比例,从图 2—51 中可以看出,对施加在压电执行器上的反向电压大小的控制也就是对喷油速率的控制。此外,从图 2—52 中可以看出,在相同电压下,放电电流小,则针阀升起的初速度较低,初期喷油速率就低;放电电流大,则针阀升起的初速

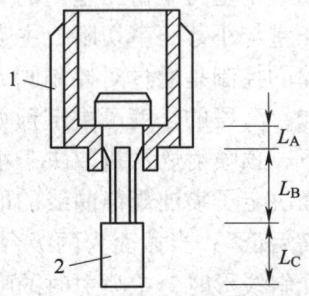

图 2—50 控制阀结构
1—控制阀座 2—控制阀

度高,初期喷油速率就高。因此,在相同的电压下,控制放电电流就可控制喷油规律。显然,在这种系统中实现预喷射也是很简单的,只需在主喷射前给压电执行器施加一个小宽度的反向脉冲电压信号即可。

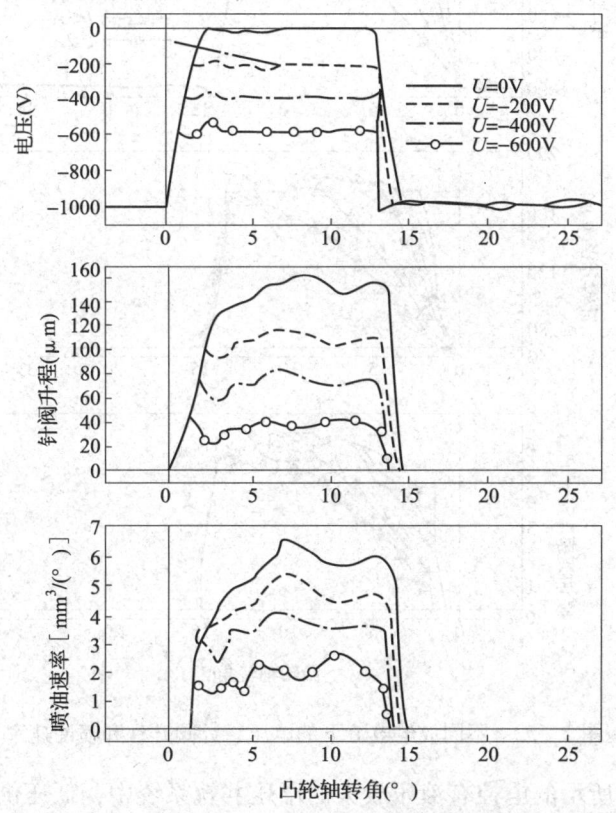

图2—51 用改变加在压电执行器上的反向电压来控制喷油速率

4. 喷油压力的控制

在共轨式电控喷油系统中,由于喷油压力直接取决于共轨油压,或由喷油器中的增压活塞对从共轨来的燃油进行增压,所以通过对共轨油压的控制或改变增压活塞上下面积比,就可改变系统的喷油压力,从而实现对喷油压力的控制。所以,在各种共轨式电控喷油系统中比较容易实现独立于柴油机转速和负荷的条件下对喷油压力的柔性控制。

如图2—44所示的电控无液压放大的高压共轨系统中,由凸轮驱动的高压供油泵将高压燃油泵入共轨,由ECU根据柴油机工况的要求,通过装在供油泵上的PCV阀,对泵入共轨的燃油量进行调节,控制共轨油压。共轨上的燃油压力传感器可将共轨中的实际油压的信息反馈给ECU,由ECU对高压供油泵上的PCV阀实施反馈控制,使共轨油压稳定于目标值。当共轨油压低于目标值时,PCV阀提前关闭,供油泵提前供油,而供油终点位于凸轮升程最高点,是不会改变的,所以,提前供油就使供油泵供油量增加,油轨中的燃油压力也就升高,即喷油压力升高;反之,当共轨中油压高于目标值时,PCV阀延迟关闭,供油泵供油量减少,共轨燃油压力也就降低,即喷油压力降低。

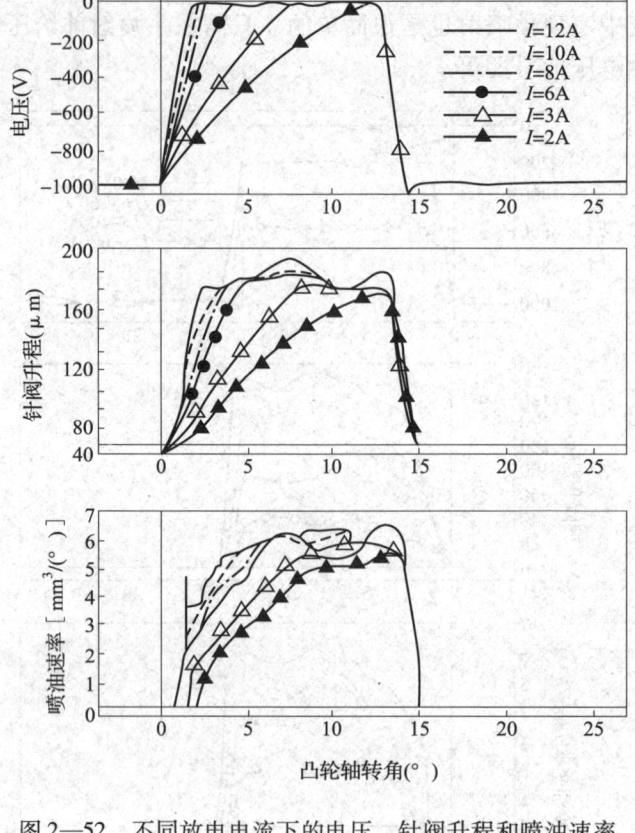

图 2—52 不同放电电流下的电压、针阀升程和喷油速率

在如图 2—45 所示的电控有液压放大的增压共轨系统中，低压供油泵将燃油泵入共轨，共轨油压由 ECU 控制，共轨中的低压燃油进入增压式喷油器中的增压活塞上方后，经过液力放大，增压活塞下方蓄压室中的油压成比例增高，并等候在喷油器储油槽内，当针阀打开时，喷油器储油槽内的燃油压力就是喷油压力。共轨油压升高，喷油开始时压力就成比例升高，喷油量增多；相反，共轨中油压降低，喷油量减少。

在上述电控有液压放大的增压共轨系统中，除了比较容易实现独立于柴油机转速和负荷的条件下对喷油压力的柔性控制外，由于系统中高压部分的空间延伸尺寸很小，主要集中在喷油器中，喷油压力提高后整个系统不会遇到太大的结构强度方面的问题；加上高压容积较小，系统响应快，也不易产生二次喷射等不良喷射现象，因此可以比较容易地实现高压喷射。

第三节　其他控制

一、怠速控制

现代汽车柴油机控制系统中的怠速控制主要包含怠速转速和怠速时各缸均匀性两个

控制内容。汽车柴油机经常要在怠速工况下工作（如短暂停车、起动暖机等），此时，喷入气缸的燃油量很少，消耗的功率仅用于克服柴油机内部机构运转的阻力，使柴油机能以最低稳定转速维持运转而不致熄火。然而，对柴油机来说，由于传统的机械控制的喷油泵反映循环供（喷）油量和转速关系的速度特性，使得机内阻力略有增加而转速略有下降时，喷油泵的循环供（喷）油量却自动减少，使柴油机转速进一步下降。如此循环，最后导致熄火。反之，当机内阻力稍有减小时，转速将自行上升。为此，在怠速工况下，必须在机内阻力稍有变化而引起转速变化时，对循环供（喷）油量进行自动调节。在传统的机械式柴油机控制系统中，这种调节是通过改变调速器中怠速弹簧的预紧力、调节怠速转速来实现的。由于汽车行驶工况的变化较大，特别是在城市中交通密度大的道路上行驶时，约有30%的燃油消耗在怠速工况。因此，从节能的角度看，应在不使柴油机熄火的前提下，尽量降低怠速转速。此外，一方面，由于柴油机特有的怠速噪声和振动，大大影响柴油客车，特别是柴油轿车乘坐的舒适性，降低怠速转速可以相对降低怠速噪声和振动。另一方面，由于柴油机在低的怠速转速下，CO、HC 和颗粒的排放量相对较高，所以，从降低怠速排放的角度看，怠速转速又不能过低。同时还应考虑如冷车运转，以及各种汽车电器、动力转向伺服机构、汽车空调等设备的接入这些因素对怠速转速的影响。另外，柴油机经过一段时间的使用、季节的改变、机油黏度的改变等引起的喷油泵特性的改变带来的影响，都会引起怠速转速的变化，使柴油机运转不稳，甚至熄火。因此，必须根据不同的控制目标，进行怠速转速的调节，而且对破坏怠速转速稳定的各种影响必须作出快速的反应。在传统的机械式柴油机控制系统中，只能依靠改变调速器中怠速弹簧的预紧力的方法来进行怠速转速的调节，因而是无法满足上述要求的。

由于柴油机喷油系统在制造中或使用磨损等原因引起的尺寸偏差，以及由于其他原因造成的有关机构工作特性的偏差，都会使怠速时各缸循环供（喷）油量不均匀，这也是造成怠速噪声和振动的重要原因之一。所以，在汽车柴油机控制系统中，怠速控制的内容除了对怠速转速的高低、怠速转速的稳定进行控制外，还应包含为降低怠速噪声和振动的怠速时各缸循环供（喷）油量均匀性的控制，或简称怠速时各缸均匀性控制，这种控制在传统的机械式柴油机控制系统中靠调速器中的怠速装置也是无法实现的。

1. 怠速转速的控制

现代汽车电控柴油机怠速控制系统中的怠速转速控制的实质与现代汽车汽油机怠速控制系统中怠速转速控制不同。后者是对怠速时流经进气管中节气门体怠速旁通空气通道的循环空气量进行控制，进而控制怠速转速；而前者是通过对怠速时喷油系统循环供（喷）油量的控制，进而控制怠速转速；所以在现代汽车柴油机怠速控制系统中，对怠速转速控制的方法与一般工况下对循环供（喷）油量的控制是一样的。怠速工况时，ECU 根据从节气门位置传感器、柴油机转速传感器、冷却液温度传感器、进气空气温度传感器、空调离合器开关、蓄电池电压传感器等得到的信息，按预存在 ECU 中的相对于所要求的怠速转速的怠速循环供（喷）油量脉谱图，确定循环供（喷）油量，通过各种提供反馈信号的传感器，对怠速循环供（喷）油量进行反馈控制，这样，既能较容易地柔性控制怠速转速的高低，又能控制怠速转速的稳定。

2. 怠速时各缸均匀性的控制

对怠速时各缸均匀性的控制，通常是在各缸工作行程中，精确测定出曲轴转速，由 ECU 算出怠速时各缸循环供（喷）油量的偏差，然后进行补偿调节。通过调整各缸循环供（喷）油量，并利用标定的数据表，将补偿的循环供（喷）油量数据转换为参考的喷油泵凸轮转角，然后根据喷油泵瞬态的转速信息，将参考的喷油泵凸轮转角再转换为电磁溢流阀关闭持续时间，以决定驱动脉冲信号的宽度，对各缸循环供（喷）油量进行瞬时的调整。怠速时各缸均匀性得到控制后，怠速振动将明显改善，由此而引起的噪声也必然有所降低。

二、进气控制

汽车柴油机电控系统中的进气控制通常是指进气管节流控制、可变进气涡流控制和可变配气正时控制三种。

1. 进气管节流控制

汽车柴油机转速范围广。传统的进气系统通常是按照满足高速时大的进气流量、小的进气阻力的要求设计的，这就致使在低转速、小流量时，会使进气流速过低而造成进气气流惯性减小，进气充量减少，进气涡流强度减弱，影响低速性能。所以，传统的进气系统很难兼顾高低转速工况性能的要求，而机械式的控制又很难满足瞬态变化的要求。现代汽车柴油机电控系统能很方便地通过对进气管中节流阀开度的实时控制，以满足高低转速工况不同性能的要求。

图 2—53 所示为一种用于涡轮增压柴油机的电控进气管节流控制系统。在分隔成两半的进气总管中，各设有一个节流阀，即主阀和副阀。主阀由加速踏板直接驱动，副阀由一个真空弹簧膜片阀驱动。分别与真空弹簧膜片阀两侧相通的两个真空开关阀按 ECU 的指令改变真空回路，在真空弹簧膜片阀的驱动下，使副阀处于全开、半开或全闭的位置，并使其开度得到控制。

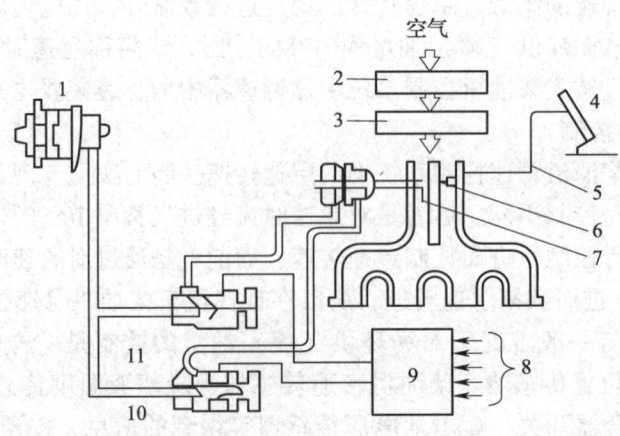

图 2—53　一种用于涡轮增压柴油发动机的电控进气管节流控制系统
1—真空泵　2—空气滤清器　3—涡轮增压器　4—加速踏板　5—电缆　6—主阀　7—副阀
8—各种传感器　9—ECU　10—真空开关阀2　11—真空开关阀1

在急速或低速工况下，主阀关闭或开度很小，而受到 ECU 控制的副阀开度较大，除了可使得处于小流量状态下的进气流速增大、气流惯性增大、充气量增多、涡流强度增强、为急速或低速工况下获得较好的工作环境外，还因为进气管中节流所产生的真空度可使气缸压力下降，而有效降低急速或低速时的噪声和振动。此外，当燃油系统突发故障，造成柴油机转速突然增高（飞车）时，除了将加速踏板松开，使主阀关闭外，ECU 得到来自柴油机转速传感器的超速信号后，也会迅速关闭副阀，防止柴油机飞车。

图 2—54 所示为一种用于自然吸气柴油机的电控进气管节流控制系统。ECU 根据柴油机转速和负荷信号，控制压缩空气罐电磁阀的开启和关闭，进而控制气缸动作，开启或关闭进气控制阀。负荷较大时，进气控制阀关闭，惯性增压效果好，进气量增加；负荷减小时，进气控制阀开启，惯性增压效果差，进气量减少，可达到节能的效果。

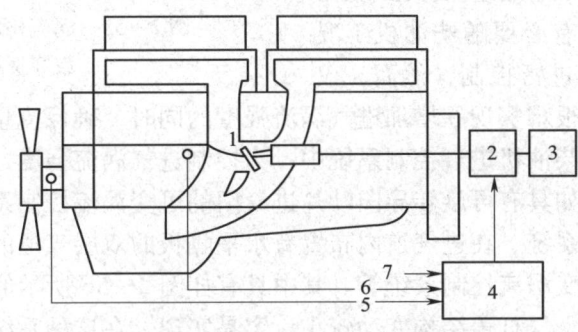

图 2—54　一种用于自然吸气柴油机的电控进气管节流控制系统
1—进气控制阀　2—电磁阀　3—空气罐　4—ECU　5—转速信号
6—负荷信号　7—电源

2. 可变进气涡流控制

对自然吸气的柴油机，特别是有涡流直喷式柴油机，燃烧系统中油气混合和燃烧过程对空气涡流的要求很高。这是因为燃烧过程中的空气涡流对着火时油束穿透率（从喷油器喷孔到油束前端到达位置的距离/喷孔到燃烧室壁面的距离）有明显影响，气缸内用涡流比表示的不同涡流强度对着火时油束穿透率的影响如图 2—55 所示。可以看出，在一定的转速范围内，有一最佳的穿透率区域，在此区域内，燃烧室壁面上的油雾薄层会被空气涡流迅速卷走。涡流直喷式燃烧系统中的空气涡流主要由进气道产生绕气缸中心和燃烧室中心旋转的进气涡流，其次是由燃烧室缩口或燃烧室特殊形状产生的挤气涡流等其他附加涡流。进气涡流的强弱对混合气的形成和燃烧具有很大的影响，因而对柴油机的功率、燃油耗率、排放和噪声等有很大的影响。一般情况下，进气涡流随柴油机转速升高而增强，但当转速升高到一定程度时，进气涡流过强，会使充气效率下降，燃烧恶化，气缸盖和活塞的热负荷升高，NO_x 排放增加，燃油耗率增加。所以，在高速时，为降低气缸盖和活塞的热负荷，降低 NO_x 排放和降低燃油耗率，需要较低的涡流比。然而，在中、低速运转时，进气涡流相对减弱，也会使燃烧恶化，烟度增加，燃油耗率增加。为改善燃烧，降低烟度，降低燃油耗率，需要较高的涡流比。由于进气涡流与气缸盖中进气道的设计直接有关，而进气道通常是按照柴油机在额定工况或最大转矩工况下的性能要求设计的，因此，若采用高涡流比的进气道，虽然能改善低速时的烟度及燃油耗率，但高速时则会使流量系数下降，充气效率下降，燃烧恶化，泵气损失增加，燃油耗率增加；反之，若采用低涡流比的进气道，尽管有利于改善冷起动性能并能减少白烟，然而在低速下烟度会恶化，限制了低速转矩的提高。为解决这些矛盾，只能选用中等强度的涡流比的进气道。这就很难实现燃烧过程的优化，也无法满足进气涡流随柴油机工况而变化的要求。所以，有必要随柴油机工况变化对进气涡流强度进行控制，然而，仅

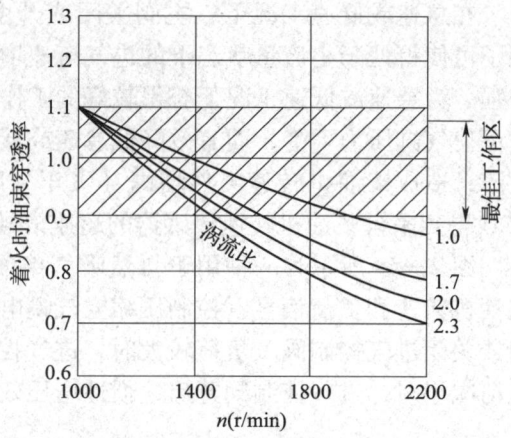

图2—55 涡流比对着火时油束穿透率的影响

用机械控制的方法是很难实现在增加进气涡流强度的同时，确保流量系数不变的。

在现代汽车电控柴油机进气控制系统中，为控制进气涡流强度，采取了各种形式的可变涡流控制系统。如具有可旋转导向叶片进气门的可变涡流控制系统、向进气道喷射空气的可变涡流控制系统、在进气道内布置有水平隔板的双层气道的可变涡流控制系统和具有副进气道的可变涡流控制系统等。其中具有如图2—56所示的副进气道的可变涡流控制系统比较简单，气缸盖结构变动较小，容易实现。在这种系统中，气缸盖内设有主、副进气道，由ECU根据柴油机转速和负荷信号，根据存储在ECU中的随负荷和转速变化的最佳涡流比脉谱图，通过脉冲伺服电机驱动一个电磁气动控制阀来控制副进气道的开闭，调节由副进气道进入气缸的压缩空气量，实现对进气涡流强度的控制。柴油机转速升高，进气涡流过分增强时，ECU发出指令，控制阀将副进气道打开，进入气缸的压缩空气使进气涡流强度得到抑制；反之，柴油机转速降低，进气涡流过分减弱时，副进气道关闭，全部空气从主进气道流入气缸，进气涡流强度得到提高。当柴油机处于冷起动工况，需要控制起动后冒白烟现象时，ECU根据冷却液温度信号，使进气

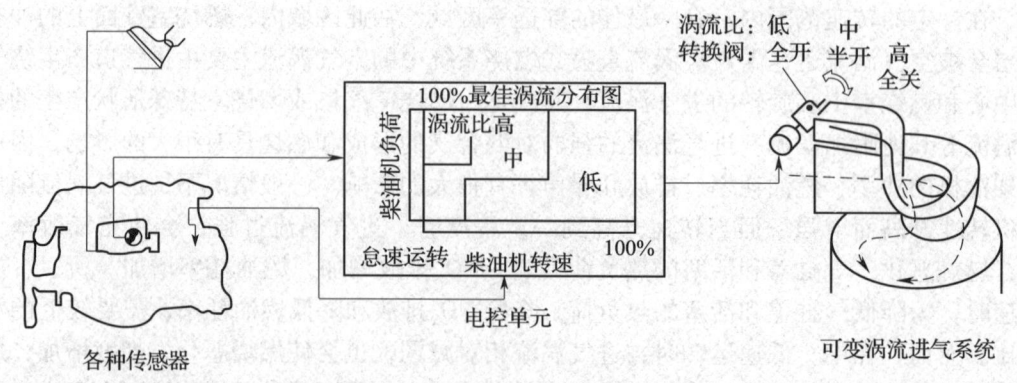

图2—56 具有副进气道的可变涡流控制系统

涡流保持低涡流比。由于副进气道的形状、位置及流通面积可以选择，所以进气涡流强度高、低之比可达 1.5 左右。如图 2—57 所示，采用这种具有副进气道的可变涡流控制系统后，进气涡流得到优化，低速转矩增加 15%，烟度降低，油耗也有一定的改善。

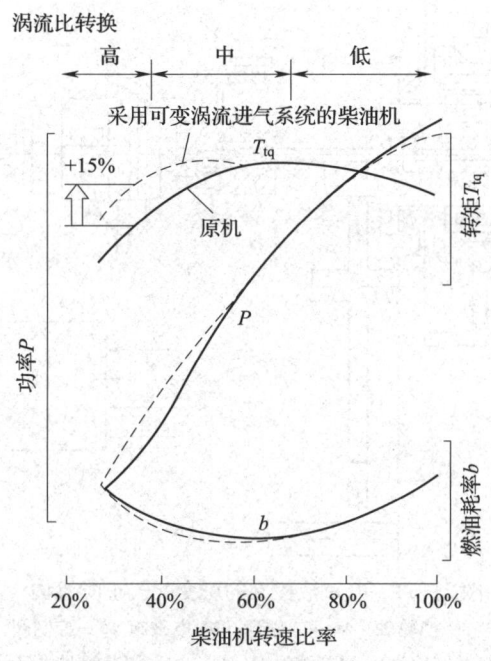

图 2—57　采用具有副进气道的可变涡流控制系统后柴油机的性能

3. 可变配气正时控制

配气正时对柴油机的充气效率、热效率和机械效率都有影响。每一工况下，进、排气都有一最佳的配气相位。以往为了兼顾高速工况和低速工况，不得不通过多目标优化的方法来确定最终的配气正时，或简单地根据额定工况的要求来确定配气正时。由于配气正时被固定，不能随柴油机工况而实时变化，也就不可能满足各工况下都有最佳配气相位的要求。曾有过各种通过对气门摇臂支承点的调节，或通过机械或液力使配气凸轮轴或配气凸轮轴上的凸轮能作可控制转动的机构，用以对配气正时进行调节。然而，这些可变正时机构除了结构上比较复杂外，要用传统的机械或液力的方法来实现配气正时的实时控制也是很困难的。而在现代汽车电控柴油机的进气控制系统中，配气正时的实时控制是完全可以实现的。

图 2—58 所示为一种用电磁阀与液压伺服机构组成的可变配气正时控制机构。配气凸轮轴和凸轮通过螺旋花键连接，ECU 向电磁阀发出指令后，液压伺服机构动作，使凸轮相对于凸轮轴有一个轴向位移，由于螺旋花键连接的作用，使凸轮相对于凸轮轴还有一个相对的角位移，从而改变了配气正时。

图 2—59 所示为一种凸轮型线在轴向成斜面，移动凸轮轴轴向位置就可改变配气正时和气阀升程的可变配气正时控制机构，由 ECU 根据不同工况的需要发出指令，

让一个液压驱动器来执行这个指令而使凸轮轴轴向移动。图 2—60 所示为一种用电磁阀来调节液压挺柱中的润滑油量,从而改变配气正时的控制机构,电磁阀的动作由 ECU 控制。

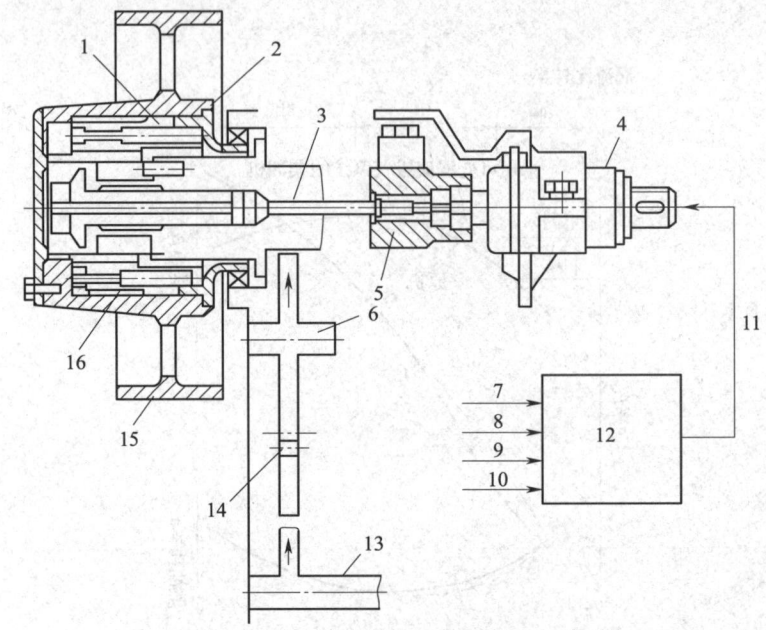

图 2—58 电—液控制的可变配气正时机构

1—活塞 2—复位弹簧 3—凸轮轴 4—可变配气正时电磁阀 5—控制阀 6—缸盖润滑油道
7—柴油机转速信号 8—进气量信号 9—冷却液温度信号 10—调节阀开关信号 11—配气正时控制信号
12—ECU 13—机体主润滑油道 14—节流孔 15—配气正时传动轮 16—螺旋花键轴

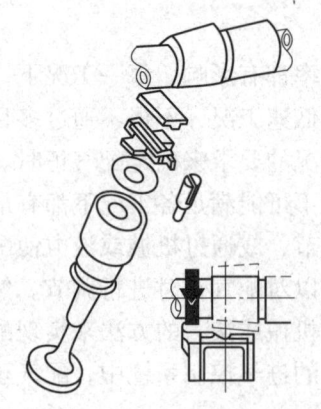 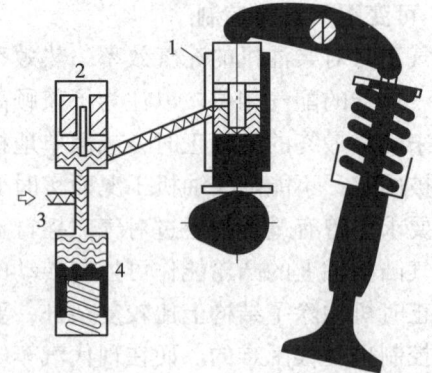

图 2—59 电—液驱动的可变配气正时机构   图 2—60 调节液压挺柱中油量控制配气正时的机构

三、增压控制

这里讲的增压控制是对废气涡轮增压的控制。现代汽车用柴油机采用增压的目的不仅在于提高功率、进行高原补偿,更重要的是在于通过增压来降低燃油耗率、降低废气污染物排放和降低噪声。增压的方式很多，如废气涡轮增压、机械增压、气波增压、复合增压等。由于采用了废气涡轮增压后废气得到了利用，提高了柴油机的热效率，改善了整机的动力性和经济性，同时排气背压的增高不仅降低了排气噪声，而且有利于HC和CO的燃烧在排气歧管内继续完成，因此，在现代汽车用柴油机上用得最多的是废气涡轮增压。

由于柴油机是一种容积式机械，而废气涡轮增压器是一种具有喷嘴特性的空气动力涡轮机械，两者的空气流量—转速变化规律是不同的，两者的匹配是相当不稳定的。而废气涡轮增压是靠废气排出的能量来驱动涡轮增压器中的涡轮压气机轴的，当柴油机转速低时，排气流速也低，由于排气能量不足，涡轮转速下降，增压压力下降，造成燃烧冒黑烟、排气温度和零件温度升高、转矩特性变差等后果；反之，当柴油机转速升高，排气量多，排气流速高时，涡轮转速升高，增压效果就好。因此，废气涡轮增压在柴油机处于低速大负荷工况下就很难满足车辆对转矩适应性的要求。为了使车用柴油机在低转速时获得足够高的增压压力以提高低速大负荷时的转矩，就必须使低转速下最大转矩工况点匹配在压气机的高效率区，但是这样会使柴油机在高速大负荷时增压压力过高，造成增压器超速、气缸燃烧压力过高。此外，由于运动件的惯性，在低速区域涡轮增压器的响应性很差，很难满足车辆（特别是轿车）对瞬变工况快速反应的要求，即在一个宽广的负荷 - 转速范围内任意变动地运行，特别是部分负荷时运行性能不良，例如在降低转速时，由于涡轮增压器转子惯量的存在，其瞬态响应能力变差，会产生涡轮增压滞后现象。

针对上述问题，多年来各国对涡轮增压器及其与柴油机相连接的进排气系统做了大量的研究工作。重点在于采用各种可调系统，优化涡轮增压器与柴油机的匹配性能，以改善涡轮增压器的流体力学性能，改善涡轮增压柴油机的低速转矩特性和提高其瞬态响应能力。其中，废气旁通和可变涡轮通流面积等技术的采用，特别是电控技术在相应的带废气放气阀增压系统和可变涡轮通流面积增压系统（也称可变几何涡轮增压系统）的应用和发展，有效地拓宽了废气涡轮增压柴油机的工作范围，改善了瞬态响应特性，使车用废气涡轮增压柴油机有了广阔的市场前景。因而，在废气涡轮增压汽车柴油机增压控制系统中，增压控制通常包括废气旁通控制和涡轮通流面积控制。

1. 废气旁通控制

装有废气旁通阀的增压系统主要是为解决废气涡轮增压汽车柴油机的低速转矩特性变差的问题，同时又要兼顾低速响应和高速功率之间的矛盾。由于涡轮的工作范围远远窄于压气机的工作范围，所以涡轮增压器与柴油机的匹配性能主要取决于涡轮的工作范围。若将涡轮增压器的最佳工作范围设计在柴油机的低速区，当柴油机高速运转时涡轮增压器则可能因超速而产生过度增压，导致增压器或柴油机的损坏。若采用较大的蜗壳面积比 A/R（A 为蜗壳曲率半径 R 处的通流截面积），虽不会在高速时引起涡轮超速，但会使低速响应能力变差。为了解决这个矛盾，通常将涡轮增压器设计成使柴油机能在低于中等转速以下时获得最大转矩，而在高速时，为了将增压压力、最高燃烧压力和增压器的最高转速限制在许可的范围以内，有控制地将柴油机的部分废气通过涡轮前的一个旁通阀旁通至涡轮后的排气管中。这样，可以使用较小蜗壳面积比的涡轮增压器，以提高柴油机低速时的增压压力，而在高速时由于放掉了部分废气而能保持所需的增压压力。旁通阀的开启或关闭由 ECU 根据增压压力和其他有关信息进行控制。

20 世纪 70 年代末期，带废气旁通阀的涡轮增压器首先在电控车用增压汽油机上得到了应用，较好地解决了由于汽油机增压而易发生爆燃和运行范围狭窄等难题。80 年代后，带废气旁通阀的涡轮增压器开始在车用柴油机上使用。由于其结构简单，易于布置，成本也低，在中小排量的涡轮增压柴油机上用得较多。

图 2—61 所示为一种电控涡轮增压柴油机采用废气旁通进行增压压力控制的工作原理示意图。控制废气流动路线的旁通阀受弹簧—膜片式控制阀右侧空气室内压力的控制。在压气机出口与空气室之间的管路上装有受 ECU 控制的释压电磁阀，它控制进入控制阀的空气室一侧的气体压力。ECU 根据柴油机负荷信号和转速信号，按预存的增压压力脉谱图查得此负荷和转速下的增压压力，将其与增压压力传感器检测到的实际增压压力进行比较，若实际增压压力低于预定值时，受 ECU 控制的释压电磁阀的搭铁回路断开，释压电磁阀关闭。此时，由增压器压气机出口引入的增压压力经释压电磁阀进入控制阀空气室一侧，膜片克服控制阀左侧弹簧的压力推动旁通阀将进入涡轮的废气通道打开，同时将旁通通道关闭，此时废气流经涡轮使进气得到增压。当实际增压压力高于预定值时，ECU 将释压电磁阀搭铁回路接通，释压电磁阀打开，通往控制阀空气室一侧的压力空气被切断，膜片在控制阀左侧弹簧力作用下，驱动旁通阀关闭进入涡轮的废气通道，同时，将废气旁通口打开，废气不经涡轮而直接排出，增压器停止工作，进气压力下降，直到增压压力降到规定的压力时，ECU 又将释压电磁阀关闭，旁通阀又将进入涡轮的通道口打开，增压器又开始工作。也可采用脉冲占空比控制的电磁阀来代替释压电磁阀，ECU 根据柴油机工况的变化，改变控制电磁阀开闭电压脉冲的占空比，从而改变旁通阀开闭废气旁通口的截面，控制废气旁通量，更精确地控制增压压力。

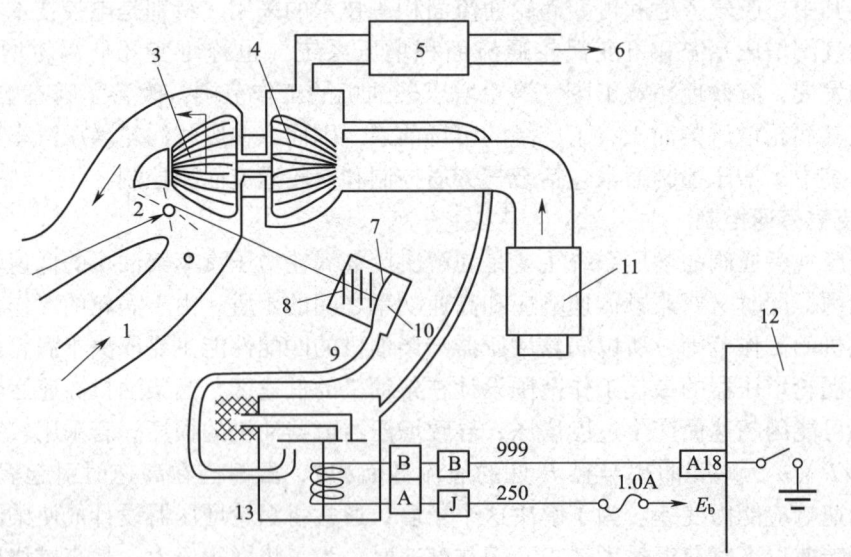

图 2—61　一种采用废气旁通阀进行增压压力控制示意图
1—废气　2—旁通阀　3—涡轮　4—压气机　5—中冷器　6—至进气歧管　7—膜片　8—弹簧
9—控制阀　10—空气室　11—空气滤清器　12—ECU　13—释压电磁阀

采用带废气旁通阀的涡轮增压器后，虽可采用蜗壳面积比较小的涡轮增压器，但其工作范围也相应变窄了，要同时兼顾低速喘振线和高速阻塞线比较困难，因此不能把涡轮最佳转速定得太低，故它对车用增压柴油机低速性能的改善也是有限的。此外，高速时的放气使废气利用率降低，从而造成全负荷时燃油耗率增加，影响大负荷工况下的经济性。所以，尽管带废气旁通阀的涡轮增压系统是解决废气涡轮增压柴油机低速转矩和瞬态响应性能差的最简单和成本最低的方案之一，但在大排量重型车用增压柴油机上应用较少。

2. 涡轮通流面积控制

为克服上述带废气旁通阀的涡轮增压系统的缺点，可采取改变涡轮通流面积这一措施，即在低速工况时缩小涡轮通流面积，高速工况时增大涡轮通流面积。这样就可在不降低高速工况经济性的前提下，扩大发动机低燃油耗率的运行区域，增大低速转矩，提高加速性能，降低排放（特别是降低柴油机的烟度）和噪声。

（1）可变涡轮进口面积。改变涡轮通流面积的方法很多，其中一种就是改变涡轮的进口面积。如在蜗壳中插入一块可移动的板以改变废气的通流面积，或将蜗壳中废气通道分成几个，以改变废气的通流面积等。

图2—62所示为一种轿车柴油机上用的电控可变涡轮进口面积废气涡轮增压器（VI）的工作原理图。在涡轮进口处有一个可转动27°的掠翼，它的转动支点固定在涡轮壳上。掠翼位置的变化即涡轮进口截面的变化，由ECU根据柴油机转速信号来控制，在上述转动范围内是任意可调的。

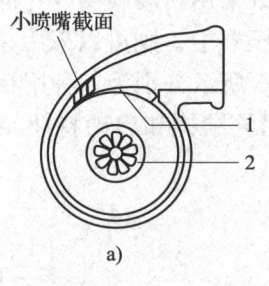
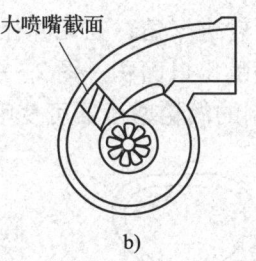

图2—62 涡轮进口具有可变掠翼的增压器
a）低速范围内可变掠翼关闭 b）高速范围内可变掠翼开启
1—可变掠翼 2—转子

图2—63所示为另一种用于废气涡轮增压载重车柴油机上的电控可变涡轮进口面积控制示意图。在涡轮蜗壳中装有两片掠翼，每片掠翼转轴的配置使得燃气流道的截面积形成理想的分布。从图2—64可以看出，当掠翼处于"关闭"位置时，"A_2"为涡轮进气喉口最大截面积，"B_2"为涡轮进气喉口最小截面积，此时涡轮流道面积与蜗壳圆周角的变化关系如图左侧所示从A_2到B_2，所模拟的是"小"蜗壳；而当掠翼处于"开启"位置时，

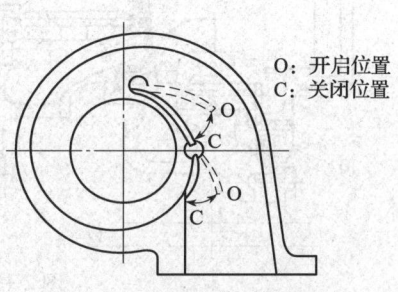

图2—63 涡轮进口具有双重可变掠翼的增压器

"A_1"为涡轮进气喉口最大截面积,"B_1"为涡轮进气喉口最小截面积,此时涡轮流道面积与蜗壳圆周角的变化关系如图左侧所示从 A_1 到 B_1,所模拟的是"大"蜗壳。这种可变进口面积涡轮的特点是,不论掠翼处于"开启"位置,还是处于"关闭"位置,通流面积与蜗壳圆周角(对应于一个曲率半径)之比均按恒定的比率减小。

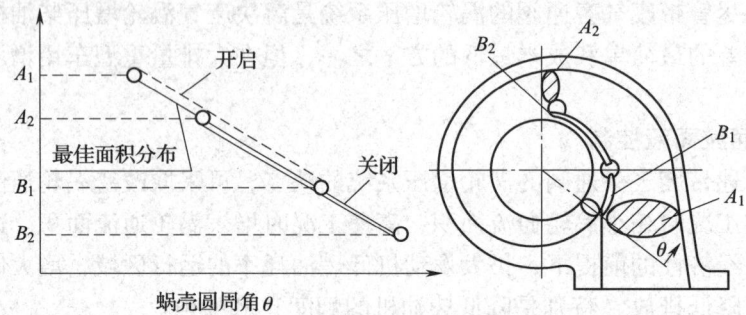

图 2—64 具有双重可变掠翼的涡轮进口蜗壳面积分布

(2) 可变涡轮喷嘴截面。在废气涡轮增压汽车柴油机中,比较成熟的改变涡轮通流面积的方法是采用可变涡轮喷嘴截面的涡轮增压器(VNT),即随发动机负荷和转速的变化,用改变涡轮喷嘴角度的方法来改变喷嘴有效截面积和叶轮进气角。柴油机低速工况时,喷嘴有效截面积减小,改善涡轮对废气能量的利用;柴油机高速工况时,由于喷嘴有效截面积增大,可不让涡轮超速或增压压力过高。

在车用废气涡轮增压柴油机中,大多采用径流式涡轮增压器,有利于采用可变涡轮喷嘴截面;因为在有叶径流式涡轮增压器中,可以采用转动喷嘴叶片的方法来改变喷嘴有效截面积和叶轮进气角;在无叶径流式涡轮增压器中,则可以采用在喷嘴出口处用滑动挡板来调节喷嘴出口面积。图 2—65 和图 2—66 所示分别为一种用在载重车柴油机上的、由 ECU 控制的涡轮增压器可变喷嘴截面的涡轮结构和启动特性。在涡轮上安装了

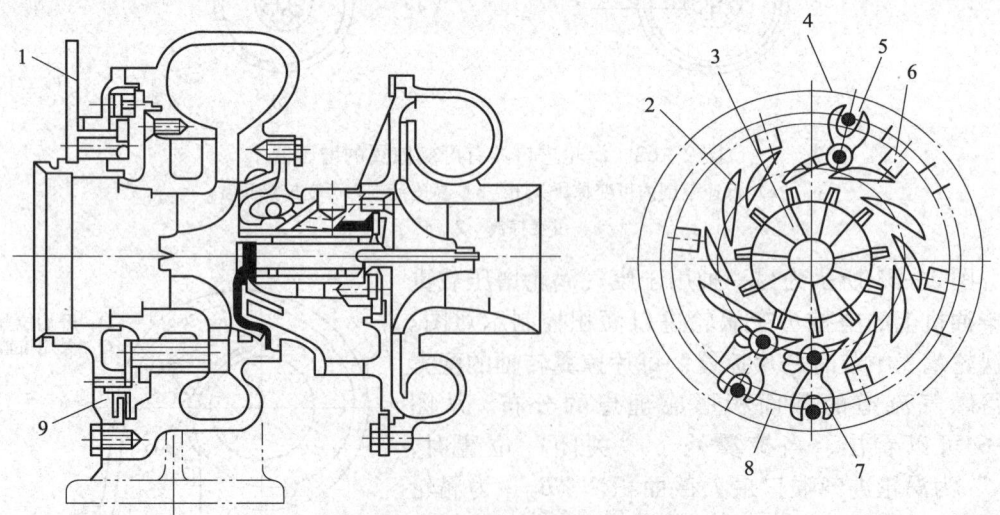

图 2—65 可变喷嘴截面涡轮结构
1—操纵杆 2—喷嘴叶片 3—涡轮叶轮 4—驱动连接板 5—滑动接头
6,9—定心块 7—喷嘴连接板 8—旋转环

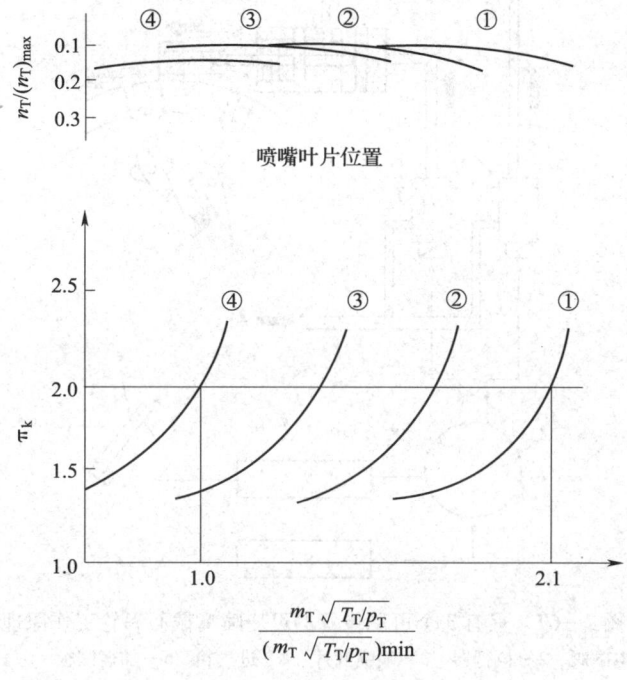

图2—66 可变喷嘴截面涡轮的启动特性

有12个可调叶片的喷嘴环，通过这些可调叶片进行四级转换控制（即将涡轮通流面积分为4段，用4个涡轮工作区域覆盖柴油机整个的负荷与转速区）。可调叶片的转动由装在罩盖上的驱动杆控制，而驱动杆由2个空气气缸通过连接杆控制。驱动杆带动驱动连接板使转环转动，移动滑动接头，使叶片连接板和叶片转动。空气气缸的四级转换动作由ECU根据柴油机转速信号通过电磁阀来驱动。在全负荷范围和环境温度低时，增压压力有时会高于极限值，系统则能自动将四级转换点降低200 r/min，以保持增压压力在极限范围内。

系统出现故障时，ECU会根据增压压力传感器的信号，使燃油量减少，自动保护柴油机和增压器。图2—67所示为一种载重车柴油机上用的、可调叶片只有3个可调位置的电控可变涡轮喷嘴环工作原理图。叶片最小开度对应的柴油机转速为0~1 400 r/min；中等开度对应的柴油机转速为1 400~1 800 r/min；最大开度对应的柴油机转速为1 800 r/min以上。从图2—68可以看出，采用上述可调叶片分级转换控制的电控可变涡轮喷嘴截面的涡轮增压器后，在低速区可使增压压力提高1.5倍左右，转矩提高10%左右，柴油机动力性和经济性有了十分明显的改善。

图2—69所示为另一种用于重型载重车柴油机的电控可变涡轮喷嘴截面涡轮增压器的连续反馈控制系统示意图。涡轮增压器内有19个可调叶片的喷嘴环，最大与最小涡轮流量之比为5∶1。可调叶片通过控制杆同外曲柄相连。外曲柄由电动机带动的膜片式真空泵驱动。ECU根据柴油机转速、负荷、冷却液温度和增压压力等信号，从脉谱图中得到控制目标增压压力，把它与增压压力传感器测得的实际增压压力进行比较，确定

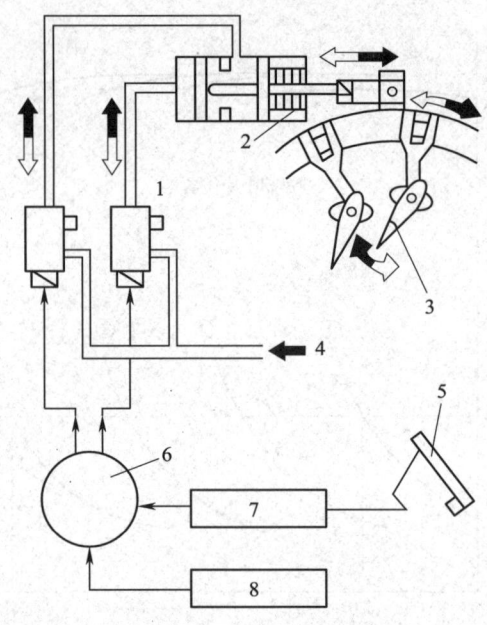

图2—67 只有3个可调位置的可变喷嘴截面涡轮工作原理
1—电磁阀 2—执行器 3—喷嘴叶片 4—进气箱 5—加速踏板 6—ECU
7—负荷传感器 8—柴油机转速传感器

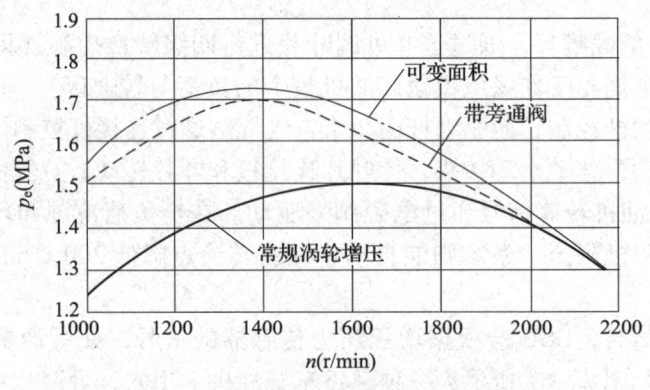

图2—68 三种涡轮增压系统的转矩特性

对压力调节阀负载比的调节量，通过改变压力调节阀的开启和关闭时间比（负载比，即占空比），调节膜片式真空泵产生的真空度。和上述进行四级或三级的可调叶片转换控制不同，其可调叶片的控制是无级的，也就是连续而平滑可调的。

为了实现对最佳增压压力的反馈控制，采用了PI（比例—积分）控制系统，如图2—70所示。它利用存储在ECU中的最佳增压压力（P_{BSOL}）和实测的增压压力（P_{BIST}）之差（Δx_n）确定涡轮增压器叶片的开度，即确定负载比（D_{PI}）。若以负载为比例常数，K_I为积分常数，则$D_{PI} = K_p \Delta x_0 + K_I \Delta x_n$。即假设柴油机在稳定工况下以某一转速和负荷运行时，增压压力的升高（或降低）意味着负载比的增加（或减少）。根据这样的线性关系，似乎可简单地按Δx_n对最佳增压压力进行反馈控制。然而，由于柴油机在工

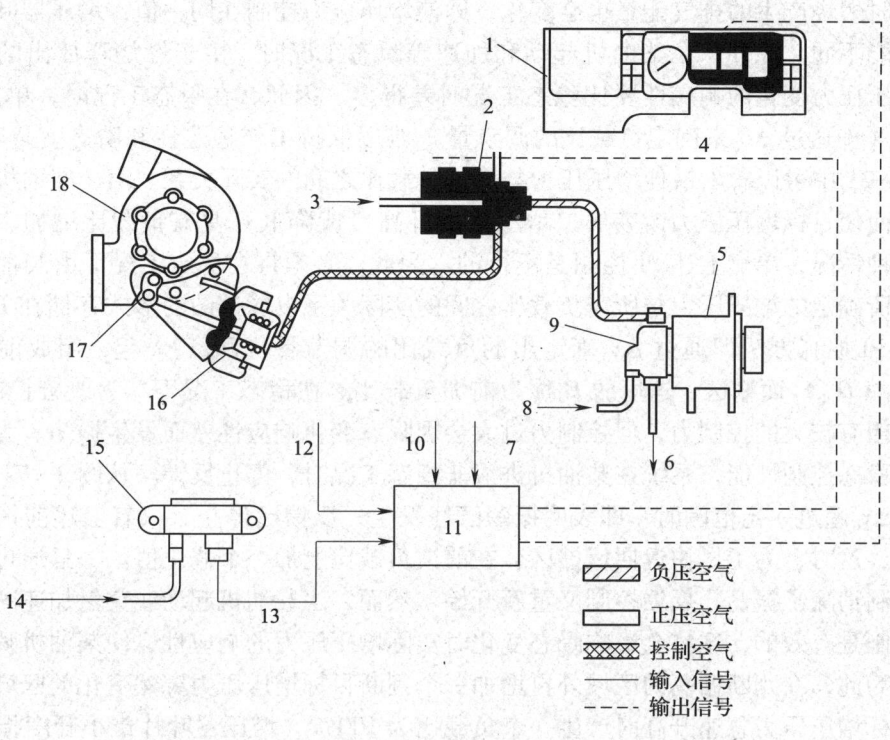

图 2—69 可变喷嘴截面涡轮连续反馈控制系统示意图

1—各种仪表 2—PCM 阀 3—进口 4—24 V 控制信号 5—电动机 6—空气和机油出口
7—节气门齿杆位置信号 8—机油入口 9—真空泵 10—曲轴转速信号1 11—ECU
12—曲轴转速信号2 13—增压压力信号 14—进气管 15—增压压力传感器
16—喷嘴叶片执行器 17—外曲柄 18—涡轮增压器

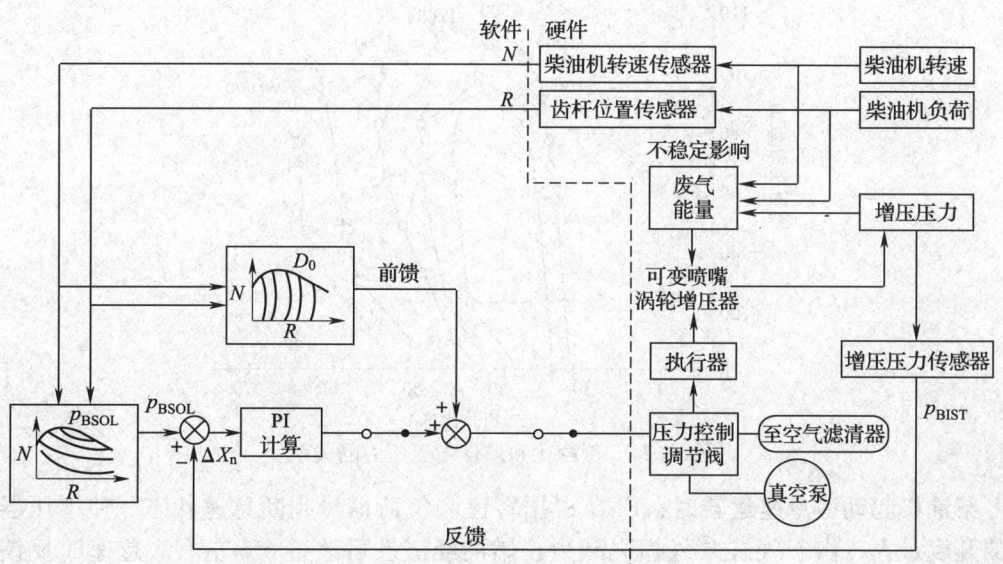

图 2—70 可变喷嘴截面涡轮连续反馈控制流程图

况变化时燃烧产生的排气能量也会变化,即使增压压力控制在同一值,增压器叶片的开度也可能不同。此外,在柴油机起动和加速等瞬态工况时,由于燃烧释放出的能量不足,增压压力变化的响应性要比稳态工况时差得多。因此,在瞬态工况时,单靠 PI 控制方法(即通过 Δx_0 来确定负载比的调节量)难以保持工作稳定性和瞬态变化响应性。从图 2—71 中可以看出最佳增压压力与所需负载比之间的实际关系。由于柴油机运行工况变化而使目标增压压力改变时,增压压力升高(或降低)具有负载比增加、减小或不变 3 种情况,单靠上述 PI 控制是不行的。为此,必须将在稳定工况下由柴油机转速和负荷所确定的增压压力与所需负载比之间的实际关系以脉谱图的形式存储在 ECU 中,并与用 PI 控制方法即通过 Δx_0 确定出的负载比的调节量(D_{PI})一起,组成前馈信号($D = D_0 + D_{PI}$)而输送。这里的 D 称为前馈负载比。在稳态工况下,为改善控制性能,通常希望有较大的控制力,但控制力过大会因瞬态变化响应性差而发生振荡。为了保证良好的稳态控制性能,系统在柴油机进入非稳态工况时,停止反馈。从图 2—71 中可以看出,Δx_0 超过一定范围时,即表明振荡已经发生,反馈已停止,只有上述前馈控制仍在进行。这时,为了尽快返回反馈区,在前馈负载比上加一个修正值。一旦通过单独的前馈控制消除了振荡,反馈控制又重新开始。然而,当柴油机起动或突然加速时,只有前馈控制是有效的,这将会影响瞬态变化时实际增压压力的响应性,使柴油机瞬态性能变差。为此,在判断振荡的区域外再增加一个判断目标增压压力突然变化的区域,并且通过目标增压压力急速升高时产生一个负载比为 100%(增压器叶片最小开度指令)的信号,或通过目标增压压力突然下降时发出一个负载比为 0(增压器叶片最大开度指令)的信号,来改进瞬态变化时实际增压压力的响应性。

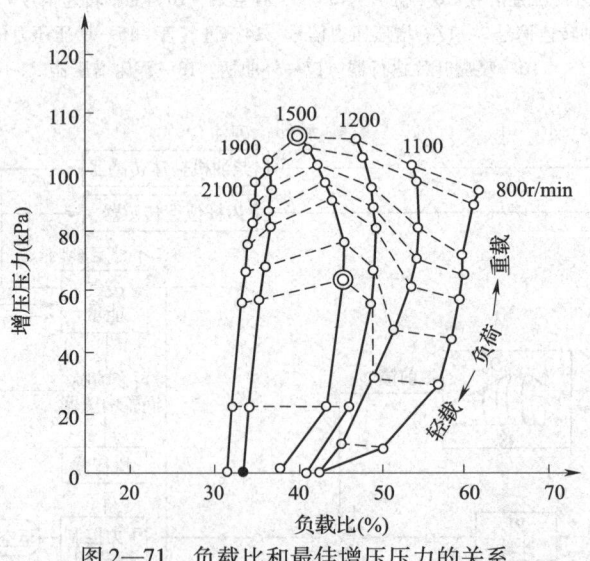

图 2—71 负载比和最佳增压压力的关系

柴油机起动后怠速运转时,ECU 根据转速和负荷信号判断怠速状态,使增压器叶片的开度最大,由于气缸泵气损失减少,燃油经济性可改善 5% 左右。怠速时反馈停止。低温怠速时 ECU 还要按冷却液温度信号,将增压器叶片开度调节到最小,使废气压力升高,增加柴油机功率,促使燃烧室温度升高,加快柴油机暖机速度和减少白烟。

从图 2—72 和图 2—73 中可以看出，与前述可调叶片分级转换控制的电控可变涡轮

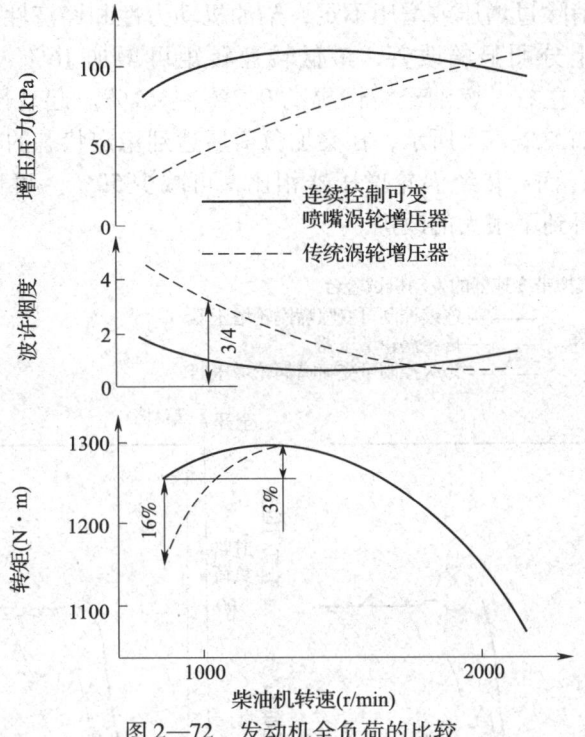

图 2—72 发动机全负荷的比较

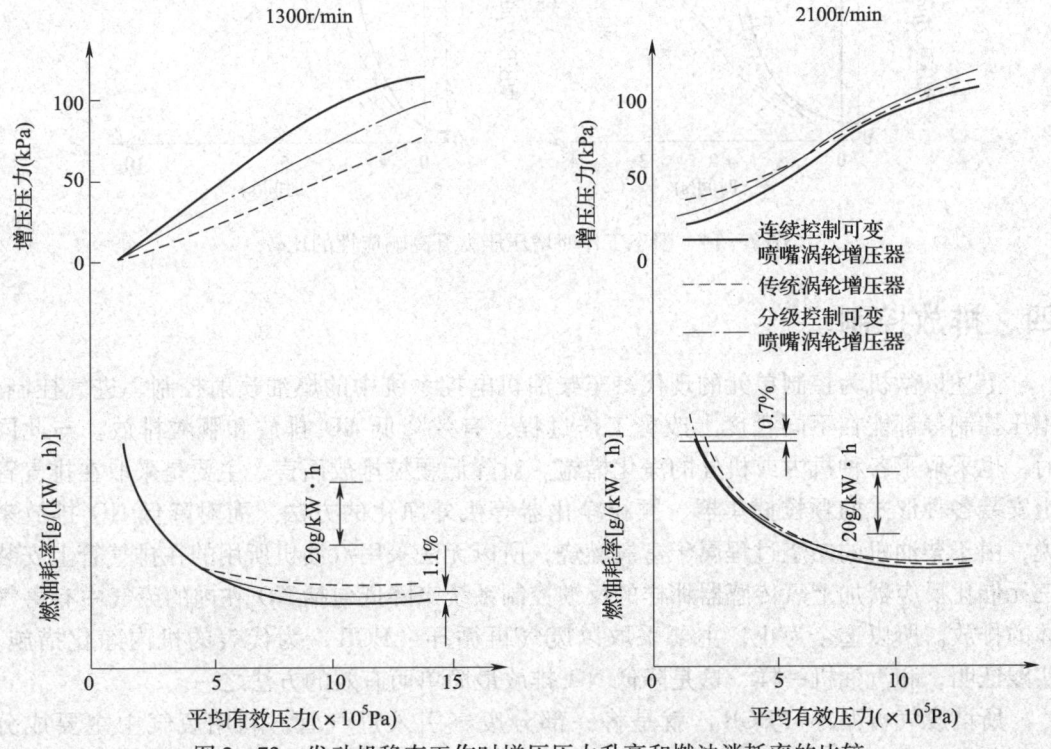

图 2—73 发动机稳态工作时增压压力升高和燃油消耗率的比较

喷嘴截面的涡轮增压器相比,采用了这种连续而平滑可调叶片的电控可变涡轮喷嘴截面涡轮增压器后,可消除过增压或增压不足,柴油机动力性和经济性得到了改善,特别是低速工况性能有了十分明显的改善,最低转速转矩可增加16%,即达到最大转矩的97%,烟度减小3/4左右,燃油经济性提高0.7%~1.1%。起动性能和怠速排放也得到了改善。此外,如图2—74所示,在突加负荷后达到稳定状态的时间与分级转换控制相比,可减少30%;而与传统涡轮增压器相比,可减少50%。可见,瞬态变化时实际增压压力的响应性得到了很大的改进。

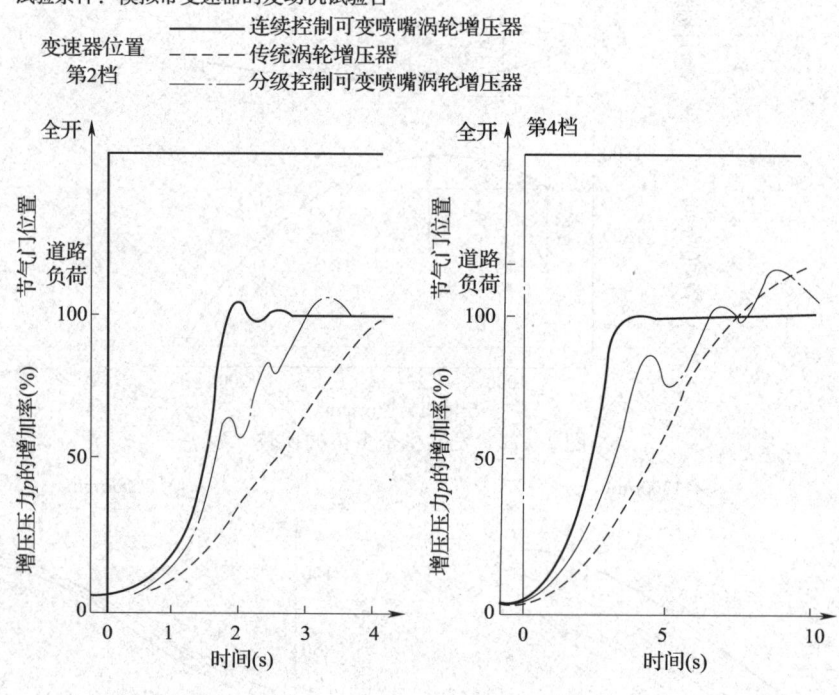

图2—74 瞬态工作时增压压力升高响应性的比较

四、排放控制

上述以微机为控制单元的现代汽车柴油机电控系统中的燃油喷射控制、进气控制、增压控制等都能在不同程度上改善工作过程,有效降低NO_x排放和颗粒排放。与此同时,也采取了各种机内或机外的净化措施。对降低颗粒排放而言,主要是采取在排气管上安装各种形式的颗粒捕集器、颗粒净化器等机外净化的方法。而对降低NO_x排放来说,由于柴油机的燃烧过程属于富氧燃烧,所以无法采用汽油机所用的在排气管上安装三元催化反应器加上氧传感器那样的反馈控制系统来降低包括NO_x在内的废气中有害气体的排放。所以迄今为止,主要采取以废气再循环(EGR)为代表的机内净化措施。实践证明,和汽油机一样,这是降低NO_x排放最简单而有效的方法之一。

所谓废气再循环(EGR)就是将一部分废气引入进气管。利用废气中主要成分(CO_2、H_2O等,其比热容较高)与新鲜混合气混合,一起进入气缸燃烧,这样不仅可

降低混合气中 O_2 的浓度，而且由于热容量增大，在燃料燃烧释放热量不变的情况下，废气稀释后的混合气燃烧温度下降，从而可有效地抑制 NO_x 的生成。通常，废气再循环程度用 EGR 率来表示，其定义为：

$$\text{EGR 率} = \frac{\text{再循环废气流量}}{\text{进气空气流量} + \text{再循环废气流量}}(\%)$$

和汽油机一样，在柴油机的 EGR 系统中，也是采用一个特殊的通道将排气歧管与进气歧管连通，在通道上装有 EGR 阀，通过控制 EGR 阀的开度来控制废气再循环量。在采用机械式控制时，所能控制的 EGR 率的范围为 5%～15%，控制的自由度也比较小，控制的精度也较低。所以，在以微机为控制单元的现代汽车柴油机电控系统中，理所当然地用 ECU 来实现 EGR 控制。但 EGR 不仅会使柴油机动力性和经济性下降，更严重的负面影响则是颗粒排放的增加。

图 2—75 所示为在一台重型载重车用柴油机上使用废气再循环后，各种工况下以降低或升高百分率表示的相对 NO_x 排放和相对颗粒排放随 EGR 率变化的情况。可以看出，在重型载重车用柴油机常用的较高负荷下，随着 EGR 率的增加，会使颗粒排放急剧增加。所以如果要在高负荷下用 EGR 来控制 NO_x 排放而又不希望产生多的颗粒排放，就必须对 EGR 率进行严格控制，因此要有非常精确的 EGR 率计量系统。

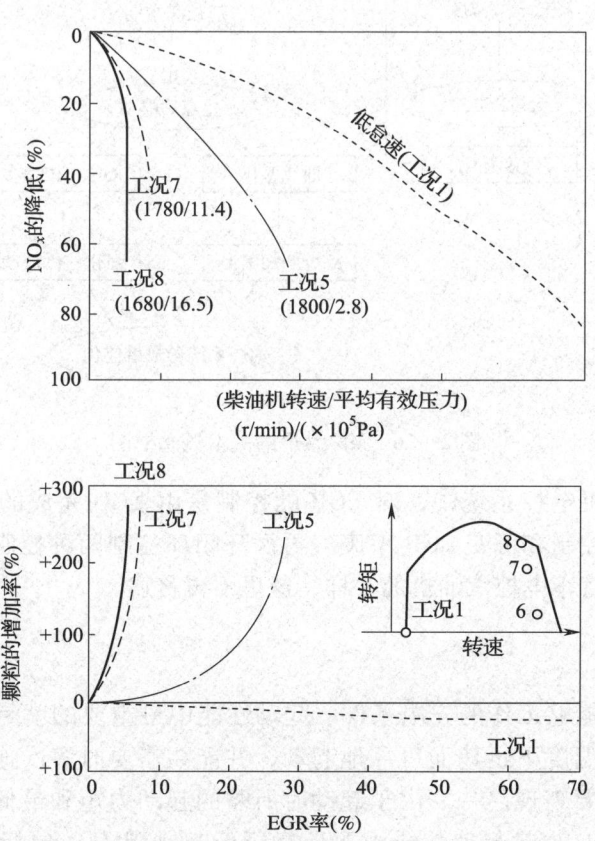

图 2—75　各种工况下 EGR 率对相对 NO_x 和颗粒排放的影响

近年来，一种旨在同时降低直喷式柴油机 NO_x 和颗粒排放（同时也可降低噪声）的燃烧方式，即"低温预混合燃烧方式"（MK 燃烧方式）已经实用化，其基本概念框图如图 2—76 所示。它是通过推迟喷油正时、延长滞燃期来增加预混合燃烧在整个燃烧过程中的比例，在预混合燃烧过程中采用 EGR 率高达 45% 的废气再循环，通过大幅度降低缸内气体中氧浓度来降低火焰温度，从而降低 NO_x 排放。另外，由于扩散燃烧在整个燃烧过程中比例的减少，而颗粒大多是在扩散燃烧中生成的，所以，颗粒排放也相对减少了。此外，由于喷油正时大幅度推迟，燃烧开始的时间较常规燃烧晚，燃烧速率上升平缓，气缸内压力升高率降低，燃烧噪声降低。至于因喷油延迟和等容燃烧部分减少而造成的热效率下降，则通过涡流比和燃烧室形状的优化来加以补救。显然，要实现上述 MK 燃烧方式，在预混合燃烧过程中精确控制 EGR 率是十分关键的。

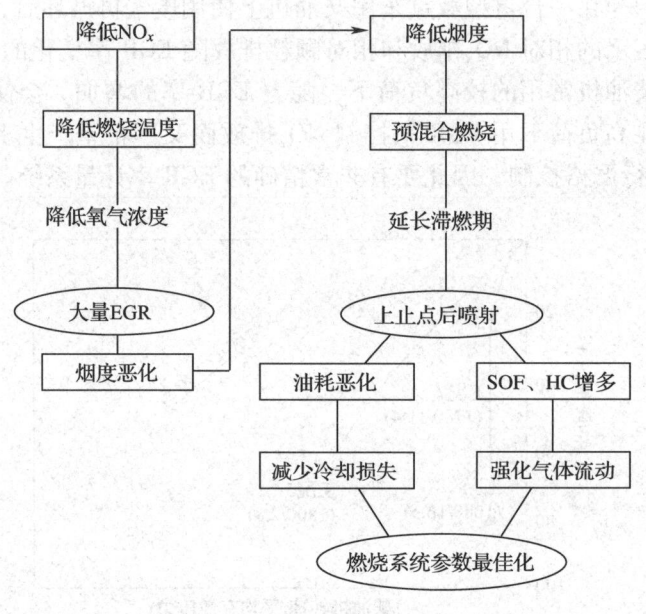

图 2—76 MK 燃烧的基本概念框图

现代汽车柴油机电控系统中，对 EGR 的控制是由 ECU 完成的。主要有可变 EGR 率废气再循环开环控制和可变 EGR 率废气再循环闭环控制两种控制方法。这两种控制方式的原理和现代汽车电控汽油机的一样，这里不再赘述。

五、起动控制

起动是柴油机能够工作的先决条件。起动性能中最重要的就是起动的可靠性，即在规定的使用环境温度下迅速而可靠地起动，并能在需要时多次连续起动。它是柴油机工作可靠性的重要表现之一。由于起动时所需的起动力矩和最低起动转速随温度的降低而增加，所以，改善起动性能主要依靠降低起动阻力（包括预热润滑油，采用低温稠化润滑油、减压起动等）和改善着火条件（包括进气预热、冷却液预热、起动加浓、燃烧室局部加热、采用自燃性能好的燃料等）。为了使柴油机在低温条件下仍能可靠起动，或为了降低起动时所需功率，许多柴油机都采取了一些改善起动性能的措施和设有一些辅助起动装置（仅在-15℃以下严寒条件下使用的低温起动设备）。

为解决分隔式燃烧室（预燃室式和涡流室式）柴油机和一些小排量直喷式柴油机冷起动比较困难的问题，通常在这些柴油机燃烧室内靠近喷油器的部位设置利用蓄电池供电的电热塞。起动前通电约1 min，把电热塞的电阻丝加热至炽热状态（900~1 000℃），以提高燃烧室中局部区域的温度。此时，在空气紊流的作用下，这一区域部分燃油蒸发，电热塞在这一区域形成的炽热点引起可燃混合气的炽热点火。为减少柴油机暖车蓝烟排放和燃烧噪声，电热塞在柴油机起动后往往还要工作一段时间。图2—77所示为一种常用的封闭型进气电热塞，其电阻丝埋入绝缘的填料中，并用一个不锈钢套密封起来。电阻丝线圈由焊接在电热塞头部的加热线圈和与其串联的、尾部和螺纹引线接头相连的控制线圈构成。加热线圈电阻对温度的变化不敏感。而控制线圈具有电阻随温度下降而变小的特性（PTC特性），在温度低时可使通过的电流多，使加热线圈温度很快升高；而在温度高时则使通过的电流减少，从而对加热线圈的温度进行控制。

进气预热塞又称起动预热器，装在柴油机进气管中用以加热进气。如图2—78所示，一般通过一个电磁阀使柴油机燃油供给系统中的低压输油泵向其供应燃油。进气预

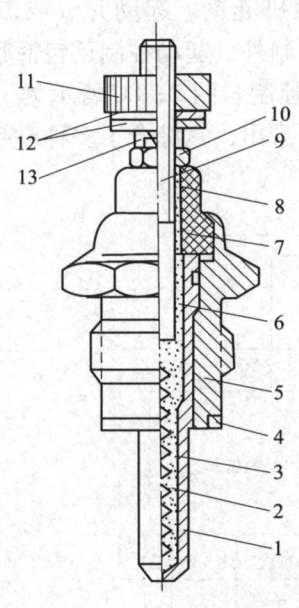

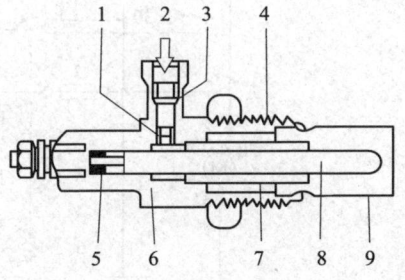

图2—77 封闭型进气电热塞
1—发热体钢套 2—电阻丝 3—填充剂
4—密封垫圈 5—外壳 6—垫圈 7—绝缘体
8—胶合剂 9—中心螺杆 10—固定螺母
11—压线螺母 12—压线垫圈 13—弹簧垫

图2—78 进气预热塞
1—燃油计量元件 2—进油口 3—滤清器
4—螺纹 5—密封元件 6—壳体
7—带滤清元件的蒸发管
8—炽热管 9—罩焰套

热塞由进油装置（包括滤清元件和燃油计量元件）、蒸发点燃装置（包括蒸发管和内装电热丝的炽热管）等构成。燃油经滤清、计量后，在与通过预热塞外壳小孔进入预热塞内的空气混合前，已在位于炽热管外的蒸发管内蒸发了。可燃混合气在炽热管头部被点燃，通电1～1.5 min，温度就可达到1 000℃以上，加热进气。现已有尺寸标准化的两边带连接凸缘的进气预热塞装置可直接配装在两段进气管之间。

起动完成后，通常利用温控双金属片开关切断电热塞或进气预热塞电热元件的电源。

在常规的起动控制系统中，已将电热元件通电持续时间和"可以起动"信号指示的控制合在一起，构成一个用塑料外壳密封，能起控制、保护和监控作用的控制单元。它包括一个调节电流大小的功率继电器、控制通电持续时间和"可以起动"信号指示的电路以及起保护功能的元件。由装在控制单元中的温度传感器控制通电持续时间，来满足起动要求。通电结束后，起动指示灯点亮，表明柴油机可以起动。需要时，在起动机运转过程中炽热点燃可以继续进行，当蓄电池和炽热元件到达规定可承受的负荷极限时自动断电。此外，在一些柴油机上还装有NT冷却液温度传感器以更精确地控制通电持续时间，其输出信号也被控制单元用来作为对蓄电池电压波动进行补偿的依据。

在现代汽车电控柴油机的快速起动控制系统中（见图2—79），由ECU来实现上述控制。当点燃/起动开关处于"点燃"位置时，根据柴油机冷却液温度，由ECU决定电热塞或进气预热塞是否要点燃和决定通电持续时间。当点燃指示灯熄灭，表示已达到起动条件，点燃/起动开关转到"起动"位置，柴油机起动。起动完成或需中断起动时，则自动将电源切断。除了上述冷起动时的预热控制外，起动控制还包括起动阶段循环供（喷）油量（起动油量）和起动时喷油正时的控制。图2—80所示为一台现代轿车用柴油机电控系统中的起动过程电控方框图。可以看出，它综合了多种对起动有影响的因素，并能自动地与变化了的起动条件相适应。

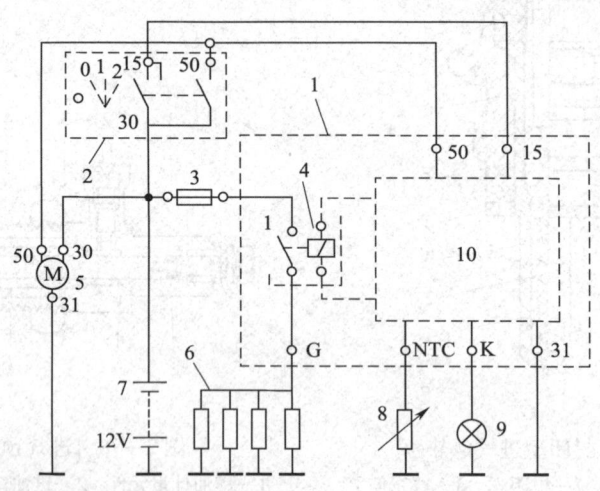

图2—79 快速启动电控系统

1—电热塞点燃时间控制器 2—点燃—启动开关 3—熔断丝 4—继电器 5—起动机
6—快速起动电热塞 7—蓄电池 8—冷却液温度传感器 9—指示灯 10—ECU

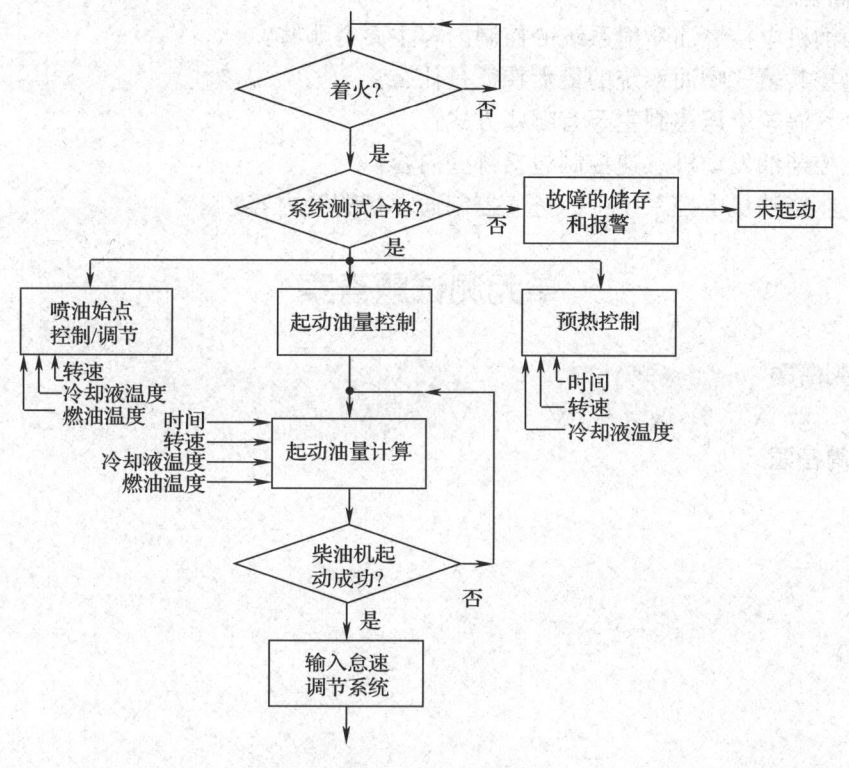

图 2—80 启动过程电控框图

单元测试题

一、判断题（下列判断正确的打"√"，错误的打"×"）

1. 电控有液压放大的增压共轨系统的优点是：由于采用了液压放大，只需采用具有中等油压（但需要有较大的供油量）的供油泵，就有可能实现非常高的喷油压力，目前已可达到 150～180 MPa。（　　）

2. 电控汽车柴油机的怠速控制主要包括怠速转速的控制和怠速时各缸工作均匀性的控制。（　　）

3. 电控汽车柴油机的燃油喷射控制主要包括循环供（喷）油量、喷油正时、喷油规律和喷油压力的控制。（　　）

4. 柴油机由于燃料蒸发性差、压缩比高、运动件质量大和靠压缩自燃，因此起动性能较差，低温起动困难较大。（　　）

5. 进气预热塞又称起动预热器，装在柴油机进气管中，用以加热进气。（　　）

6. 以微机为控制单元的现代汽车柴油机电控系统中的燃油喷射控制、进气控制、增压控制等都能在不同程度上改善工作过程，可有效地降低 NO_x 排放和颗粒排放。
（　　）

二、简答题

1. 柴油机电控燃油喷射系统的控制内容主要有哪些?
2. 电控共轨式喷油系统的最大特征是什么?
3. 废气涡轮增压控制主要有哪些方式?
4. 电控柴油发动机怠速控制包括哪些内容?
5. 汽车柴油机电控系统中的进气控制通常指哪些内容?

单元测试题答案

一、判断题

1. √ 2. √ 3. √ 4. √ 5. √ 6. √

二、简答题

(略)

第3单元

汽车转向系统

- 第一节　汽车转向系统概论 /76
- 第二节　汽车的动力转向系统 /76

第一节 汽车转向系统概论

对汽车转向系统的性能评价,主要可以概括为转向的灵敏性和操纵的轻便性两方面。高的转向灵敏性,要求转向器具有小的传动比,以小的转向盘转角获得迅速转向。好的操纵轻便性,则要求转向器具有大的传动比,这样才能以较小的转向盘操纵力获得大的转向力矩。由此可见,对于由转向器和转向传动装置两部分所组成的传统转向系统,由于传动比是固定的,所以这两个要求是矛盾的。因此在实际设计中,一般规定:当转向车轮转到最大设计转角时,转向盘总转动圈数不宜超过5圈,而转向盘操纵力最大不超过250 N。为满足这些要求,传统转向系统的设计采取尽量减轻自重及选择最佳轴荷分配、提高转向系统传动效率、减小主销后倾角、选择最佳转向器速比曲线等措施,但这样对于重型汽车和车速较高的高级轿车还是很难满足转向的灵敏性和操纵的轻便性这两方面的要求。因此,对于中、重型车,由于其轴荷重,动力转向几乎是唯一的选择。此外,随着低压轮胎的广泛应用,使汽车前轮的转向阻力大大增加,这也促进了动力转向应用范围的扩大,尤其是轿车,人们为了转向操纵轻便和提高高速行车的安全,已较为广泛地采用了电子控制的动力转向装置。

近年来,为了使汽车具有更好的操纵稳定性,一些汽车在后轮上也采用了相位可变(转向)系统。转弯时,如保持汽车前轮转向角不变,汽车将进入等速圆周运动。但由于其他方面的干扰,汽车的"等速圆周运动"在实际中不易出现。人们已经习惯于在低速转弯时具有中性转向,在高速转弯时具有不足转向特性的汽车,这样才能保证操纵稳定性。但在设计汽车时,很难同时兼顾到这两方面。四轮转向系统正是为了满足汽车在以不同车速转弯时能够得到稳定的转向性能的要求,使四轮的转向相位根据不同车速而变化,以满足各种车速转向特性的要求。

第二节 汽车的动力转向系统

现代汽车的动力转向系统,英文为 Power Steering System,亦可称为转向加力系统(或加力装置)。它是以汽车发动机输出的动力驱动液压泵(或空气压缩机),将其转换为液体压力(或气体压力);或者以电驱动电机,增加驾驶员操纵转向轮转向的力量,从而实现汽车的转向。

一、动力转向系统作用

1. 使汽车转向操纵轻便,提高汽车高速行驶的安全性

一般汽车在停车及车速很低时,操作转向盘感觉很沉重;中速时较轻快;车速增高时更加轻快,即所谓"方向发飘",易出现方向失控。为了避免上述情况发生,动力转向装置在汽车低速时提供较大的转向助力,使操纵力减小,转向盘操纵轻便;而在高速时转向助力较小,操纵力增大,避免发生"方向发飘"现象,提高汽车行驶的安全性。此外,汽车在高速行驶时,如遇一侧车轮爆破等事故,会使汽车突然偏向一侧而不安全，采用动力转向后，能使汽车近似维持直线行驶，从而保证高速行车安全。

2. 减小转向盘冲击

动力转向广泛采用液压助力。汽车在不平坦的道路上行驶时，车轮摇摆也会带动液压缸活塞摆动，此时液压缸就像一个减振器，可以减小转向盘冲击，提高驾驶舒适性。装备动力转向系统的汽车，当转向盘上的切向力 $F_h \geqslant 20 \sim 100$ N 时，动力转向系即应起加力作用（轿车取该范围的较小值；重型汽车取较大值）。

二、动力转向系统应满足的要求

由于装用转向助力器后，汽车的转向性能会发生一些变化，为了保证不影响原车良好的转向性能，对动力转向提出如下要求：

1. 具有随动作用，即转向车轮的转角以及其偏转速度和转向盘的转角及转速应分别保持一定的比例关系。

2. 转向灵敏性好。操纵转向盘时，动力转向系统产生加力的作用要迅速、灵敏，与操纵转向盘的力相协调。

3. 驾驶员操纵转向盘时有足够的"路感"，即能及时地将路面转向阻力的变化反映到转向盘上。低速时转向轻便，高速时转向盘不"发飘"。

4. 转向后应能自动回正，并应使汽车具有直线行驶稳定性。

5. 工作可靠，即使一旦动力转向系统失灵，驾驶员仍能操纵转向盘使汽车转向。

三、动力转向系统的类型及组成

1. 按传递力的不同方式，动力转向系统可分为液压动力转向、气压动力转向和电动式动力转向三大类。

液压动力转向采用的动力源是高压油液（工作压力一般为 $4 \sim 7$ MPa）。由于其工作压力高、滞后时间短、结构紧凑、不需润滑，而且工作时无噪声，能吸收来自不平路面的冲击，所以该动力转向装置在现代汽车中得到广泛应用。

气压动力转向采用的动力源是压缩空气（工作压力一般为 $0.6 \sim 0.8$ MPa）。由于其工作压力较低，动力缸的体积大，工作灵敏性差，结构不够紧凑，所以主要用于一部分前轴最大轴载质量为 $3 \sim 7$ t、采用气压制动的客车和载货汽车上。若用于载质量特大的载货汽车，会造成部件尺寸过大而很难实现汽车的设计和安装。此外，采用这种装置的汽车，在高寒地区使用时，其输气管道易结冰而被堵塞，工作不够可靠，而且汽车下长坡频繁制动时，气压波动大，工作不稳定，故这种气压动力转向装置被很少采用，有被淘汰的趋势。

电动式动力转向主要采用电动机，将电能转变成机械能，利用电动机的输出转矩来实现转向助力。

2. 按控制方式分，动力转向可分为机械控制式和电子控制式两种。

机械控制式是根据车速或发动机转速来进行控制，最早采用的是在液压系统内，利用螺线管改变油路通道面积来控制动力转向系统的压力。如北京切诺基汽车的动力转向系统，车速传感器采用凸轮式机械传感器，采用机械控制方式。

电子控制式动力转向系统是根据车速、转向盘转角及转动速度和车轮侧滑量，由电控装置来控制液压油的流量或电动机电流的大小，从而实现电控液压或电控电动式的动力转向。

四、机械控制液压式动力转向系统

1. 液压式动力转向系统的组成、作用及类型

（1）液压式动力转向系统的基本组成及作用。液压式动力转向系由储油罐、转向油泵、转向分配阀（又称控制阀）、转向助力缸、机械转向器（齿轮齿条式或循环球式）及油管等组成，如图3—1和图3—2所示。

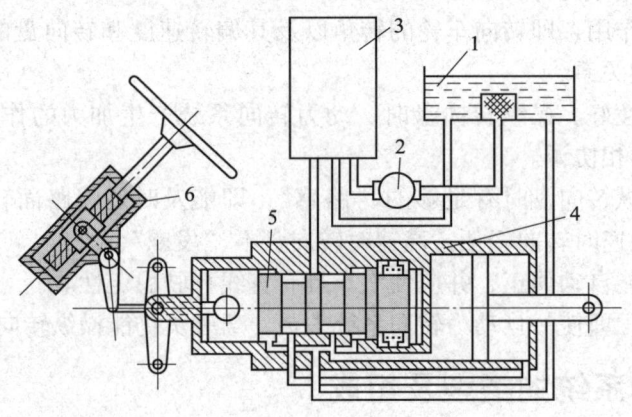

图3—1 常压式液压转向助力装置示意图
1—储油罐 2—转向油泵 3—储能器
4—转向助力缸 5—转向控制阀 6—机械转向器

1）储油罐用于储存、滤清和冷却油液，常和油泵形成一体。

2）转向油泵由发动机驱动，用来泵油以提供高压油液，其结构形式有齿轮泵、叶片泵、转子泵和滚子泵四种。

3）转向分配阀（又称控制阀）根据转向盘的转动方向、转角范围与力矩大小来改变液压动力的传递路线，以及油液压力与通道面积的大小，其结构类型有滑阀式与转阀式两种。分配阀中的阀与阀体以轴向移动来控制油路的称为滑阀式，这种分配阀结构简单、生产工艺性较好、易于布置、使用性能好，目前应用较广泛。分配阀中的阀以旋转运动来控制油路的称为转阀式，这种分配阀

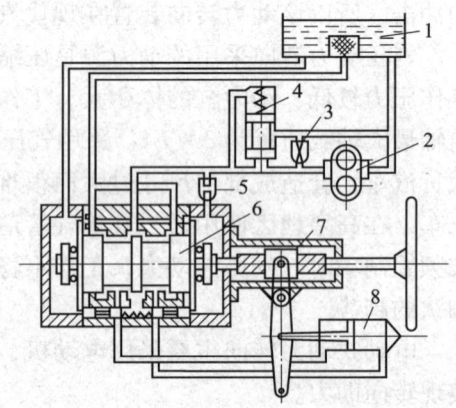

图3—2 常流式液压转向助力装置示意图
1—储油罐 2—转向油泵
3—安全阀 4—流量控制阀 5—单向阀
6—转向控制阀 7—机械转向器 8—转向助力缸

的灵敏度高、密封件少、结构比较先进，但对制造工艺要求高，目前多用于新型轿车。

4）转向助力缸是动力转向的加力机构，它借助于液压及活塞对机械转向器起助力作用。

5）机械转向器通常采用齿轮齿条式或循环球式转向器。

（2）液压式动力转向系统的类型。按照不同的分类方法，液压式动力转向系统可以分为多种类型。

1）按液压油流的状态，液压式动力转向系统可分为常压式和常流式两种。

①常压式动力转向系统（见图3—1）。汽车直线行驶时，转向盘处于中间位置，转向控制阀5处于关闭位置。转向油泵2输出的压力油充入储能器3。当储能器的压力增高至规定值后，油泵即卸载空转，储能器的压力始终在规定值以下。驾驶员转动转向盘时，机械转向器6即通过转向摇臂等杆件使转向控制阀转入开启（工作）位置，此时储能器中的压力油即流入转向助力缸4，通过助力缸推杆输出的液压作用力，作用在转向传动机构上，助力作用随即产生。转向盘一停止运动，转向控制阀便随之回复到关闭位置，使助力缸停止作用。由此可见，无论转向盘转动与否，液压系统工作管路中总是保持高压。

②常流式动力转向系统（见图3—2）。汽车不转向时，转向控制阀6位于中间位置，转向助力缸8由于其中活塞两边的工作腔都与低压油管路相通而不起作用。转向油泵2输出的油液流入转向控制阀，又由此流回储油罐1。因转向控制阀的节流阻力很小，故油泵输出的油压亦很低，油泵实际处于空转状态。当驾驶员转动转向盘，通过机械转向器7使转向控制阀处于与某一转弯方向相应工作位置时，转向助力缸的相应工作腔与回油管路隔绝，转而与油泵输出管路相通，而助力缸的另一侧仍然通回油管路。地面转向阻力经转向传动机构传到转向助力缸的活塞上，形成比转向控制阀节流阻力高得多的油泵输出管路阻力。于是转向油泵输出油压急剧升高，直到足以推动转向助力缸活塞为止。转向盘停止转动后，转向控制阀随即回复到中间位置，使助力缸停止工作。

上述两种液压动力转向相比，常压式的优点在于有储能器存储液压能，不仅可以使用流量较小的转向油泵，还可以在油泵不运转的情况下保持一定的转向助力能力。常流式的优点则是结构简单，油泵寿命较长，漏泄较少，消耗功率也较小。目前只有少数重型汽车（如法国贝利埃T25型、美国WABCO120C型等自卸汽车）采用常压式动力转向，常流式动力转向广泛应用于各种汽车。本章主要叙述常流式动力转向系统。

2）按分配阀、助力缸与转向器的相对位置，动力转向系统又可分为整体式和分置式。

如图3—3所示，整体式的助力缸、分配阀和转向器三者装在一个总成里，称为整体式动力转向器。而在分置式动力转向系中，机械转向器和转向助力缸是分开的。根据转向分配阀位置的不同又可分为半分置式、联阀式和连杆式三种。

①整体式动力转向系（见图3—3a），根据转向分配阀安装位置的不同，它又有三

种结构形式，即分配阀位于转向器上端、与转向轴平行装置和分配阀位于助力缸活塞内。整体式动力转向系结构紧凑、管路较短、易于布置，但对转向器的密封性要求高，结构较复杂，拆装转向器较困难。另外，转向系的一些主要零件，如摇臂轴及摇臂等，要同时承受由转向盘传来的载荷和转向助力缸的作用载荷，致使其尺寸加大，故用在装载质量大的重型汽车上会给转向器的设计造成困难。因此，整体式动力转向系多用在轿车、客车和转向桥对地面的负荷在 15 t 以下的载货汽车上。而在转向桥负荷为 15 t 以上的重型汽车上，则是采用分置式结构。

② 半分置式的分配阀装在转向器的上端或下端，助力缸铰接于车架上，活塞杆铰接于转向摇臂上（见图 3—3b）；联阀式的动力转向系是将分配阀装在助力缸上，助力缸又与纵拉杆相连，而活塞杆则铰接在车架上（见图 3—3c）；连杆式是将分配阀装在转向器和助力缸之间的拉杆上（见图 3—3d）。分置式动力转向系由于分开布置，故其机械转向器可以采用任何一种典型结构；转向器零件也不受助力缸助力载荷的影响；当汽车的转向桥负荷过大时，可加大缸径或增加助力缸数而不影响转向器的基本尺寸。但分置式的零件数量较多，管路布置也较复杂。其中，半分置式和联阀式的应用较多，连杆式的应用较少。

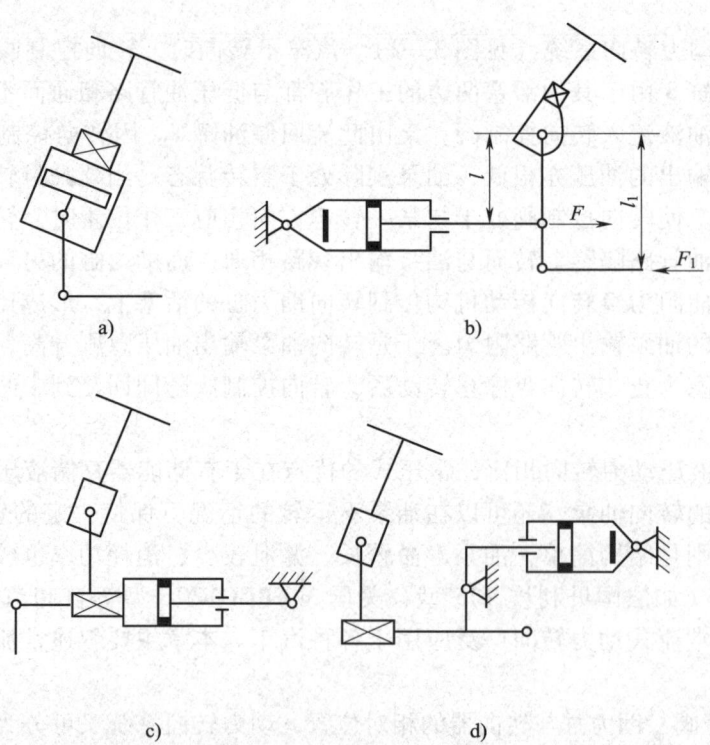

图 3—3　动力转向系的结构类型
a）整体式　b）半分置式　c）联阀式　d）连杆式

2. 常流式滑阀结构液压动力转向系统

常流式滑阀结构液压动力转向系统的工作原理如图 3—4 所示。

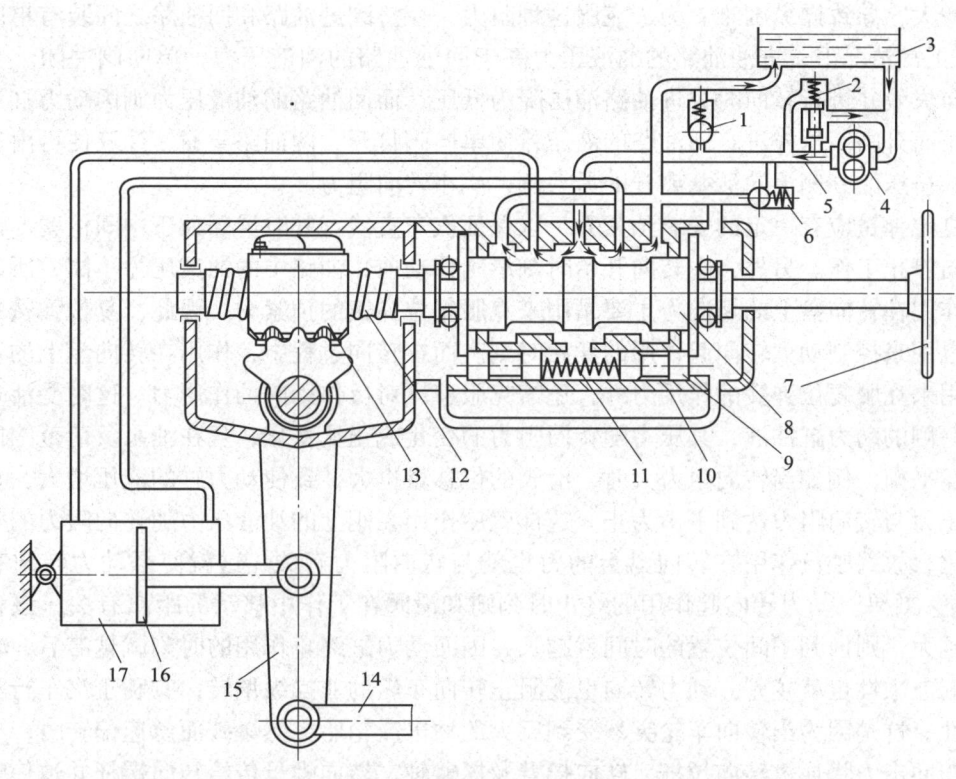

图3—4 常流式滑阀结构液压动力转向的工作原理
1—安全阀 2—溢流阀 3—油罐 4—油泵 5—节流口 6—单向阀 7—转向盘 8—滑阀
9—反作用阀 10—转向分配阀体 11—复位弹簧 12—转向螺杆 13—转向螺母
14—转向拉杆 15—转向摇臂 16—活塞 17—动力缸

当汽车直行时滑阀8位于图示的中间位置,分配阀内各油路均相通。动力缸活塞16的两侧均与回油路连通,故活塞两侧压力相等且很低,活塞不动。自油泵4输出的油液经节流口5或溢流阀2、滑阀8、管路等返回油罐。这时动力转向系无加力作用,汽车保持直线行驶。若转动转向盘7,螺杆12便随之转动,但螺母13因车轮转向阻力较大不能立即作轴向移动,反而迫使螺杆12带动滑阀8并克服复位弹簧11及反作用阀9一侧的油压作不大的轴向位移,使自油泵来的压力油液通往动力缸活塞的一侧,推动活塞使之对转向起助力作用。当车轮转向时带动滑阀8减小开度,从而保证车轮转角和转向盘转角相对应。当转向盘转过某一角度而停止转动时,复位弹簧起作用将滑阀推回至中间位置,动力缸活塞两侧又都与回油路相通,使其停止移动而不再起助力作用,车轮也停止偏转,这样就使转向车轮对转向盘保持随动关系。转向后,转向盘被松开时,滑阀在复位弹簧作用下又回到中间位置,滑阀各油路重新连通,动力缸活塞两侧的液压相等,同时在转向轮回正力矩的作用下,经转向节臂、转向拉杆推动活塞回到中间位置,使转向盘也回到中间位置。当发动机转速增高使油泵的排量超过某一范围时,溢流阀便开启,使多余的油液直接流回油泵的低压腔。为了防止油液的压力过大而使油路系统的机件过载,还装有安全阀1。当动力转向系统因故失效时,汽车转向阻力因液压系统会增大，导致操纵困难。为了克服这种阻力，在滑阀进油路和回油路之间装有单向阀6。在正常情况下，进油油路的油液压力高于回油油路的油液压力，单向阀关闭。当动力转向失效并进行转向时，进油路油压降为低压，而回油路的油液压力则因动力缸活塞的推压而升高。这样进、回油路的液压差使单向阀打开，两油路导通，油液便可由动力缸活塞挤压的一侧流向活塞离开的另一侧，减小转向阻力。

复位弹簧应有一定的安装预紧力，以保证汽车直线行驶时滑阀处于中间位置，使动力转向停止工作。另外，在转向开始时刻滑阀移动前，油路中的油液压力不高，所以驾驶员作用在转向盘上的切向力主要是用来克服复位弹簧的预紧力。因此，复位弹簧的预紧力也用来控制动力转向起作用的开始时刻。而在转向过程中，作用在转向盘上的切向力除用来克服复位弹簧的作用力外，还需克服液压对反作用阀的作用力。这时受活塞推压那一侧的动力缸油液，其压力随转向阻力的变化成正比变化，且在油泵负荷范围内二者相互平衡。例如当转向阻力大时，滑阀的位移量也大，致使动力缸的液压增大，直至油液压力与转向阻力达到平衡为止。这样就使作用在阀上的油液压力随转向阻力的变化而变化，故驾驶员作用在转向盘上的力也就与转向阻力有关，这就使得动力转向有了"路感"效果。动力转向起作用的终止时刻则和滑阀在工作中移动的距离有关，该移动距离越大，则回到中间位置的时间就越长，因而动力缸终止作用的时刻就越滞后，转向操纵的灵敏性也就越差。动力转向也能阻止转向车轮的非操纵偏转，有利于汽车行驶的安全性。这是因为当转向车轮突然受到巨大的冲击或轮胎突然爆破而急速偏转时，这种巨大的冲击力将通过转向拉杆、转向摇臂及摇臂轴、转向螺母传给转向螺杆并迫使螺杆带动滑阀作轴向移动，从而反向接通动力缸的油路，使高压油液推动活塞阻止转向车轮的偏转。而在一般情况下，汽车行驶时地面对转向车轮的干扰和冲击，虽然可能传递到滑阀上，但不易克服复位弹簧的预紧力，所以滑阀仍保持中间位置不变，使动力转向不起作用，汽车仍会保持直线行驶。

3. 常流式转阀结构液压动力转向系统

常流式转阀结构液压动力转向系统的工作原理如图3—5所示。

阀体4用油管与油罐、油泵及动力缸的两侧分别相连，其内装着与齿轮齿条式转向器的小齿轮5连成一体并带有环形槽的转阀3。后者用于控制动力转向系在不同工作情况下的油液流动方向，又称分配阀。转阀上的各环形槽是用密封圈7，8，9相隔的。转阀内还有一结构为中空、外侧开有纵向槽和径向通孔的阀芯2。阀芯固定在转向轴的末端。扭杆弹簧1装在阀芯的中孔中，其上端以锁销与阀芯固定、下端以锁销与转阀固定，为转阀的定中元件。当转向盘不动（不管车轮是否处于纵向平面内）或汽车直行时，转阀及阀芯均处于中间位置，此时转阀与阀芯的相对位置（见图3—5b）使动力缸活塞两侧与进、回油路均相通，使由油泵排出的油液通过分配阀后又回到油罐中，动力转向不起作用。当转向盘转动时，转向轴带动阀芯转动。而与小齿轮连成一体的转阀则由于转向阻力矩使扭杆弹簧产生弹性变形而转动滞后，使转阀与阀芯之间发生偏转，从而改变了阀芯与转阀体所构成的油液通路，使动力缸活塞一侧与进油口接通，而另一侧与进油口隔绝（见图3—5c），并通过转阀上的回油通路流回油箱，使活塞移动，实现转向加力。与此同时，扭杆弹簧产生与地面对车轮的转向阻力矩成正比的扭转弹性变

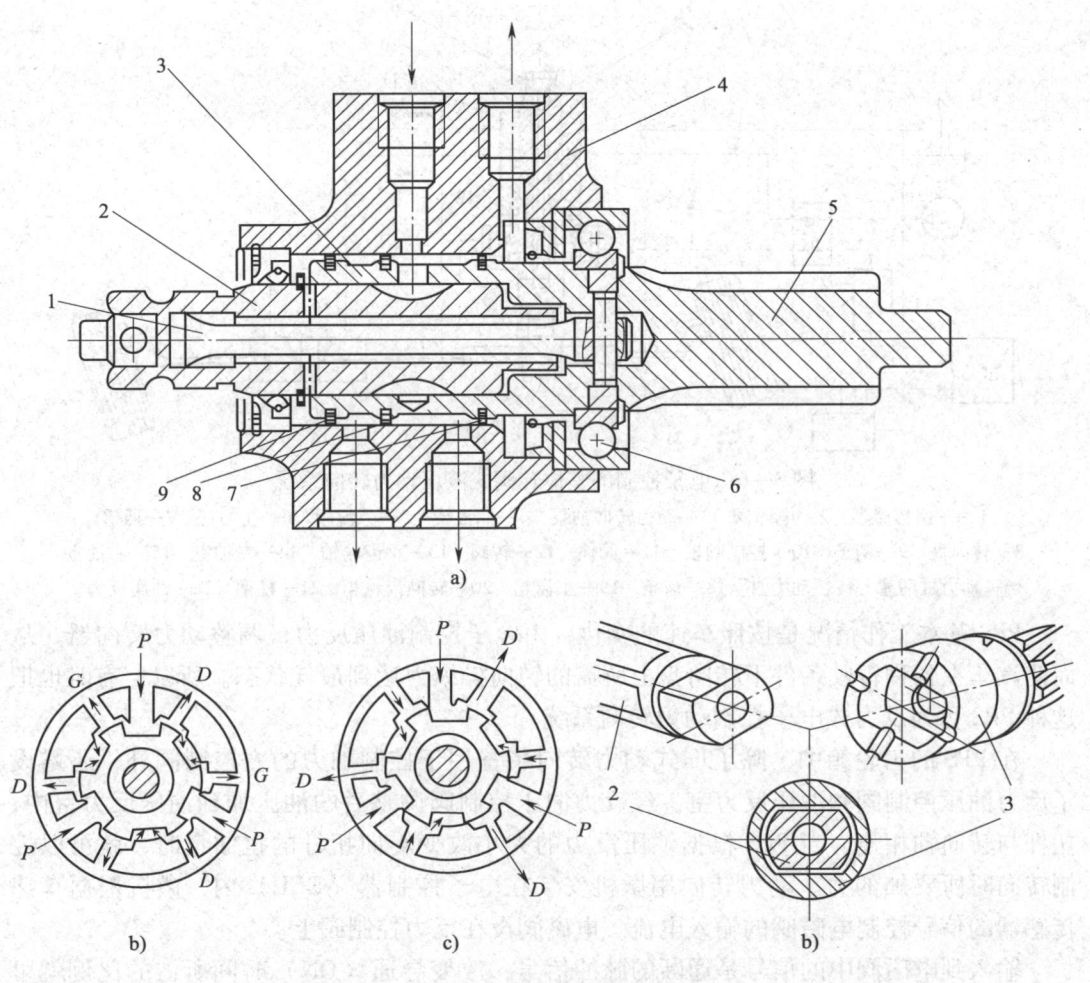

图 3—5 常流式转阀结构动力转向器
1—扭杆弹簧 2—阀芯 3—转阀 4—阀体 5—小齿轮 6—轴承 7, 8, 9—密封圈

形,即形成与转向阻力矩成正比的转向助力。转阀的转角取决于地面的转向阻力矩及扭杆弹簧的扭转弹力,而地面的转向阻力矩又通过扭杆弹簧作用到转向轴及转向盘上,形成"路感"。当助力失效或扭杆损坏时,阀芯 2 的末端外形与转阀 3 内孔的特殊配合(见图 3—5d)将保证转向轴与小齿轮的连接,使手动转向继续有效。

五、电子控制液压式动力转向系统

1. 电子控制液压式动力转向系统基本组成

由于电子控制液压式动力转向系统多采用整体转阀式结构,所以在此仅以电子控制的整体转阀式液压动力转向系统(PPS)为例来进行介绍。

PPS 是 Progressive Power Steering(连续型动力转向)的英文缩写,属于电子控制液压动力转向系统。如图 3—6 所示,它主要由车速传感器、电子控制器(ECU)、电磁阀、分流阀、储液罐、动力转向油泵、转阀和动力缸等组成。

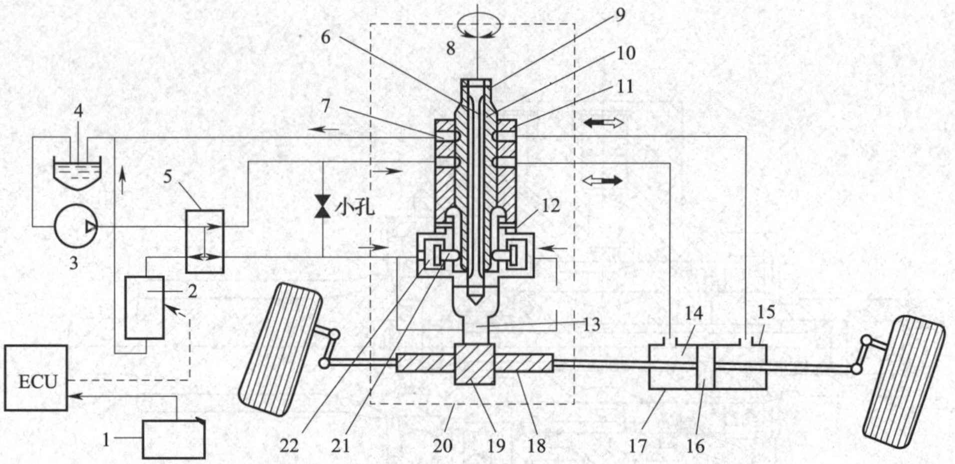

图 3—6 电子控制的整体转阀式液压动力转向系统

1—车速传感器 2—电磁阀 3—动力转向油泵 4—储液罐 5—分流阀 6—扭力杆 7—通道
8—转向盘 9—销子 10—控制阀轴 11—阀体 12—转阀 13—小齿轮轴 14—左油室 15—右油室
16—动力缸活塞 17—动力缸 18—齿条 19—小齿轮 20—转向齿轮箱 21—柱塞 22—油压反力室

PPS 基本工作情况是按照车速的变化，由电子控制油压反力，调整动力转向器，从而使汽车在各种行驶条件下转向盘上所需的转向操纵力达到最佳状态。所以，有时也把这种 PPS 称为反力式电子控制动力转向系统。

在 PPS 的齿轮箱中，除了旧式动力转向装置用于控制加力的主控制阀外，还增设了反力油压控制阀和油压反力室，经反力油压控制阀调整后的油压加到油压反力室内，扭杆与转向轴相连，当 PPS 根据油压反力的大小改变转向扭杆的扭曲量时，就可以控制转向时所要加的力。动力转向用微机安装在电子控制器（ECU）内，微机根据车速传感器的信号控制电磁阀的输入电流。电磁阀设在反力控制阀上。

输入到电磁阀中的信号是通断的脉冲信号，改变导通（ON）时间所占的比例就可以控制电流值的大小。当车速提高时，受输出电流特性的限制，输入到电磁阀中的电流减小，电磁阀的开度也变小，这样，根据车速的高低就可以调整油压反力，从而得到最佳的转向操纵力。

（1）车速传感器。车速传感器的主要功用是检测汽车的行驶速度，通常安装在变速器输出轴上。动力转向所用的车速传感器多为磁阻元件（MRE - Magnetic Resistance Element）传感器，主要由 MRE 和磁性转子等组成，如图 3—7a 和图 3—7b 所示，其等效电路与工作原理如图 3—7c 和图 3—7d 所示。

工作时，磁性转子随变速器输出轴转动，MRE 与磁性转子作相对运动。当 MRE 处于 N 极与 S 极之间时，元件 A 和 C 处于最大平行磁场中，而元件 B 和 D 则处于最大直行磁场，所以，元件 A 和 C 的电阻值最大，元件 B 和 D 的电阻值最小。于是，电阻桥的输出端④的电位高于②；当 MRE 处于磁性转子的 N 极和 S 极的中心位置时，元件 A 和 C 处于最大直行磁场中，元件 B 和 D 则处于最大平行磁场，这时元件 A 和 C 的电阻值最小，B 和 D 的电阻值最大，电阻桥输出端④的电位低于②。也就是说，该传感器是利用 MRE 所处的磁场位置的不同，其电阻值发生变化的磁异向性效应进行工作的。

汽车转向系统

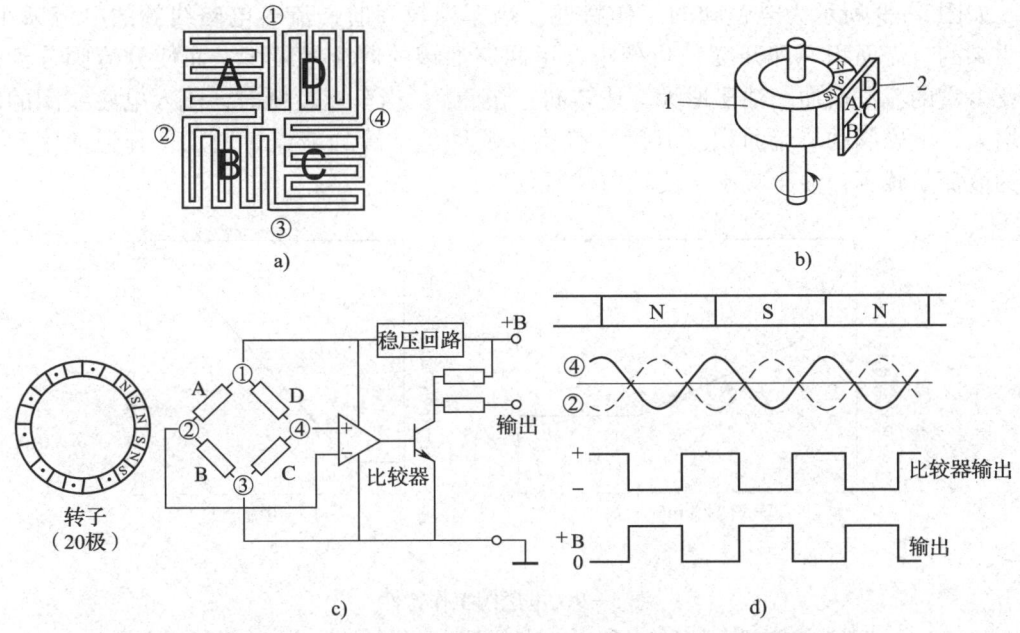

图 3—7　MRE 式车速传感器
a) 磁阻元件结构　b) 与磁性转子的关系　c) 信号处理　d) 输出特性
1—磁性转子　2—MRE

MRE 电阻桥输出信号为正弦波，经信号处理后从比较器输出矩形波（数字信号），此波形即为车速信号，作为动力转向系统电子控制器（ECU）的输入信号。

（2）电磁阀。PPS 所用电磁阀一般安装在转向齿轮箱体上，主要由电磁线圈、铁心及电磁阀等组成（见图 3—8）。此阀的开度由 ECU 的输出电流控制，而该输出电流又取决于车速的高低。通入电磁线圈的电流是模拟信号，通常改变其通电时间所占的比例（占空比）即可控制此电流值的大小。而电磁阀的开度又可控制 PPS 齿轮箱中油压反力室的油压。

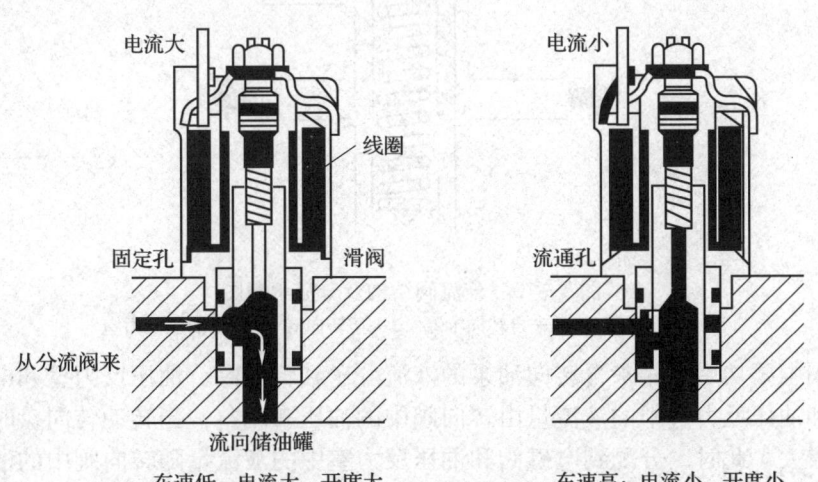

图 3—8　电磁阀工作状态示意图

单元 3

— 85 —

如图3—9所示为电磁阀的工作特性。当车速较高时，流入电磁线圈的电流减小，电磁阀的节流面积（即开度）也变小，返回储油罐的回流量减少，而使分流阀分到油压反力室的流量增加，油压增大，让转向"沉重"；当车速较低时，流入电磁线圈的电流增大，电磁阀的节流面积（开度）变大，流回储油罐的液流量增加，分到油压反力室的液流量减少，油压减小，使转向"轻便"。

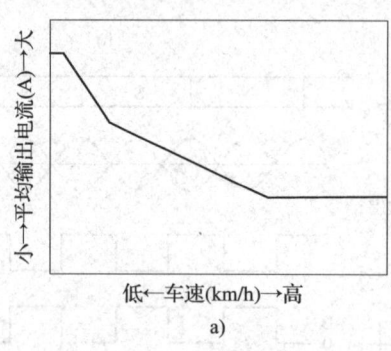 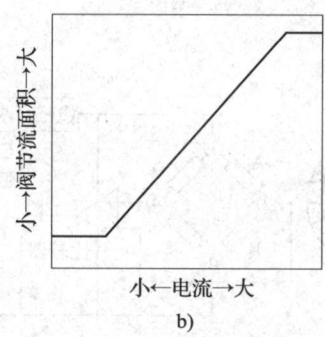

图3—9 电磁阀工作特性
a）电磁线圈的电流与车速的关系 b）阀的开度（节流面积）与电磁线圈电流的关系

（3）分流阀。分流阀的基本结构如图3—10所示，主要由阀门、弹簧及进出油口等构成。

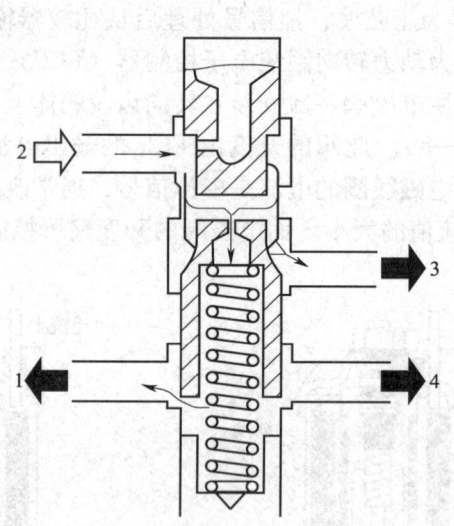

图3—10 分流阀结构及分流示意图
1—至电磁阀 2—来自转向油泵 3—至转向阀 4—至油压反力室

分流阀主要功用是将来自转向油泵的液流分送到转向阀、油压反力室和电磁阀。送到电磁阀和油压反力室中的液流量由转向阀中的油压来调整，当转动转向盘时，转向阀中的油压增大，此时，分配到电磁阀和油压反力室中的液流量随转向阀中的油压增大而增加，当转向阀中的油压达到一定值后，转向阀中的油压便不再升高，而分配给电磁阀和油压反力室的液流量则保持不变。

(4) 电子控制器（ECU）。电子控制动力转向系统电子控制器（ECU），既有采用模拟电路的，也有数字电路的。如图 3—11 所示动力转向 ECU（模拟电路）结构框图是一种由模拟电路构成的动力转向 ECU，主要由频率电压（频压）转换器、120 km/h 检测器、电压放大器、比较器、振荡器等组成。其输入信号为车速传感器提供的车速信号，执行器为比例电磁铁机构。ECU 担负起控制通入比例电磁铁机构电流的任务。车速提高时，为了增大转向的操纵力，需要加大流入比例电磁铁机构的电流；当车速超过 120 km/h 时，为了防止电流过大而造成过载，ECU 则控制比例电磁铁机构保持着恒定的电流值。

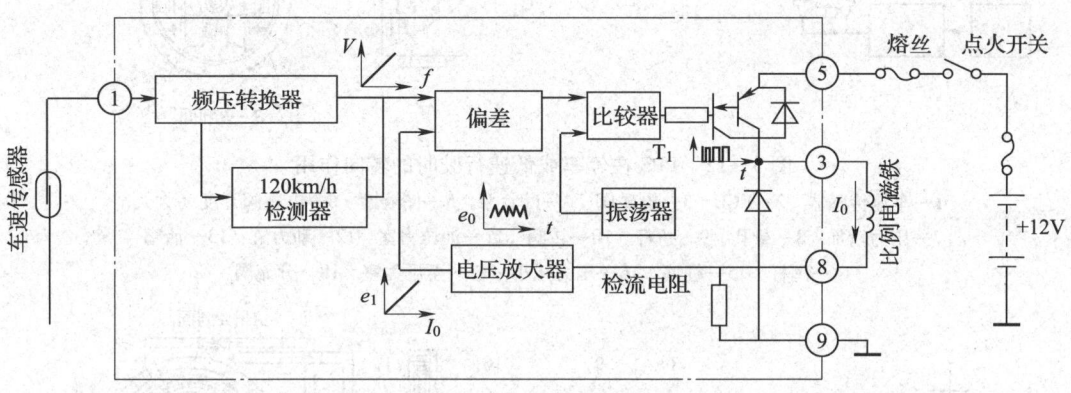

图 3—11　动力转向 ECU（模拟电路）结构框图

2. 电子控制液压式动力转向系统的工作原理

这里以广泛应用于日本丰田汽车公司的凌志 - 400（Lexus - 400）型、马克 - Ⅱ（Mark - Ⅱ）型等轿车上的 PPS 为例来介绍。

（1）汽车静止或低速行驶时的转向。PPS 的工作情况如图 3—12 所示。汽车在低速范围内工作时，ECU 输出一个大的电流，从而使电磁阀的开度增加，由分流阀分出的液流流过电磁阀回到储液罐中的液流增加。因此，油压反力室压力减小，作用于柱塞的背压减小，于是柱塞推动控制阀杆的力减小，利用转向盘转向力增大扭杆扭力。转阀按照扭杆的扭转角作相对的旋转，使油泵油压作用于转向动力缸的右室（左室），活塞向左方（右方）运动，从而增强了转向力，此时，驾驶员仅需提供一个较小的操纵力就可以产生一个大的动力助力，使操纵轻便灵活。

（2）汽车在中、高速行驶时的转向。在此工况下，系统的工作情况如图 3—13 所示。汽车转向盘在中、高速直行微量转动时，控制阀杆根据扭杆的扭转角度而转动，转阀的开度减小，压力增加，流向电磁阀和油压反力室中的液流量增加。当车速增加时，ECU 输出电流减小，电磁阀开度减小，流入油压反力室中的液流量增加，压力增大，使得柱塞推动控制阀杆的力变大。液流还从量孔流进油压反力室中，这也增大了油压反力室中的液体压力，故转向盘的转动角度增加时，将要求一个更大的转向操纵力，从而获得了稳定且直接的手感。

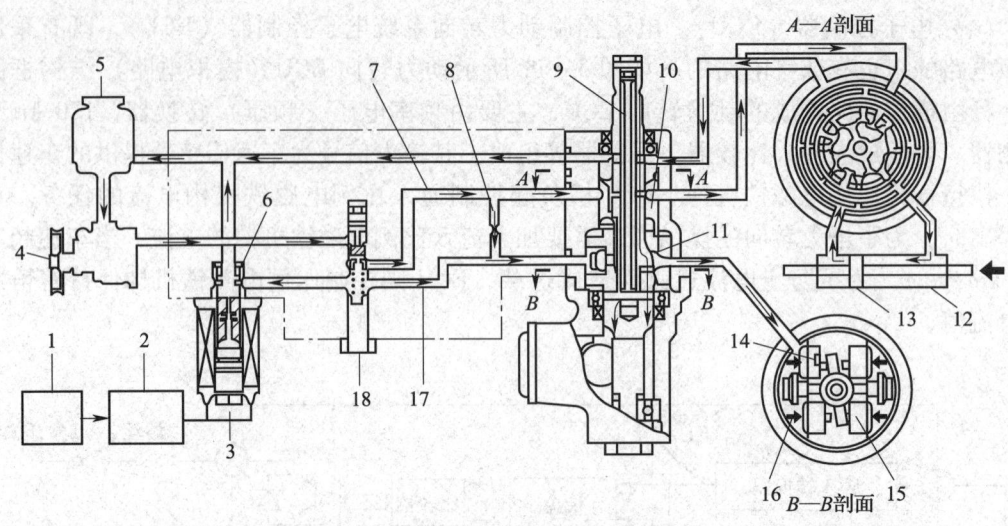

图 3—12　PPS 在停车或低速行驶时的转向作用
1—车速传感器　2—ECU　3—电磁阀　4—叶片泵　5—储液罐　6—电磁阀开度（大）
7—压力增加　8—量孔　9—扭杆　10—转阀　11—油压力室　12—动力缸　13—活塞
14—阀杆　15—柱塞　16—压力减小　17—至反力室　18—分流阀

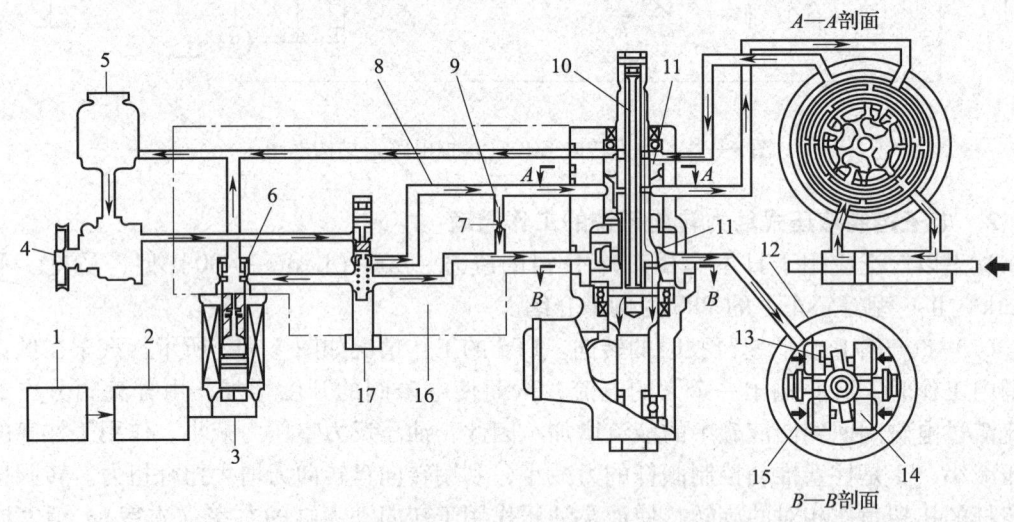

图 3—13　PPS 在中、高速行驶时的转向作用
1—车速传感器　2—ECU　3—电磁阀　4—叶片泵　5—储液罐　6—电磁阀开度（小）
7—量孔 1　8—压力增加　9—量孔 2　10—扭杆　11—转阀　12—油压反力室　13—控制阀杆
14—柱塞　15—压力增加　16—流量增加　17—分流阀

六、电子控制电动式动力转向系统

1. 电子控制电动式动力转向系统的组成、原理及特点

电子控制电动式动力转向系统是针对液压或气动动力转向系统的缺点，并以车载微机的应用为条件发展起来的。系统通常由传感器（车速传感器、转矩传感器、转向角传感器）、电子控制器、执行器（电动机、电磁离合器和减速机构）三部分组成。如图

3—14所示为某汽车电子控制电动式动力转向系统的组成,该系统各部件在车上的布置如图3—15所示。

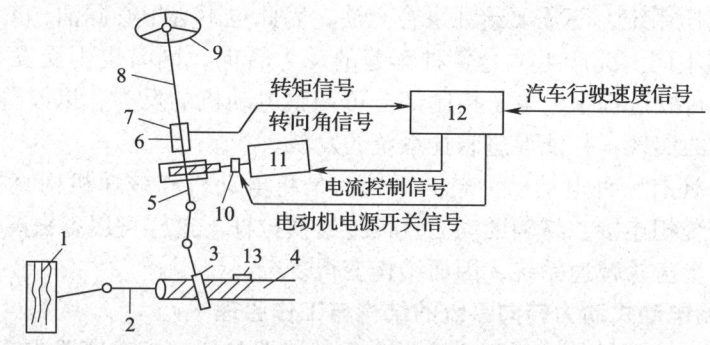

图3—14 某汽车电子控制电动式动力转向系统的基本组成
1—转向车轮 2—横拉杆 3—小齿轮 4—齿条 5—输出轴 6—扭杆 7—转矩传感器
8—(转向)输入轴 9—转向盘 10—电磁离合器 11—电动机 12—ECU 13—转向角传感器

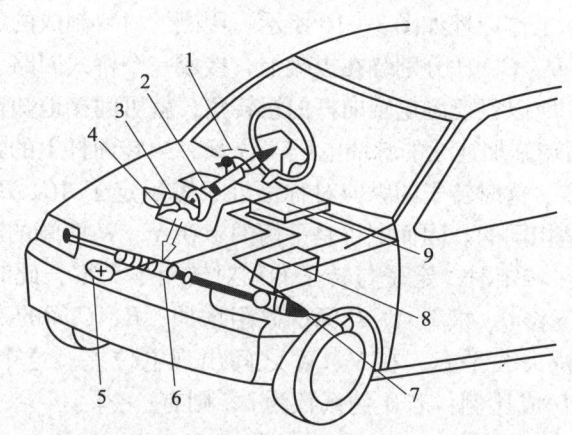

图3—15 某汽车电子控制电动式动力转向系统布置
1—车速传感器 2—转矩传感器 3—减速机构 4—电动机与离合器 5—发电机 6—转向机构
7—发动机转速传感器 8—蓄电池 9—电子控制器

电子控制电动式动力转向系统利用电动机作为助力源,根据转向参数和车速等,由微机完成助力控制,其原理可概述如下:

当操纵转向盘时,装在转向盘轴上的转矩传感器(亦称转向传感器)不断测出转向轴上的转矩,并由此产生一个电压信号。该信号与车速信号同时输入电子控制器,由控制器中的微机根据这些输入信号进行运算处理,确定助力转矩的大小和转向,即选定电动机的电流和转向,调整转向的辅助动力。电动机的转矩由电磁离合器通过减速机构减速增矩后,加在汽车的转向机构上,使之得到一个与工况相适应的转向作用力。

电子控制动力转向有许多液力式动力转向所不具备的优点,主要有以下几点:

(1)将电动机、减速装置、转向杆、转向器等各部件装配成一个整体,这样既无管道也无控制阀,结构紧凑,质量轻。一般电子控制电动动力转向系统的质量比液力式动力转向系统的质量轻25%。

（2）没有液力式动力转向所必需的常运转油泵，电动机只是在需要转向时才接通电源转动，从而节省了发动机的动力。

（3）没有液压系统，不需要给油泵补充油，因此也不必担心漏油，工作更可靠。

（4）能根据不同情况产生适合各种车速的动力转向，同时也不受发动机停止运转的影响。汽车在行驶过程中，电子控制部分可调整电动机的反力，以改善"路感"。还有助于四轮转向的实现，并能促进悬挂系统的发展。

（5）此外，还有一种电动动力转向系统，是将电动机和减速机构直接与转向拉杆上的齿轮齿条系统相连接，将辅助动力直接传给横拉杆。这样可以省去离合器，但减速机构需要采用行星齿轮减速系统，因而结构变得复杂。

2. 电子控制电动式动力转向系统的结构与工作原理

（1）传感器。电子控制电动式动力转向用传感器包括转矩传感器或转向角传感器。

1）转矩传感器。转矩传感器也称转向传感器，通过测定转向盘与转向器之间的相对转矩，作为电动助力的依据之一。

转矩传感器的基本工作原理如图3—16所示。用磁性材料制成的定子和转子可以形成闭合的磁路。线圈 A、B、C、D 分别绕在极靴上，接成一个桥式回路。转向杆扭转变形的扭转角与转矩成比例，所以只要测定转向杆的扭转角，就可间接地知道转向力的大小。

在线圈的 U、T 两端施加连续的脉冲电压信号 U_i，当转向杆上的转矩为零时，定子与转子的相对转角也为零。这时转子的纵向对称面处于图示定子 AC、BD 间的对称平面上，每个极靴上的磁通量是相同的。因而电桥是平衡的，在 V、W 两端的电位差 $U_o=0$。

如果转向杆上存在转矩时，定子与转子的相对转角不为零，此时转子与定子间产生如图3—16所示的角位移 θ。极靴 A、D 间的磁阻增加，B、C 间的磁阻减少，各个极靴的磁通产生差别，电桥失去平衡，在 V、W 之间出现电位差。这个电位差与转向杆的扭转角 θ 和输入电压 U_i 成比例：若比例系数为 k，则有：

$$U_o = kU_i\theta$$

由电桥出现的电位差就可以知道转向杆的扭转角，从而可以知道转向杆的转矩。在实际使用中，不少转矩传感器做成如图3—17所示的结构形式，这种结构与上述结构在工作原理上基本相同，其优点是便于安装。

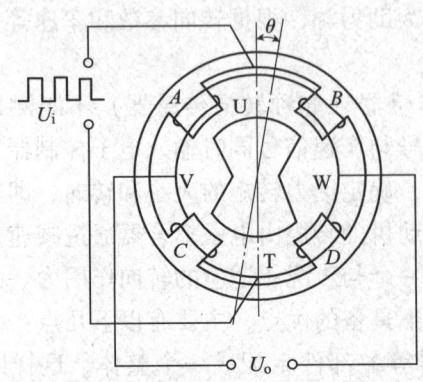

图3—16　转矩传感器的工作原理

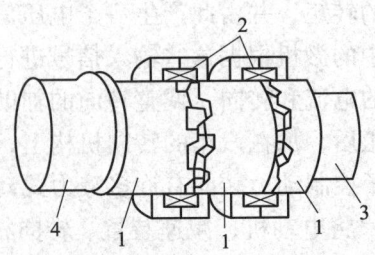

图3—17　实际应用的转矩传感器

1—检测环　2—检测线圈　3—输入轴　4—输出轴

日本富士重工电子控制电动转向系统用转矩传感器，是将负载力矩引起的扭杆扭转角位移测出，并转换为电位计电阻的变化。转子上产生的电信号经集电环由定子传递出来，其结构如图3—18a所示，其转矩输出特性如图3—18b所示，当转向盘处于中间位置时，输出电压为2.5 V；转向盘右转，输出电压大于2.5 V；左转小于2.5 V。

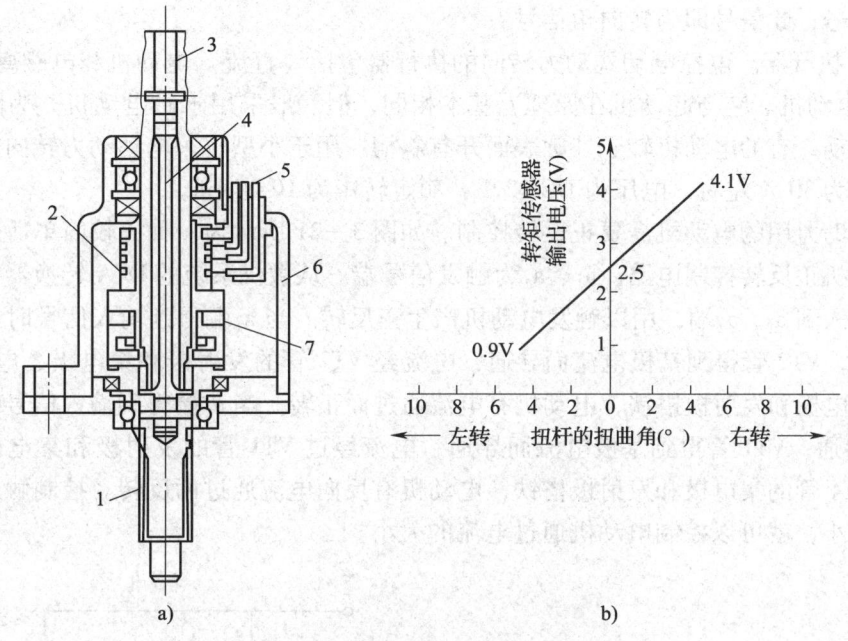

图3—18 转矩传感器的结构和特性
a) 基本结构（电阻式） b) 工作特性
1—齿轮 2—集电环 3—轴 4—扭杆 5—输出端 6—外壳 7—电位器

图3—19所示为日本铃木公司奥拓汽车动力转向用转矩传感器的安装实例。

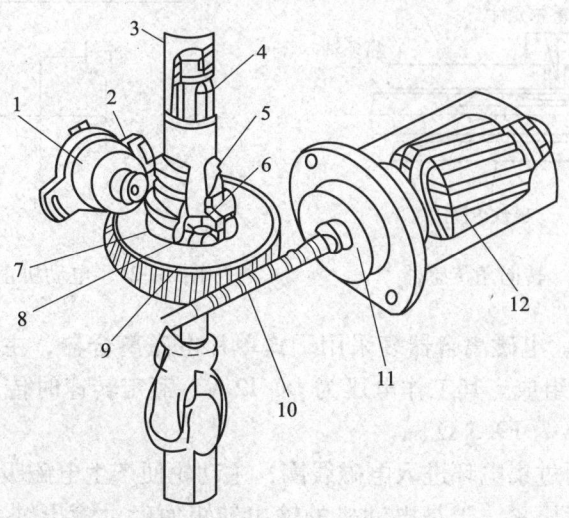

图3—19 转矩传感器与主减速器的安装（奥拓）
1—转矩传感器 2—控制臂 3—输入轴 4—扭杆 5—滑块 6—球槽 7—集电环 8—钢珠
9—蜗轮 10—蜗杆 11—电磁离合器 12—电动机

2）转向角传感器。转向角传感器的基本结构如图3—20所示，由啮合在齿条上的永久磁铁（N极、S极）和固定在转向器上的磁性敏感元件（霍尔元件）等组成。

转向角传感器的工作原理是根据齿条的位移量和位移的方向测量出转向角的。工作时，转动转向盘，齿条移动所引起的磁感应强度和磁极极性的变化，均由霍尔元件转换为电压信号，此信号即为转向角信号。

（2）执行器。电控电动式动力转向的执行器包括（直流）电动机和电磁离合器。

1）电动机。它与起动机在原理上基本相同，但一般采用永磁电动机。为降低噪声和减少振动，有的电动机转子外圆表面开有斜槽。用于小型轿车电动动力转向的电动机最大电流为30 A左右，电压为DC 12 V，额定转矩为10 N·m。

转向助力用的电动机需要正反转控制。如图3—21所示为一种比较简单适用的转向助力电动机正反转控制电路。a_1、a_2为触发信号端。从微机系统的D/A转换器得到的直流信号输入到a_1、a_2端，用以触发电动机产生正反转。当a_1端得到输入信号时，三极管VT3导通，VT2管得到基极电流而导通，电流经VT2管的发射极和集电极、电动机M、VT3的集电极和发射极搭铁，电动机有电流通过而正转。当a_2端得到输入信号时，晶体管VT4导通，VT1管得到基极电流而导通，电流经过VT1管的发射极和集电极，电动机M、VT4管的集电极和发射极搭铁，电动机有反向电流通过而反转。控制触发信号端的电流大小，就可以控制电动机通过电流的大小。

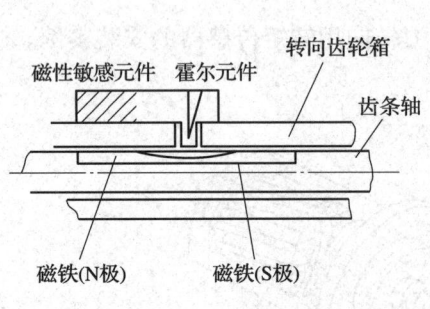

图3—20 转向角传感器

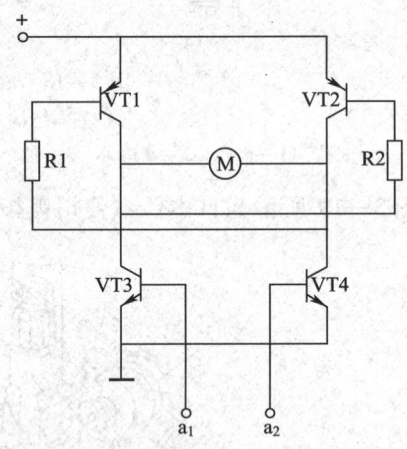

图3—21 电动机正、反转控制电路

2）电磁离合器。电磁离合器多采用干式单片电磁离合器，主要由电磁线圈、主动轮、从动轴、压板等组成。其工作电压为DC 12 V，额定转速时传递的转矩为15 N·m，线圈电阻（20℃时）为19.5 Ω。

工作时，电流通过集电环进入电磁线圈，主动轮便产生电磁吸力，带花键的压板就被吸引，并与主动轮压紧，于是电动机的输出转矩便经过输出轴→主动轮→压板→花键→从动轴传递给执行机构（蜗轮蜗杆减速机构）。

电磁离合器的主要功用是保证电动助力只在预定的车速范围内起作用。当汽车行驶速度超过系统限定的最大值时,电磁离合器便切断电动机的电源,使电动机停转,离合器分离,不起传递转向助力的作用。另外,在不需要助力的情况下,离合器还能消除电动机的惯性对转向的影响;当该动力转向系统发生故障时,离合器还会自动分离,此时又恢复手动控制转向。

由于转向助力的工作范围限定在一定速度区域内,所以离合器一般设定一个车速范围,例如当车速超过 30 km/h 时,离合器便分离,电动机也停止工作,这时就没有辅助转向的作用。当电动机停止工作时,为了不使电动机和离合器的惯性影响转向系的工作,离合器也应及时分离,以切断辅助动力。

当系统中电动机等发生故障时,离合器会自动分离,这时仍可恢复手动控制转向。为了减少与不加转向助力时驾驶车辆感觉的差别,离合器不仅具有滞后输出特性,同时还具有半离合器状态区域。

3)减速机构。减速机构是电动动力转向系统不可缺少的部件。目前实用的减速机构有多种组合方式,一般采用蜗轮蜗杆与输入轴驱动组合式(见图 3—19 中的 3,9,10),也有的采用两级行星齿轮与传动齿轮组合式。为了抑制噪声和提高耐久性,减速机构中的齿轮有的采用树脂材料制成,有的采用特殊齿形。

(3)电子控制器(ECU)与控制逻辑。电子控制器(ECU)的基本组成如图 3—22 所示,其核心是一个具有 256 个字节的 RAM、4K 字位的 ROM、8 位字长的单片微机(微处理器)。外部电路还有:10 位 A/D 转换器、8 位 D/A 转换器、I/F(电流/频率)转换器、放大电路、动力监测电路、驱动电路等。

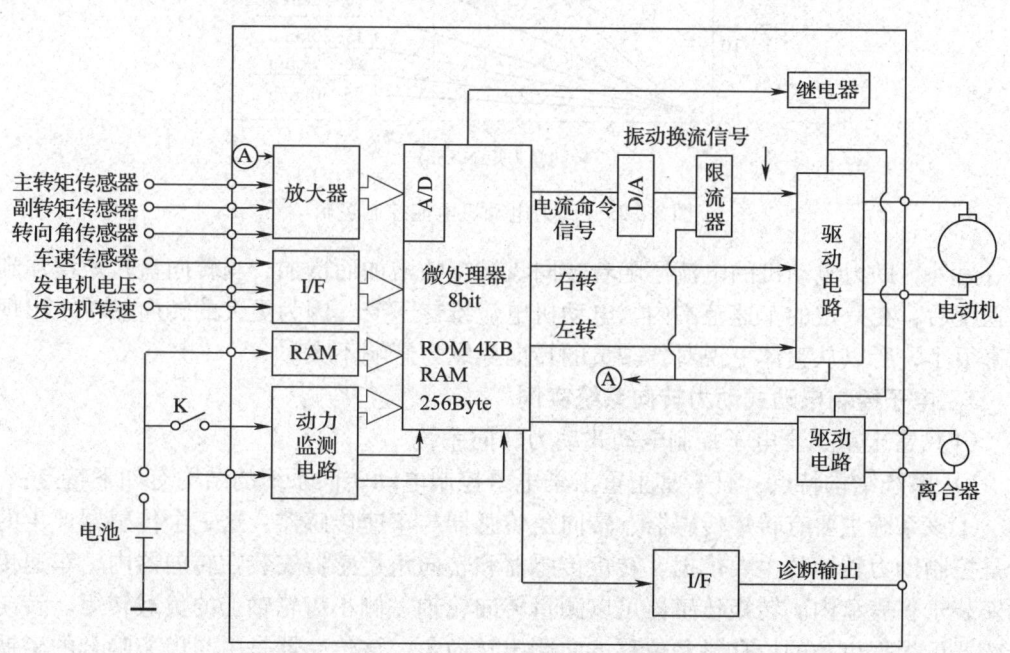

图 3—22 电子控制电动式动力转向的控制系统

工作时,转向转矩和转向角信号经过 A/D 转换器被输入到微处理器(CPU),微处理器根据这些信号和车速计算出最优化的助力转矩。ECU 把已计算出来的值作为电流命令值送到 D/A 转换器转换为模拟量，再将其输入到电流控制电路。电流控制电路把来自微处理器的电流命令值同电动机电流的实际值进行比较，产生一个差值信号。该差值信号被送到驱动电路，该电路可驱动动力装置并向电动机提供控制电流。也就是说，当转矩传感器和转向角传感器的信号经 A/D 转换器处理后，微处理器就在其内存中寻找与该信号相匹配的电动机电流值，然后将此值输送给 D/A 转换器进行转换，处理后的模拟信号再送给限流器，由限流器来决定电动机驱动电路电流值的大小。微处理器同时给电动机驱动电路输出另一个信号，即决定电动机（左转或右转）的转动方向。

随着汽车车速和转向转矩的变化，助力电动机通过的电流也应变化。其控制逻辑如图 3—23 所示。目前一般由计算机控制的电动动力转向系统为车速感应控制型。根据汽车理论，随着车速的提高给予转向盘的辅助动力应该相应地减小。也就是说，随着车速的升高，助力电动机的电流应该减小。然而在实际的控制中，电动机电流是按阶梯状态下降的。在起动和低速时电动机电流的变化比较大，因为在车速极低时，转向盘上所需的转矩比中速时大得多。当车速超过 30 km/h 时，转向盘上的操纵力很小，为了保持一定的操作手感，助力电动机和电磁离合器应停止工作。

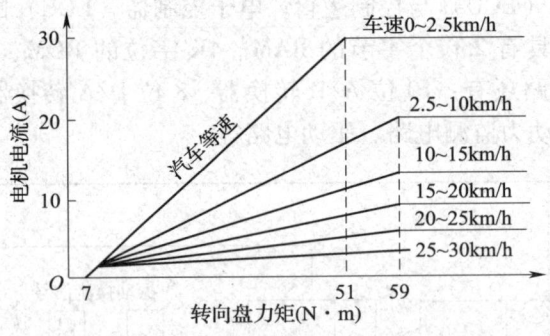

图 3—23 助力电动机电流控制逻辑

另外，助力电动机的电流还随着转向盘转矩的增加而增加，当转向盘转矩增加到一定程度后，在一定的车速范围内，电动机电流维持不变。因为更大的转向盘转矩出现的概率很小，所以从整体上说对驾驶员的转向操纵力影响不大。

3. 电子控制电动式动力转向系统实例

（1）富士重工全电子控制电动式动力转向系统

1）系统结构特点。日本富士重工全电子控制电动转向系统的结构有如下特点：

①该系统主要有转矩传感器、转向角传感器与车速传感器，这三个传感器产生的信号是控制助力转矩的主要依据。转矩传感器和转向角传感器安装在转向器内，车速传感器安装于仪表盘内。转矩传感器可以测量转向轮轴一侧小齿轮轴上的负载转矩。转向角传感器可根据齿条的位移量和位移方向测出转向角。该传感器是由与齿条啮合的磁铁和固定在转向机上的磁性感测器组成。

②系统的安全装置由一个在主电源电路中能切断电动机电源的继电器和一个安装在电动机和减速器之间并能把它们断开的电磁离合器组成。系统只要发生故障，这些安全

装置便能工作,以确保系统安全。

③控制系统的电路框图如图3—24所示。系统输入的信号,除了转矩、转向角和车速这三个必要的参数外,还有电动机电流、动力装置温度、蓄电池端电压、起动机开关电压和交流发电机电压等信号。控制系统的核心是一个有8 K字节ROM和256字节RAM的8位单片机。外围电路包括一个10位A/D转换器和一个8位D/A转换器。

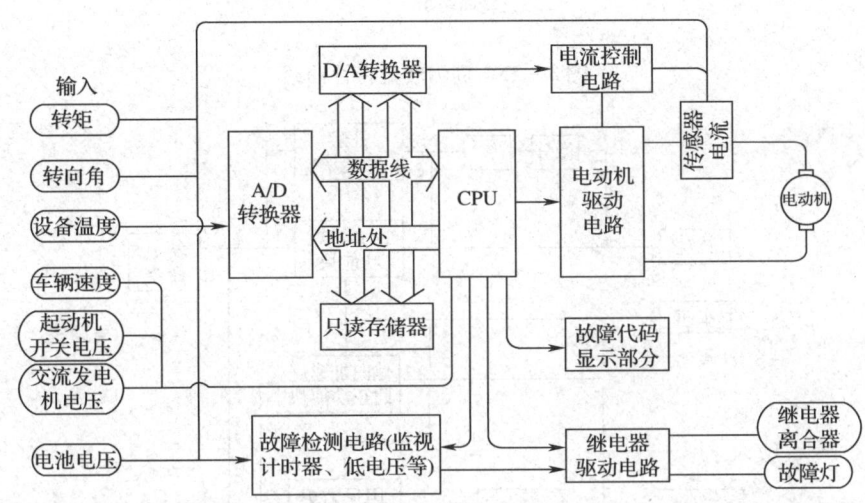

图3—24 电子控制的结构及控制系统

2) 系统控制过程。系统控制过程一般包括助力转矩控制过程和与安全功能有关的控制过程。助力转矩的控制过程是:转矩和转向角信号经过A/D转换器后输入计算机,计算机根据这些信号和车速计算出最优化的助力转矩。电子控制器将输出的数字量经D/A转换器转换为模拟量,再将其输入电流控制电路。电流控制电路把来自计算机的电流指令值同电动机电流实际值进行比较,并产生一个差值信号。该差值信号被送到电动机驱动电路,便向电动机提供控制电流并驱动动力装置。与安全功能有关的控制过程是:当由电池电压过低检查电路、电源装置短路检查电路、时钟监视电路和其他检查电路(硬件)或由计算机检查出一个故障时,仪表板上的故障灯将被点亮,同时也将点亮信号控制器上的故障代码显示灯。

3) 控制系统的功能。全电子控制电力转向系统的基本功能是根据转向作用力产生助力转矩,另外,系统还具有自诊断和安全功能。

①控制助力转矩的功能。车速感应控制型动力转向系统是由车速控制助力转矩的系统,在每一种车速下都可以获得最优化的转向助力转矩。而全电子控制的动力转向系统基本上是一个车速响应类系统,其助力转矩特性曲线如图3—25所示。

系统还可根据转向转矩变化率、转向角速度和转向角进行控制,以改善瞬态转向灵敏度,其控制功能框图如图3—26所示。

该系统具有自动回正装置,可根据转角传感器输入的信号,产生回正作用力,使转向轮返回到中间位置。

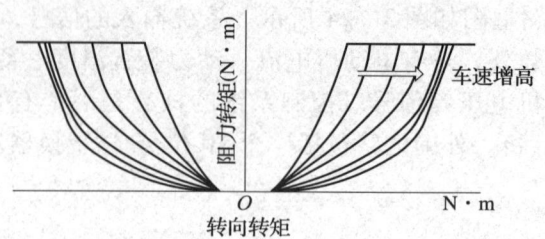

图3—25 助力转矩特性曲线

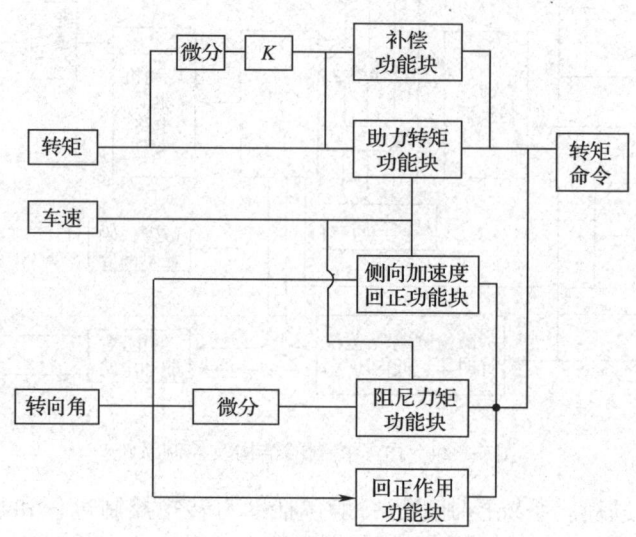

图3—26 控制功能框图

由于助力转矩是对车速的响应,同样也可使系统回正作用响应车速。该系统可根据转向角和车速计算出车辆的侧向加速度,并根据计算出的侧向加速度产生回正力矩。

系统利用产生的阻尼转矩提供阻尼控制,阻尼转矩的方向同转向角速度的方向相反。阻尼控制允许转向系统调整回正速度。此外,阻尼转矩还随车速变化而变化,使得从低速到高速的整个范围内都可以得到最优化的转向回正力和车辆的稳定性。

系统还可根据转向作用力的变化率,沿力矩变化的方向产生补偿力矩。这种控制可以预防由于微机取样、电动机感应等引起的控制系统的延迟所造成的自激振荡,从而确保系统稳定运行。

②自诊断和安全功能。系统具有自诊断和安全功能。当出现任何一种故障时,系统均可显示出相应的故障代码。系统有30多种故障检查项目。如果同时出现两个或多个故障时,可依次显示其故障代码。

系统的安全功能可确保转向系正常工作,即使当转向系统的某些部分出现故障时,也能连续安全运行。系统能够迅速地检测出故障,以便采取相应的安全措施。本系统采用的安全措施是停止助力转矩控制或限制助力转矩控制。

停止助力转矩控制的功能是指当系统的基本部件，如转矩传感器、电流传感器、动力装置及它们的连线等出现故障时，离合器断开，电源继电器释放，从而停止助力转矩控制。

限制助力转矩控制功能防止可能出现的故障。一旦出现导致系统故障或严重故障的蓄电池电压降低、动力装置过热时，系统就会执行这种功能。此外，为了防止系统过热，其对连续几分钟之内的电流消耗进行监督，且保持电流消耗不超过预先规定的数值。当系统判断平均电流损耗过大时，也会执行这种功能。

4）全电子控制电动转向系统的特点。全电子控制的动力转向系统，转向作用力控制范围宽，并能根据驾驶条件设置最优化的转向作用力特性，其特点主要有以下几点：

①可以十分灵活地修改转矩、转向角和车速信号的软件控制逻辑，并能自由地设置转向助力特性。

②根据转向角进行回复控制和根据转向角速度进行阻尼控制，可提供最优化的转向返回特性。

③由于仅当需要时电动机才运行，所以动力损耗和燃料消耗均可降到最低。

④利用电动机惯性的质量阻尼效应可以使转向轴的颤动降到最小。

（2）三菱"米尼卡"车电子控制电动助力转向系统。三菱"米尼卡"车所用的电子控制电动助力转向系统的英语缩写为 ECPS，ECPS 中的电子控制器（ECU）根据车速、转向盘上的转向作用力，驱动转向器齿轮总成内的电动机，从而实现助力控制，ECPS 的结构原理如图 3—27 所示。

由图 3—27 可知，交流发电机的"L"端子可视为向电子控制器（ECU）输出信号的一个传感器，利用交流发电机的"L"端子电压可以判断发动机是否转动。当发动机还未发动而使 ECPS 工作时，由于电动机最大电流约为 30 A，会造成蓄电池亏电和容量下降。

电动机和离合器接受电子控制器输出的控制电流，产生助力转矩，经传动齿轮减速后，再经过小齿轮实现动力转向。电动机的动力是通过行星齿轮机构传递的。离合器是由电磁铁和弹簧等组成的电磁离合器。

三菱"米尼卡"车 ECPS 采用的电子控制器的电路如图 3—28 所示。电子控制器的核心是摩托罗拉公司生产的 8 位单片机 MC6805。图 3—29 是 ECPS 的控制方框图。

当点火开关接通时，电源加于 ECPS 的电子控制器上，电动助力转向系统才能进行工作。当发动机已被起动时，交流发电机 L 端子的电压加到电子控制器上。当检测到发动机处于起动状态时，动力转向系统转为工作状态。

行车时，电子控制器按不同车速下的转向盘转矩，控制电动机的电流，并完成电子控制转向和普通转向控制之间的转换。当车速高于 30 km/h 时，则转换成普通的转向控制，电子控制器没有离合器信号和电动机电流输出，离合器处于分离状态。当车速低于 27 km/h 时，ECPS 的电子控制器又输出离合器信号和电动机电流，普通转向控制又转换为动力转向的工作方式。

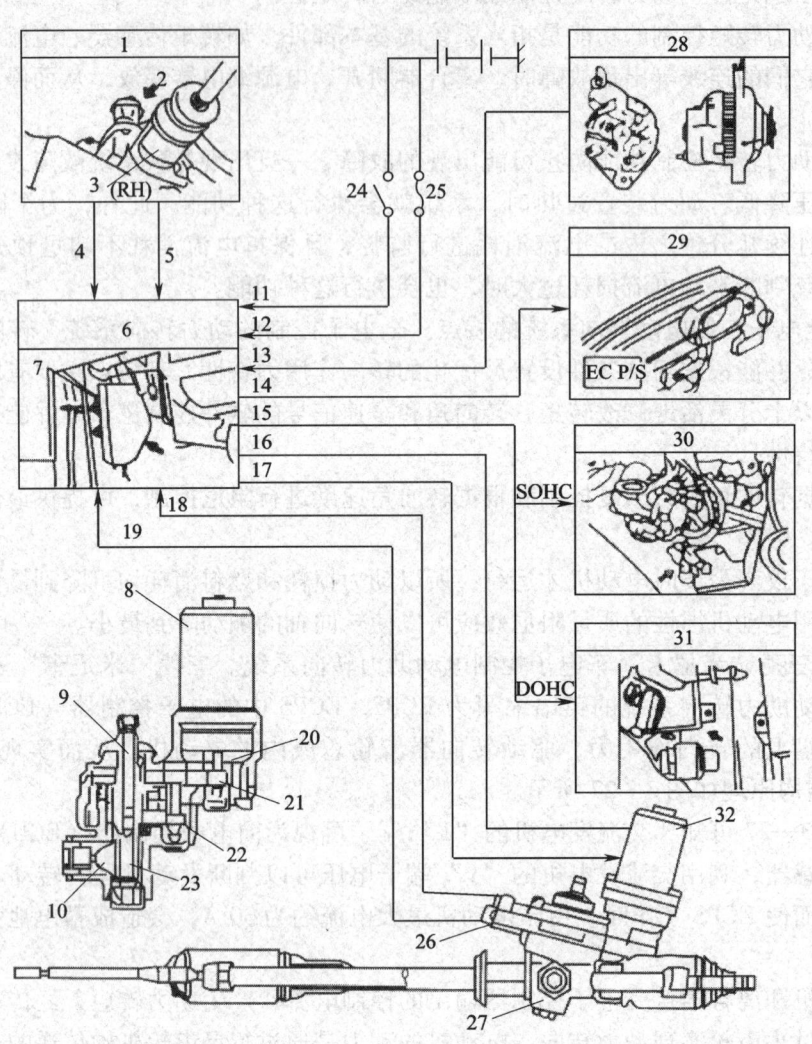

图 3—27　三菱"米尼卡"车 ECPS 结构原理
1—车速传感器　2—速度表引出电缆的部位　3—传动轴　4—车速信号（主）　5—车速信号（副）
6—ECPS 电子控制器　7—副驾驶员脚下部位　8—电动机　9—扭杆　10—齿条　11—点火电源
12—蓄电池　13—发电机信号　14—指示灯电流　15—提高怠速电流　16—电动机电流
17—离合器电流　18—转矩信号（主）　19—转矩信号（副）　20—离合器　21—电动机齿轮
22—传动齿轮　23—小齿轮　24—点火开关　25—熔丝　26—转矩传感器　27—转向器齿轮总成
28—交流发电机（L 端子）　29—指示灯　30—怠速提高电磁阀
31—发动机电子控制器　32—电动机与离合器

ECPS 的电子控制器还具有自我修正的控制功能。当电动助力转向系统出现故障时，可自动断开电动机的输出电流，恢复到通常的转向系统；同时速度表内的报警灯 ECPS 灯点亮，以通知驾驶员动力转向系统发生故障。

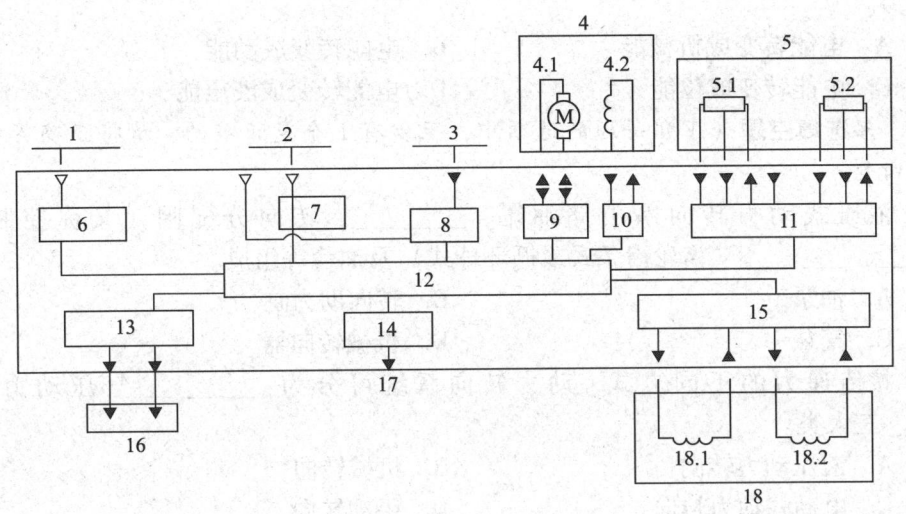

图 3—28 电子控制器电路示意图

1—点火开关（IGl） 2—交流发电机（L端子） 3—易熔线 4—电动机与离合器 4.1—电动机
4.2—离合器 5—转矩传感器 5.1—副传感器 5.2—主传感器 6—自我修正控制
7—发电检测 8—电源电路 9—电流极性控制 10—驱动电路 11—中间、转向、操纵
力的检测，主、副转矩传感器之差 12—8位单片机 13—传感器、执行部件故障检测
14—电动机工作检测 15—车速、加减速基准车速的对比，主副车速传感器之差
16—自诊断检测用端子 17—二极管 18—车速传感器图

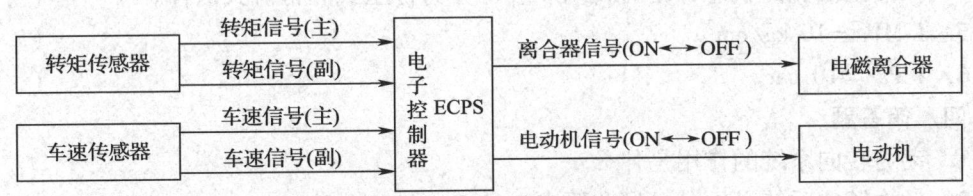

图 3—29 ECTS 控制方框图

单元测试题

一、单项选择题（下列每题的选项中，只有1个是正确的，请将正确答案填在横线空白处）

1. 液压动力转向采用的动力源是高压油液，压力一般为_____。
   A. 40～70 MPa   B. 0.4～0.7 MPa
   C. 2～3 MPa   D. 4～7 MPa。

2. 气压动力转向采用的动力源为压缩空气，压力一般为_____。
   A. 6～0.8 MPa   B. 0.6～8 MPa
   C. 0.6～0.8 MPa   D. 60～80 MPa

3. 电动式动力转向主要采用电动机，将_____，利用电动机的输出转矩来实现转向助力。

  A. 电能转变成机械能   B. 电能转变成动能
  C. 电能转变成位能   D. 电能转变成液压能

二、多选填空题（下列每题的选项中，至少有 1 个是正确的，请将正确答案填在横线空白处）

1. 液压式动力转向系由储油罐、_____、转向分配阀（又称控制阀）、_____、_____（齿轮齿条式或循环球式）及油管等组成。

  A. 油泵   B. 转向助力缸
  C. 气泵   D. 机械转向器

2. 按传递力的不同方式，动力转向系统可分为_____、气压动力转向、_____三大类。

  A. 液压动力转向   B. 机械转向
  C. 电动式动力转向   D. 手动转向

三、判断题（下列判断正确的打"√"，错误的打"×"）

1. 对汽车转向系统的性能评价，主要可以概括为转向的灵敏性和操纵的轻便性。（ ）
2. 实际设计中，一般规定：当转向车轮转到最大设计转角时，转向盘总转动圈数不宜超过 5 圈，而转向盘操纵力最大不超过 250 N。（ ）
3. 按控制方式分，动力转向可分为机械控制式和电控式两种。（ ）
4. 按液压油流的状态，动力转向装置可分为常压式和常流式两种。（ ）
5. 1 MPa = 10 kg/cm^2。（ ）
6. 1 Pa = 10 bar。（ ）

四、简答题

1. 动力转向系统的作用是什么？
2. 动力转向系统必须满足哪些要求？
3. 电子控制动力转向的优点主要有哪些？

单元测试题答案

一、单项选择题

1. D 2. B 3. A

二、多项选择题

1. ABD 2. AC

三、判断题

1. √ 2. √ 3. √ 4. √ 5. √ 6. √

四、简答题

（略）

第4单元

汽车悬架系统

- 第一节　概述 /102
- 第二节　主动悬架与半主动悬架 /104
- 第三节　电子控制悬架系统的工作原理 /107
- 第四节　电子控制悬架系统的主要部件结构原理 /118

第一节 概述

汽车悬架是连接车架和车桥的弹性传力装置。汽车悬架除了能够缓和冲击和吸收来自车轮振动的能量之外，还要在汽车行驶过程中传递车轮与路面的驱动力和制动力；当汽车转向时，悬架要承受来自车身的侧倾力，并在汽车制动与起动时抑制车身的俯仰。但是，对缓冲和减振的行驶平顺性要求与抑制侧倾、俯仰等的行驶稳定性、安全性要求，在悬架设计中往往是互相矛盾的。传统的悬架只能保证在一种特定的道路状态和速度下达到性能最优折中。随着高速公路的迅速发展，以及人们对汽车平顺性和安全性要求的提高，传统的悬架系统已不能满足要求，人们希望悬架的刚度、减振器的阻尼系数、车身高度能随汽车载荷、行驶速度、路面状况等行驶条件的变化而变化，使悬架系统的性能总是处于最佳状态，能同时满足汽车行驶平顺性、操纵稳定性等方面的要求，于是现代各种悬架控制技术和方案得到了迅速的发展，各种形式的电子控制悬架系统相继在一些高级轿车上使用。目前轿车上使用的电子控制悬架系统主要具有3个功能：

第一，车高调节功能。不管汽车负载在规定范围内如何变化，都可以保证车高一定，可大大减少汽车在转向时产生的侧倾。当汽车在凸凹不平的道路上行驶时，可提高车身高度；当汽车高速行驶时，又可使车身高度降低，以减少风阻，并提高汽车的操纵稳定性。

第二，衰减力调节功能。其作用是提高汽车的操纵稳定性，在急转弯、急加速和紧急制动时，可以抑制汽车姿态的变化（如减少侧倾角、后仰角）。

第三，控制悬架系统减振力和弹性元件的弹性模量或刚度系数。利用弹性元件弹性模量或刚度系数的变化，控制汽车起步时的姿势。

表4—1所列是电子控制悬架系统的控制功能的综述。

表4—1　　　　　　　　　　电子控制悬架系统的控制功能

控制项目	控制功能
防侧倾控制	使弹性元件和减振器的减振力变成"坚硬"模式，能抑制汽车侧倾，并使汽车的姿势变化减至最小，以改善操纵性
防前俯控制	使弹性元件刚度和减振器减振力变为"坚硬"模式，防止汽车在紧急制动时产生的前俯（俗称点头），而使汽车的姿势变化减至最小
防后坐控制	使弹性元件刚度和减振器减振力变为"坚硬"模式，防止急加速时汽车后坐，使汽车的姿势变化减至最小
高速时的控制	使弹性元件刚度变为"坚硬"模式和使减振器减振力变为"中等"模式，使汽车高度降低，以改善汽车高速行驶时的稳定性和操纵性
不平道路行驶控制	使弹性元件刚度和减振器减振力变为"中等"或"坚硬"模式，以抑制车身在悬架上的跳动，从而改善汽车在不良道路上行驶时的舒适性

续表

控制项目	控制功能
车身高度自动控制	无论汽车的负载在额定范围内如何变化，控制车身高度保持不变。操纵车身高度控制开关，可使汽车的目标高度在"正常"或"高"的状态。如在高速行驶时，高度控制开关在"高"位置时，汽车高度会保持"正常"
点火开关断开控制	当点火开关断开后，因汽车的质量变化，使汽车高度变得高于目标高度时，可使汽车降低目标高度，改善汽车整车姿态

通常将汽车的悬架系统分为传统被动式、半主动式、主动式三类。传统被动式的弹性元件和其所构成的悬架系统，由于其弹性特性和阻尼特性是一定的，当受到外界激励（如汽车以一定速度驶过坑洼不平路面）时，只能"被动"地做出响应，所以被称为被动悬架。有些被动悬架还包括车身高度调节系统。被动悬架存在以下一些局限性：

第一，弹簧不能设计得太软，因为太软的弹簧需要比较大的工作空间，在汽车上无法布置，同时当悬架的偏频小于 0.7 Hz 时，还容易导致乘客晕车。

第二，阻尼特性同时会影响平顺性和车轮接地附着力，二者很难同时兼顾。

第三，由于悬架的特性是一定的，而汽车的载荷、行驶速度以及路面的不平程度都会在很大范围内变化，因此悬架无法保证在所有工况下都具有良好的平顺性。

为了克服上述不足，20 世纪 60 年代，国外提出了"半主动悬架"和"主动悬架"的概念。主动悬架的基本原理是靠自身的能源，通过执行元件对振动进行"主动"的干预。主动悬架具有更好的平顺性，但其结构复杂、质量大，而且要消耗相当一部分发动机的功率。第一例主动悬架是为赛车开发的，此后出现了许多介于主动悬架与被动悬架之间的产品，被应用于各类汽车，按其工作原理称为半主动悬架（semi-active system）和慢主动悬架（slow-active system）。实际上慢主动悬架也是主动悬架，只是其执行元件的频率带宽比全主动悬架（full-active system，简称主动悬架）低而已，主动悬架的频率带宽大于 1.5 Hz，能量消耗很大，慢主动悬架的频率带宽为 3.6 Hz，能量消耗大。半主动悬架又分为有级半主动悬架（阻尼力有级可调）和无级半主动悬架（阻尼力连续可调）两种。

根据驱动机构和介质的不同，汽车的悬架系统又可分为由电磁阀驱动的油气主动悬架和由步进电动机驱动的空气主动悬架。但对于半主动悬架和主动悬架均可根据控制装置的不同，分为机械控制式和电子控制式两种。

目前，在大客车、赛车、越野汽车以及豪华轿车中都装有主动、半主动悬架系统，有些主动悬架系统中还采用了路面不平度预测装置。主动、半主动悬架系统可以使汽车的平顺性、轮胎接地附着力和操纵稳定性得到改善，但是由于其结构复杂、成本高以及发动机功率消耗大等缺点，其使用不如传统被动悬架普及。

第二节 主动悬架与半主动悬架

一、主动悬架

主动悬架中不再有传统意义上的"弹簧刚度"和"阻尼特性",悬架中的弹簧和减振器全部或者部分被执行元件所取代。系统还包括了各种必要的传感器、信号处理器和控制单元。控制单元根据检测到的各种信号判断汽车的当前状态,并根据事先设定的控制策略决定执行元件该输出力的大小。系统内部靠对力的闭环控制,保证执行元件输出的力满足指令的要求。图4—1给出了一种主动悬架工作原理的示意图(单个车轮)。在实际使用中,还必须包括更多的传感器,用以检测必要的系统状态量,比如,与转向时汽车运动相关的横向加速度、转向盘角速度、汽车车速、发动机节气门开度、制动踏板位置以及汽车车身高度等传感器。图4—2所示为一种轿车主动悬架布置图。

主动悬架的性能指标可以用多个系统输出变量的均方根值的加权和来表征。这些变量可以包括车身加速度、车轮与地面间的动载荷、车轮相对于车身的位移以及执行元件的作用等。系统的控制变量也比传统被动悬架要多,并且参数的选择范围也更宽。一般多采用随机优化控制理论来确定系统的控制策略。研究表明,如果相对于路面不平度而言有足够大的悬架工作行程,则在某一特定的稳定工况下(载荷、车速以及路面不平度函数都保持不变),主动悬架所达到的性能指标与专门为这种特定工况所设计的被动悬架相当。当工况变化,并且相对路面不平度而言悬架的工作行程受到限制(实际汽车上都是这种情况)时,主动悬架与被动悬架相比,平顺性指标和车轮接地性能都会提高,在不良路面上,可提高10%~15%。

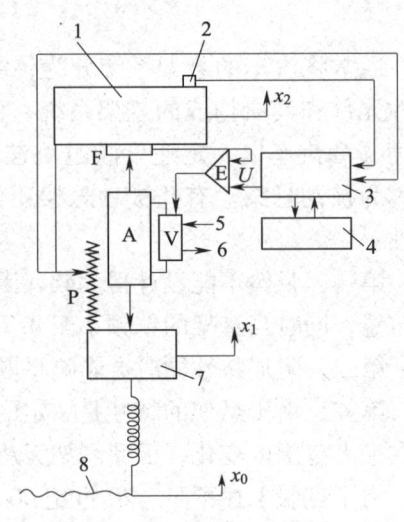

图4—1 主动悬架的工作原理
(单个车轮)
A—执行元件 E—比较器
F—力传感器 P—电位器 V—控制阀
1—悬架质量 2—加速度传感器
3—信号处理器 4—控制单元 5—进油
6—出油 7—非悬架质量 8—路面输入

主动悬架执行元件的响应频率范围要超过汽车上车轮刚度所对应的频率,约为10 Hz。目前汽车上采用的大都是电液伺服机构,频带越高,实现起来越困难,同时成本和质量都会增大,系统所消耗的能量也会增加。如果在系统中并联传统的弹簧元件和减振器,以承受静载荷并提供常规情况下的阻尼,则系统的能量消耗和执行元件的尺寸、液压都会下降,但这种方式的集成性不佳。

主动悬架中的关键部件之一是电液伺服阀。它根据中央控制单元给出的电信号控制流向执行元件的油量,为此必须有很高的放大倍率,将几十毫瓦的电信号转化为几十千

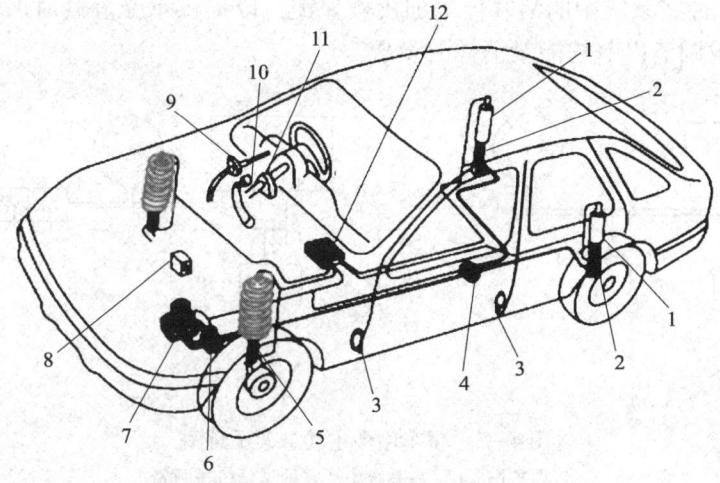

图4—2 轿车主动悬架布置示意图

1—悬架位移传感器 2—后悬架执行元件 3—车门开关传感器 4—隔离阀 5—前悬架执行元件
6—控制器 7—液压泵 8—节气门位置传感器 9—车速传感器 10—加速踏板位置传感器
11—转向盘传感器 12—中央控制单元

瓦的液压功率，同时还要有足够快的反应速度，要能在几毫秒之内实现95%的流量变化，另外，还应具有高的灵敏度，可以5%的步长进行流量调节。

主动悬架是一种具有做功能力的悬架，在悬架系统中附加一个可控制作用力的装置，因此需要一套提供能量的设备。主动悬架可根据汽车载荷、路面状况（好、坏路）、行驶速度（高、低速）、起动、制动、转向等行驶条件的变化，自动调整悬架的刚度、阻尼以及车身高度等控制参数，同时满足汽车行驶平顺性和操纵稳定性的要求。

通常把用于提高平顺性的控制称为路面感应控制，而将用于增加稳定性的控制称为车身姿势控制。此外，车身高度控制也是主动悬架的重要控制功能。主动悬架的缺点是能量消耗较大、成本较高、液压装置噪声较大。

二、慢主动悬架

为了解决主动悬架高带宽所带来的诸多问题，可以只考虑车身的垂直、俯仰和侧倾振动以及汽车的转向反应，不考虑车轮刚度所对应的频率，将执行元件的频响带宽降低至3~4 Hz。这样就形成了"慢主动悬架"或"窄带宽主动悬架"（narrow bandwidth active system）。它与前述的主动悬架在被测状态量和控制实施等方面都很类似，唯一的差异就是执行元件带宽的降低。

在慢主动悬架中，可以选用两类执行元件。一类为当其不起作用（激励频率超过其响应带宽）时，可以像普通弹簧元件一样工作，比如气压执行元件，在这种情况下，由于执行元件可以支持车身的质量，所以系统中可以不加弹簧元件或仅并联一个弹簧元件；另一类为不起作用时，变为刚性体的执行元件，比如滑阀控制的液压运动件，在这种情况下，系统中必须串联弹性元件。后一类执行元件在控制时，应当采用位移闭环控制。

在大多数实际运行工况下，慢主动悬架的性能都可与主动悬架相媲美，而在经济性方面，则比主动悬架具有明显的优势。图4—3a所示为轿车用慢主动悬架原理图。图

4—3b 所示为一种在系统中的活塞处增加机械弹簧，以提供承受静载时所需的压力，而液力只负责动载调节以节约能量消耗的设想。

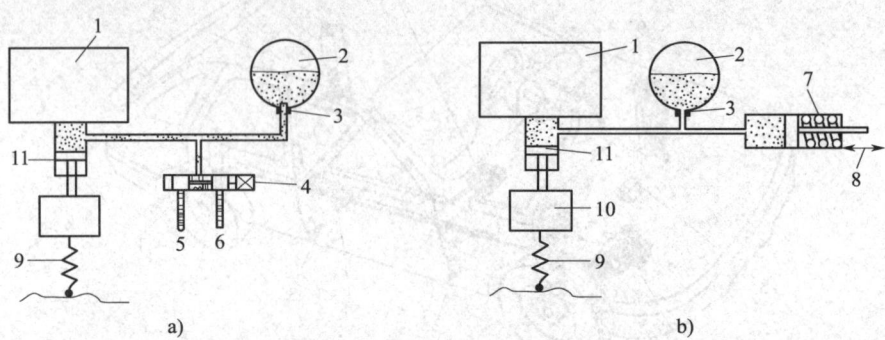

图4—3　轿车用慢主动悬架示意图
a）原理图　b）在系统中活塞处增加机械弹簧
1—悬架质量　2—空气弹簧　3—阻尼阀　4—比例流量控制阀　5—接油泵　6—接油罐
7—承受静载荷弹簧　8—动载荷调节　9—轮胎刚度　10—非悬架质量　11—执行元件

三、半主动悬架

半主动悬架与主动悬架的区别在于用可控阻尼的减振器取代了执行元件。可控阻尼减振器所起的作用与主动悬架中执行元件的作用类似，都是通过对系统内的力进行闭环控制，从而实现控制单元提出的力的要求。不同的是执行元件要做功，而减振器则是通过调节阻尼力来控制耗散能量的多少，几乎不消耗汽车发动机的能量。显然，在半主动悬架中，必须用并联弹簧元件来支持悬架质量，一般情况下该弹簧刚度是不变的。与主动悬架相比，半主动悬架由于节省了诸如油泵、蓄能器、油管、滤油器以及油罐等部件，几乎不消耗发动机的功率，并且制造可控阻尼减振器不像制造电液伺服的液力执行元件那么复杂，所以悬架系统的制造和运行成本都大大降低。

研究表明，当不考虑悬架的工作行程限制时，在良好路面上，半主动悬架几乎可以达到和主动悬架一样的性能。在行程受到限制（或者说实车使用）情况下，良好路面上，半主动悬架可以达到很好的平顺性，但轮胎动载荷控制不如主动悬架；在路况较差的路面上，则平顺性还保持良好，对轮胎动载荷的控制也接近主动悬架。

无级半主动悬架可以根据路面激励和车身的响应对悬架阻尼参数进行自适应控制，并在几毫秒内由最小变到最大，使车身上的振动响应始终被控制在某个范围内。由于阻尼变化响应快，像一个主动系统，因此被称为半主动系统。但这种半主动悬架在转向、起动、制动等工况下还不能对参数实施有效的控制。

图4—4 所示为无级半主动悬架系统简图。该系统的微处理机从传感器接收速度、位移、加速度

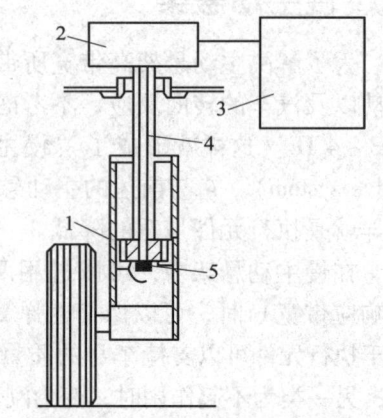

图4—4　无级半主动悬架系统简图
1—节流孔　2—步进电动机
3—控制单元(ECU)　4—阀杆　5—阀门

等信号，计算出相应的阻尼值，向步进电动机输出控制信号，进一步电动机通过阀杆调节阀门，使节流孔阻尼连续变化。这种无级连续调节阻尼系数的系统，在计算机上进行模拟计算，得到了满意的结果。它比全主动式系统优越的地方是不需要外加能量系统，但缺点是所需传感器较多，使成本提高。

图 4—5 表示了被动悬架、有级半主动悬架和无级半主动悬架可以利用的阻尼力变化范围。由图可见，被动悬架阻尼仅能在一条线上变化，有级半主动悬架阻尼可在几条线上变化，无级半主动悬架阻尼则可在整个平面内变化。

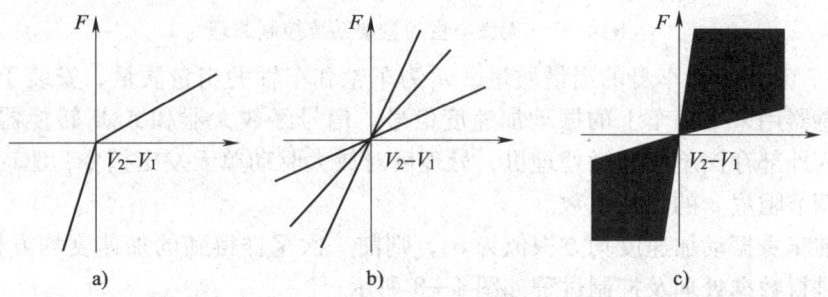

图 4—5　被动悬架、有级半主动悬架、无级半主动悬架阻尼力的变化范围
a）被动悬架　b）有级半主动悬架　c）无级半主动悬架

第三节　电子控制悬架系统的工作原理

半主动及主动悬架系统虽然在控制的参数和效果上各有差别，但它们却都基于一种基本设计思想，即在车辆行驶过程中，根据实际需要，使悬架系统的基本控制参数，如刚度、阻尼可随时调节，从而达到最佳的平顺性与稳定的行车状态。例如在好路面上正常行驶时，希望"软"一点，在较差路面或车辆起步、制动时，希望"硬"一点；低速时，希望"软"一点，高速时，希望"硬"一点。

基于上述相同的设计思想，半主动及主动悬架的工作原理也是相同的，图 4—6 是其工作原理框图。例如当车身垂直振动位移过大，则控制单元在接收到这一信号后，即指令执行器增加系统刚度和阻尼，从而使悬架变"硬"，来控制车身的振动。

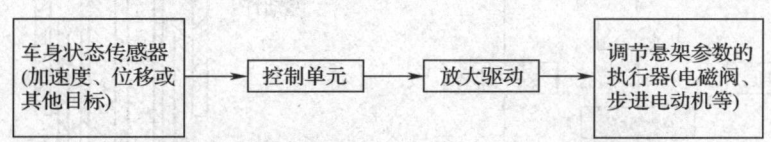

图 4—6　半主动及主动悬架系统的工作原理框图

一、半主动悬架的控制原理

无级半主动悬架系统通常以车身振动加速度的均方根值作为控制的目标量，而以阻尼为控制量，其控制原理如图 4—7 所示。

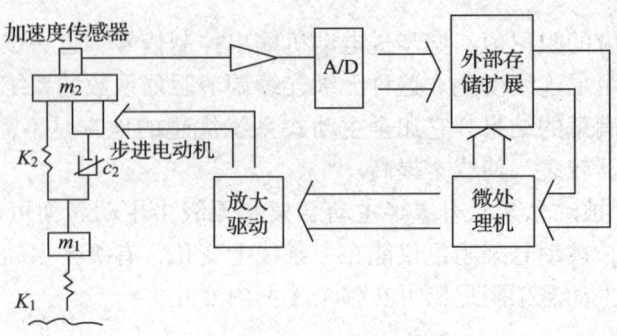

图 4—7　无级半主动悬架系统控制原理

图 4—7 中，m_2 为车身的当量质量，m_1 为车轮和车轴的当量质量，安装于车身上的加速度传感器用来采集车上的振动加速度信号。信号经放大器和 A/D 转换器后，以数字形式送入外部存储单元和微处理机，处理后对放大驱动单元发出指令，驱动步进电动机转动，调节阻尼 c_2 的阻尼系数。

设当前车身振动加速度均方根值为 σ_i，则前一次采样得到的加速度均方根值为 σ。微处理机进行数据处理及控制过程如图 4—8 所示。

首先设置一个满足汽车平顺性要求的最优控制目标，即设置一个加速度均方根值 σ，当车身输出的加速度均方根值与这个值不同时，就对阻尼实施控制，即根据 $\Delta = \sigma_i - \sigma$ 的符号和绝对值大小来判断是否增加或减少悬架系统阻尼。当 $\sigma_i - \sigma = 0$ 时，系统不发生动作。当 $\sigma_i - \sigma > 0$ 时，与 Δ 的绝对值对应按一定的比例增加阻尼。当 $\sigma_i - \sigma < 0$ 时，与 Δ 的绝对值相对应按一定比例减少阻尼。这样就可以使车身振动响应的加速度保持在一个确定的可接受的范围内。

阻尼的改变是由电控的步进电动机推动可变截面阻尼器实现的，其工作原理如图 4—9 所示。驱动杆和空心活塞一起上下运动，减振器油液被压，通过驱动杆和空心活塞的节流孔，利用小孔节流原理，起到减振的作用。步进电动机可以带动驱动杆转动，改变驱动杆与空心活塞的相对角度，从而改变节流孔实际通流截面积的大小。节流孔通流截面积变大，则减振器阻尼减弱；反之，阻尼增加。对于多个节流孔，则每增加一个节流孔工作，通流总截面积就相应增加，阻尼就相应减小。

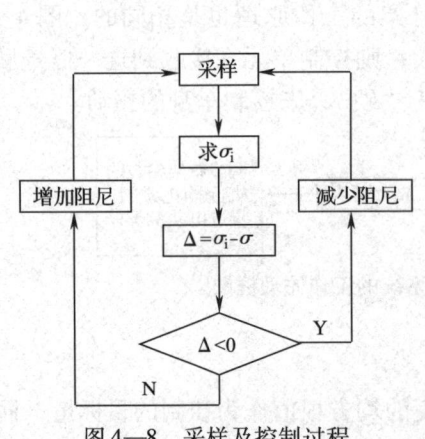

图 4—8　采样及控制过程　　　　图 4—9　阻尼可控制的减振器示意图

二、主动悬架的工作原理

目前，主动悬架系统主要有两种，即由电磁阀驱动的油气悬架和由步进电动机驱动的空气悬架。它们在构造上差别很大。

1. 主动式油气悬架系统的工作原理

普通的油气悬架系统用油作为介质，压缩气室中的空气，以实现刚度特性，而采用管路中的节流孔实现阻尼特性。图4—10所示为雪铁龙 XM 轿车的主动式油气悬架布置图，由图可见，有5个基本的传感器用来反映行驶过程中的车身状态。

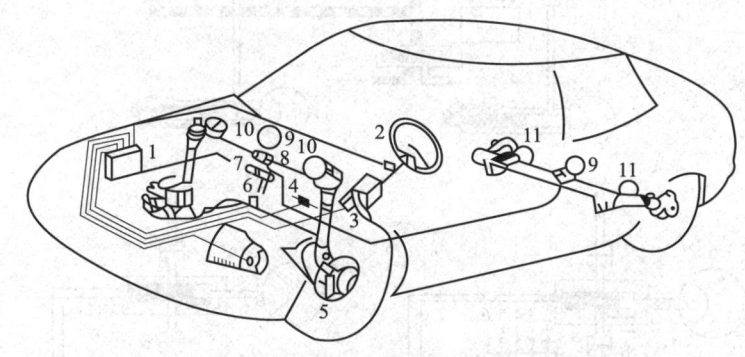

图 4—10 雪铁龙 XM 轿车的主动式油气悬架系统
1—电控单元 2—转向盘转角传感器 3—加速度传感器 4—制动压力传感器 5—车速传感器
6—车身高度传感器 7—电磁阀 8—辅助油气阀 9—刚度调节器 10—前油气室 11—后油气室

转向盘转角传感器2安装于转向柱上，通过转向盘的转角信号间接地把汽车转向程度（快慢、大小）的信息送给微机。

加速度传感器3实际上是与加速踏板连接的节气门动作传感器，将加速动作信号送给微机。

车速传感器5安装于车轮上，送出与转速成正比的脉冲信号，微机利用该信号与转向盘转角信号，可计算出车身侧倾程度。

车身高度传感器6安装于车身与车桥之间，用来测量车身与车桥的相对高度，其变化频率和幅度可反映车身的平顺性信息，同时它还用于车高的自动调节。

制动压力传感器4安装于制动管路中，制动时它向微机送出一个阶跃信号，使微机产生并输出抑制"点头"的信号。

主动式油气悬架系统的工作原理如图4—11所示。当汽车在良好路面上低速正常行驶时，电控单元接收到各传感器送来的信号后，便向电磁阀7发出指令，使其向右移动；从而接通压力油道，此时辅助油气阀8的阀芯向左移动，中间油气室9与主油室连通，使总的气室容积增加，气压减小，从而使悬架刚度减小，系统处于"软"状态，如图4—11a所示。中间油气室9又称刚度调节器，节流孔a和b则为阻尼器。当汽车处于高速、转向、起动和制动工况时，电磁阀7的线圈中无指令电流通过，在弹簧作用下，阀芯左移，关闭压力油道，原来用于推动辅助油气阀8的压力油通过电磁阀7的左边油道泄放,辅助油气阀8的阀芯右移,关闭中间油气室9,使总的气室容积减小,刚度增大,悬架处于"硬"状态,如图4—11b所示。

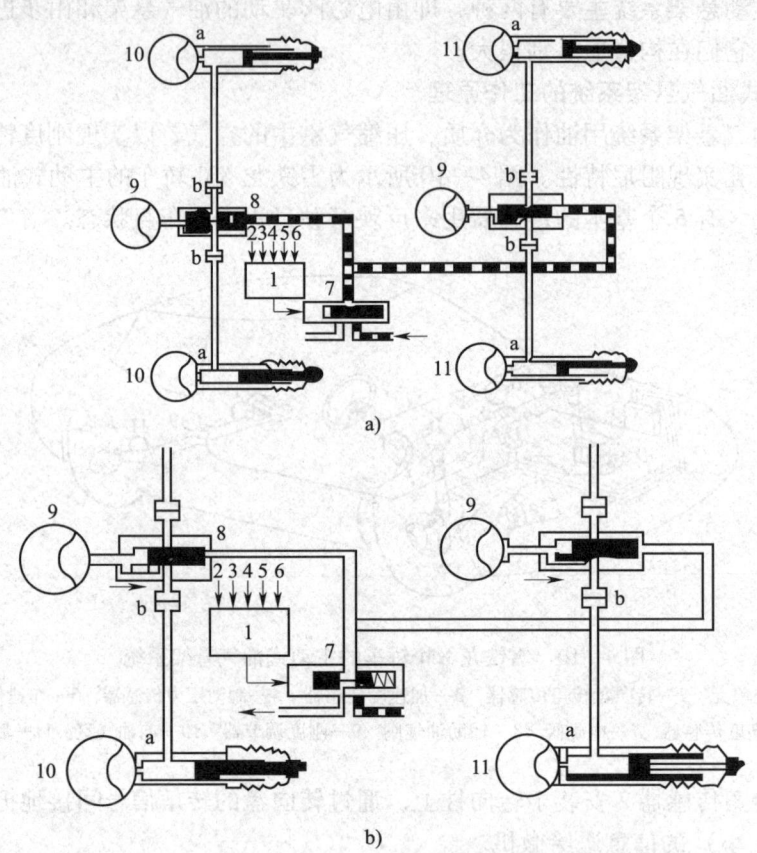

图4—11　主动式油气悬架系统工作原理
a) 悬架处于"软"状态　b) 悬架处于"硬"状态
1—电控单元（ECU）　2—转向盘转角传感器　3—加速度传感器　4—制动压力传感器　5—车速传感器
6—车身高度传感器　7—电磁阀　8—辅助油气阀　9—中间油气室　10—前油气室　11—后油气室

2. 主动式空气悬架系统的工作原理

主动式空气悬架系统的基本工作原理如图4—12所示。在该系统中,同样有前述5个基本传感器,只不过加速度传感器安装于节气门位置传感器（化油器）上。

此外,车门传感器是为防止行车过程中车门未关闭而设置的。模式选择开关用于手动选择"软"或"硬"两种模式,而其中每一种模式可以有三种悬架状态,由微机予以选择。

高度控制阀及排气阀按照微机的指令,通过阀的开、闭来改变空气悬架主室的充气量,从而改变车身高度。例如,当车高上升调整时,高度控制阀打开,向主室供给压缩空气;而当车高下降调整时,高度控制阀与排气阀同时打开,主气室的压缩空气便排放到大气中。调压阀式空气压缩机给出的压缩空气保持压力稳定。干燥器利用填充的干燥剂硅胶吸收压缩空气中的水分。

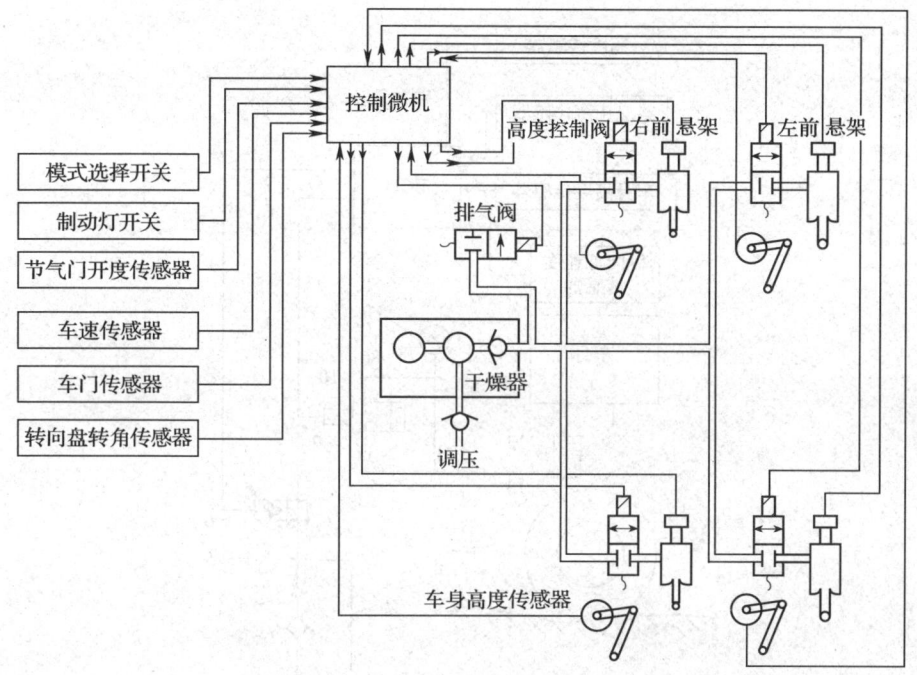

图4—12 主动式空气悬架系统的工作原理

微机根据各个传感器送来的信号,经过运算分析后向悬架发出指令,悬架可以根据微机给出的指令,通过步进电动机转动等方式,改变刚度、阻尼系数和车身高度,使汽车在行驶过程中保持良好的操纵稳定性,并且将车身的振动响应控制在允许和可行的范围内。

3. 带路况预测传感器的主动悬架系统

带路况预测传感器的主动悬架系统如图4—13所示。

该系统包括一个悬架弹簧和一个单向液压执行器,控制阀6通过油管8与单向液压执行器的油压腔13相通。油管上还接有一个支管8a,该支管与一个蓄能器11相连,蓄能器11内充有气体,该气体有弹簧的作用。另外,支管中间还设有一个主节流孔12,以限制蓄能器11和油压腔13之间的油流,从而形成减振作用。在油管8和蓄能器11之间还设有一个旁通管路8b,该旁路上带有一个选择阀10和一个副节流孔9,副节流孔的直径大于主节流孔的直径。当选择阀打开时,油流通过选择阀的副节流孔,在蓄能器11和油压腔13之间流动,从而减小振动阻尼。因此,悬架系统在选择阀的作用下,具有两种不同的阻尼参数。

控制阀6的开度可以随控制电流的大小而改变,以控制进入油管8的油量,进而控制施加到液压执行器的油压,随着输入控制阀6的电流的增加,液压执行器承载能力也增加。

在该悬架系统中,输入到控制单元ECU的信号有:各车轮上设置的检测车身纵向加速度的传感器输出信号,路况预测传感器测出的车辆前方是否有凸起物及其大小的检测信号,在各车轮处检测车身高度的传感器输出的高度信号及车速传感器输出的车速信号等。控制单元根据这些信号,对设置在各车轮上的控制阀和选择阀进行控制。

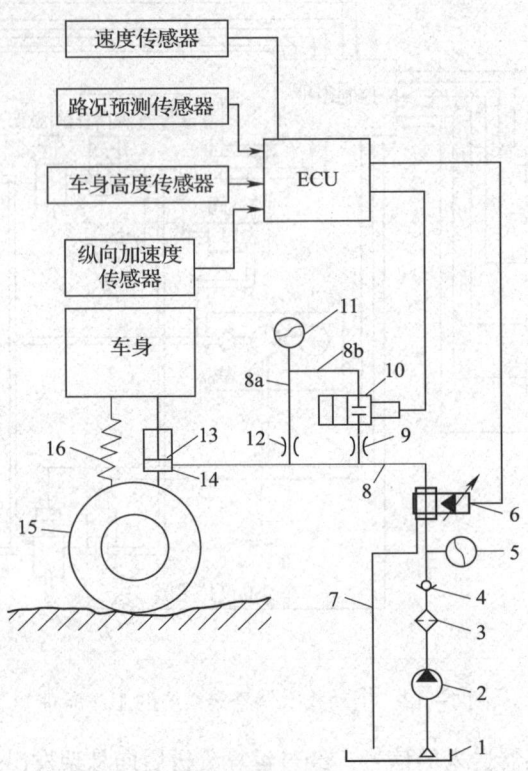

图 4—13 带路况预测传感器的主动悬架系统
1—油箱 2—油泵 3—滤清器 4—单向阀 5—蓄能器 6—控制阀 7—回油管 8—油管
8a—支管 8b—旁通管路 9—副节流孔 10—选择阀 11—蓄能器 12—主节流孔
13—油压腔 14—液压执行器 15—车轮 16—悬架弹簧

路况预测传感器的设置情况如图 4—14 所示,该传感器通常为超声波传感器,频率为 40 kHz 左右,安装在车身的前面,以便对其下方的路面状况进行检测。

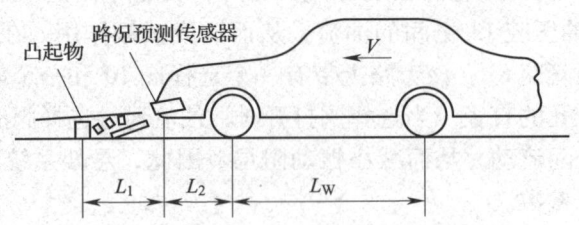

图 4—14 路况预测传感器的设置情况

在车辆正常行驶时,选择阀关闭,液压执行器的油压腔通过主节流孔与蓄能器相通,它可以吸收并降低因路面不平而引起的微小振动。当路况预测传感器发现路面上有将引起振动的凸起物时,ECU 便控制选择阀打开,并将悬架系统的阻尼系数减小到特定值。

图 4—15 所示为路况预测传感器的输出信号,输出信号的幅值与路面凸起物的大小

成正比。如果完全按照传感器输出信号进行控制，悬架系统的阻尼变化就会过于频繁，因此，在控制系统中设置了一个低阈值 V_1。另外，如果在车辆通过一个很大的凸起物时，悬架系统的阻尼系数若调整得过低，可能会产生极大的冲击力，形成悬架底部与车桥的刚性碰撞，因此，控制系统中还设定了一个高阈值 V_2。只有在路况预测信号介于 V_1 和 V_2 之间时，ECU 才输出一个打开选择阀的控制信号。

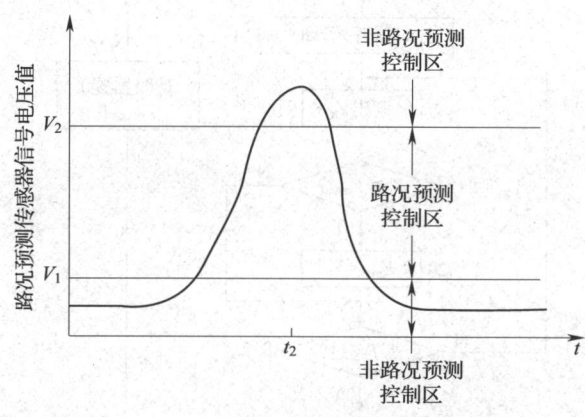

图4—15 路况预测传感器的输出信号

ECU 根据车速可以估算出从测得凸起物到实际车轮通过凸起物之间的滞后时间 ΔT，控制选择阀应恰好在车轮通过凸起物时打开，使悬架的阻尼系数做短暂变化，车轮通过凸起物后，选择阀再次关闭。

具有路况预测传感器的主动悬架系统可以在汽车到达之前对路面情况进行预测处理，因而改善了悬架的工作性能。

图4—16 所示为路况预测控制的流程。在步骤 S10，ECU 检测并读出路况预测信号 V。在步骤 S12，程序判断 V 是否大于或等于低阈值 V_1，如果 $V < V_1$，则程序重复步骤 S10 和 S12；如果 $V \geq V_1$，则程序进入步骤 S14。在步骤 S14，计时器开始测量车轮通过凸起物的滞后时间 ΔT。

随后在步骤 S16，ECU 读出路况预测传感器的输入信号 V_n，并在步骤 S18 将该值与前一循环确定的 V_{max} 加以比较，如果 $V_n \geq V_{max}$，则程序进入步骤 S20，将值赋予 V_{max}；如果 $V_n < V_{max}$，或者 V_{max} 在步骤 S20 被赋予新的值以后，在步骤 S22，程序判断计时器的计时是否超过滞后时间 ΔT。如果判断结果是未超过，则程序重复执行步骤 S16、S18 和 S20，以更新 V_{max}。

当计时器的计时数超过 ΔT 时，在步骤 S24 判断 V_{max} 是否小于或等于路况预测传感器的高阈值 V_2。如果 $V_{max} \leq V_2$，也就是说，被测出的凸起物并不是很大，当汽车通过该凸起物时，即使减少悬架系统的阻尼系数，也不会在悬架上形成过大的冲击力，这样，在步骤 S30，控制单元便向选择器输出一个控制信号，打开选择阀。

如果在步骤 S24 中判断结果是 $V_{max} > V_2$，说明此时测出的凸起物很大，当汽车通过该凸起物时，减少悬架系统的阻尼系数可能会形成刚性的碰撞，所以程序进入到步骤

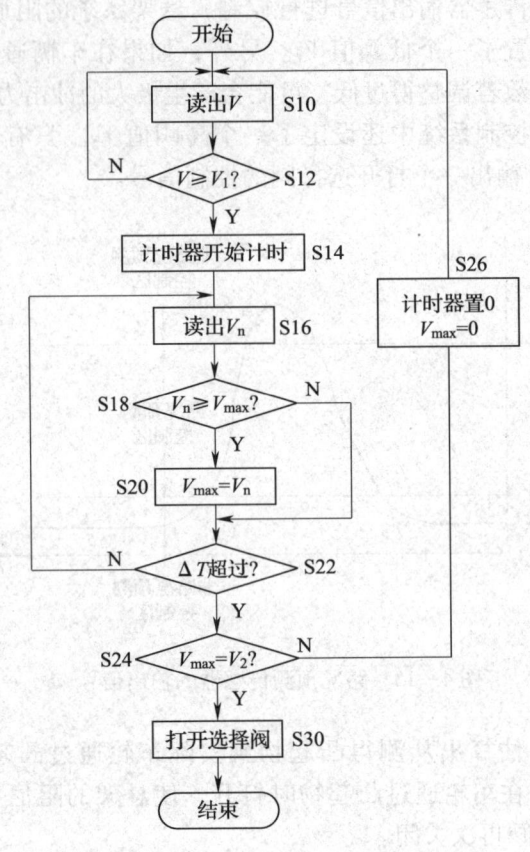

图 4—16 路况预测控制流程

S26，即控制单元不向选择阀输出打开的信号，并将计时器和 V_{max} 均置为0，重新开始下一个循环。

根据图 4—17 所示的路况选择开、闭控制流程，首先，在步骤 S32 计算延迟时间 T，这个延迟时间表示的是从收到选择阀打开的控制信号（即图 4—18 中的 t_2）到车轮恰好通过被测凸起物的时间，这个时间由下述公式计算

$$T = (L_1 + L_2)/V - \Delta T$$
$$T = (L_1 + L_2 + L_w)/V - \Delta T$$

两个公式，前者用于计算前轮的延迟时间，后者用于计算后轮的延迟时间。其中 L_1 是路况预测传感器与凸起物之间的距离，L_2 是该传感器与前轮之间的距离，L_w 是前后两轮之间的距离，V 是检测出的车速，ΔT 即为上述的滞后时间。

随后，在步骤 S34，将时间 T 和 T' 值输入延迟计时器和保持计时器，其中，$T' = T + T_0$。

T_0 为选择阀保持开启的时间，可以将其设置为 0.1 s 或其他保持开启时间。

延迟计时器和保持计时器应在汽车各前后轮上分别配置。延迟计时器中包括一个累加计数器。当步骤 S36 判断出其累加值达到预先输入的 T 值时（即图 4—18 中的 t_3 时刻），则在步骤 S38 向前轮或后轮的选择阀输出一个打开信号。此时，悬架的主节流孔

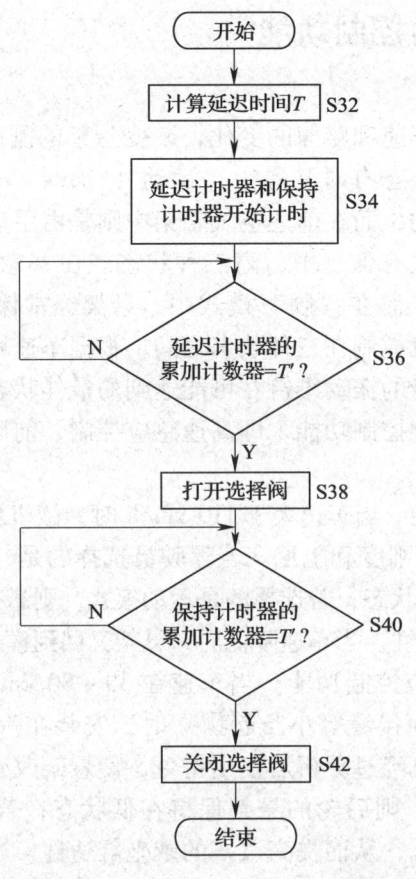

图 4—17 路况选择开、闭控制流程

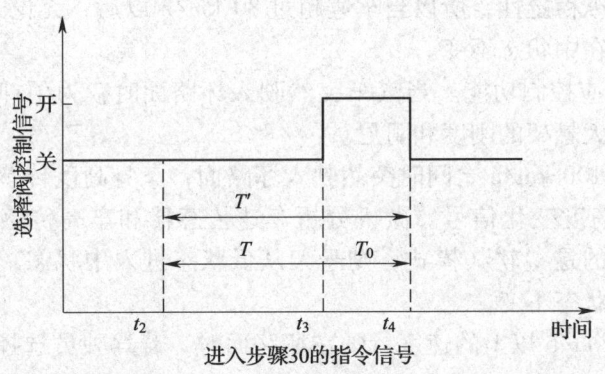

图 4—18 选择控制信号的时序图

和副节流孔共同作用,将悬架的阻尼系数减少到一个较小的值。保持计时器中也包括一个累加计数器,当步骤 S40 判断出其累加值达到预先输入的 T'' 值时(即图 4—18 中的 t_4 时刻),则在步骤 S42 向前轮或后轮的选择阀输出一个选择阀关闭信号。在控制器未将选择阀打开时,悬架的阻尼系数一直保持一个较高的值。图 4—18 是选择控制信号的时序图。

三、主动悬架系统的控制功能

1. 车速路面感应控制

这种控制主要是随着车速和路面的变化,改变悬架的刚度与阻尼,使之处于"软"或"硬"的状态,"硬"状态有时又称为"运动(Sports)"状态。这两种状态在前述油气悬架中是由微机选择的,而在前述空气悬架中则是由手动选择的,但其每一种状态又按刚度和阻尼的大小依次有低、中、高三种状态。在"软"模式中,悬架经常处于低刚度和低阻尼的低状态,而在"硬"模式中,悬架经常保持在中状态。按照两种不同的控制模式,悬架由微机控制在三种状态之间,根据车速和路面的变化情况,自动调整刚度和阻尼系数,使车身的振动维持在可能达到的最佳状态。

这种控制方式具有三种控制功能,即高速感应控制、前后车轮关联感应控制、坏路面感应控制。

(1) 高速感应控制功能。当车速大于 110 km/h 时,微机根据车速传感器信号,经过分析后发出指令改变悬架的刚度和阻尼。若驾驶员选择的是"软"模式,则悬架的刚度和阻尼自动从低状态进入中状态;若选择的是运动模式,则悬架保持中状态不变,以提高车辆高速行驶时的操纵稳定性。当车速降低后,悬架又回到模式的经常保持状态。

(2) 前后车轮关联感应控制功能。当车速在 30~80 km/h 范围内时,若前轮遇到障碍(例如通过混凝土路面接缝等小凸起物)时,安装在汽车前部的车身高度传感器将脉冲信号送给微机,微机经过分析后发出指令,使悬架改变刚度、阻尼等参数。若驾驶员选择的是"软"模式,则后轮的悬架保持在低状态;若选择的是运动模式,则后轮悬架从中状态进入低状态,从而提高汽车的乘坐舒适性。当后轮越过障碍后,悬架又回到选定模式的经常保持状态。但是当车速很高时,若悬架太"软",则车轮遇到冲击时汽车容易失去操纵稳定性,所以当车速超过 80 km/h 以后,无论选择的是何种模式,悬架参数都应保持在中状态不变。

(3) 坏路面感应控制功能。当汽车突然驶入坏路面时,为了抑制突然产生的车身纵向角振动,应加大悬架的刚度和阻尼。

当车速在 40~100 km/h 之间时突然驶入坏路面,车身高度传感器会立刻给出周期小于 0.5 s 的车身高度变化信号。微机分析车速传感器和车高传感器的信号后发出指令,若驾驶员选择的是"软"模式,则悬架从低状态进入中状态;若选择的是运动模式,则悬架保持中状态不变。

当汽车以 100 km/h 以上的速度行驶在坏路面时,若驾驶员选择的是运动模式,则悬架从中状态进入高状态。

2. 车身姿势控制

当车速和转向发生急剧变化时,会造成车身姿势的急剧改变,这样既破坏了汽车的乘坐舒适性,又由于车身的侧倾过度使车失去稳定性。所以随着车速和转向的急剧变化,应该对车身的姿势进行控制。

车身姿势控制包括三种,即转向时车身侧倾控制、制动时车身点头控制、起步时车身抬头控制。

（1）抑制转向时车身侧倾。在急转向情况下，应增加悬架的刚度和阻尼，以减少车身的侧倾。当驾驶员快速转动转向盘时，安装在转向器上的转向传感器把检测到的转向盘转角及变化速度送给微机，微机对悬架发出指令，通过执行元件使悬架刚度和减振器阻尼力转换到高状态。如果悬架处于"软"模式，则从中状态或低状态直接进入高状态。如果悬架处于运动模式，则从中状态进入高状态。

（2）抑制制动时车身点头。紧急制动时，应该增加悬架的刚度和阻尼，以减少车身的点头。在车速高于 60 km/h 的情况下紧急制动时，车速传感器发出的相应车速信号和制动开关发出的阶跃信号同时送给微机，微机向悬架发出指令。若此时悬架处于"软"模式，则从中状态或低状态直接进入高状态；若悬架处于运动模式，则从中状态进入高状态，以抑制车身前部的俯仰。

（3）抑制起步时车身抬头。当突然起步，或在低速情况下突然加速时，应增加悬架的刚度和阻尼，以抑制车身的抬头（也称车身后坐）。在车速低于 20 km/h 的情况下猛踏加速踏板，加速度大时，节气门开度传感器的信号和相应的车速信号传给微机，微机向悬架发出指令。如果此时悬架处于"软"模式，则从中状态或低状态直接进入高状态。如果这时悬架处于运动模式，则从中状态进入高状态。

3. 车身高度控制

车身高度控制分为常规（Normal）和高（High）两种模式，按车身的高度从低到高的顺序，每种控制模式又分为低、中、高三种状态。在常规模式中，车身高度经常处于中状态；而在高模式中，车身高度经常处于高状态。在通常情况下，车身高度不受乘员人数和装载质量变化的影响，由微机控制保持在所选择模式的经常状态高度。在高速行驶或连续坏路面行驶时，车身高度根据选择的不同模式，由微机控制在低、中、高三种状态之间自行调节，使汽车经常处于稳定行驶状态。这种控制方式包括高速感应控制和连续坏路面行驶控制两种控制功能。

（1）高速感应控制。当车速超过 90 km/h 时，为减少风阻，提高稳定性，应该降低车身的高度，此时微机发出指令使悬架动作。若悬架处于常规模式，则车身高度从中状态降至低状态。如果处于高模式，则车身高度从高状态降至中状态。

（2）连续坏路面行驶控制。当汽车在连续坏路面行驶时，应该提高车身高度，以避免悬架弹簧被压死，车身直接承受来自车轮的冲击，同时提高汽车的通过性能。当车身高度传感器向微机给出连续 2.5 s 以上的车身高度大幅度变化信号，车速在 40～90 km/h 时，若悬架处于常规模式，则车身高度从中状态升至高状态。若处于高模式，则车身高度维持在高状态不变。当车身高度传感器给出同样的信号，而车速高于 90 km/h 时，应优先考虑整车的行驶稳定性。因此，如果悬架处于常规模式，则车身高度维持在中状态不变。如果悬架处于高模式，则车身高度从高状态降至中状态。当车速小于 40 km/h 时，车身高度则完全由驾驶员选择，选常规模式时，车身高度处于中状态；选高模式时，车身高度处于高状态。

另外，还具有驻车时的车身高度控制功能。当汽车处于驻车状态时，为了使车身外观平衡，保持良好的驻车姿势，在点火开关断开后，微机即发出指令，使车身高度处于常规模式的低状态。

第四节 电子控制悬架系统的主要部件结构原理

一、传感器

1. 车身高度传感器

（1）光电式车身高度传感器。车身高度传感器的作用是把车身高度的变化（悬架变形量的变化）转变为电信号，并输入ECU。车身高度传感器仅用于主动悬架系统，一般装有3个（左、右前轮处各装1个，后桥中部装1个），其原因是3点确定1个平面，如多于3个，则会出现调整干涉现象。常见的光电式车身高度传感器的结构如图4—19所示，车身高度传感器的工作原理如图4—20所示。

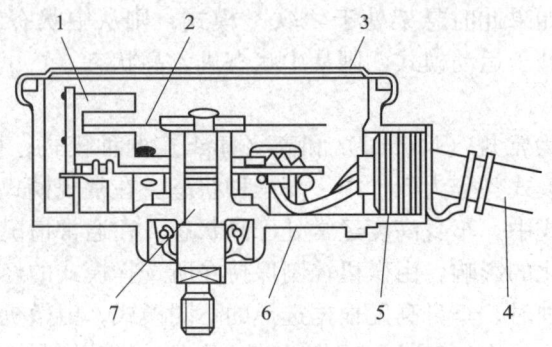

图4—19 光电式车身高度传感器的结构
1—光电耦合元件 2—遮光盘 3—盖 4—电缆 5—金属封油环 6—壳 7—轴

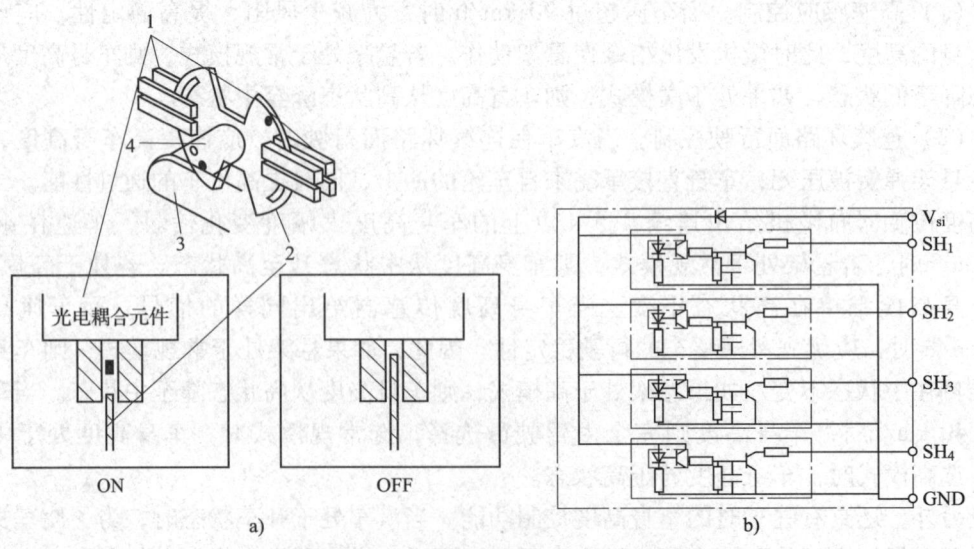

图4—20 车身高度传感器的工作原理
1—光电耦合器元件 2—遮光盘 3—连杆 4—轴

(2) 电子式车身高度传感器。在空气悬架系统中，在下摆臂与车架横梁之间安装有两个前部高度传感器。在悬架摆臂和车架之间安装有一个后部高度传感器。每个高度传感器上端都有一个磁性滑阀。当汽车标准高度发生变化时，滑阀在传感器下壳内上下运动（见图4—21）。传感器下壳内有两个电控开关，开关通过电线束与控制模块相连。当车身高度保持在标准高度时，两个电控开关保持断开，微机接收一个标准高度信号。如果磁性滑阀随着车身高度升高向上移动时，向上调整电控开关接通，微机接收到电控开关的信号后，将适当打开空气弹簧阀和排气阀，空气从空气弹簧内排出，使车身高度降低。相反，若磁性滑阀随车身高度降低而向下移动时，则向上调整电控开关断开，而向下调整电控开关接通，微机收到这种信号后，将接通空气压缩机继电器电路，启动压缩机，同时打开空气弹簧阀，让空气进入空气弹簧，使车身高度升高。

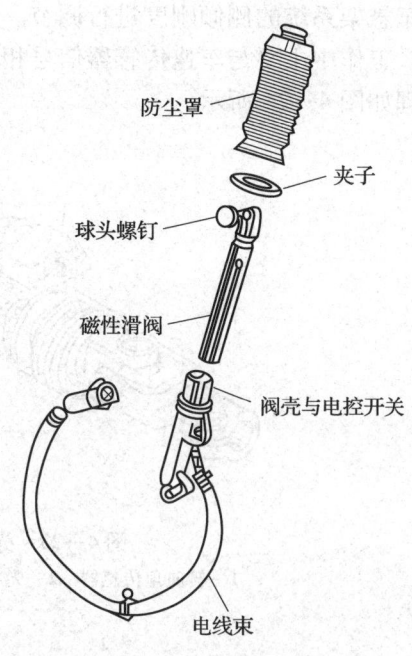

图4—21 电子式车身高度传感器

(3) 霍尔效应开关式车身高度传感器。霍尔效应开关式车身高度传感器与前面介绍的系统所用传感器不一样。在这种传感器内的霍尔效应开关包括一个永磁转子和一个霍尔元件（见图4—22）。悬架的运动使永磁转子旋转，并改变霍尔元件内的电压信号。这些由传感器来的电压信号与标准车高、超高和欠高成正比。

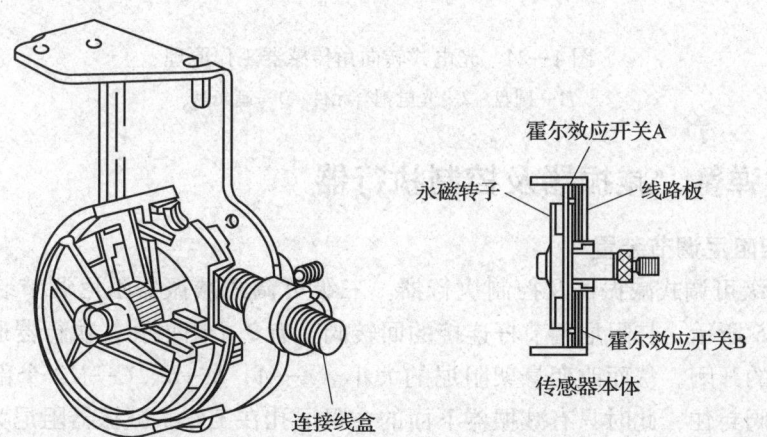

图4—22 霍尔效应开关式车身高度传感器

2. 转向角传感器

转向角传感器装于转向轴管上，可向ECU提供汽车转向速率、转向角大小及转动方向信息，由ECU确定需调节哪些车轮的转向及调节量的大小。该传感器主要用于对汽车悬架系统的侧倾刚度进行调节。它既适用于主动悬架系统，又适用于半主动悬架系统。工作中主要与车速传感器信号相配合，该传感器的基本结构如图4—23所示，工作原理如图4—24所示。

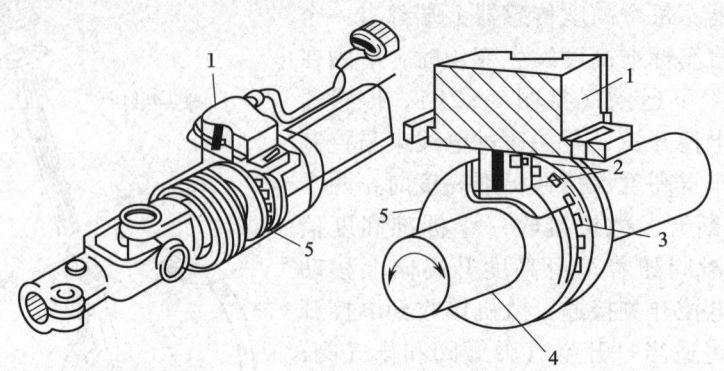

图4—23 光电式转向角传感器基本结构
1—转向角传感器 2—光电耦合元件 3—遮光盘 4—转轴 5—圆盘

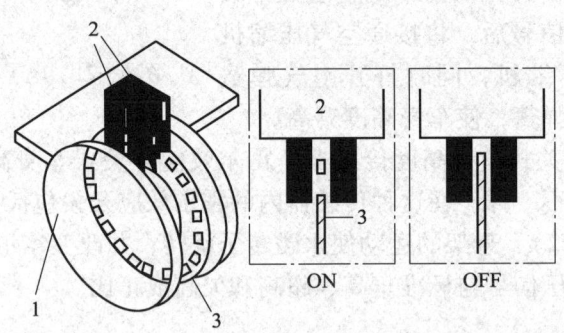

图4—24 光电式转向角传感器工作原理
1—圆盘 2—光电耦合元件 3—遮光盘

二、悬架弹簧、减振器及控制执行器

1. 悬架阻尼调节装置

（1）三级可调式减振器及控制执行器。三级可调式减振器阻尼调节装置的基本结构如图4—25所示。与阻尼调节杆连接的回转阀上有3个阻尼孔，执行器通过调节杆来控制阻尼孔的开闭，从而改变悬架阻尼的大小。A—A、B—B、C—C 3个剖面的阻尼孔全部被回转阀封住，此时只有减振器下面的主阻尼孔在工作，减振器阻尼为最大，减振器被调节到"硬"状态。

当回转阀从"硬"状态位置顺时针转动60°时，B—B剖面的阻尼孔打开，A—A、C—C两个剖面各自的阻尼孔仍关闭。因为多了一个阻尼孔参加工作，所以减振器处于"运动"状态。当回转阀从"硬"状态位置逆时针转动60°时，A—A、B—B、C—C 3个剖面的阻尼孔全部打开，这时减振器的阻尼最小，减振器处于"软"状态。

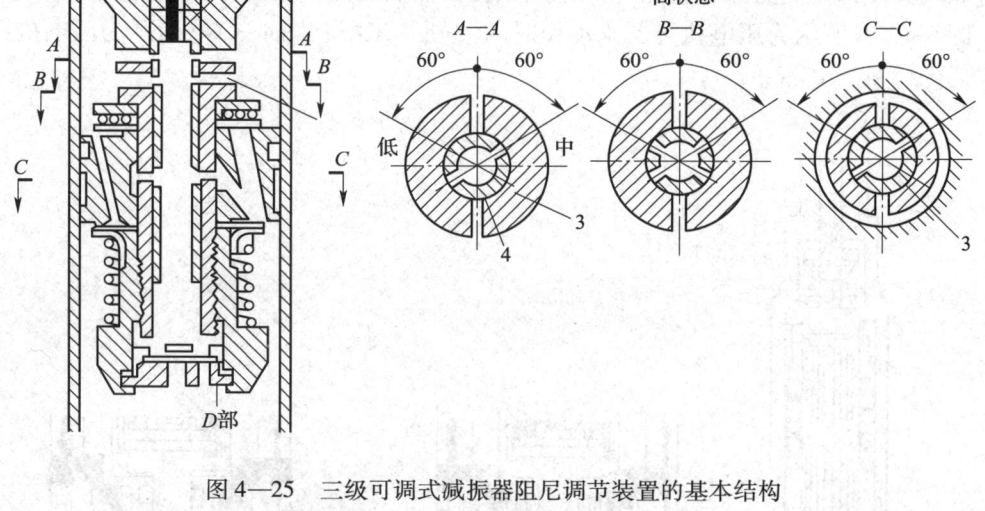

图 4—25　三级可调式减振器阻尼调节装置的基本结构
1—阻尼调节杆　2—阻尼孔　3—活塞杆　4—回转阀

如图 4—26 所示为三级可调式减振器阻尼控制执行器的结构与工作状态。执行器由直流电动机、限制减速齿轮旋转的挡块、带动挡块的电磁铁、减速齿轮等组成，装在减振器的上部执行器可以带动回转阀转动，从而转换阻尼力的大小。改变电动机与电磁铁的通电方式，可以形成 3 种阻尼状态。

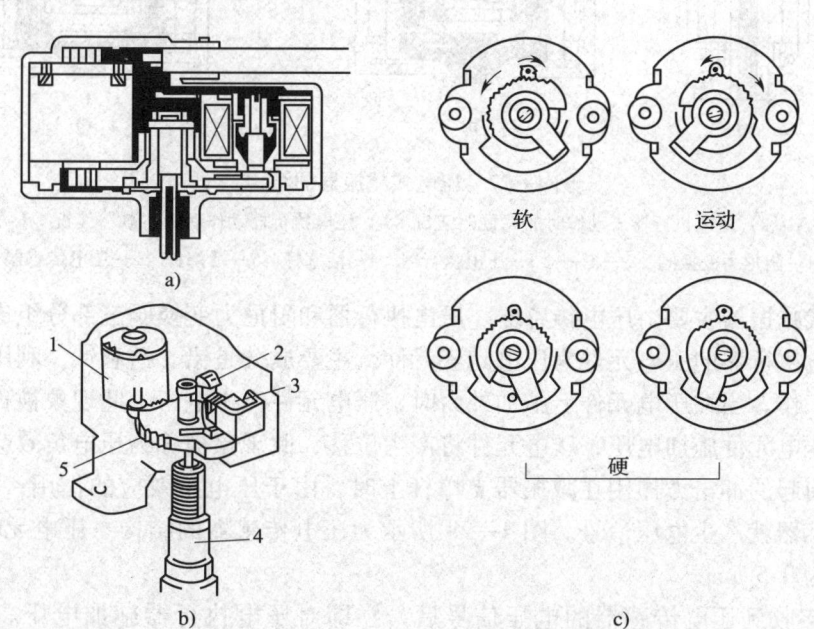

图 4—26　三级可调式减振器阻尼控制执行器的结构与工作状态
a）剖面　b）结构　c）3 种阻尼状态
1—直流电动机　2—挡块　3—挡块用电磁铁　4—减振器　5—减速齿轮

（2）压电式减振器。减振器阻尼力控制系统根据车辆行驶状态进行控制。当车辆在粗糙、不平路面上行驶时，减振器阻尼力控制系统要有足够的检测并分辨行车路面的能力和较灵敏的阻尼力选择能力，压电式减振器能满足这一要求，其结构如图4—27所示。图4—27b所示为压电执行器未动作时的"硬"工况；图4—27c所示为压电执行器动作后的"软"工况。

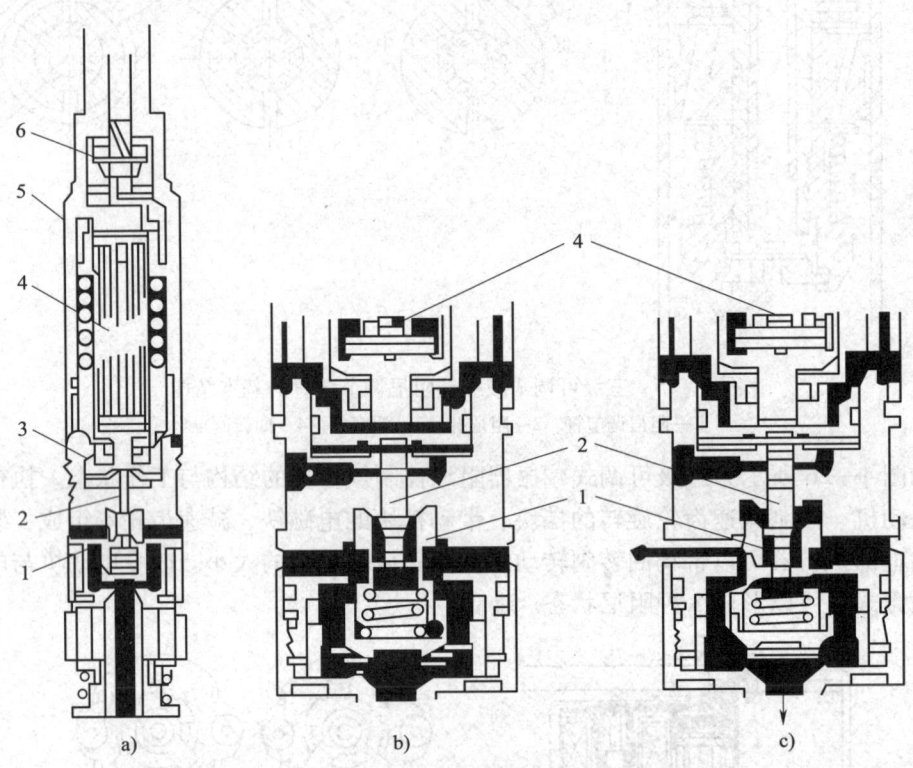

图4—27 压电式减振器的结构
a）压电执行器未动作时的"硬"工况 b）压电执行器动作后的"软"工况
1—阻尼力变换阀 2—挺杆 3—压电执行器 4—活塞 5—活塞杆 6—压电传感器

压电式减振器主要由压电传感器、压电执行器和阻尼力变换阀三部分组成。压电传感器和压电执行器的压电元件为压电陶瓷元件，主要成分是铅、锆和钛，利用压电效应原理进行工作。当在压电元件上施加外力时，压电元件产生电压，此现象被称为压电正效应；给压电元件施加电压，压电元件将产生位移，此现象被称为压电负效应。当由颠簸路面而引起的冲击力作用在减振器支撑杆上时，由于压电正效应的作用，大约2 μm内压电传感器就产生电压信号。图4—28所示为压电传感器的结构，压电元件有5层，每层厚度为0.5 mm。

ECU接收到压电传感器的电压信号后，立即对压电执行器施加电压。压电执行器根据ECU发出的指令被施加电压后，由于压电负效应，在约5 μs内产生50 μm左右的位移。此位移经活塞和推杆放大后，使阻尼力变换阀动作。压电式减振器从出现颠簸信号到阻尼力变换阀动作仅需几毫秒，因此减振器阻尼力电子悬架系统具有很高的响应能力。

2. 空气悬架刚度调节装置

（1）主辅气室一体式空气悬架系统

1）空气悬架系统的结构。空气悬架系统的结构如图4—29所示，其主、辅气室为一体，结构紧凑、质量轻。其上端与车身相连，下端与车轮相连，随着车身与车轮的相对运动，主气室的容积在不断变化。主、辅气室之间设有一个可使两室气体相互流动的通路，改变这个通路的大小，使主气室被压缩的空气量发生变化，即可改变空气悬架的刚度。减振器活塞通过中心杆与悬架控制执行器连接，执行器带动阻尼调节杆转动，使活塞上阻尼孔的大小改变，从而改变减振器的阻尼系数。

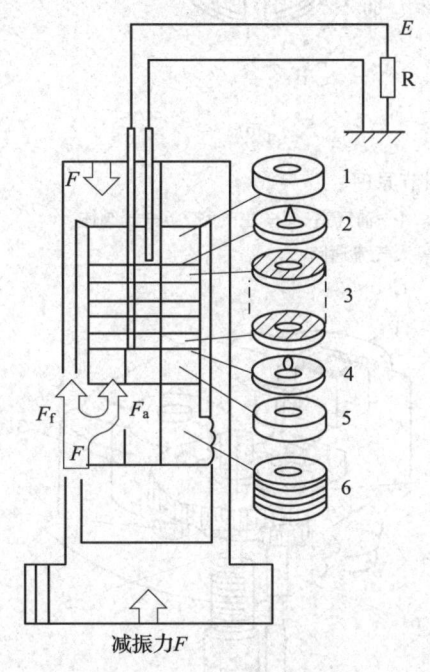 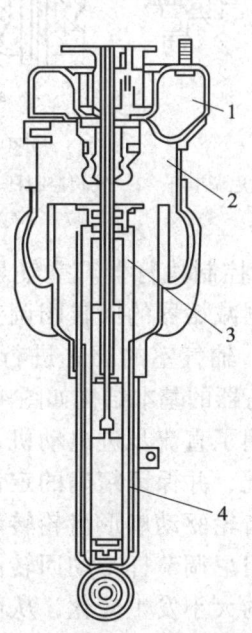

图4—28 压电传感器的结构　　　　图4—29 空气悬架系统结构
1、5—绝缘体　2、4—电极　　　　1—辅气室　2—主气室
3—压电元件　6—螺钉　　　　3—低压惰性气体　4—减振器

2）悬架刚度调节原理。如图4—29所示，主、辅气室之间的气阀体上有大小两个通路。悬架控制执行器带动气阀体控制杆转动，使阀芯转过一个角度，改变通路的大小，就可以改变主、辅气室之间的气体流量，使悬架刚度发生变化，有低、中、高三种变化状态。

阀芯的开口转到对准图4—30b中的低位置时，气体通路的大气流通路被打开，主气室的气体阀芯的中间孔、阀体的侧面孔通道与辅气室的气体相通，两气室之间的气体流量大，相当于参与工作的气体容积增大，悬架刚度处于低状态。阀芯的开口转到对准图4—30b中的中位置时，气体通路的小气流通路被打开，两气室之间的气体流量小，悬架刚度处于中状态。阀芯的开口转到对准图4—30b中的高位置时，两气室之间的气体通路全部被封住,两气室间的气体不能相互流动,可压缩的气体容积减小。悬架在振动过程中,只有主气室的气体单独承担缓冲的任务,所以悬架刚度处于高状态。

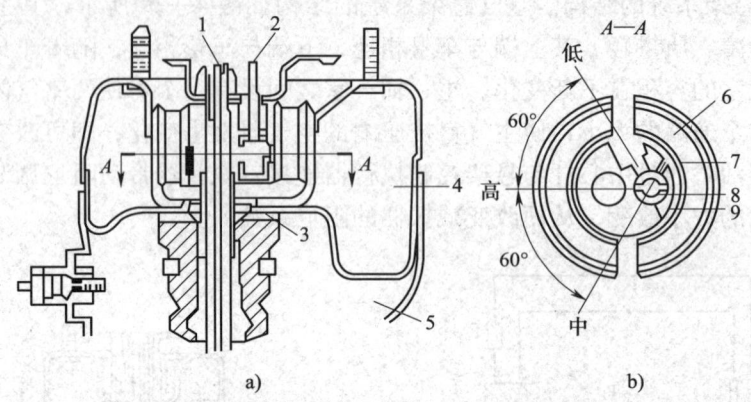

图4—30 悬架刚度调节原理
1—阻尼调节杆 2—气阀控制杆 3—主、辅气室通路 4—辅气室 5—主气室 6—气阀体
7—小气流通路 8—阀体 9—大气流通路

3)悬架控制执行器。空气悬架控制执行器不仅控制减振器的回转阀调节阻尼,同时还驱动主、辅气室的阀芯进行刚度调节。悬架控制执行器的基本结构如图4—31所示,其驱动力采用了直流步进电动机,以适应频繁变化的工况,并保证精确的定位。步进电动机带动小齿轮驱动扇形齿轮转动,与扇形齿轮同轴的阻尼调节杆带动回转阀转动,使阻尼孔开闭的大小发生变化,从而调节减振器的阻尼。在调节阻尼的同时,齿轮系带动与气室阀芯相连接的气阀控制杆转动,随着气室阀芯角度的改变,悬架的刚度也得以调节。电磁线圈控制的电磁制动开关松开时,制动杆处于扇形齿轮的滑槽内,扇形齿轮可以转动;电磁制动开关吸合时,制动杆往回拉,齿轮系处于锁住状态,各转阀均不能转动,使悬架参数保持相对稳定。

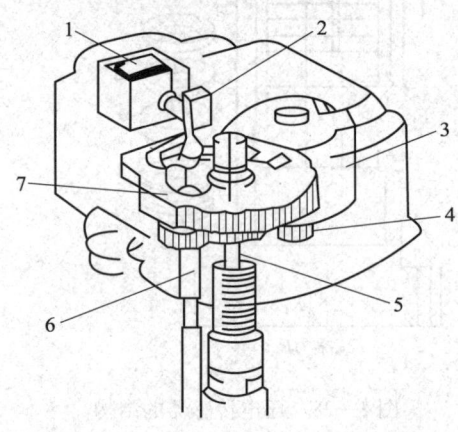

图4—31 悬架控制执行器基本结构
1—电磁阀 2—制动杆 3—步进电动机
4—小齿轮 5—阻尼调节杆
6—气阀控制杆 7—扇形齿轮

步进电动机的基本工作原理如图4—32所示。步进电动机的转子由永久磁铁制成,定子有两对磁极,其上绕有A-B、C-D两相绕组,当A-B绕组接通正向电流时,永磁转子将在定子磁极磁场的作用下,处于如图4—32b所示的"低状态"位置;当A-B绕组不通电,C-D绕组接通电源时,永磁转子处于如图4—32b所示的"高状态"位置;当A-B绕组接通反向电流时,与"低状态"时相比,左、右磁极磁性相反,于是永磁转子处于如图4—32b所示的"中状态"位置。

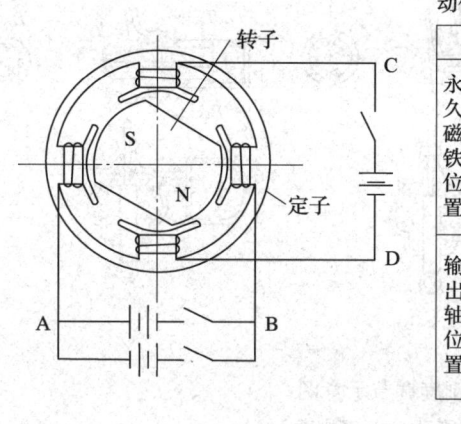
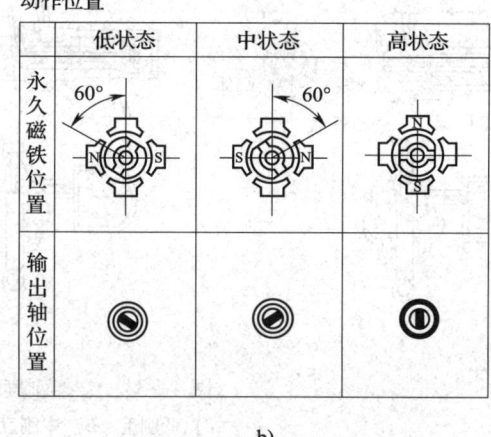

a)   b)

图4—32 步进电动机的工作原理及动作
a）工作原理 b）动作位置

（2）主、辅气室分开式空气悬架系统。图4—33所示为主、辅气室分开式空气悬架的结构。其特点是主气室与辅气室为分开式结构，中间由连接管连通。主、辅气室的气体通路仍由步进电动机转动气阀体来控制。

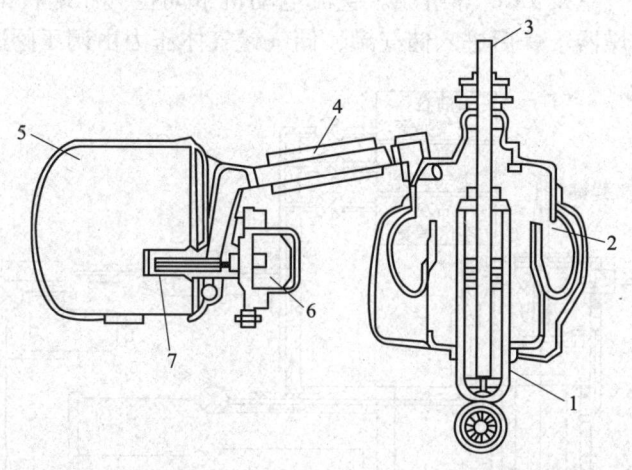

图4—33 主、辅气室分开式空气悬架的结构
1—减振器 2—主气室 3—阻尼调节杆 4—连接管 5—辅气室 6—步进电动机 7—气阀体

图4—34所示为步进电动机三个不同位置时该悬架刚度变化情况。

图4—34a所示为气阀体的大通气孔与辅气室相通，主、辅气室间气体流通量增大，悬架刚度处于低状态。图4—34b所示为气阀体的小通气孔与辅气室相通，主、辅气室间气体流通有阻尼存在，悬架刚度处于中状态。图4—34c所示为气阀体完全关闭，只有主气室参加工作，所以悬架刚度处于高状态。

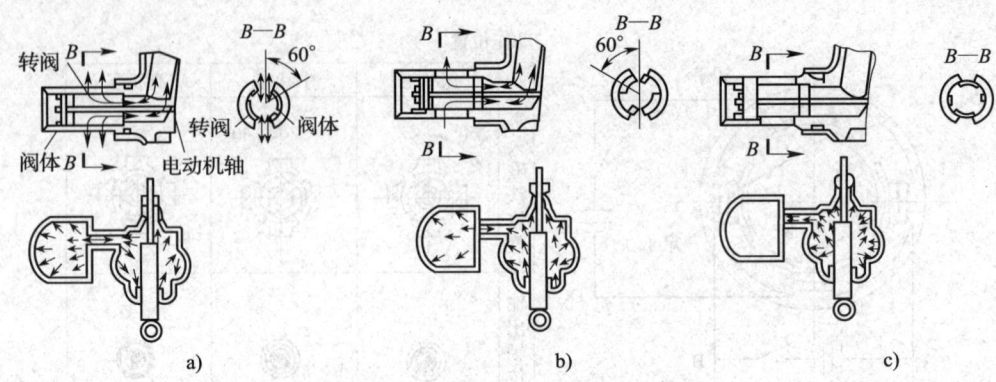

图4—34 悬架刚度调节示意图
a) 低刚度 b) 中刚度 c) 高刚度

3. 车身高度控制装置

车身高度控制有两种类型,一种类型是对汽车4个车轮悬架系统进行高度控制;另一种类型是仅对2个后轮的悬架系统进行高度控制。这里主要介绍汽车四轮悬架系统的车身高度控制。

(1) 系统组成及工作原理。图4—35所示为日本富士汽车空气悬架的车身高度控制系统,该系统主要由空气压缩机、排气阀、干燥器、进气阀、储气罐、调压阀、电磁阀、高度传感器、气室及ECU等组成。直流电动机带动空气压缩机工作,从压缩机出来的压缩空气经干燥器干燥后进入储气罐,储气罐气体压力由调压阀进行调节。

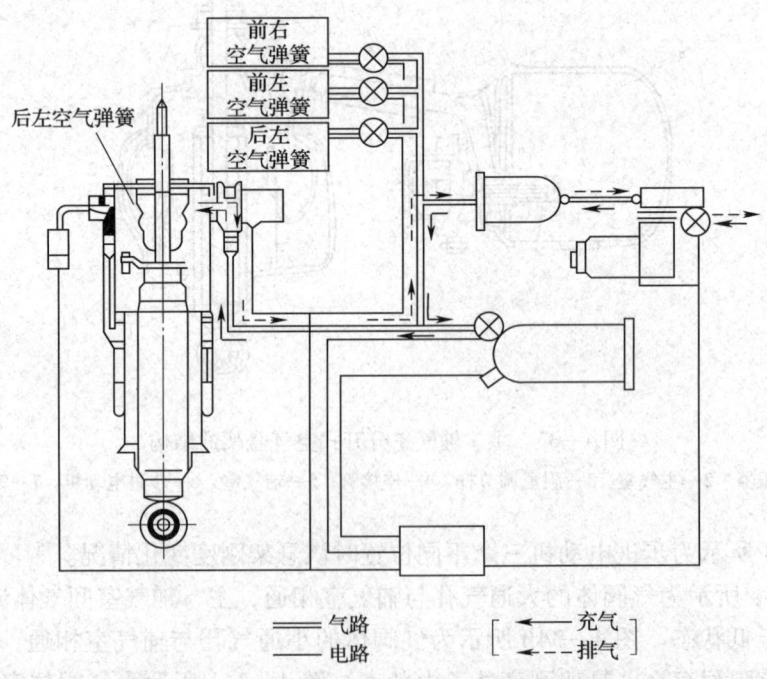

图4—35 日本富士汽车空气悬架的车身高度控制系统

ECU 根据车身高度传感器信号的变化和驾驶员的控制模式指令，给控制车身高度的电磁阀发出指令。当车身需要升高时，电磁阀动作，压缩空气进入空气悬架的主气室，主气室的充气量增加，车身上升。如果电磁阀不动作，则悬架主气室的充气量保持不变、车身维持一定的高度。如果乘客增加而使车身高度降低时，车身高度传感器输出的车身高度信号将与 ECU 存储的车身高度信息不相符，ECU 就会发出指令，电磁阀通电打开，给悬架主气室充气，直到车身达到规定的高度为止。当车身需要下降时，空气压缩机停止工作，电磁阀通电打开，同时排气阀也通电打开，悬架主气室的气体通过电磁阀、空气管路、干燥器、排气阀而排出，车身下降。干燥器的封闭容器内装有硅胶，在压缩空气经干燥器送至储气罐时，硅胶将压缩空气中的水分吸出。在排气阀打开、压缩空气经排气阀从系统中排出时，通过抽气喷嘴从干燥器内将吸出的潮湿气雾排出。

（2）空气压缩机。空气压缩机中的单活塞在曲轴和连杆的作用下在汽缸内上下运动（见图 4—36）。电枢与曲轴相连。因此，电枢的转动带动活塞上下运动。压缩机输入端接 12 V 电源可使电枢转动。汽缸顶端安装有进排气阀。装有硅胶的干燥器安装在压缩机上。硅胶可除去进入系统的空气中的湿气。尼龙空气管路连在压缩机输出口与空气弹簧阀之间。当一个或多个空气弹簧需要进气以维持高的高度时，空气压缩机工作。

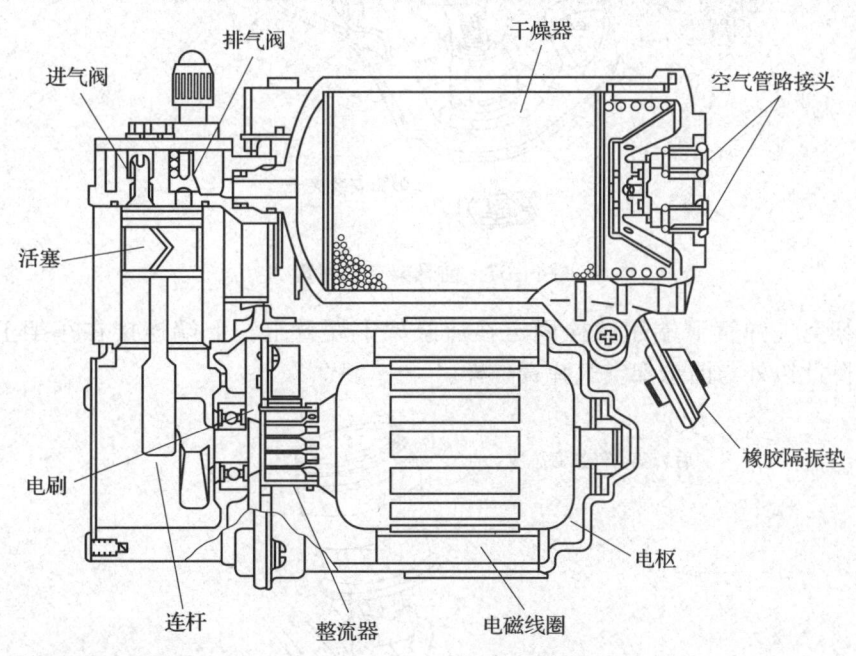

图 4—36 空气压缩机结构

（3）空气弹簧。在空气悬架中，空气弹簧替代了普通悬架中的螺旋弹簧。空气弹簧中有一个橡胶和塑料合成的皮腔，夹在弹簧下部的活塞上。端盖固定在皮腔顶部，空气弹簧阀也固定在端盖内。空气弹簧通过充气或放气来保证离地高度不变。前悬架空气弹簧安装在下摆臂和车架横梁之间（见图 4—37）。空气弹簧下端用夹子安装在下摆臂上，上端安装在横梁上的弹簧座上。

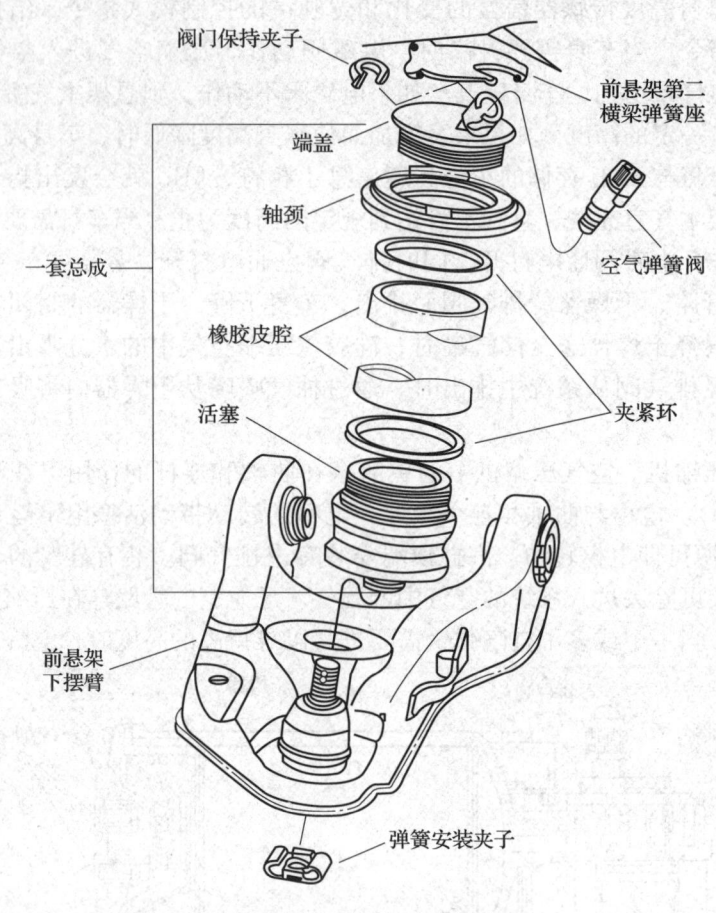

图 4—37 前悬架空气弹簧

后悬架空气弹簧下端用螺栓固定在后悬架下摆臂上，上端连接在车架上（见图 4—38），除此以外与前悬架空气弹簧一样。

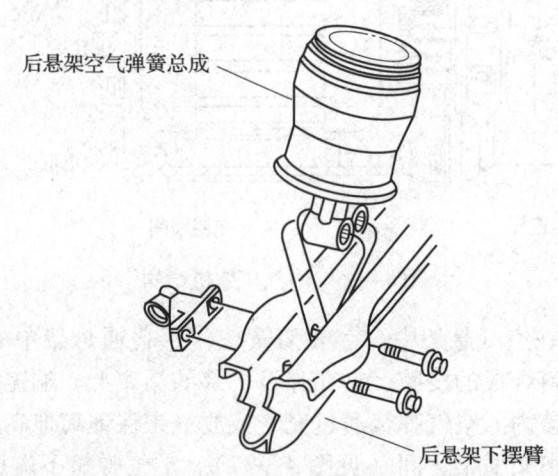

图 4—38 后悬架空气弹簧的固定位置

（4）空气弹簧阀。空气弹簧阀安装在空气弹簧顶部，这是一个电磁滑阀，通常是关闭的，如图4—39所示。当气阀线圈通电时，活塞运动将空气弹簧的空气通道打开。这时，空气弹簧进气或放气。两个O形密封圈安装在气阀末端，使空气弹簧端盖密封。空气弹簧阀通过二级旋转的动作装入空气弹簧端盖，与散热器的压力盖相似。

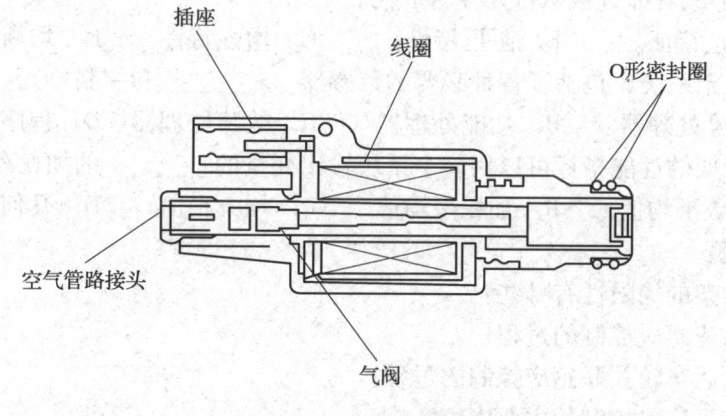

图4—39 空气弹簧阀

单元测试题

一、判断题（下列判断正确的打"√"，错误的打"×"）

1. 汽车悬架除了缓和冲击和吸收来自车轮振动的能量之外，还要在行驶过程中传递车轮与路面的驱动力和制动力。（ ）
2. 当汽车转向时，悬架还要承受来自车身的侧倾力，并在汽车起动与制动时抑制车身的后坐和点头。（ ）
3. 主动悬架是一种具有做功能力的悬架，在悬架系统中附加一个可控制作用力的装置，因此需要一套提供能量的设备。（ ）
4. 主动悬架可根据汽车载荷、路面状况（好、坏路）、行驶速度等行驶条件的变化，自动调整悬架的刚度。（ ）
5. 主动悬架执行元件的响应频率范围要超过汽车上车轮刚度所对应的频率，约为10 Hz。（ ）
6. 主动悬架与被动悬架相比，平顺性指标和车轮接地附着力都会提高，在不良路面上，可提高10% ~15%。（ ）
7. 空气悬架控制执行器不仅控制减振器的回转阀调节阻尼，同时还驱动主、辅气室的阀芯进行刚度调节。（ ）
8. 车身高度传感器的作用是把车身高度的变化（悬架变形量的变化）转变为电信号，并输入ECU。（ ）
9. 减振器阻尼力控制系统根据车辆行驶状态，进行减振器阻尼力控制。（ ）
10. 压电式减振器主要由压电传感器、压电执行器和阻尼力变换阀三部分组成。（ ）

11. 在空气悬架中，空气弹簧替代了普通悬架中的螺旋弹簧。（　　）

二、单项选择题（下列每题的选项中，只有1个是正确的，请将正确答案填在横线空白处）

1. 主动悬架中，不再有传统意义上的"弹簧刚度"和"_____"，悬架中的弹簧和减振器全部或者部分被执行元件所取代。
   A. 阻止特征　　B. 阻尼特性　　C. 增强特性　　D. 均衡特性

2. 主动悬架系统还包括了各种必要的传感器、_____和控制单元。
   A. 信号处理器　　B. 功能处理器　　C. 故障处理器　　D. 程序处理器

3. 主动悬架的性能指标可以用多个系统输出变量的_____的加权和来表征。
   A. 算数平均值　　B. 加权平均值　　C. 均方根值　　D. 几何平均值

三、简答题

1. 被动悬架的局限性有哪些？
2. 简述高速感应控制的过程。
3. 简述前后车轮关联感应控制的过程。
4. 简述车身姿势控制的主要内容。
5. 简述日本富士汽车空气悬架的车身高度控制系统控制车身高度的过程。

单元测试题答案

一、判断题

1. √　2. √　3. √　4. √　5. √　6. √　7. √　8. √　9. √　10. √　11. √

二、单项选择题

1. B　2. A　3. C

三、简答题

（略）

第5单元

汽车安全保护设施

- 第一节　安全带 /132
- 第二节　安全气囊（SAB）/134
- 第三节　安全靠枕与儿童安全座椅 /145

在汽车给人们出行带来快捷、方便的同时，其安全问题也日益突出。为保证驾驶员和乘车人员的安全，各种安全措施相继问世。直接保证车内乘员和驾驶员安全的措施有安全带、安全气囊、头部靠枕、儿童安全座椅等；保护行车安全的措施有制动防滑系统、驱动防滑系统、倒车雷达、保险杠、挡风玻璃、后视镜（车内、车外后视镜）等。这些措施有效地提高了人们出行的安全。本节着重介绍直接保护车内驾驶员和乘员的安全防护设施。

第一节　安全带

安全带是自汽车出现以来，人们对车内驾驶员和乘员采取的最有效的主动安全措施。安全带的历史最早可以追溯到 4 000 年以前，当时希腊诗人就描写过将身体捆在船桅杆上的情景。安全带最早诞生于 1885 年，将乘马车的人固定在座位上，防止乘客从车中甩出。第一次世界大战时，空战中因飞机急转弯或因其他战术动作，发生了飞行员从飞机中甩出的事故。鉴于此，首先研制出飞行员用安全带，在此基础上又出现了汽车用安全带。

1902 年 5 月 20 日，美国纽约进行汽车竞赛，法国一位名叫沃尔特·勃波的工程师驾驶一辆鱼雷牌电动汽车参赛。赛前，他在座位上钉上安全带。在竞赛中，高速行驶的"鱼雷"碰到一根露出路面的钢轨，腾空飞起落入观看比赛的观众中，当即压死两人，而勃波却安然无恙。1903 年，勃波将这种围绕式安全带注册成专利，当时未能引起足够的重视。直到 1948 年，美国福特汽车公司才正式开发了安全带；1956 年根据用户的要求，出售装有乘员安全带的福特汽车。1958 年，沃尔沃汽车公司首先在汽车上使用 V 型安全带。到 1963 年，沃尔沃汽车公司全部出厂的汽车，在前座装有三点式安全带，并作为汽车标准配置。直到 1968 年，美国最早规定轿车所有面向前方的座位必须安装安全带，由此，汽车安全带得到了普遍应用。

初期的两点式安全带缺乏足够的力量将前冲的身体固定。由两名美国空军人员发明的三点式 Y 型安全带，由于安全扣在乘客背后，不能安全锁紧身体，还有可能压伤内脏，不能起到应有的防护作用。这种情况直到波林的三点式横置 V 型安全带问世，才彻底改变。这种简单而安全的设计模式，基本上沿用至今。1968 年，安全带的固定卷带装置在前座安全带上应用，使安全带使用更加方便，1971 年，后座安全带也采取这一装置。

一、车用安全带的分类

从 1963 年开始，美国、部分欧洲国家、日本等发达国家开始制定安全带标准和法规，随后座椅安全带作为强制性安全标准在各种汽车上得到广泛应用，并取得了良好的安全效果。1993 年我国颁布了强制性安全标准《汽车安全带性能要求和试验方法》《汽车安全带安装固定点》，1997 年又制定了《汽车安全带动态性能要求和试验方法》。为确保乘员的安全，除了车身结构设计中应考虑有效地吸收撞击能量，确保车内具有有效的乘员生存空间外，作为乘员约束装置之一的座椅安全带，要求当汽车发生碰撞和翻车事故时使乘员免受大的减速度伤害；同时约束乘员防止二次冲撞，在减轻乘员伤害程度方面起重要的作用。当安全带结构性能的改进与座椅结构和安全气囊相配合时，可达到较理想的保护乘员的效果，进一步降低对乘员的伤害。

安全带可分为两点式安全带、三点式安全带和全背式安全带，如图5—1所示。

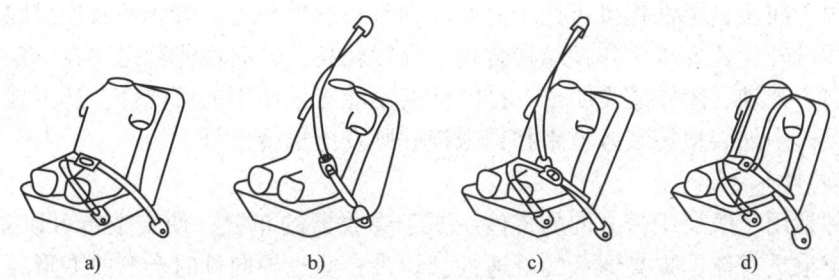

图5—1 安全带种类
a) 两点式腰带 b) 两点式肩带 c) 三点式安全带 d) 全背式安全带

1. 两点式安全带

两点式安全带又可分为肩带和腰带两种。肩带是指从臀部斜跨前胸到另一侧肩部的安全带，用于限制乘员的上身向前运动，一般和安全气囊一起使用。腰带是指横跨乘员骨盆区域前方的安全带，用于限制乘员的下身向前移动，常用于轿车、客车的中、后排座椅。

2. 三点式安全带

由肩带和腰带组合而成，用于约束乘员的腹部和上身。在发生撞车时具有良好的保护作用，是标准的座椅安全带。肩带的一边固定在车身上，另一边和腰带上的适当部位连接，腰带的两端紧固在车身固定点上，肩带斜跨胸部，和腰带形成三点固定。肩带和腰带是一条连续的织带，带扣可在织带上自由滑动。当带扣（锁舌片）固定在乘员另一边的带扣锁中时，织带即将胸部和腰部同时约束，既能限制乘员身体向前移动，又能限制上身过度前倾。

3. 全背式安全带

由一根腰带和两根肩带组成，是一种保护性能最好的安全带。缺点是使用不方便，大多使用在赛车上。

二、座椅安全带的组成构件

安全带主要由织带、带扣锁、导向件、卷收器、调节件等组成。

1. 织带

织带是一种柔性带状物，由聚酯纤维编织而成，其作用是约束乘员并将作用力传递到安全带固定点。宽度一般在40~50 mm，厚度约为1.2 mm，织带应保证其作用压力在宽度方向尽量分布均匀，不会发生扭曲。主要性能指标有抗拉强度、伸长率、耐水性、能量吸收性、耐磨性、耐高温性、耐低温性、横向刚度、纵向刚度、阻燃性等。此外对一些高档安全带使用的织带，还要求其两边都有光滑的圆边、弹性好、佩戴舒适、手感好、色泽光亮。

2. 带扣锁

带扣锁是一种既能把乘员约束在安全带内，又能快速释放的连接装置。带扣锁的释放按钮位置一般在锁体的顶面，锁体与固定点的连接可采用刚性和柔性两种方式。刚性连接一般用于前座，柔性连接可用于后座。锁舌与织带相连。带扣锁及连接除必须能够承受较大冲击外，还要求带扣锁结构合理，强度较高，开启性能稳定，在一定载荷下也能正常开启，开锁、闭锁感觉明显，排除任何不能正常使用的可能性。还可在高档汽车的安全带锁体中加装报警装置，带扣锁未锁好则发出报警信号。

3. 导向件

导向件是用于改变织带方向的零件。便于卷收器的布置，使安全带可以紧贴身体，有效地约束乘员身体，提高佩戴的舒适性。织带在通过导向件时会弯曲变形，产生滑动阻力，所以要求导向件表面光滑、摩擦因数小、圆弧面曲率适中。

4. 卷收器

卷收器用于收卷、储存部分或全部织带，一般分为自锁式安全带卷收器和紧急锁止式安全带卷收器两种。自锁式安全带卷收器是当织带拉出停止时，其锁紧机构能自动锁止安全带并保持束紧力，常用于两点式腰带；紧急锁止式安全带卷收器应用最为广泛，当汽车正常行驶时允许织带自由伸缩，当汽车减速度较大时，锁紧机构能自动锁止织带并约束乘员。卷收器是通过各类功能组件按需要组合而成。主要有织带收卷机构、敏感机构、锁止机构。有些高档安全带的卷收器中还带有预收紧机构，由敏感机构和回拉机构组成，由于其成本较高，一般只用于装有安全气囊的前排座椅，在中高档汽车的后排座椅也有使用。由敏感机构感知汽车减速度来触发回拉机构收紧织带。

三、正确使用座椅安全带

安全带除必须满足安全性的要求外，还应尽量提高其舒适性和方便性。在设计时应选择合适的固定点位置、安全带结构参数及类型。织带必须是通过国家鉴定的合格产品。必须安装高度调节器来改变固定的位置，使不同身高、体形的佩戴者都能够获得舒适的佩戴位置；可采用双卷簧卷收器来减少卷收力，座椅一体式安全带系统等方法来提高舒适性。

第二节 安全气囊（SAB）

安全气囊"SAB"是辅助防护系统（Supplemental restraint system）中的一种。气囊的英文为 Air bag，是辅助防护系统中的起缓冲作用的一种装置。因为气囊是安全装备之一，一般称为"安全气囊"（Safe Air Bag）。

安全气囊系统是汽车安全带的辅助装置，只有在使用安全带的条件下，安全气囊系统才能充分发挥对车内乘员的保护作用，反之将造成更大伤害。美国通用（General）汽车公司在1989年的一项研究结果证明，安全气囊系统与安全带共同使用时保护效果最理想，可使驾驶员和前排乘员的伤亡人数减少43%~46%。

一、安全气囊的作用与分类

1. 安全气囊的作用

当汽车发生碰撞时，汽车与汽车或汽车与被碰撞物体之间的碰撞称为一次碰撞。一次碰撞后，汽车速度和运动方向发生急剧变化，而驾驶员和车内乘员在惯性的作用下维持原有的速度和运动方向，造成与转向盘、挡风玻璃、仪表台等发生碰撞，称为二次碰撞。在交通事故中，二次碰撞是造成驾驶员和车内乘员遭受伤害的主要原因。车速越高，惯性就越大，造成的伤害也越大。为减轻或避免驾驶员和车内乘员在二次碰撞中受到伤害，汽车装备了座椅安全带和安全气囊系统。在防护系统中，座椅安全带是最主要、最有效的主动安全措施。在各种形式的安全带中，三点式安全带（即腰带和肩带组合安全带）的保护效果最显著。

若车内人员不使用安全带，当汽车发生正面碰撞时，在惯性力的作用下，驾驶员的面部或胸部可能与挡风玻璃或转向盘发生二次碰撞；副驾驶位置上的乘员可能与挡风玻璃和仪表台等发生二次碰撞；当汽车受到侧面碰撞时，驾驶员和车内乘员在惯性的作用下可能与车门、车窗玻璃、车门立柱等发生二次碰撞。

2. 安全气囊的分类

（1）按控制方式分类。汽车的安全气囊按照控制方式的不同，可分为机械式和电子式两种。

1）机械式安全气囊。机械式安全气囊不需要安装电源与电子电路，使用机械式传感器直接触发气体发生器。安全气囊可以全部集成在转向盘护盖内。机械式安全气囊具有结构简单、性能可靠稳定、成本低等优点。但由于传感器必须与气体发生器安装在一起，安装位置受到限制，因此接收的碰撞信号不理想；其次是触发气囊的控制方式简单，对于复杂多变的碰撞情况很难考虑周全。

2）电子式安全气囊。电子式安全气囊可以利用安装在汽车上不同位置的传感器来检测撞车信号，由电控单元对不同位置的车身减速信号进行综合分析判断，来确定是否引爆气囊。传感器只提供不同位置的车身减速信号，是否点火由电控单元决定。电子式安全气囊的主要优点是对路况及碰撞情况判断较为准确，能够适应各种不同的撞车情况，安全气囊不易发生误点火或点火时刻不精确等故障。但缺点是结构复杂，成本高，可能受到电磁场等干扰（应提高其抗干扰性）。现代汽车的发展趋势是电控部分越来越多，电子集成化程度越来越高。电子式安全气囊的电控单元一般可以和其他电控部分集成在一起，以降低成本。现代汽车大多采用电子式安全气囊。

（2）按安装和作用部位分类。根据安全气囊安装位置和保护作用的不同，可分为驾驶员侧安全气囊、前排乘员安全气囊、后座椅安全气囊、侧撞安全气囊和车外安全气囊。

1）驾驶员侧安全气囊。主要安装在转向盘内，其目的是当车辆发生碰撞时，防止驾驶员与转向盘、仪表板及前挡风玻璃发生碰撞。

2）前排乘员安全气囊。一般安装在仪表板内，以防止乘员与仪表板、前挡风玻璃发生碰撞。

未装安全气囊的碰撞情况如图5—2所示。

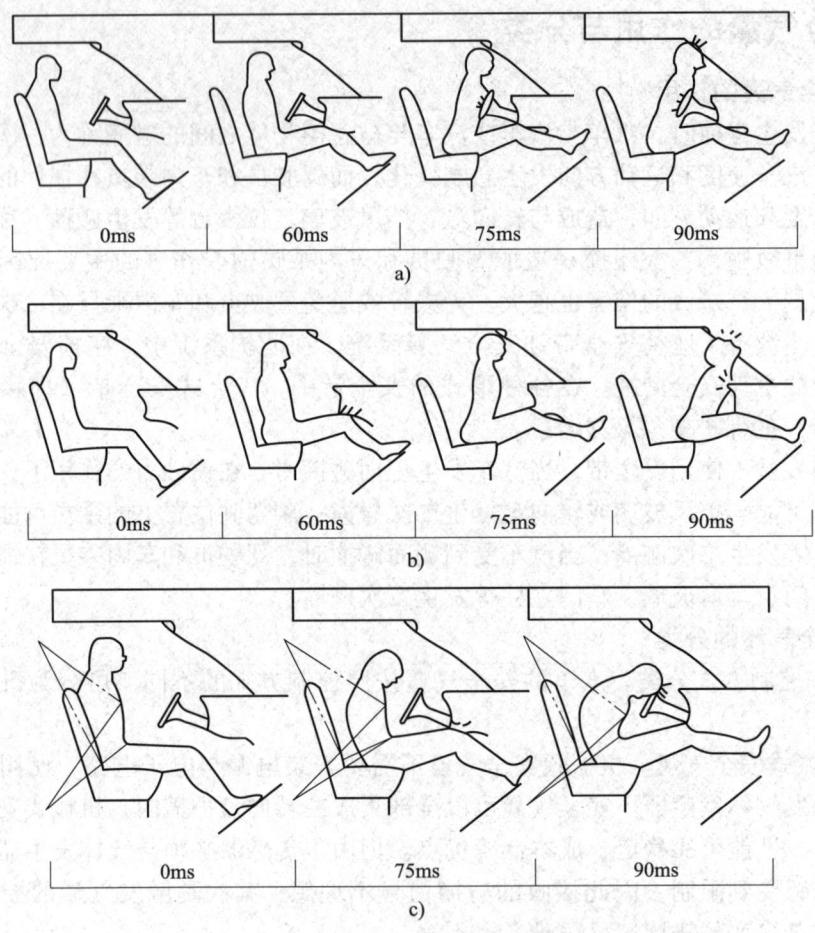

图5—2 汽车碰撞示意图
a) 没有使用安全带、安全气囊时发生48 km/h正面碰撞的情形
b) 没有使用安全带、安全气囊时发生48 km/h正面碰撞副驾驶员位置乘员的情形
c) 使用安全带但没有使用安全气囊时发生48 km/h正面碰撞的情形

3）后座椅安全气囊。一般安装在前排座椅的靠背上后部或头枕内部。由于后排乘员受到的伤害较轻，故后座椅安全气囊一般只使用在高档轿车上。

驾驶员侧安全气囊、前排乘员安全气囊、后座椅安全气囊都是正面碰撞的安全气囊，经过较长时间的研究开发，技术成熟，已广泛应用。

4）侧撞安全气囊。发生事故时，可以保护乘员不会因与车门相撞而受到伤害。根据保护部位的不同可分为胸部侧撞安全气囊、头部侧撞安全气囊，如图5—3所示。

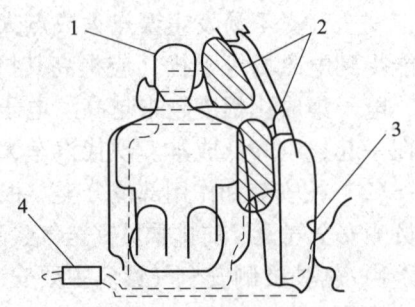

图5—3 侧面安全气囊
1—头部 2—侧撞气囊
3—传感器 4—电控单元（ECU）

5）车外安全气囊。车外安全气囊又称保险杠内藏式安全气囊，安装在汽车前保险杠内。当汽车正面碰撞行人时，保险杠内藏推板迅速落下，阻止行人进入车下；同时装在保险杠内的传感器给出信号，使内藏楔状气囊快速充气向前膨胀，托起被撞行人；保险杠两侧翼状气囊充气并向两侧上举，防止行人倒向两侧，保护行人少受损伤。

3. 安全气囊的组成

安全气囊一般由碰撞传感器、气体发生器、电控装置、气囊等部件组成。如图5—4所示为典型的单安全气囊系统。

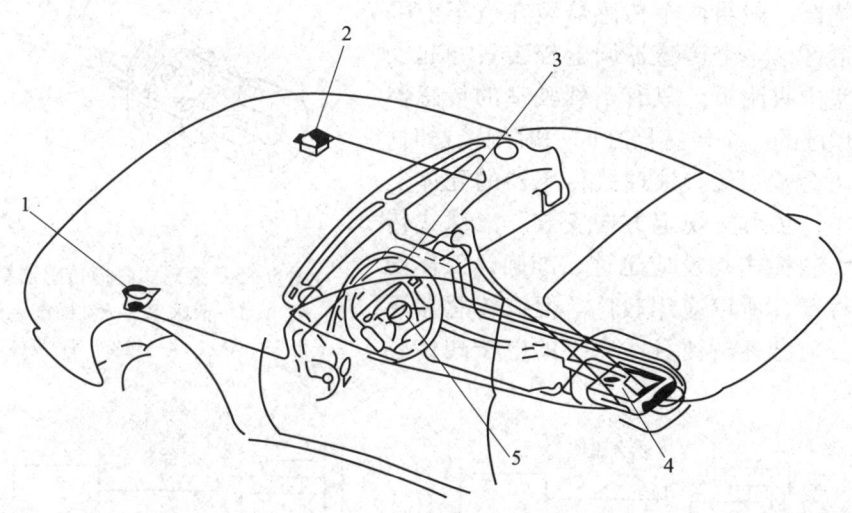

图5—4　典型的单安全气囊系统
1、2—保险杠后碰撞传感器　3—驾驶室内碰撞传感器　4—气体发生器　5—气囊

（1）碰撞传感器。碰撞传感器是安全气囊系统中非常重要的部件，其功能是检测、判断汽车发生事故后的撞击信号，以便决定是否启动安全气囊。对于机械式传感器，还要能够提供足够的机械能来触发气体发生器。

1）碰撞传感器类型

①机械式传感器。机械式传感器在早期的安全气囊中使用较多，不需要电子元件和电路，应用惯性原理，一般利用传感器中惯性元件的惯性力克服弹簧力来触发气体发生器。机械式传感器在撞击加速度较低时，保证不启动气囊，可靠性较高；但只能安装单点传感器，对机械部件的品质、精度、耐磨性要求高。

②机电式传感器。机电式传感器采用机电结合的方式，将机械信号转化为电子信号，再使用电子信号点爆安全气囊。它既有机械式的优点，又可以将传感器装在车身的任何位置，以得到较好的减速信号，还能够安装多个传感器。

目前使用最多的是滚球式传感器和偏心球式传感器。下面重点介绍滚球式传感器，日本的日产、马自达轿车采用过这种传感器。其结构和工作原理如图5—5和图5—6所示。

钢质滚球1用来感测惯性力或减速度的大小，可在导缸3内移动。当传感器处于静止状态时，在永久磁铁2的磁力作用下，导缸内的滚球被吸向磁铁，两个触点4被断开。当汽车发生碰撞，滚球受到的惯性力大于磁铁的吸力时，滚球在导缸内向左移动，当接触到左边的两个触点4时，使其接通，从而接通安全气囊的搭铁回路，触发气体发生器。传感器的灵敏度由三个参数决定，即磁场力的大小、滚球与导缸之间的间隙以及滚球与触点的距离。滚球式传感器一般将两个传感器装在汽车前部的碰撞变形区，一个传感器同电控装置一起安装在驾驶室中央附近。只有当驾驶室的传感器和碰撞变形区的一个传感器在同一时刻接通时，安全气囊才会被引爆。滚球式传感器的壳体上有箭头标志，必须按规定方向安装。滚球式传感器对正、斜撞击均反应迅速、准确，工作稳定，可靠性高，所以应用较广。但该传感器不易被集成，现已逐渐被日益完善的电子式传感器所取代。

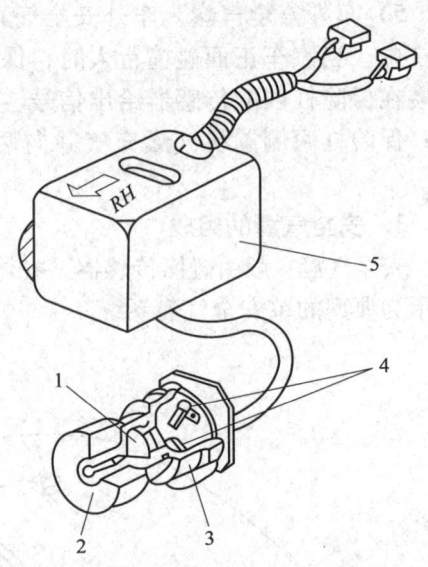

图5—5 滚球式碰撞传感器结构
1—滚球 2—永久磁铁
3—导缸 4—触点 5—壳体

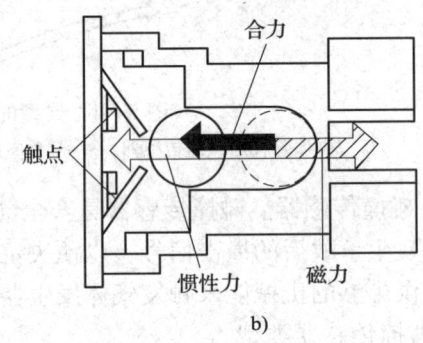

图5—6 滚球式碰撞传感器工作原理
a) 静止状态 b) 碰撞状态

③电子式传感器。电子式传感器利用电子原理得到反映车身减速度的电信号，20世纪70年代的安全气囊大多使用这种传感器，当时只要求在高速撞击时使用安全气囊。那时的电子式传感器虽然具有体积小、系统控制能力强的优点，但由于元件较多，可靠性较差。近年来，随着现代电子技术的发展，电子式传感器的集成度、可靠性不断提高，应用日益广泛，成为碰撞传感器的主流。主要类型有电阻应变计式和压电式。电阻应变计式传感器利用振动块在撞击时产生振动，使电阻应变计发生变形，引起电阻变化，再将电信号传至电控装置，以确定撞击程度。德国Bosch公司研制生产的电阻应变计式传感器结构如图5—7所示。应变计的电阻R1、R2、R3、R4制作在硅膜片上，当膜片变形时，应变电阻的值就会发生变化。为了提高传感器的测量精度，应变电阻一般

都连接成桥式电路,并设计有稳压电路和温度补偿电路。发生撞击时,振动块将振动传给缓冲介质,缓冲介质振动使应变电阻发生变形,信号经放大处理后,引起输出电压变化。电控单元根据电压信号的强弱来判断碰撞的程度,再决定是否引爆气体发生器。另外,电子式传感器还包括固体半导体式传感器、水银开关式传感器等多种类型。

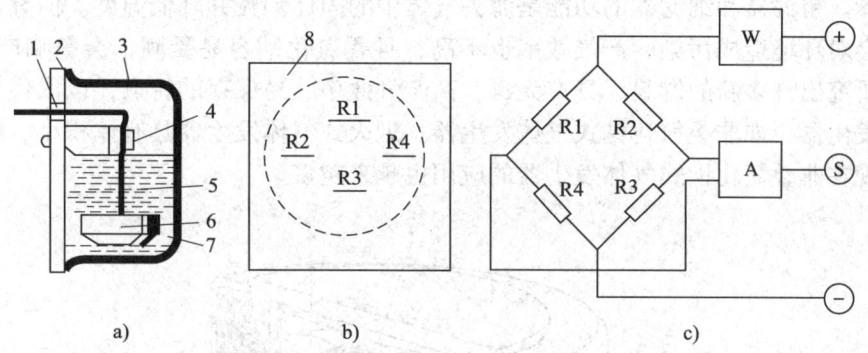

图5—7 电阻应变计式传感器结构
a) 结构 b) 电阻应变计 c) 原理
1—密封树脂 2—传感器底板 3—壳体 4—电子电路 5—电阻应变计 6—振动块 7—缓冲介质 8—硅膜片

2) 传感器的安装位置。汽车的碰撞过程是一个瞬时大冲击、大变形、非线性的随机过程。同一次碰撞过程中,在汽车的不同位置测得的加速度信号不尽相同。汽车的碰撞方式也多种多样,不同的碰撞方式对汽车不同位置的影响也不相同,所以传感器的具体安装位置要经过反复的碰撞试验才能确定。安装在碰撞区域的传感器对局部碰撞非常敏感,可以采用机电式传感器;在驾驶室内的传感器接收到的信号较小,但可以接收到前方各种不同方式的碰撞产生的信号,一般采用灵敏度较高的电子式传感器。常见的安装位置有以下几种。

①在碰撞区域。传感器安装在保险杠后,一般左、右各装一个;散热器顶装一个;前轮的轮罩内左、右对称各装一个。

②在驾驶室内。传感器安装在仪表板下、变速器操纵杆附近、转向盘上、发动机的后壁上。

3) 传感器的配置方式。传感器的配置方式有两种,一种是多传感器方式,另一种是单传感器方式。现在的安全气囊大多采用多传感器方式。很多汽车在前面左、右各安装一个机电式传感器,在驾驶室内安装一个电子式传感器,构成一个三传感器系统。

(2) 气体发生器。安全气囊系统要求气体发生器能够在较短的时间内(30 ms左右)产生大量气体,产生的气体不能对人体有害,温度不能太高,应具有很高的可靠性和稳定性。气体发生器主要有以下几种。

1) 压缩气体式。压缩气体式气体发生器是将高压气体储存在一个高压罐中。点火时,火药将高压罐的阀门炸开,高压气体被快速释放,以充满气囊。其优点是气体温度较低,没有对人体有害的气体;缺点是由于气体快速膨胀而使压力和温度下降,影响充气速度,环境温度对充气速度也有影响,系统稳定性差,所以现在使用得越来越少。

2) 烟火式。烟火式气体发生器根据燃料的不同,可分为叠氮化钠式、非叠氮化钠式和液体燃料式等类型，其结构如图5—8所示。叠氮化钠式气体发生器一般是通过叠氮化钠（NaN_3）和三氧化二铁（Fe_2O_3）反应，产生大量氮气（N_2）来充气。当安全气囊引爆时，在点火器上通过一定电流，点火器点火，导致助燃剂发火，使燃料发生急剧的化学反应，迅速产生大量气体，气体经过粗滤器和细滤器，从四周的孔中排出后，充入气囊。粗滤器和细滤器的功能是滤去气体中的固体颗粒并降低温度。但叠氮化钠有剧毒，会对环境造成污染，产气效率也不高，且叠氮化钠容易受潮，会影响产气速度。现在已研究出许多新的燃料，具有无毒、高产气效率、易保存的特点，以取代叠氮化钠式气体发生器，如非叠氮化钠式气体发生器。烟火式气体发生器具有体积小、质量轻的优点，现在非叠氮化钠式气体发生器的应用也越来越多。

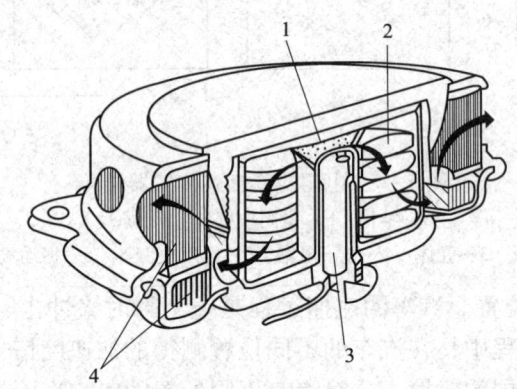

图5—8　烟火式气体发生器结构
1—点火剂　2—氮气发生器　3—点火器　4—金属过滤器

3）混合式。混合式气体发生器是20世纪90年代开始采用的一种代替传统烟火式气体发生器的新技术，是将压缩气体式和烟火式综合在一起的气体发生器，如图5—9所示。当点火器通电时，即点火引爆混合燃料，混合燃料发生急剧的化学反应产生气体；高温、高压的气体冲击活塞，活塞打开压缩气体室的膜片，压缩气体从排气孔充入气囊；爆炸产生的气体充入压缩气体室，使室内温度迅速升高，以维持压缩气体的充气速度。还可以采用双头点火的混合式气体发生器，以提高充气速度。

混合式气体发生器具有如下优点。

①混合燃料由燃料本身和制氧剂、软化剂、稳定剂、发射物质等混合而成，无毒无害；性能稳定，对温度和湿度均不敏感；燃烧性能好，不在燃烧气体中产生固体颗粒。

②具有压缩气体式气体发生器温度低的优点，因其充气主要靠压缩气体，所需燃料较少，故充入气囊的气体温度上升很少。

③具有烟火式气体发生器充气速度快的优点，混合式气体发生器的应用日益广泛。

（3）电控装置。电控装置主要由微机、电路、电源、报警器（包括警示灯和蜂鸣器）等组成。

现代安全气囊的电控单元一般集成在微机中。当汽车发生碰撞时，电控单元接收到多个传感器传来的车身不同位置的减速信号后，经过反复不断的分析、比较、计算，以决定是否发出点火信号。要求电控单元能够在复杂的撞车情况下做出非常准确的判断，

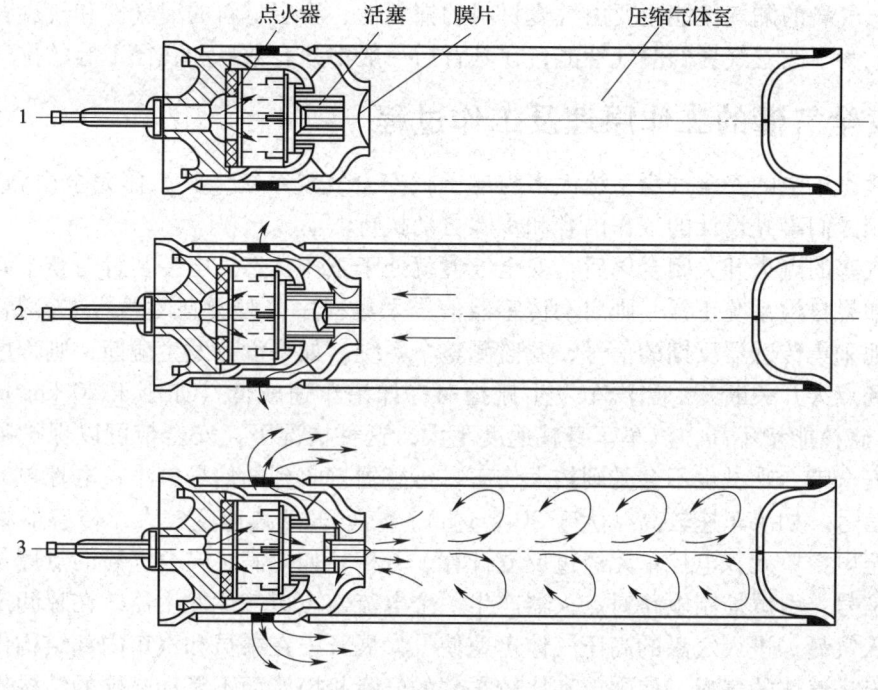

图 5—9 混合式气体发生器的充气过程

点火时刻必须精确控制。现代安全气囊系统中必须带有自诊断系统。安全气囊要求有很高的可靠性，需要通过自诊断系统对整个安全气囊系统进行随时监测，以保证系统中的每一个部件都能够正常工作。如果发现问题，诊断系统应将故障代码保存在微机的存储器中，以备检修时查阅；并及时通过警示灯发出故障警告。驾驶员得到警告后，应及时将汽车送专门的维修厂维修。

当电控单元发出点火信号后，引爆控制电路将信号放大，向点火器输送一定大小的电流来点爆气体发生器。气囊系统的驱动电路主要由主电源（汽车蓄电池）、后备电源、稳压器、电源监视器等组成。当汽车因碰撞而使主电源损坏时，电源监视器立刻切断主电源，启动后备电源。后备电源一般采用较大容量的储能电容器。

对于安装在转向盘内的安全气囊，一般装有旋转连接器，以保证电信号能够稳定可靠地由转向柱传递到转向盘。主要形式有滑环式、电缆卷筒式和螺旋弹簧式三种。

（4）气囊。气囊一般由防裂性能好的聚酰胺织物制成，它是一种半硬的泡沫塑料，能承受较大压力；还要经过硫化处理，以减少气囊充胀时的惯性力。为使气体的密封性良好，气囊里面涂有涂层材料。传统的涂层材料为聚氯丁二烯，现已开发出性能更好的硅酮涂层。气囊还装有抗拉限制带，以限制气囊厚度和气囊形状。气囊的大小、形状、漏气性能是确定安全气囊保护效果的重要因素，必须根据不同汽车的实际情况来确定。气囊和充气装置安装在一起，不能分开，气囊按一定方式折叠后安装在固定架上，再用气囊盖封装，气囊盖可以采用易碎的材料，如轻度发泡的聚氨酯薄板。

气囊的漏气性能是指充气后气体泄漏到气囊以外的特性，它直接影响充气后气囊的软硬程度。充气后气囊过硬，会对乘员造成不必要的伤害，过软则会降低安全气囊的保护作用。气囊的漏气性能主要由气囊材料的漏气性、涂层材料的漏气性和气囊背后的开孔决定。为了改善气囊的漏气性能，在其背后一般都开有数目和孔径不等的排气孔。

二、安全气囊的工作原理及工作过程

现代汽车中的安全气囊系统大多为电子式安全气囊系统，其工作完全由微机控制，微机按照人们事先设计的工作内容和步骤自动执行。

当汽车的点火开关闭合以后，安全气囊就处于工作状态。电控装置对整个系统进行自检，如果自检系统正常，则启动传感器信号采集程序，对所有传感器进行循环检测，不间断地采集传感器反馈的信号，并监测整个系统。如果没有发生碰撞，则程序不断循环，直到点火开关断开。当汽车发生碰撞时，如果车速较低（如小于 20 km/h 的正面碰撞），碰撞能量不高，汽车车身减速度不大，这种情况下，安全带可以保护乘员，即使没系安全带，乘员也不会受到较大伤害，传感器接收到的信号较小，电控单元不会发出点火信号。如果车速较高（大于 30 km/h），汽车车身减速度较大，传感器将接收的信号传至电控单元，电控单元经过反复计算、分析，如果满足安全气囊的点爆条件，则发出电信号，引爆控制电路对点火器产生一个电流，点爆气体发生器，在瞬间产生大量气体充入气囊。进入气囊的高压气体迅速使气囊展开，在乘员和汽车内部结构件之间形成一个充满气体的气囊，使乘员和比较柔软的气囊相撞，而不是和坚硬的结构件猛烈碰撞。如果气囊的压力过高，则不利于吸收人体向前冲撞的能量，高压气体不断从气囊后部的排气孔逸出，靠排气孔的节流阻力吸收碰撞能量，最终达到保护乘员生命安全的目的。图 5—10 为奥迪轿车以车速 50 km/h 与前方障碍相撞时，气囊引爆的时序。从撞车时大约 110 ms 后，对于驾驶员来说事故危险期就结束了。

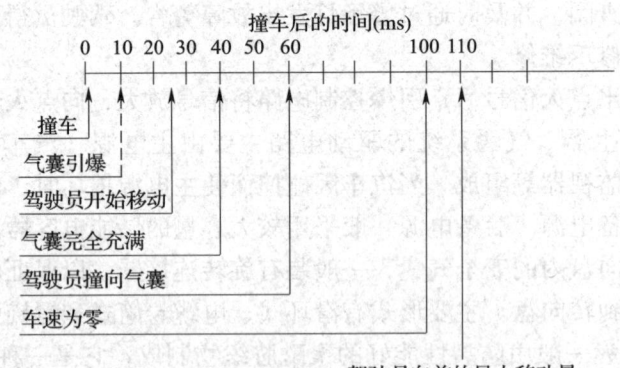

图 5—10　奥迪轿车安全气囊引爆时序

图 5—11 为气囊的引爆过程。

图 5—11a 为汽车与前方障碍物相撞 10 ms 后，达到引爆系统的引爆极限，点火器点燃气体发生器，产生大量氮气，此刻驾驶员仍然直坐着。

图 5—11b 为汽车与前方障碍物相撞 40 ms 后，气囊已完全充胀，驾驶员向前移动，安全带斜系在驾驶员身上并被拉长，部分冲击能量已被吸收。

图 5—11c 为汽车与前方障碍物相撞 80 ms 后，驾驶员的头部及身体上部撞向气囊，

气囊后面的排气孔使气体在压力的作用下均匀逸出,以起到对驾驶员的缓冲作用。

图5—11d 为汽车与前方障碍物相撞 100 ms 后,驾驶员身体向后移动,回到座椅上,大部分气体已从气囊逸出,前方恢复清晰视野。

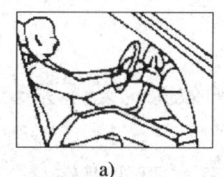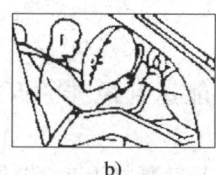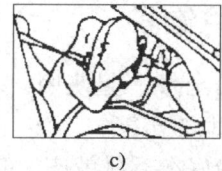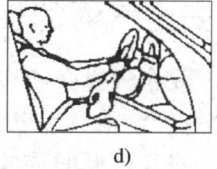

a)　　　　　　　　b)　　　　　　　　c)　　　　　　　　d)

图5—11　气囊引爆过程

a) 相撞 10 ms 后　b) 相撞 40 ms 后　c) 相撞 80 ms 后　d) 相撞 100 ms 后

三、安全气囊的点火控制

安全气囊系统中最重要的要求是系统的可靠性和精确性。可靠性是指控制系统能迅速且正确无误地判断是否需要打开安全气囊,不能出现判断错误,造成误点爆和漏点爆。误点爆首先会对乘员造成惊吓,使汽车因驾驶员暂时失去视野和误操作而可能发生事故,直接对乘员身体造成不必要的伤害;其次是安全气囊使用后,汽车须到专门的维修点维修,影响汽车的正常使用,造成经济损失。漏点爆时,安全气囊在碰撞时丧失作用,会严重威胁乘员生命安全。精确性即要求点爆时间精确,使气囊对乘员具有最佳保护效果。这两点都由安全气囊的电控参数决定,即点爆条件和点爆时刻。

安全气囊的电控参数主要是通过对汽车碰撞特性的研究分析而确定的。碰撞特性是指碰撞过程中车身减速度信号随时间的变化关系,主要通过汽车碰撞试验确定;其次,电控参数还和安全带特性、车身内部空间结构、座椅结构等有关。点爆条件是指在一定的碰撞条件下,必须点爆安全气囊,反之则不得点爆,即确定点爆阈值。

为了避免汽车在正常行驶时,驶过凹坑、台阶或严重不平路面引起振动、冲击而产生安全气囊误点爆,控制点爆条件的系统必须要有抗干扰能力。因此,车辆在安全气囊的开发阶段必须进行恶劣路面试验。由于系统误差,安全气囊的点爆条件实际上是一个范围,低于该范围的下限,则安全气囊不得点爆,高于上限则必须点爆。

安全气囊点爆时刻的准则是车内乘员在到达最大允许移动量前,气囊必须已完全充胀。乘员最大允许移动量是指碰撞开始时,乘员的初始位置和乘员保护装置发挥约束作用后(即气囊完全充胀)乘员位置之差。气囊完全充胀时,乘员头部恰好与气囊接触,能满足这一要求的点爆时刻称为安全气囊的最佳点爆时刻。如果系统点爆过晚,可能导致乘员头部受到高速爆出的气囊的冲击,造成不必要的伤害。不同的碰撞形态,安全气囊的最佳点爆时刻不同。为了适应不同的碰撞形态,避免点爆过迟,对于电子式安全气囊,在电控单元设计时,要求实际的点爆时刻在任何状况下都小于或等于该状况时的最佳点爆时刻。

国际上普遍采用"5 in-30 ms"(5英寸-30毫秒)的准则来确定点爆时刻。当汽车正面碰撞时,乘员胸部向前移动 127 mm 时刻的前 30 ms 为气囊点爆时刻。其依据是大多数轿车乘员与转向盘的距离为 305 mm,气囊充气后的厚度为 178 mm,气囊点爆到充满气体的时间为 30 ms。这样当乘员前移 127 mm 这一时刻的前 30 ms 为最佳点爆时刻。

由于汽车碰撞的复杂性及碰撞过程的时间极其短暂,所以要求控制系统具有良好的可靠性,抗干扰能力强,灵敏度高,反应及时、迅速、准确。

四、安全气囊的使用维护

1. 安全气囊必须和安全带一起使用,才能达到最佳的保护效果;若不系安全带,气囊爆胀会给乘员带来更大的伤害。

2. 身高过低的乘员最好在后排就座,防止气囊打开时造成不必要的损伤。

3. 安全气囊只能使用一次,其检测、更换、维修必须由专业人员进行。安全气囊是在瞬间爆胀弹出的,因此乘员的头部、胸部应和转向盘保持一定的安全距离,以免被弹出的气囊撞伤;部分安全气囊充气时的温度较高,应避免被灼伤。现代汽车的安全气囊多种多样,专业人员进行维护保养时,应严格按照说明书要求的正确步骤进行,并应充分利用其自诊断系统。

4. 车辆发生碰撞后,即使气囊没有引爆,也应到有资质的维修厂对安全气囊进行检测,确认没有问题后方可使用,防止因气囊受到损伤误点爆或再碰撞时不点爆,给乘员带来伤害。

5. 在检测安全气囊电路时,必须用高阻抗(大于等于 10 MΩ)万用表。

6. 汽车报废时,安全气囊必须由专业人员处理,防止造成人员伤害。

五、安全气囊的研究和发展

安全气囊技术从发明至今取得了迅猛的发展。现在,汽车工程师根据安全气囊在使用中出现的问题,已开始研制新一代具有多种适应能力的智能型安全气囊系统,其工作程序如图 5—12 所示。新一代安全气囊系统增设了多普勒传感器,以监测汽车与障碍物

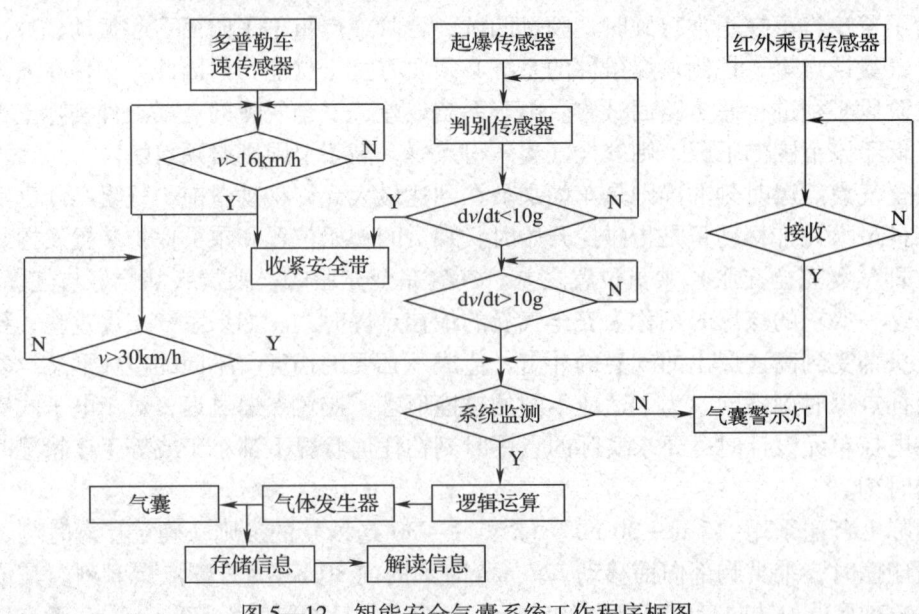

图 5—12 智能安全气囊系统工作程序框图

的相对速度,并将提取到的信号传送到微机中,使其对碰撞情况做出更精确的判断;加装红外乘员传感器,以检测有无乘员及乘员身材大小,确定气囊点爆时的充气压力和膨胀方向;增加安全带预收紧装置,在气囊点爆前先预收安全带,以减缓冲撞,在相对车速较小时(小于 16 km/h),只收紧安全带,不点爆气囊;在电控单元中,增强运算判断能力,根据不同的加速度、车速和碰撞情况选择最佳的控制模式;微机还能将碰撞过程的各种信息全部记录下来,为事故调查提供资料。

第三节 安全靠枕与儿童安全座椅

一、安全靠枕

安全靠枕的作用是在汽车受到来自后部的冲击力,人的头部由于惯性急速后仰时,保护颈部不受或少受损伤。驾驶车辆或乘坐车辆时,要将安全靠枕调整到适合自己的高度,一般应调整靠枕的上缘与眼睛在同一高度较为合适。调整安全靠枕的高度时,用双手握住靠枕两侧,向上推或向下压即可,如图5—13所示。

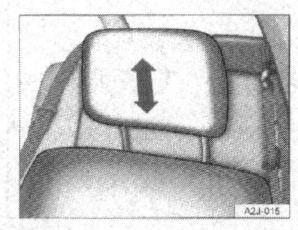

图5—13 头部安全靠枕的调整

二、儿童安全座椅

儿童经常需要和成人一起乘车出行,为保证儿童的乘车安全,国外已经制定了严格的国家标准,在这方面我国相对滞后,到目前为止,除在一些汽车使用说明书中有提示性文字外,仍没有相应标准。国外儿童安全座椅相关标准见表5—1。

表5—1　　　　　　　　国外儿童安全座椅相关标准

年龄	体重或身高	说明	示意图
1岁以下	体重少于 20 lb,约 9 kg	必须面向后坐在固定在后排座位上的专用儿童座椅上	背部朝前座
1~4岁	体重少于 36 kg	必须坐在后排、使用专用儿童座椅	专用座椅,面向前

续表

年龄	体重或身高	说明	示意图
4~8岁	身高低于143 cm	必须使用专用座椅，在后排乘车	专用座椅，标准安全带  3 BOOSTER SEATS
8岁以上	身高高于143 cm	可以到前排乘车	标准座椅、安全带  4 SEAT BELTS

单元测试题

单元 5

一、单项选择题（下列每题的选项中，只有1个是正确的，请将正确答案填在横线空白处）

1. 国际上普遍采用"5 in - 30 ms"（5英寸 - 30毫秒）的准则来确定_____。
   A. 点爆时刻　　B. 碰撞时刻　　C. 冲撞时刻　　D. 二次点火
2. 安全气囊系统中最重要的要求是系统的_____和精确性。
   A. 安全性　　B. 可靠性　　C. 准确性　　D. 可回收性
3. 在交通事故中，_____是造成驾驶员和车内乘员遭受伤害的主要原因。
   A. 一次碰撞　　B. 三次碰撞　　C. 二次碰撞　　D. 互相碰撞
4. 安全气囊"SRS"是Supplemental Restraint System的缩写，英文含义是_____。
   A. 主要防护系统　　　　　　B. 次要防护系统
   C. 中要防护系统　　　　　　D. 辅助防护系统
5. 安全靠枕的作用是在车辆受到来自_____的冲击力，人的头部由于惯性急速后仰时，保护颈部不受或少受损伤。
   A. 后部　　B. 前部　　C. 中部　　D. 侧方
6. 驾驶车辆或乘坐车辆时，要将安全靠枕调整到_____的高度，一般应调整靠枕的上缘与眼睛在同一高度较为合适。
   A. 一定　　B. 规定　　C. 适合自己　　D. 任意

二、**多项选择题**（下列每题的选项中，至少有1个是正确的，请将正确答案填在横线空白处）

1. 安全带可分为_____安全带、_____安全带和全背式安全带。
   A．两点式　　　　B．五点式　　　　C．三点式　　　　D．一点式
2. 安全带主要由织带、_____、导向件、_____、_____等组成。
   A．带扣锁　　　　B．卷收器　　　　C．调节件　　　　D．拉带
3. 安全气囊一般由_____、电控装置、_____、_____等部件组成。
   A．碰撞传感器　　B．点火装置　　　C．气体发生器　　D．气囊
4. 安全气囊_____和安全带_____才能达到最佳的保护效果；_____时，气囊爆胀会给乘员带来更大的伤害。
   A．必须　　　　　B．一起使用　　　C．无须　　　　　D．不系安全带

三、**判断题**（下列判断正确的打"√"，错误的打"×"）

1. 驾驶装备安全气囊的车辆，前排乘员无须系好安全带。（　　）
2. 安全气囊可以多次使用和回收。（　　）
3. 8岁以上儿童（或身高大于143 cm）可以到前排乘车。（　　）
4. 1~4岁（体重少于36 kg）儿童乘车，必须坐在后排、使用专用儿童座椅。（　　）

四、**简答题**

驾驶配备安全气囊的车辆应注意哪些问题？

单元测试题答案

一、**单项选择题**

1．A　2．B　3．C　4．D　5．A　6．C

二、**多项选择题**

1．AC　2．ABD　3．ACD　4．ABD

三、**判断题**

1．×　2．×　3．√　4．√

四、**简答题**

（略）

第6单元

车用空调系统

- 第一节　汽车用空调系统 /150
- 第二节　汽车空调系统的热力过程 /153
- 第三节　制冷循环的热力过程 /161
- 第四节　制冷剂和润滑油 /162
- 第五节　车用空调压缩机的构造 /166
- 第六节　电磁离合器 /179
- 第七节　储液干燥器 /180
- 第八节　热交换器 /182
- 第九节　汽车空调系统的分类 /184
- 第十节　汽车空调取暖系统 /201
- 第十一节　汽车空调通风和调节系统 /207
- 第十二节　汽车空调的保护和控制装置 /226
- 第十三节　汽车空调系统使用注意事项 /235

汽车的舒适性是指为乘员提供舒适、愉快、便利的乘坐环境与条件,包括良好的平顺性、低的车内噪声、适宜的空气环境、良好的乘坐性能、良好的操作性能等。舒适性是由车内乘员对车内的温度、湿度、空气流速、气味、含氧量、有害气体含量、噪声、压力、灰尘、细菌以及乘员间距等参数指标的感受和反应决定的。汽车安装空调的目的是调节车内空气的温度、湿度,改善车内空气的流通性,保持车内空气的洁净程度和正常的组成比例,为乘员提供舒适、适宜的乘坐和工作环境。

第一节 汽车用空调系统

在舒适性指标中,最重要的是温度指标。人体感觉最舒适的温度是 22~28℃。超过 40℃,会对人造成伤害,这时的温度被称为有害温度。温度过高,人的思维会迟钝、困倦,容易导致事故发生。温度低于 14℃ 时,人体会感觉到冷,温度更低,人的手、脚会僵硬,便不能灵活操纵汽车。维持车内的温度在 22~28℃ 的范围,是汽车空调系统最基本的功能。汽车舒适性指标见表6—1。

表6—1　　　　　　　　汽车舒适性指标

项目		舒适指标	不舒适指标	有害指标
温度	冬(℃)	16~18	0~14	<0
	夏(℃)	22~28	30~35	>35
相对湿度(%)		50~70	15~30,90~95	<15,>95
换气量(m^3/h)		20~30	5~10	<5
风速(m/s)		0.2	<0.15,>0.3	>0.4
二氧化碳含量(%)		<0.03	>0.03	>10
一氧化碳含量(%)		<0.01	>0.015	>0.03
减速度(m/s^2)		<3	>3	>4
振动(mm)		<0.2	>0.4	>15
噪声(dB)		<45	>65	>120

一、汽车空调系统的特点与功能

1. 汽车空调系统的特点

汽车空调系统是空调系统的一个专门分支。汽车空调系统与一般空调系统(如家用空调系统、中央空调系统等)相比,具有下述特点:

(1) 车用空调要求制冷、制热能力大。夏天,车内乘员多,产生热量也多,热负荷大;而冬天所需要的热量也大。汽车为减轻自重,隔热层薄;汽车门窗多,面积大,隔热性能差,与外界热交换严重,能量损失严重。汽车是运动的空间,在野外作业,直接接收太阳的热辐射,冬季寒冷,雨雪的潮湿,千变万化,环境恶劣。要使汽车空调系统能在最短的时间内迅速地使车内环境达到舒适的要求,对空调制冷、制热量的要求都很大。

(2) 汽车空调压缩机的转速适应范围宽广。汽车非独立式空调由汽车发动机直接驱动,汽车发动机的工况变化频繁,所以制冷系统的制冷剂流量变化范围很大。汽车发动机怠速转速为 750 r/min 左右,而高速时转速可达 6 000 r/min 上下,导致汽车空调设计困难,制冷效果差,有可能引起压力过高或压缩机的"液击"现象,造成故障。因此,汽车空调系统比建筑用空调(饭店、居室等)系统结构复杂。

(3) 汽车空调要求结构紧凑、质量轻。由于汽车自身的特点,要求汽车空调结构紧凑,能在尽可能小的空间安装;在安装空调后,质量增加不多,尽量不影响汽车的其他性能。现代空调的总质量已经比 20 世纪 60 年代下降了 50% 以上,是原始空调的 25%,而制冷能力增加 50%。

(4) 汽车空调系统的动力来源于发动机。轿车、轻型汽车、中小型客车和工程机械所装用的空调系统的动力和驱动汽车行驶的动力源于同一台发动机,这种空调称为非独立式空调系统。非独立式空调系统会影响汽车的动力性,但是成本比独立式空调系统经济。汽车使用非独立式空调系统时,耗油量平均增加 10% ~ 20%;发动机的输出功率减少 10% ~ 12%。

大客车由于所需制冷量和制热量更大,一般采用专用发动机驱动空调压缩机和独立的供暖设备,称为独立式空调系统。由于要安装独立的发动机,其结构更加复杂。

(5) 汽车空调系统安装在运动的汽车上,承受剧烈的颠簸和振动。汽车是运动的交通工具,由于路面的不平和转弯、减速、紧急制动等原因,要求汽车空调系统的各个部件应有足够的强度和抗振能力,且连接牢固、密封可靠。汽车空调制冷系统容易发生制冷剂泄漏,所以各部件要连接牢固,要经常检查制冷剂的量。统计数据表明,因汽车空调制冷剂泄漏引起的空调故障约占全部故障的 80%。

(6) 汽车用空调需要多种布置形式,较难组织合理的气流流动方式。

(7) 汽车空调种类繁多,结构各不相同。即使是同一车型,由于使用对象不同,车内的布置要求也不同,如轿车、旅行车和大客车不一样;又由于其豪华程度不同,故要求也不同。因此要根据特点,配置不同的空调,很难设计出一套结构紧凑又同时适应各种车型的空调系统。

(8) 汽车空调系统要求操作简单、容易,不增加驾驶员的劳动强度、不影响驾驶员的正常驾驶。

2. 汽车空调系统的功能

汽车空调系统是保持车厢或驾驶室内空气的温度、湿度、流速、清洁度、噪声等在人们感觉舒适的范围内的技术装备,其主要功能是:

(1) 控制温度。在汽车舒适性指标中,最重要的是温度。汽车空调可使夏天车内温度保持在 25℃ 左右,冬天在 18℃ 以上。

(2) 控制湿度。汽车空调系统的第二个指标是湿度。人体感觉最舒适的相对湿度范围是 50% ~ 70%。在这种湿度环境中,人会觉得神清气爽,驾驶舒适。汽车空调系统就是把车内的湿度控制在这一舒适的范围内。

(3) 控制车内的空气清新度。汽车的全封闭空间极易造成缺氧和二氧化碳浓度过高；汽车发动机废气中的一氧化碳、外界的有害物（花粉、灰尘等）进入车内，造成车内空气混浊，影响车内乘员的身体健康。汽车空调系统必须具备对车内空气过滤、吸附、更换的功能，保持车内空气的清新。

(4) 除霜。对汽车空调系统的特殊要求是具有除霜功能。当车内车外温度、湿度相差较大时，在挡风玻璃和侧窗上会产生雾或霜，影响驾驶员视线，对行车安全造成威胁。

二、汽车空调的基本组成和分类

1. 汽车空调的基本组成

汽车空调系统主要由以下几个部分组成。

(1) 制冷系统。对车内空气或外部进入车内的空气进行冷却或除湿，保持车内凉爽、舒适。制冷系统主要由压缩机、冷凝器、膨胀阀、蒸发器、储液干燥器、风机、管路、制冷剂等组成。

(2) 取暖系统。对车内空气或外部进入车内的空气进行加热，达到取暖、换气、除湿、除霜的目的。

(3) 通风系统。将外部空气引入车内，达到通风换气的目的。

(4) 空气净化装置。空气净化装置由空气过滤器、电气集成器、臭气吸附剂、负离子发生器、空气污染传感器、杀菌灯等组成，作用是除去车内空气中的尘埃、臭味，以保持车内空气清洁。

将上述装置全部或部分有机地组合在一起，安装到汽车上，便组成了汽车空调系统。

2. 汽车空调的分类

汽车空调的分类方式主要有以下两种：

(1) 按驱动方式分类。汽车空调按驱动方式不同，可分为非独立式空调和独立式空调两种。

1) 非独立式空调。非独立式空调制冷压缩机的动力来自汽车发动机。空调的制冷性能受发动机工作状态的影响较大，工作稳定性较差。特别是发动机低速运转时制冷量不足，而高速时制冷量过剩，消耗功率较大；由于空调压缩机消耗掉发动机的输出功率，使汽车的动力性、经济性受到一定影响。这类汽车空调系统广泛应用于要求制冷量相对较小的小型客车和轿车上。

2) 独立式空调。独立式空调制冷压缩机专门用一台发动机为空调系统提供动力，其制冷量大，工作稳定。但是，由于安装了一台发动机，成本增加，导致汽车重量增加，这类空调系统主要用于大、中型客车。

(2) 按功能分类。汽车空调按功能不同，可分为单一功能型空调和冷、暖一体式空调两种。

1) 单一功能型空调。单一功能型空调是将制冷系统、取暖系统、强制通风系统各自独立安装、独立控制、单独工作，互不干涉。一般用于大型客车和载货汽车。

2) 冷、暖一体式空调。冷、暖一体式空调的显著特点是制冷、取暖、通风共用一台鼓风机，共用一个送风口；冷风、暖风和通风在同一面板上控制。这种结构可细分为冷风、暖风可分别工作的组合式和冷风、暖风可同时工作的混合式两种。一般轿车采用后一种，具有结构紧凑、占用空间少、调温容易、操作控制简便等优点。

第二节 汽车空调系统的热力过程

一、热力学基础知识

汽车空调系统中，制冷剂在制冷系统中的各种状态变化，如升温、降温、增压、减压，吸热、放热，有害气体的吸附，空气湿度的调节，这些都是热力学研究的对象。汽车空调技术是热力学基本理论在制冷方面的应用，本节主要介绍热力学基础知识，以便更深刻地了解汽车空调系统的工作过程。

1. 热力学第一定律

热力学第一定律是能量守恒和转换定律在热力学领域的一种表达形式。它阐明了热能和其他能量在转换过程中的守恒原理：自然界中物质所具有的能量，既不能创造，也不能被消灭，只可以从一种能量形式转变为另一种能量形式；并且在转换的过程中，能量总和不变。在热力学领域，能量守恒定律表述为：热能可以转换成其他形式的能，转换过程中能量的总和不变，称为热力学第一定律。

汽车空调中的制冷系统是能量转换装置，是将高温物体（环境）的热能转换到低温（或外界）环境中去的热力过程，降低高温物体（环境）的温度或保持高温物体（环境）的温度。实现这一过程，必须消耗能量。

2. 热力学第二定律

针对热量传递的方向性问题，热力学第二定律指出：热量只能自发地从高温物体转移到低温物体；实现热量从冷物体转移到热物体的热力过程，必须消耗其他形式的能量；在任何转换过程中的效率都不可能是100%。制冷系统中需要利用制冷机实现从低温物体向高温物体的热量传递，消耗制冷机的机械功，才能实现这一过程。

如果把自发实现的过程称为自发过程，则其相反的过程称为非自发过程。非自发过程不能自发地实现，要实现非自发过程，必须伴随有另一种自发过程，作为实现非自发过程的补偿。汽车空调系统制冷过程中，将低温的汽车内部的热量转移到高温的车外，是非自发过程，只有通过压缩机对制冷系统做功，消耗机械功，才能实现这一过程。汽车制冷系统中的压缩机做功，使制冷剂呈高温、高压状态，这时就可以将热自发地传到车外。作为对其非自发过程的补偿，经冷却后的呈液态的高压制冷剂可自发地从低压处吸热膨胀、汽化，以作为对压缩机做功的一种补偿。

同时，热力学第二定律还指出：在任何热力过程中，热机的转换效率都不能达到100%，卡若循环的热效率（η）公式为：

$$\eta = 1 - q_2/q_1 \leqslant 1 - T_2/T_1$$

式中 q_1——高温热源的热量；
q_2——低温热源的热量；

T_1——高温热源的温度；

T_2——低温热源的温度。

转换成机械功的热量称为可用热量，用 q_w 表示；传给低温热源的热量称为不可用热量，热机的效率也可表示为：$\eta = q_w/Q$。

制冷机的制冷效率称为制冷系数，是评价制冷机工作优劣的一项重要指标。

3. 空调系统中常用的力学参数

在热力学过程中，用来实现能量转换的物质称为工质。制冷机常用的工质有氟利昂、氨、水等。在实现制冷能量的转换过程中，工质的状态总是不断地发生变化，从液态到气态、由高温到低温、由高压到低压等。决定工质状态的物理量称为状态参数。

在热力过程中，最基本的状态参数有温度、压力、容积等。此外，还有热力学参数焓、熵、内能等。状态参数可以测量，并且只与工质所在系统的初始状态和最终状态有关，而与工质的变化过程无关。

(1) 压力。气体分子总是充满容器，大量分子撞击容器壁的结果就形成了气体对容器壁的压力。压力是指单位面积上所受的垂直作用力。工程上压力用 P 表示，单位是帕斯卡（Pa）。帕斯卡（Pa）的定义是每平方米的平面上承受 1 N 的正压力。帕斯卡（Pa）的值太小，常用的压力单位是千帕（kPa）和兆帕（MPa）。

$$1 \text{ MPa} = 10^3 \text{ kPa} = 10^6 \text{ Pa}$$

1) 标准大气压（atm）。地球表面包裹着一层大气层，大气重量对地球表面的物体产生的压力称为大气压力，简称大气压。大气压力随地球的纬度和大气环境的不同而变化。用纬度45°海平面的长年平均大气压力的数值作为压力单位，称为标准大气压，用 P_0 表示，P_0 = 760 mmHg。由此可得：1 atm = 760 mmHg = 1.01325×10^5 Pa ≈ 1.013 bar。

2) 巴（bar）。这一压力单位与标准大气压值相当接近，在工程上曾被广泛应用。1 bar = 10^5 Pa = 0.1 MPa = 100 kPa。

3) 工程大气压（at）。这是工程单位制的压力单位，1 at = 1 kgf/cm²，由此可得 1 at = 1 kg/cm² = 9.80665×10^4 Pa = 0.980665 bar = 735.6 mmHg。

4) 毫米汞柱（mmHg）。液柱的高度是最早用来表示压力的单位，其与压力的关系为：$P = \rho g h$，其中 h 为液柱高度，ρ 为液体密度。汞的密度可取为 ρ_{Hg} = 13 595 kg/m³（0℃时），则 1 mmHg 高度为压力单位时相应的压力值为：1 mm Hg = 133.322 Pa ≈ 133.3 Pa。

5) 毫米水柱（mmH₂O）。水柱亦可用作表示压力的单位。水的密度可取 ρ_{H_2O} = 1 000 kg/m³（4℃时），1 mm 水（H₂O）柱高度为压力单位时相应压力值为：1 mm H₂O = 9.80665 Pa ≈ 9.81 Pa。

(2) 温度。温度概念的建立及其测量是以热力学第零定律为基础的。

1) 热力学第零定律与温度。将温度不同的两个系统相互接触，它们之间会发生热传递。在不受外界的影响下，经过足够长的时间，两个系统的温度会相同，不再进行热传递，这种情况称为平衡。

如果 A、B 两个系统可分别与 C 系统处于热平衡，只要不改变它们各自的状态，使 A 与 B 相互接触，可发现它们的状态仍维持恒定不变，说明 A、B 两系统也处于热平衡。由此可得出如下结论：与第三个系统处于热平衡的两个系统，彼此也处于热平衡。

按照1931年福勒（R·H·Fowler）的提议，这一结论称为热力学第零定律。

依据这一定律，处于同一热平衡状态的各个系统，无论其是否相互接触，必定有某一宏观特性彼此相同。人们将描述这一宏观特性的物理量称为温度，或者说把这种可以确定一个系统是否与其他系统处于热平衡的物理量定义为温度。温度是系统的状态参数。由于在一个处于热平衡状态的系统中，其内部各部分之间必定也处于热平衡，也就是处于热平衡状态的系统内部每一部分的温度相同，温度也是一个强度参数。

只有温度才是判定系统热平衡的充分必要条件，而系统的其他参数如压力等均不能确定系统是否处于热平衡。处于热平衡的系统具有相同的温度，这是可以利用温度计测量物体温度的依据。当温度计与被测物体（系统）达到热平衡时，温度计显示的温度等于被测物体的温度。

温度计的温度读数，是利用它所采用的测温物质某种物理特性来表示的。当温度改变时，物质的某些物理特性，如液体的体积、定压下气体的容积、定容下气体的压力、金属导体的电阻、不同金属组成的热电偶、电动势等都随之变化。只要这些物理性质随温度改变而发生显著的单调变化，就可以用来标识温度。相应地就可制成各种类型的温度计，如水银温度计、酒精温度计、气体温度计、电阻温度计等。

2）温标。为了进行温度测量，需要有温度数值的表示方法，也就是需要建立温度的标尺即温标。建立任何一种温标都需要选定测温物质和某一物理性质，规定温标的基准点以及分度的方法。例如，摄氏温标规定标准大气压下纯水的冰点温度和沸点温度为基准点，并规定冰点的温度为零摄氏度（0℃），沸点的温度为100摄氏度（℃）。这两个基准点区间内的温度，按照温度与测温物质的某物理性质的线性函数确定。

测温物质不同或用同种测温物质的不同测温性质建立的温标，除了基准点的温度值相同，其他的温度值都有一定的差异。因此，需要有一种与测温物质的性质无关的温标，这就是建立在热力学第二定律基础上的热力学温标。用这种温标确定的温度称为热力学温度，用符号 T 表示，计量单位是开尔文，符号是 K。

与热力学温标并用的有热力学摄氏度，简称摄氏温度，用符号 t 表示，单位为摄氏度，用符号℃表示。1960年国际计量大会规定摄氏温度按下式定义确定：

$$t℃ = (T - 273.15)K$$

按这一定义，摄氏温度的零点（0℃）相当于热力学温度的273.15 K，这两种温标的温度间隔完全相同。按新的温度标准，水的三相点温度为0.01℃。常用的温度标准还有华氏温标。符号为℉。摄氏温度与华氏温度的换算关系为：

$$℃ = 5/9(℉ - 32)$$

(3) 质量体积及密度（体积质量）。质量体积在数值上等于单位质量的工质所占的容积在法定计量单位制中单位是 m^3。质量体积不是容积的概念，是描绘分子聚集疏密程度的参数，如果 m（kg）工质占有容积 V（m^3），则质量体积 v 的数值为：

$$v = V/m$$

密度在数值上等于单位容积内所包含工质的质量，是强度量，单位是 kg/m^3。如果

在 V (m^3) 容积内含有质量为 m (kg)，则密度 ρ 的数值为：
$$\rho = m/V$$

质量体积与密度为倒数关系，两者不是互相独立的参数，热力学中通常选用质量体积作为独立状态参数。

(4) 热量和热流。分子运动学说理论认为物体的温度是分子平均动能的量度，物体的温度不同，组成物体分子的平均动能也不同。当两个温度不同的物体接触时，组成物体的分子互相碰撞传递能量。这种能量的传递称为热流。每个物体的分子运动及分子热运动所具有的能量称为热量。热量是一种能量，是物质内部的能，称为内能。

热量的单位是焦耳（J）。工程上常用卡路里（cal）、千卡（kcal），也用千焦（kJ）来表示。热流是单位时间内传递的热量，单位有 kcal/h、kJ/h。

在空调系统中，热流就是单位时间内从低温物体传递到高温环境的能量，它表示制冷剂的制冷量。

(5) 质量热容。物体在温度发生变化时，所吸收或放出的热量，与物体本身的质量（重量）、材料性质以及变化时物体所处环境的温度密切相关。不同的物质，同样的质量，从同一温度上升到另一相同温度所吸收的热量也不同。

单位质量的物体温度升高1℃所吸收的热量，称为该物质的质量热容，用 C 表示。单位有千焦/（千克·开）[kJ/(kg·K)] 和卡/（千克·摄氏度）[cal/(kg·℃)]。

从实验可知，若某质量为 G 的物体，温度从 T_2℃ 变为 T_1℃，放出的能量 Q 为：
$$Q = GC(T_2 - T_1)$$

各种物质的质量热容都已经测定，需要时可查热力学参数手册。

(6) 基本热力过程。空调制冷过程是依靠制冷剂的状态变化来实现的。工质的每一状态变化的热力过程都取决于状态参数压力 P、体积 V（或质量体积）、温度 T。这三个参数的相互关系，就是气体状态方程
$$PV/T = P_1V_1/T_1 = P_2V_2/T_2 \cdots P_nV_n/T_n$$

同理，一定量的气体，在压力保持不变的条件下，对其加热，气体的容积和温度将增大，这一过程称为等压过程。公式表述为
$$V/T = V_1/T_1 = V_2/T_2 \cdots V_n/T_n$$

一定量的气体，在容积保持不变的条件下，对其加热，气体的压力和温度将增大，这一过程称为等容过程。公式表述为
$$P/T = P_1/T_1 = P_2/T_2 \cdots P_n/T_n$$

一定量的气体，在温度保持不变的条件下，对其加热，气体的容积和压力将增大，这一过程称为等温过程。公式表述为
$$PV = P_1V_1 = P_2V_2/\cdots P_nV_n$$

在热力过程中，等压过程、等容过程、等温过程是为研究方便简化了的热力过程，在实际热力过程中，这些过程是不可能实现的。

以上讨论的气体热力过程，都是针对一个单位气体而言。对 G kg 气体的变化，则气态方程可写成

$$PV = GRT_\circ$$

式中，R 为气体常数，R = 8.314 kJ/kmol·℃。

上述情况都是在有热交换的情况下进行的讨论。如果气体状态发生变化时与外界不发生热交换，则称为绝热过程。

在绝热过程中，如果是膨胀过程，则气体所做的膨胀功来自气体内部能量的减少（温度、压力下降）；如果是压缩过程，则气体受外界做功，使气体内能增加（压力、温度升高）。绝热过程方程式为

$$PV^k = 常数$$

式中，k 为等熵指数，$k = C_p/C_v$。C_p 为定压质量热容，C_v 为定容质量热容。若变化的气体是理想气体，C_p、C_v 的值不变，绝热指数 k 也不变。制冷剂 R12 的等熵指数 $k = 1.138$。

（7）内能和外能。制冷机对制冷系统输入机械功，把低温、低压蒸汽转变为高压、高温蒸汽。制冷剂在整个变化中，将外界输入的机械能储存起来，变为自身的能量。这种储存于物体内部的能量叫做内能。

分子运动学说认为内能的本质是气体分子动能和位能的总和。分子的平均动能越大，宏观表现为温度越高；位能越大，则宏观表现为压力越高。因此，某气体的温度升高，其内能增加；压力升高，其内能也同样增加。工质内能的一部分可以释放出来对外做功，另一部分则不能对外做功。工质对外做功的能力，称为外能。

（8）焓。当系统接受外界的热量 Q 时，除一部分能量用于改变工质的分子运动状态变为系统的内能外，还有一部分对外做功的机械能。这时系统具有的内能和外能之和定义为焓，用 H 表示。

焓是一个状态参数。在制冷压缩机中，制冷剂进出压缩机的过程中，活塞对工质做功，使工质压力上升，内能增加。假设过程是绝热过程，这一过程消耗的机械能全部转变为制冷剂焓值的增加。如果制冷剂流入设备后，只进行热交换而不对外做功，这种流动方式叫做稳定能量流动。在制冷循环中，工质在冷凝器和蒸发器中经历的热力过程就属于稳定能量流动过程。

（9）熵。熵是系统的热量 Q 和温度 T 的比值，是一个状态参数，用字母 S 表示。它表示系统工质状态发生变化时，热量的传递程度。

设：$S = Q/T$，则有：$S_1 \leqslant S_2$

当 $S_1 = S_2$ 时，系统的变化处于可逆过程，表示系统与外界不发生能量交换关系，热力过程前、后熵的变化为零。当 $S_1 < S_2$ 时，系统工质的变化处于不可逆过程，其变化一直进行下去，系统的熵值不断增加，直到系统和外界的熵值相等为止，这就是熵增原理。用熵判断系统的能量传递方向和程度是很方便的。例如，对于蒸汽制冷循环，将整个循环分为压缩过程、冷凝过程、节流膨胀过程和蒸发过程。首先确立各个热力过程的性质，然后计算各个热力过程的始态和终态的熵值变化。再将每个热力过程的变化熵值相加，即可得到整个系统的热量传递的熵变化值。从而计算出制冷量以及压缩机的功率参数等。

二、汽化与冷凝

1. 汽化

液体转变为气体时要吸收热量,汽车空调制冷就是利用制冷剂的汽化吸热原理工作的。液体转变为气体的过程叫做汽化。1 kg 液体转变为气体需要的热量叫做这种物质的汽化热,单位为焦耳/千克(J/kg)或千焦耳/千克(kJ/kg)。不同的物质有不同的汽化热。在 100℃,1 atm 下,水的汽化热为 2 257 kJ/kg。制冷剂 R12 在 5℃的汽化热为 149 kJ/kg,20℃时为 141 kJ/kg。

汽化有蒸发与沸腾两种方式。

(1) 蒸发。液体表面发生的汽化现象叫做蒸发。蒸发过程与下述因素有关:

1) 液体温度。液体温度越高,蒸发速度越快。

2) 液体表面的空气流速。液体表面空气的流速越快,蒸发越快。

3) 液体表面面积。液体表面面积越大,蒸发越快。

4) 液体表面空间的蒸气压力。液体表面空间的蒸气压力越小,蒸发越快。

(2) 沸腾。液体被加热到某一温度时,液体内部产生大量气泡,气泡上升到液体表面因破裂而放出大量蒸气,这种在液体表面和内部以气泡形式汽化的现象称为沸腾。液体在沸腾时,继续对液体加热,液体的温度不再升高。蒸发可在任何压力和温度下进行,而液体沸腾只能在一定的温度和这一温度所对应的压力下才能发生。例如,水在 100℃,1 atm 下才发生沸腾;如果将压力提高到 2 atm,水的沸点约为 109℃。不同的液体,沸点不同。在 1 atm 下,制冷剂 R12 的沸点是 -29.8℃。维持液体的沸腾状态需要给液体提供大量的热能。我国古语有"与其扬汤制沸,不如釜底抽薪",生动地说明了液体沸腾需要大量热量的道理。液体沸腾的温度称为沸点。液体沸腾比蒸发的汽化强烈得多,吸收的热量也大得多。

2. 冷凝

蒸汽放出热量变冷,由气体状态变为液体状态的过程称为冷凝。冷凝是汽化的逆过程。在同一状态下,1 kg 的液体的汽化热和液化热是相同的。制冷剂就是在冷凝器中放热冷凝成液体的。

三、饱和状态

1. 饱和液体

对密闭容器 T_1℃的液体在压力 P 下加热,为使液体在加热体积膨胀时保持压力不变,容器的活塞质量保持不变(见图 6—1a)。当液体受热时,温度升高,体积增大,压力不变,一直加热到液体的沸点(见图 6—1b)。这时的液体定义为饱和液体。

2. 饱和气体

对饱和液体继续加热,液体就开始汽化,逐渐由饱和液体转变为饱和蒸气,这时容器里仍然有部分液体保持饱和液体状态(见图 6—1c)。沸腾汽化过程中,饱和液体和饱和蒸气的温度和压力始终保持不变,但两者混合物的容积增长很快,直到饱和液体全部变成饱和蒸气,如图 6—1d 所示。

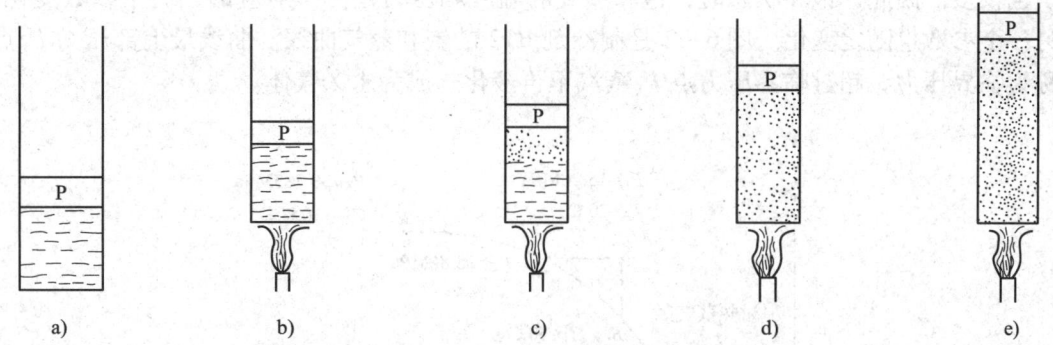

图 6—1 液体加热时状态变化过程

a) T_1℃的液体 b) 饱和液体 c) 有部分液体保持饱和液体状态 d) 饱和蒸气 e) 过热蒸气

1 kg 饱和液体定压汽化成为饱和蒸气所需要的热量称为该液体的汽化潜热。汽化过程压力越高，对应的饱和温度也越高，汽化潜热的数值就越小。当压力增加到某一数值时，液体就停止汽化过程，这个压力称为该液体汽化的临界压力；在临界压力下，该气体的汽化潜热为零。汽车空调制冷时，要求在较低饱和压力下汽化来增加制冷剂的汽化潜热。

3. 湿蒸气

在图 6—1c 中，饱和液体和饱和气体共同存在，这时，容器内的饱和液体和饱和气体总称为湿蒸气。

对于图 6—1d 中，饱和液体刚好全部汽化为饱和蒸气时的蒸气，叫做干饱和蒸气。

4. 干度

干度是湿蒸气中的饱和蒸气与湿蒸气总量的比值，用 X 表示，即

$$X = 湿蒸气中的饱和蒸气量（kg）/湿蒸气总量（kg）$$

由干度的定义可以得出，在图 6—1b 中，饱和液体中没有饱和蒸气，干度 $X = 0$。图 6—1d 中的干饱和蒸气里已经没有液体存在，干度 $X = 1$。对处在饱和液体和饱和蒸气同时存在的两相区，$0 < X < 1$。

5. 过热蒸气

对饱和蒸气继续加热，蒸汽的温度便高于饱和蒸气的温度，这种蒸汽叫做过热蒸气。过热蒸气的质量体积比饱和蒸气大得多，如图 6—1e 所示。

6. 蒸汽的饱和状态

当饱和液体和饱和蒸气共存而处于平衡状态时，液体表面的一些动能较大的分子克服其他邻近液体分子的引力，脱离液体逸入蒸气空间；与此同时，蒸汽分子运动撞击液面时，被液体分子吸住返回液体，当单位时间内从液体逸出的液体分子和进入液体的蒸汽分子数量相等时，饱和蒸气和饱和液体处于动态平衡的状态，这种状态称为蒸汽的饱和状态。对应蒸气饱和状态时的温度称为饱和温度，该蒸汽的压力称为饱和蒸气压力。

当饱和液体的温度较高时，逸出液体的分子也比较多。达到饱和状态时，蒸汽分子运动比较激烈，宏观表现为蒸汽的温度比较高，对应的压力也较大，返回液体的蒸汽分

子也较多。因此，饱和状态时，饱和蒸气的温度和压力是一一对应的，一个参数变化，另一个参数也随之变化。图6—2是制冷剂R12的饱和蒸气曲线。曲线最上部压力P_k点称为临界压力，超过临界压力点P_k蒸汽不再液化，成为永久气体。

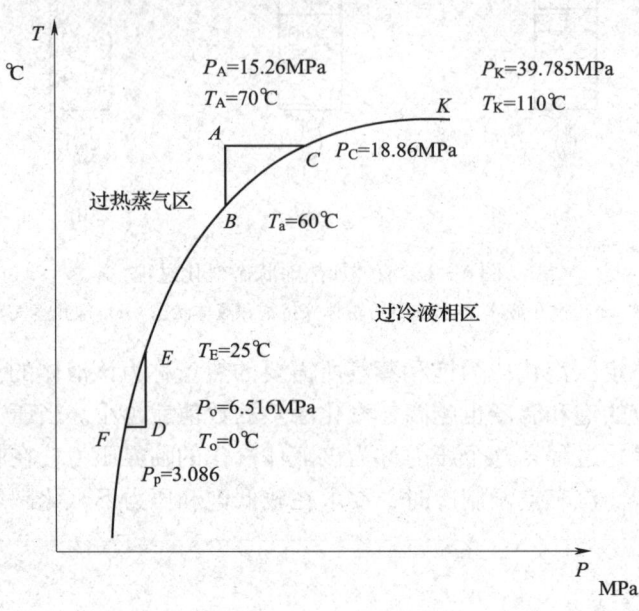

图6—2　R12饱和蒸气曲线

汽车空调系统中，利用制冷剂在饱和状态下，饱和液体沸腾汽化吸热，制造冷空气来降温；也利用饱和蒸气向外界环境放出蒸汽热量而重新凝成液体。

7. 过冷液体的汽化和过热蒸气的液化

蒸汽处于饱和状态，是一个可逆过程。低于饱和状态的液体，是过冷液体，不能像饱和液体一样沸腾汽化；高于饱和状态的蒸汽，是过热蒸气，也不能像饱和蒸气一样液化凝结成液体。处于这两种未饱和状态的工质，可以通过下述方法使其进入饱和状态。以汽车空调制冷剂工质R12为例（见图6—2），曲线是饱和蒸气曲线，曲线左上方为过热蒸气区；曲线右下方为过冷液相区。设过热蒸气A的状态参数为70℃，压力为15.26 MPa，要使A过热蒸气液化，可以采取两种方法：

（1）将A状态的过热蒸气温度降低，与饱和蒸气曲线相交于B，B点对应的状态为60℃，15.26 MPa，进入湿蒸气区液化。

（2）将A状态的过热蒸气升压，与饱和蒸气曲线相交于C点，C点对应的状态为70℃，18.86 MPa，进入湿蒸气区液化。在汽车空调系统中，就是将从压缩机出来的过热蒸气在冷凝器中降温液化的。

过冷液体，要求进入饱和状态沸腾蒸发，也可以采用两种方法，如对温度为0℃，压力为6.516 MPa的D点过冷液体：

1）加热D状态的R12，使其在等压下升温，与饱和蒸气曲线相交于E点之后进入两相点开始汽化。E点的饱和温度为25℃，饱和压力为6.516 MPa。

2）将 D 状态的 R12 液体等温下降压，与饱和蒸气曲线交于 F 点，这时的饱和蒸气温度为 0℃，饱和蒸气压力为 3.086 MPa，这时液体也开始沸腾汽化。在汽车空调系统中，通过截流减压的原理，将过冷的 R12 液体降压，在蒸发器里沸腾汽化，吸收大量的热量而降低车内的温度。

第三节 制冷循环的热力过程

研究制冷系统中工质循环的热力过程，从理论上了解制冷系统能量转换过程和能量转换规律，可以更好地分析汽车空调系统实际的工作过程。制冷系统中制冷剂的状态变化的热力过程近似地分为定容过程、等压过程、等温过程、绝热过程（定熵过程）以及多变过程。

汽车空调系统制冷装置是蒸发器，利用沸点很低的制冷工质 R12 沸腾汽化过程吸收车厢内的热量，将车内空间的热量转移到制冷工质 R12。R12 吸收热量后，被压缩机压缩成高温、高压的 R12 气体，在冷凝器中散热冷凝，将热量传至车外，达到降低车内温度的目的。汽车空调系统制冷剂的热力循环过程如图 6—3 所示。

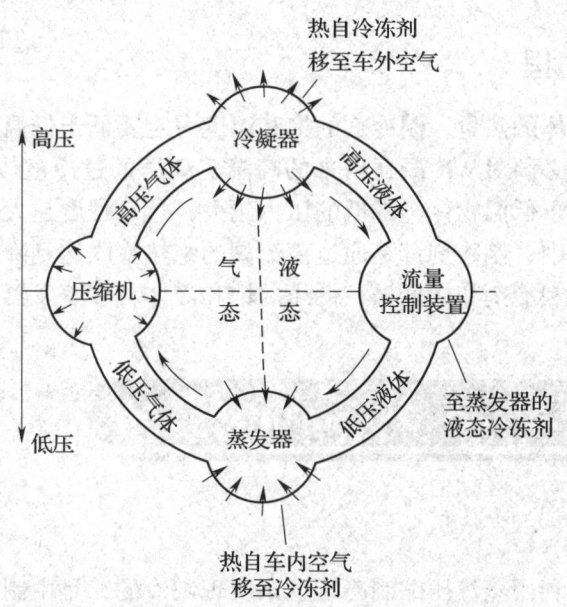

图 6—3　汽车空调系统制冷剂的热力循环过程

一、蒸发吸热过程

液态制冷剂经过膨胀阀截流降温后，变成低压、低温的饱和液体，输送到蒸发器，吸收蒸发器外部空间的热量变成饱和蒸气，沸腾汽化。这时汽化需要大量的汽化潜热，使蒸发器空间空气的温度迅速降低，风机将冷空气送入汽车内，降低车内的温度，而车内的热量转移到制冷剂。

二、压缩过程

液态制冷剂吸热汽化后,变成低温、低压过热蒸气,经压缩机的绝热压缩,变成高压、高温的过热蒸气。通过压缩机对制冷剂做功,消耗了发动机的功率,使低温、低压的过热蒸气变成高温、高压的过热蒸气。

三、冷凝放热过程

高温、高压的过热蒸气温度高于环境的温度,制冷剂在冷凝器自发地将车内的热量和压缩机的机械功转换来的热量传递给环境。这时,高温、高压的过热蒸气放热后变成饱和液体。饱和液体的温度一般为55~60℃,仍然高于环境的温度,在冷凝器中继续向外散热,全部变成高温、高压的液体。

为了增强冷却效果,冷凝器采用风冷对制冷剂进行强化冷却。一些制冷系统为了增加制冷量,增设过冷器,使从冷凝器出来的过冷液体进一步冷却,降低温度。这样,制冷剂从车内空间带来的热量和压缩机输入的机械功,使制冷系统的焓值增大的部分,通过冷凝器的作用,以热量的形式传递到车外,完成了低温物体向高温环境传递热量的过程。

四、降压降温过程

为了吸收低温物体的热量,制冷剂的饱和温度一定要低于低温物体的温度,过程才能自发进行。因此,必须对从冷凝器出来的高温、高压的过冷液体进一步降温、减压,才能使其饱和温度低于低温物体,降低的压力越大,过冷程度越大,吸收的汽化潜热越多。在汽车空调系统中,制冷剂都是通过截流阀的绝热膨胀达到降压、降温目的。通过截流阀的绝热膨胀,制冷剂变成低温、低压的饱和液体,在蒸发器里进行沸腾汽化,完成一个制冷循环。

第四节 制冷剂和润滑油

一、制冷剂

汽车空调系统是利用蒸汽压缩制冷装置来实现制冷的,是由制冷剂循环流动实现热量交换,达到控制车内温度、保持车内环境舒适的目的。液体制冷剂在蒸发器中低温下吸收制冷对象的热量汽化,使制冷对象降温。然后,又在高温下把热量传给周围介质后冷凝成液体。如此不断循环,借助于制冷剂状态的变化,达到制冷目的。制冷剂的性能直接影响制冷循环的技术经济指标。根据不同制冷系统的特点,合理选用制冷剂,制冷系统才能正常、安全地运行。

1. 汽车空调系统常用制冷剂

汽车空调制冷系统使用最多的制冷剂是氟利昂。氟利昂的性能与所含的氟、氯、碳原子的数量密切相关。一般说来,氟利昂中含碳原子越少,含氟、氯原子数量越多,化学稳定性越高;含氟原子越多,毒性越小,对金属的腐蚀性越小;氯原子则影响制冷剂的热力学性质,氯原子越多,蒸发温度越高;由于对臭氧层有破坏作用的主要元素是氯和溴,制冷剂中含氯越多,对臭氧层的破坏能力越强。

大多数氟利昂无毒、无燃烧和爆炸危险;对金属(含2%以上金属镁的合金除外)没有腐蚀作用;等熵指数比较小,所以压缩机的排气温度低;化学稳定性高、凝固点低,是比较理想的制冷剂。

氟利昂对润滑油的溶解度比较大,为保证压缩机的润滑性,宜采用黏度指数较大的润滑油。

氟利昂的密度较大,流动阻力大,耗能较多,要减小阻力需使用较大截面的管道。氟利昂对有机物有较大的溶解作用,使用的管道和密封橡胶圈,都必须是耐氟橡胶。

氟利昂无色、无臭,泄漏时不易被发现。为了安全考虑,在室内充注和排空氟利昂时,应打开门窗,保持通风,将排气管放到窗外。

氟利昂和水互不相溶,制冷系统管路中的水在低温时会结冰堵塞管路或阀门。所以制冷系统管路中不能有水存在。整个系统中的含水量不能超过 0.002 5% (25×10^{-6}),相当于每 1 kg 氟利昂中含有一滴水珠(小于 0.03 g)。

虽然氟利昂的种类很多,上述性质基本相同。但热力学性质各有不同,如蒸发温度、饱和压力、蒸发潜热、单位容积制冷量等。所以,对已定的制冷系统,不同类型的氟利昂是不能相互代替的。

汽车空调制冷系统中,目前最常用的制冷剂是 R12。其最大特点是在一个大气压(1 atm)下沸点低,为 -29.8℃;凝固点为 -155℃,可以在低温下工作。临界点温度高,为 112℃,能够在常温下冷凝液化;热力引起的损失小,能得到较大的制冷系数。

R12 的饱和压力较适中,在 -30℃ 时饱和蒸气压力就大于大气压,可以防止空气进入制冷系统。在冷凝器的工作压力不高,采用风冷却时,压力不超过 1.5 MPa(60℃)。所以蒸发器、冷凝器和制冷剂管路都比较薄,传热效率好,制冷系统的密封问题较好解决。

R12 的汽化潜热比 R22 小 35% ~ 38%,所以制冷剂循环量大,这是 R12 的不足。

2. 使用制冷剂的注意事项

(1) 如前所述,以氟利昂为制冷剂的制冷系统最怕水。在含水量大于 0.002 5% 时,除发生冰塞现象外,还会引起化学腐蚀。例如,在微量水的存在下,随时间的增长,会生成酸性氯化氢和氟化氢,腐蚀镁及镁合金。所以,以氟利昂为制冷剂的制冷设备不能使用金属镁含量超过 2% 的铝镁合金。这些酸性物质还会腐蚀铁、铜等金属,对压缩机零件、电动机绕组、连杆轴承等金属零件也会造成腐蚀。

R12 与水作用生成 CO_2 气体,这种不凝气体会引起压缩机排气压力增高,使制冷压缩耗能增大,制冷量下降。

1) 使用氟利昂为制冷剂的制冷系统,要采取严格的防水措施。要求 R12 自身的含水量必须小于 0.002 5%。

2) 制冷系统在充装 R12 之前要充分干燥,反复抽真空,尽可能排干净系统中的空气和水分。

3) 在制冷系统中设置硅胶或分子筛等干燥器，以吸收氟利昂中的水分。

(2) 防止明火源。R12 和明火接触，当温度高于 400℃ 时，即和空气中的氧气和水蒸气发生化学反应，产生有毒的气体（光气）。

修理焊接制冷设备一定要排尽 R12；并在空气流通的地方工作。在使用卤素灯检漏时，需戴好防护用具。

(3) R12 的钢瓶必须放在温度低于 40℃ 的阴凉处储存。不能用明火直接加热储存 R12 的钢瓶，也不能把储存 R12 的钢瓶放在阳光直射或高温热源附近，防止 R12 受热膨胀，导致储存钢瓶损坏、爆炸。

(4) 制冷剂不能接触人的任何部位，特别是眼睛，容易引起冻伤或化学灼伤。接触 R12 时，必须戴上护目镜和手套。R12 溅到皮肤上后，需立即用大量清水冲洗，涂上凡士林；面积大时应立即送医院治疗，不要自作主张，盲目处理。

所有的氟利昂都对大气同温层的臭氧层产生破坏作用。R12 化学稳定性强，对大气臭氧层危害最大，寿命长达 120 年。为减少对大气臭氧层的破坏，1987 年签署加拿大蒙特利尔条约，规定全世界 2000 年以后禁止使用 R12。

3. 制冷剂 R134a

制冷剂 R134a 目前被认为是替代 R12 的最好选择。R134a 对大气同温层的臭氧层没有破坏作用，热力学性质和 R12 较为接近。例如，在一个大气压下，R12 的沸点为 $-29.8℃$，R134a 的沸点为 $-26.4℃$；单位汽化热，R12 为 164.9 kJ/kg，R134a 为 215 kJ/kg；在 0℃ 时绝对压力下，R12 饱和状态绝对压力为 0.308 MPa，R134a 饱和状态绝对压力为 0.293 MPa。在维修和检查以 R134a 为制冷剂的空调系统时，要注意以下几点：

(1) R12 和 R134a 两种制冷剂不能混用。因为这两种制冷剂使用的不是一种润滑油，混用将会造成空调系统机件严重损坏和制冷系统工作不正常。

(2) 使用 R12 和 R134a 两种制冷剂的制冷系统的润滑油不通用。必须使用各自的专用润滑油，即使少量错用，也会使制冷剂混浊，降低润滑性，导致压缩机拉缸损坏。

(3) 使用 R12 制冷剂系统的密封件，不能再使用在 R134a 制冷剂的制冷系统中。

(4) 使用两种不同制冷剂的系统在维修时，工具和检测仪器不能混用，以免导致两种不同制冷剂系统的润滑油相互污染，造成两个系统损坏。

(5) R134a 价格昂贵，尽可能回收利用。

二、润滑油

制冷系统使用的润滑油一般称为冷冻油。润滑油是保证压缩机正常运转的必要条件，可使压缩机正常工作，保持压缩机的正常使用寿命。

1. 冷冻油的作用

冷冻油具有润滑、密封、冷却、减少摩擦阻力、降低压缩机噪声等作用。

(1) 润滑作用。压缩机是高速运动的机件，轴承、活塞、活塞环、连杆轴承、曲轴轴承等都要润滑，润滑具有减少摩擦阻力、降低磨损、增加使用寿命、提高制冷系数的作用。

（2）密封作用。汽车使用的压缩机都是半封闭式，在压缩机输入轴需要油封来密封，防止 R12 泄漏，润滑油可使密封效果更好。活塞环各间隙也需要润滑油充填，才能充分密封。

（3）冷却作用。由于运动的摩擦表面会产生高温，需要冷冻油将摩擦产生的热量传给周围环境，保证摩擦副的正常温度。若冷冻油不足，会引起压缩机过热，排气压力过高，降低制冷系数，甚至烧毁压缩机。

（4）减摩降噪。润滑油可以减少摩擦力，降低压缩机磨损，同时降低压缩机的运转噪声。

由于汽车空调运行工况及特性的不同，制冷系统有不同的排气温度和压力，因此对冷冻油的要求也不尽相同，正确选择润滑油非常重要。汽车空调制冷系统一般用国产冷冻油 18 号或 25 号，进口冷冻油一般使用日本 SUNISO 3GS～SUNISO 5GS。冷冻油的性能见表 6—2 和表 6—3。

表 6—2　　　　　　　　　　　国产冷冻油性能指标

技术参数	13 号	18 号	25 号	30 号
50℃运动黏度（厘斯）	11.5～14.5	>18	>25.4	<30
凝固点（℃）	<-40	<-40	<-40	<-40
开口闪点（℃）	<160	<160	<170	<180
酸值（mgKON/g）	<0.14	<0.03	<0.02	<0.01
灰分（%）	<0.012	/	/	/
机械杂质（%）	无	无	无	无
水分（%）	无	无	无	无

表 6—3　　　　　　　　　　日本 SUNISO 冷冻油性能指标

技术参数	SUNISO#GS	SUNISO4GS	SUNISO5GS
黏度（SUS/37.8℃）	150～160	280～300	510～520
黏度（SUS/98.9℃）	20～40	44～47	51～54
相对密度（15℃/4℃）	0.915 5	0.921 3	0.927 8
引火点（℃）	172	181	196
发火点（℃）	188	200	/
流动点（℃）	-45	-37.8	-30
絮状凝固点（℃）	-56.7	-51.1	-45.6
含硫量（%）	0.05	0.06	0.07
含水量（%）	<0.002	<0.002	<0.002
绝缘耐压（kV）	45	45	45

2. 使用冷冻油需注意的问题

（1）不同牌号的冷冻油不能混合使用，否则会引起变质，严重时会损坏压缩机。

（2）冷冻油极易吸水，所以使用过的冷冻油瓶必须立即旋紧，防止空气中的水分进入。

（3）冷冻油过期、变质不能使用。冷冻油变质的原因主要有以下几方面：

1）混入水分。冷冻油中一旦混入水分，在氧气作用下，会产生一种絮状油酸性质的酸性物质，引起金属零件腐蚀。

2）高温氧化。当压缩温度过高时，冷冻油被氧化分解成碳和黑色胶状物。

3）不同牌号的冷冻油混用。不同牌号的冷冻油混用时，由于冷冻油添加的抗氧化剂不同而产生化学反应，引起变质。

4）未按规定数量加注冷冻油。冷冻油必须按规定数量添加。数量少于规定值时，会引起压缩机冷却不充分、润滑不良、密封效果下降等；多于规定值，则会降低制冷系统的制冷效果。

5）不同牌号的冷冻油互相代替。不同牌号的冷冻油的物理化学性能相差较大，不能互相代替。更换冷冻油时，必须使用原牌号的冷冻油，以免损坏压缩机。

冷冻油变质的简单检查方法是滴一滴冷冻油到吸水性好的白纸上，过一段时间后，如油迹中心有黑色斑点，说明冷冻油已经变质，需更换。即使没有变质的冷冻油（油斑中心没有黑色斑点），重新使用时，也必须过滤，即用分子筛除水。

第五节 车用空调压缩机的构造

汽车空调制冷系统主要包括制冷压缩机、热交换器、储液干燥器、膨胀阀、温度和压力控制、压缩机保护系统。

一、汽车空调系统制冷压缩机

汽车空调制冷压缩机，主要采用容积式压缩机。压缩机的功能是将低温、低压的制冷剂蒸气压缩成高温、高压蒸气，将低温热源的热量，通过压缩机做功，变成高温热源，自发地向环境传递热量；同时，还为制冷系统的制冷剂循环提供动力。

汽车空调压缩机的动力，除大客车空调系统采用独立发动机提供外，大部分由同一台发动机提供。依据汽车发动机的特点，对压缩机有以下特殊要求。

1. 低速行驶时，要具有较强制冷能力；高速行驶时，要求耗能较低

汽车低速行驶时，发动机转速也相对较低，压缩机转速亦低，提供的制冷量也少。这时为了保证汽车内部空间的舒适性，设计空调系统时，要采用制冷量较大的压缩机。这样，汽车在高速行驶时，压缩机的制冷量就要超过车内热负荷的要求，造成压缩机能量的浪费；同时，汽车高速行驶时要求发动机发出更大的功率，满足汽车对动力性的要求，要求压缩机消耗较少的功率。这种要求对空调制冷压缩机是既相互矛盾又必须做到的。

2. 体积小、质量轻

减轻自重，可以提高车辆的动力性和经济性。对于空调系统制冷压缩机，由于安装空间有限，要求体积小、质量轻。

3. 经久耐用、易损零件少

汽车是在恶劣的环境下工作，要求所有零件有良好的可靠性，才能满足要求。压缩机是汽车空调的心脏，通过传动带由发动机驱动，因此压缩机必须经久耐用，能承受高温和振动。

4. 工作稳定、噪声小

要求压缩机的启动转矩小，避免扰乱发动机稳定工况。因此要求压缩机自身工作稳定、振动小、噪声小，不能成为新的振源和噪声源。

5. 制造工艺简单、价格低廉、便于维修

要求压缩机制造工艺简单，成本低廉。

汽车空调技术是近20年来发展迅速的技术领域，新型制冷设备、新型压缩机不断出现。目前正式使用的空调压缩机有30余种。

车用空调系统的使用与维修按运动形式和主要零件形状的分类方式如图6—4所示。

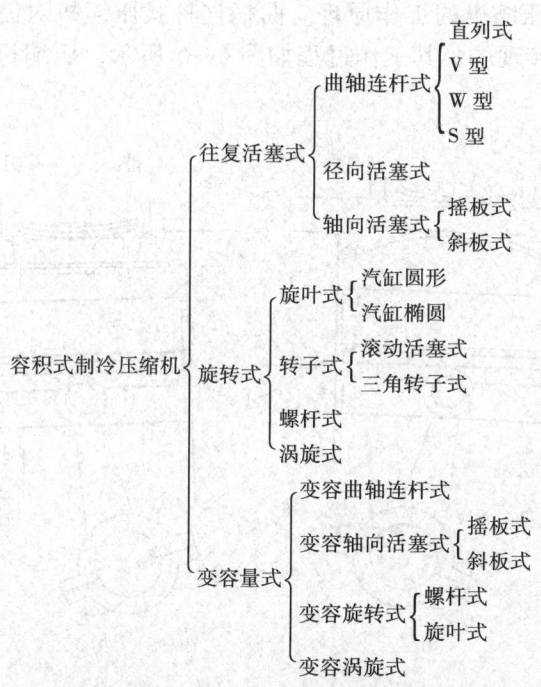

图6—4 汽车空调系统制冷压缩机分类

对压缩机性能的要求主要是排气量、制冷量、输入功率、净重和容积效率。压缩机的排气量是指在单位时间内所输出的蒸气量，转换成吸气状态时输出的体积的大小。常用的单位是 m^3/h 或 m^3/s。在理想状态下，即压缩机在吸气过程中无阻力、无泄漏、充分填充汽缸空间。

二、往复活塞式压缩机

往复活塞式压缩机是目前使用最广泛的空调压缩机。往复活塞式空调压缩机应用时间长，设计、制造工艺成熟，制冷系数较高，特别在低速运转时制冷量较大，制冷系数较高，这是其他种类压缩机无法与之相比的。往复活塞式压缩机密封较容易，后处理设备比较简单，压缩机结构简单，工作可靠性好。

往复活塞式压缩机的不足是进、排气阻力较大，容积系数较低，一般在50%~60%。由于活塞的运动惯性，压缩机的转速不能太高，所以压缩机的单位质量的制冷量比较小，振动较大，排气脉冲较大，噪声亦较大。

1. 曲柄连杆式压缩机

曲柄连杆式压缩机是最早用在汽车空调制冷系统中的压缩机。1988年以前，上海大众公司生产的桑塔纳轿车仍使用美国YORK公司生产的曲柄连杆式压缩机，此后才换成摇板式压缩机。与其同期的日本考斯特（Coaster）面包车，使用三缸曲柄连杆式压缩机。现在小型曲柄连杆式压缩机已经停产，但其工作的可靠性至今让人赞叹。直到现在，在大中型轿车空调系统中，曲柄连杆式压缩机仍占主导地位。

（1）曲柄连杆式压缩机的工作原理。曲柄连杆式压缩机对制冷剂蒸气的压缩，是通过活塞的往复运动实现的。其工作过程如图6—5所示，压缩机通过传动带由发动机带动。

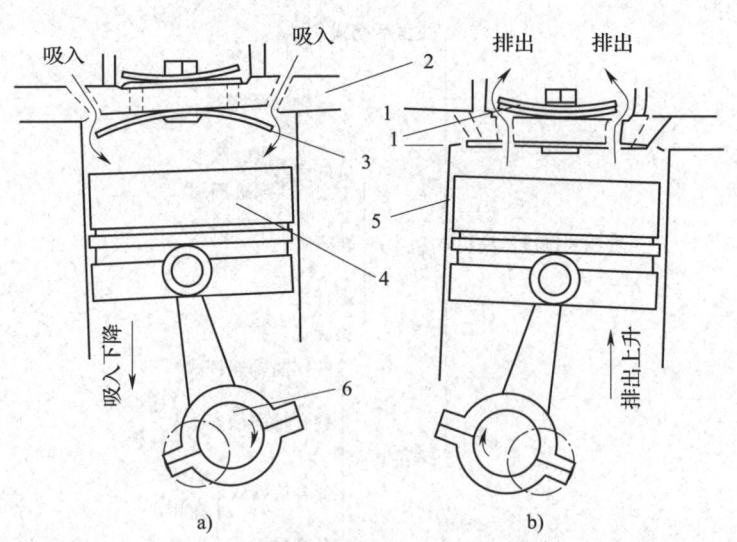

图6—5　曲柄连杆式压缩机工作原理
a）吸气（进气）过程　b）排气过程
1—排气阀片　2—阀板　3—吸气（进气）阀片　4—活塞　5—汽缸　6—曲柄连杆

（2）曲柄连杆式压缩机的结构形式。曲柄连杆式压缩机的主要结构是曲柄连杆机构，与发动机曲柄连杆机构相同。多缸曲柄连杆式压缩机汽缸的布置形式有直列式、V型、W型和S型，如图6—6所示。

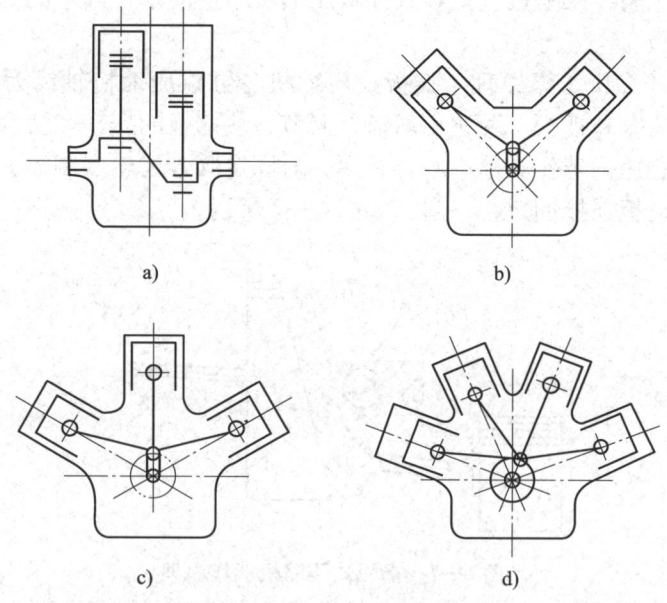

图6—6 多缸压缩机汽缸常见布置形式
a）直列式 b）V型 c）W型 d）S型

双缸压缩机以直列式最常见（见图6—6a）。V型汽缸布置的压缩机比直列式压缩机结构紧凑，刚度大，轴向尺寸小，常见的以四缸两排机较多（见图6—6b）。W型布置如图6—6c所示，在一个截面上，汽缸布置成W型。在一个曲柄上连接三个连杆，三个气缸轴线成60°。这种汽缸布置形式以双列并排六缸最合理，平衡性好、运动平稳，多为中型制冷压缩机采用。S型汽缸布置形式压缩机常见的是八缸制冷压缩机，是大型制冷压缩机，如图6—6d所示。

曲柄连杆活塞式压缩机的主要零部件有连杆、曲轴、活塞、活塞环、缸盖、曲轴箱；进、排气结构有阀板和阀片。阀板上有进、排气孔，汽缸盖和缸垫将吸气和排气腔隔开。吸气阀片控制吸气孔，排气阀片控制排气孔。

（3）变容式曲柄连杆压缩机。制冷量大的曲柄连杆压缩机，常采用独立驱动方式，用调节发动机转速来调节压缩机的制冷量。实现曲柄连杆压缩机容量调整的方法很多，一般采用机械控制的卸载装置来停止某个或全部汽缸的工作来实现。如三缸和六缸压缩机，能量可以减少1/3或2/3，直至全部卸载。在低速和外界温度高时，全负荷工作；在中速时采用2/3汽缸的负载工作，停止1/3汽缸的输出冷量；在高速时采用1/3汽缸负载工作，停止2/3汽缸输出冷量。由于曲柄连杆式压缩机启动转矩大，在大制冷量时就更大，因此希望压缩机空载启动，全部汽缸停止工作。这时只要将某几个汽缸或全部汽缸的吸气阀片强制打开，使该汽缸不能产生压缩输气过程，就能调节制冷能力。

2. 摇板式压缩机

摇板式压缩机是美国GM公司1955年应用于汽车空调系统的一种轴向往复运动活塞式压缩机。此后日本三电公司对摇板式压缩机进行了重大改进，使其成为目前广泛使用的汽车空调系统制冷压缩机。变容式摇板压缩机结构简单、效率高,在当今能源紧张的情况下独领风骚。

(1) 摇板式压缩机工作原理。摇板式压缩机各缸以压缩机轴线为中心,五角均匀分布,连杆连接活塞和摇板,两边用球形万向节,使摇板的摆动和活塞移动协调而不互相干涉。摇板中心用钢球作支撑中心,并用一对固定圆锥齿轮限制摇板只能摇动而不能转动。主轴和传动板连接固定在一起,如图6—7所示。

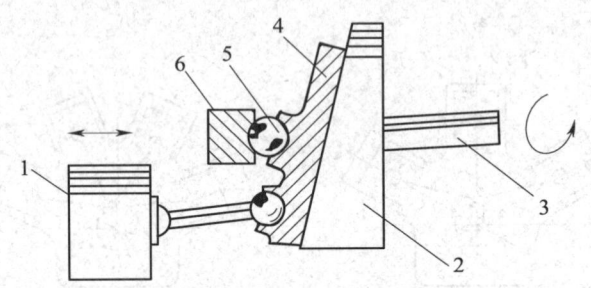

图6—7 摇板式压缩机工作原理
1—活塞 2—楔板 3—主轴 4—摇板 5—钢球 6—钢球座

压缩机工作时主轴带动传动板一起旋转,由于传动板是楔形的,其传动迫使摇板以钢球为中心做左右摇摆移动。摇板和传动板之间的摩擦力,使摇板具有转动的趋势,但是被一对固定的圆锥齿轮限制,所以摇板只能左右摆动,带动活塞在汽缸内往复运动。

由于摇板式压缩机设有进、排气阀片,所以其工作循环也具有压缩、排气、膨胀、吸气四个过程。当活塞向右运动时,该汽缸处于膨胀、吸气两个过程;而摇板另一侧的活塞向左移动,该汽缸处于压缩、排气两个过程。主动轴转一周,一个汽缸就完成膨胀、吸气、压缩、排气一个循环的四个过程。如果一个摇板上有五个活塞,对应的五个活塞在主轴转动一周就有五次排气过程。

(2) 变容量摇板式压缩机。1985年,美国GM公司首先推出DA-V5变容量摇板式压缩机,1987年日本三电公司推出了SD-7变容量式压缩机,摇板式压缩机再次成为汽车空调压缩机技术市场的焦点。

变容量摇板式压缩机的工作过程如下:在后端盖上装有波纹管压力控制阀和导向器,波纹管控制阀置于吸气腔内,感应低压蒸气压,并通过波纹管的动作来控制排气腔与摇板室、吸气腔与摇板室之间的阀门通道。导向器根据摇板室内压力的大小,自动调节摇板的倾斜角度。摇板倾角大,活塞行程长,排出气体多;反之,摇板倾角小,活塞行程短,排气量小,制冷量少,耗能也小,如图6—8所示。

当发动机转速降低,由蒸发器出来的蒸气压比较高,波纹管受压被压缩。当压力大于0.35 MPa时,控制阀打开低压通道。此时,摇板室内的蒸气流进低压腔,使摇板室内蒸气压力变小,活塞压缩时,两端的压差变大,导向器自动增加摇板倾角,活塞行程变长,排气量增大。蒸发器压力高,则活塞两端的压差式压缩机满负荷输出蒸气压,制冷量最大。

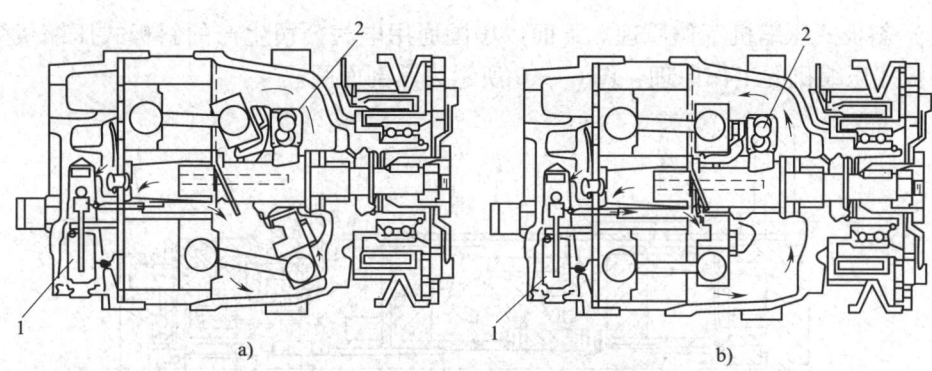

图6—8 变容量摇板式压缩机能量调节原理
1—波纹管压力控制阀 2—导向器

当发动机高速运转时,吸气腔的压力低。当压力下降到0.3 MPa时,控制阀打开高压通道,高压蒸气进入摇板室,使活塞压缩时两端的压差变小,导向器自动减小摇板倾角,活塞行程缩短,排气量减小,耗能减少。

由于变容量摇板式压缩机可以在吸气压力为0.30~0.35 MPa时连续调节其输气量,实现了压缩机的制冷量、功耗与空调在不同工况下的匹配,极大地改善了使用汽车空调时车内的舒适性,降低了能耗。

摇板式压缩机的最大优点是工作平稳、结构紧凑、体积小,适用于安装在空间狭小的地方。该压缩机可采用铝合金材料制造,尽可能减少汽车自重。变容量摇板式压缩机可以无级自动调节能量输出,结构简单,提高汽车舒适性,降低能耗。

3. 斜板式压缩机

斜板式压缩机是一种轴向往复活塞式压缩机。1964年,由美国通用电气公司研制成功,是目前使用量最大的空调压缩机之一。我国生产的红旗、奥迪、捷达、神龙等轿车,均使用斜板式压缩机为空调制冷压缩机。

斜板式压缩机和摇板式压缩机都是轴向往复活塞式压缩机,活塞的往复运动都是依靠主轴带动斜板或摇板转动时产生的位置变化(见图6—9)。它们的不同之处是摇板式压缩机的活塞运动是单向作用,而斜板式压缩机的活塞运动是双向作用。因此,摇板式压缩机也称为单向作用压缩机,斜板式压缩机称为双向作用压缩机。

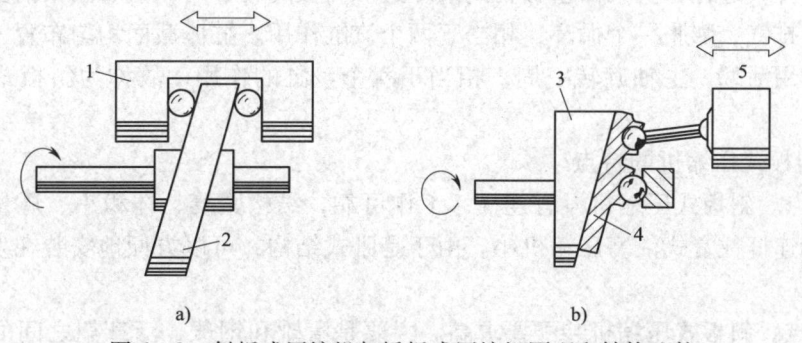

图6—9 斜板式压缩机与摇板式压缩机原理和结构比较
a) 斜板式压缩机活塞的双向作用 b) 摇板式压缩机活塞的单向作用
1—活塞 2—回转斜板 3—传动板 4—摇板 5—活塞

(1) 斜板式压缩机工作原理。下面以美国通用电气公司生产的斜板式压缩机为例，介绍斜板式压缩机的工作原理，图6—10所示为其剖面图。

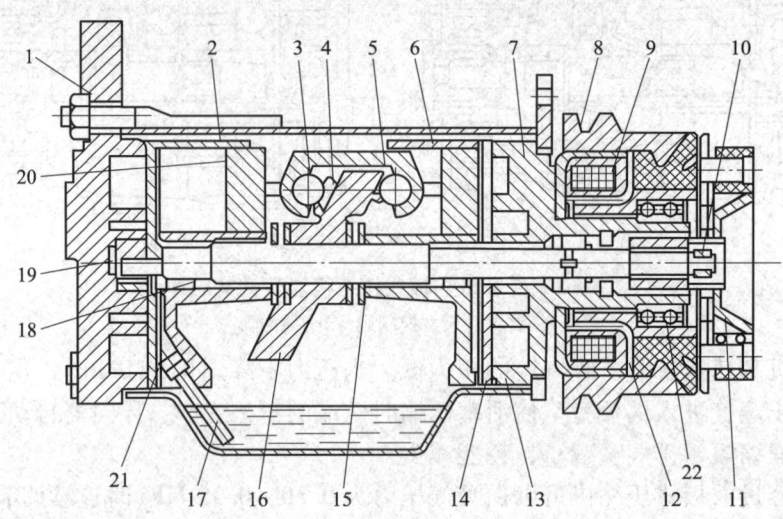

图6—10 斜板式压缩机剖面图

1—后汽缸盖 2—后汽缸 3—钢球 4—钢球滑靴 5—前后活塞球套 6—前汽缸 7—前汽缸盖
8—带轮 9—电磁线圈 10—主轴 11—压紧板 12—轴封 13—端密圈 14—前阀板
15—直推轴承 16—斜板 17—吸油管 18—轴承 19—油泵
20—活塞 21—后阀板 22—带轮轴承

斜板式压缩机的工作原理：活塞处于前端的极限位置时排气过程完成；而此时活塞的另一端则吸气过程完成。当主轴带动斜板转动时，斜板又驱动活塞做轴向运动。由于活塞在前后缸体的汽缸中做轴向运动，等于两个活塞在做双向作用过程。即前缸活塞向左移时，排气阀片关闭，余隙容积的气体首先膨胀；在缸内压力略小于吸气腔压力时，吸气阀片打开，低压蒸气进入汽缸，开始了吸气过程，一直带动活塞向左移动到终点为止。在后汽缸活塞向左移动时，低压蒸气不断被压缩，压力和温度不断上升，处于压缩过程。当蒸气被压缩后的压力大于排气腔压力和排气阀弹簧的共同作用力时，排气阀片打开，处于排气过程，直到活塞移动到最左边。斜板旋转一周，前后两个汽缸各完成吸气、压缩、排气、膨胀一个循环，相当于两个汽缸作用。缸体截面均匀布置三个汽缸和三个双向作用活塞，主轴旋转一周，相当于六个汽缸的作用，故称为斜板式六缸压缩机。

(2) 斜板式压缩机的特点

1) 优点。斜板式压缩机没有连杆，工作可靠，结构紧凑、体积小、质量轻。排气脉冲比曲柄连杆往复式活塞压缩机小。由于是卧式结构，可以方便地安装在发动机机体上。

2) 缺点。斜板式压缩机装配要求高。主要是滑靴和钢球、活塞架之间的装配要求精度高，需要选择配合。另外，在安装时，缸体、前后缸盖、前后阀板、主轴、活塞等不易保证装配精度；需要调整的零配件较多，工作量大、精度要求高，对操作者的技能依赖性大。

4. 径向活塞压缩机

径向活塞压缩机或称为辐射压缩机式往复式压缩机,是在一个截面上有四个汽缸对置。通用、福特、本田等汽车公司在20世纪70年代、80年代生产的汽车多装用这种空调制冷压缩机。由于这种压缩机采用径向十字形排列,轴向尺寸短、平衡性好、振动小,是往复活塞式压缩机中结构最简单、最紧凑的机型;该种机型低速性能好,可靠性高。

径向活塞压缩机具有以下特点:
(1) 低速时容积效率高,消耗功率少。
(2) 采用两个对置90°V型活塞,质量分布均匀、运转平稳,振动小。
(3) 四个汽缸对置,轴向尺寸小,结构紧凑,质量轻,特别适用于小型、经济型轿车。
(4) 低压蒸气通过曲轴箱后,再进入活塞和汽缸,低压蒸气中润滑油含量充足,整机润滑良好、均匀,摩擦功消耗少,效率较高。

三、旋转式压缩机

旋转式压缩机是一种工作容积做回转运动或回旋运动的容积式压缩机。气体的压缩是通过容积的变化显现的,而容积的变化是借助压缩机的一个或多个转子(相当于活塞)在汽缸内做旋转运动来实现的。

旋转式压缩机的工作容积的变化与往复式活塞压缩机不同,工作容积变化除了周期性扩大和缩小外,其空间位置也随主轴转动而不断发生变化。旋转式压缩机只要吸气口位置设计合理,可完全不用吸气阀片;而排气阀片要视需要与否来确定。旋转式压缩机基本没有余隙容积存在,其工作过程不像往复式压缩机那样具有吸气、压缩、膨胀、排气四个过程,一般只有吸气、压缩、排气三个过程。因此,旋转式压缩机的容积效率比往复式高得多,一般达到80%,甚至可高达95%。

旋转式压缩机的转子没有往复式活塞压缩机的运动惯性,平衡比较容易解决,因此旋转式压缩机的转速都比较高。高转速时单位时间的排气量大、制冷能力强,因此可以大幅度减少压缩机的容积和质量,减轻汽车总质量。

旋转式压缩机近些年开始应用在汽车空调上,且发展迅速,具有取代往复式活塞压缩机的趋势。

1. 旋叶式压缩机

旋叶式压缩机是在旋叶式真空泵的基础上演变而来的,是在汽车空调系统中使用最早,且曾经被广泛使用的旋转式压缩机。由于旋叶式压缩机加工精度要求高,密封性和可靠性难以保证,进入20世纪80年代后,应用量日益减少。随着数控机床加工技术的发展以及对其结构进行改进后,它的性能得到进一步改善,特别是密封问题得到很好的解决。因此,进入20世纪90年代,旋叶式压缩机又重新引起人们的注意和使用热潮。

(1) 旋叶式压缩机的工作原理。旋叶式压缩机的汽缸形状有圆形和椭圆形两种。圆形叶片有2片、3片、4片;椭圆形叶片有4片、5片,如图6—11所示。

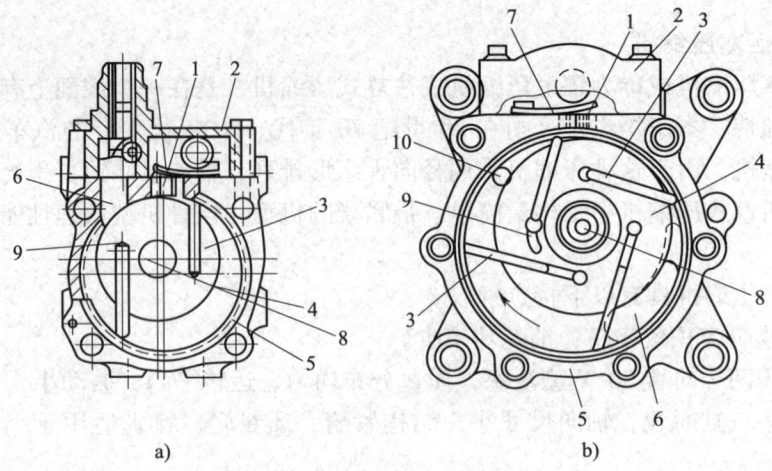

图6—11 圆形汽缸旋叶式压缩机剖视图
a) 日本松下SO型2叶压缩机 b) 美国纽克VR型4叶压缩机
1—排气孔 2—缸盖 3—叶片 4—转子 5—缸体 6—吸气孔 7—排气簧片
8—主轴 9—进气孔 10—单向阀

在圆形汽缸的旋叶式压缩机中，转子主轴的旋转中心对汽缸的圆心有一个偏心距，使转子紧贴在汽缸内表面的进、排气孔之间。在椭圆形汽缸中，转子的旋转中心和椭圆中心重合，转子紧贴椭圆短轴的内表面。转子上的叶片和它们之间的接触线将汽缸分成几个空间，当主轴带动转子旋转一周时，这些空间的容积发生扩大—缩小—接近于零的循环变化，制冷剂蒸气在这些空间内也发生吸气—压缩—排气的循环过程。对于圆形汽缸，两叶片将空间分成两个空间，主轴旋转一周，即有2次排气过程；依此类推，3叶片有3次排气过程，4叶片有4次排气过程。叶片越多，压缩机的排气脉冲越小。对于椭圆形汽缸，4叶片将汽缸分成4个空间，主轴每旋转一周，有4次排气过程，5叶片有5次排气过程。

(2) 旋叶式压缩机的特点

1) 结构简单，没有进气阀，容积效率高。

2) 体积小、质量轻，其质量只有相同制冷量的往复活塞式压缩机的50%~70%。

3) 转速高、运转平稳、启动转矩小。

4) 工作噪声低，制冷剂压缩蒸气的温度低。

5) 旋叶式压缩机的缺点是叶片的耐磨性较差，端面密封性能较差，影响压缩机性能和推广使用。

2. 滚动活塞式压缩机

滚动活塞式压缩机是一种旋转式压缩机，有单缸、双缸、变容量式三种。这种压缩机体积小、工作可靠，广泛应用在家用空调、冰箱、冷柜和汽车空调系统中。

(1) 滚动活塞式压缩机的工作原理。滚动活塞式压缩机的滚动活塞内部是中空的，和曲柄的配合有很大间隙，间隙中充满润滑油。当曲轴旋转时，依靠摩擦力引起滚动活塞的转动，在离心力的作用下，滚动活塞的内表面和曲轴的外表面紧紧接触，使得滚动活塞的几何中心与曲轴中心不重合，也就是与汽缸中心不重合，同时活塞中心和汽缸中心连线的延长线与汽缸交点位置相接触，该接触线和固定在汽缸上的刮片将汽缸空间分成两部分。当曲轴旋转时，活塞不但做自由滚动，而且在以汽缸中心为圆心、偏心距为半径的圆周上做回转运动（非旋转运动）。这两种运动的合成作用，引起汽缸内两部分空间的扩大、缩小的周期变化。当吸气强的容积不断扩大时，制冷剂蒸气不断从外部吸入，处于吸气过程；而另一侧空间则容积不断缩小，制冷剂蒸气不断被压缩，处于压缩过程；当压缩腔的制冷剂蒸气的压力略大于排气腔时，排气阀打开，将压缩后的制冷剂蒸气排出缸外，压缩机处于排气过程。曲轴旋转一周，活塞与汽缸的接触线也移动一周，压缩机的两个空间各自完成了吸气、压缩、排气三个过程的循环，即两个缸就完成了两个工作循环。

滚动活塞式压缩机的吸气过程是连续的，故不设进气阀；而排气过程需在排气阀关闭时压缩制冷剂蒸气，需要设排气阀。这类压缩机都不存在余隙容积问题，故容积效率比较高。

滚动活塞式压缩机的活塞是在曲轴转动时，滚动活塞和曲轴两者间接触表面的摩擦力驱动下转动的。由于摩擦表面上形成一层油膜，两者之间的润滑属于流体润滑，所以曲轴和转子间的摩擦力很小，活塞的转动速度比曲轴小很多。由于活塞是滚动的，所以其在汽缸面上的运动为滚动形式。刮片和滚动活塞的接触部位也是滚动的，所以滚动活塞式压缩机的摩擦功损失很小，磨损量也很小，使用寿命长。滚动活塞式压缩机的工作原理如图 6—12 所示，滚动活塞的滚动原理如图 6—13 所示。

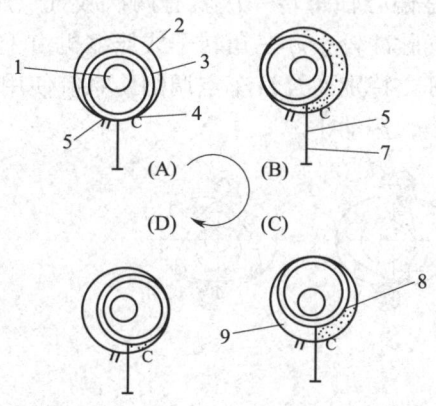

图 6—12　滚动活塞式压缩机的工作原理
1—曲轴　2—汽缸　3—滚动活塞　4—排气阀
5—吸气口　6—刮片　7—弹簧
8—压缩腔　9—吸气腔

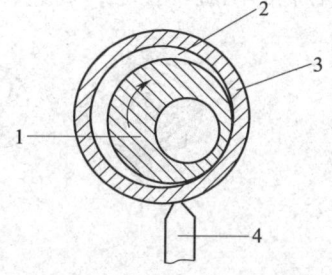

图 6—13　滚动活塞的滚动原理
1—曲轴　2—油膜　3—滚动活塞　4—刮片

（2）滚动活塞式压缩机的特点

1）容积效率高。容积效率高的原因一是没有进气阀，排气阀采用圆柱阀，进、排气通道短，阻力小；二是没有余隙容积；三是密封解决得比较好。

2）制冷系数高。

3）结构紧凑、零件少、摩擦阻力小，寿命长。

4) 滚动活塞式压缩机的缺点是制造精度要求高，特别是转子、缸体内表面和曲柄的配合精度要求高，必须用专用夹具、工装和高精度设备才能保证。

3. 三角转子式压缩机

三角转子式压缩机又叫汪克尔（Wankel）压缩机，是从汪克尔转子发动机演变过来的。它的原理、结构和制造工艺都与汪克尔发动机类似。

（1）三角转子式压缩机工作原理。三角转子式压缩机与滚动活塞式压缩机最大的区别是三角转子式压缩机活塞的三角尖与汽缸壁是永远接触，三角转子是通过齿轮被偏心强迫旋转，三角尖和汽缸壁的相对运动是滑动，不是滚动。

三角转子式压缩机三角转子的三个角尖将汽缸分成三个空间。汽缸的轮廓线是双弧外次摆线。当偏心内齿轮带动三角转子运动时，三角转子一方面绕小齿轮公转，另外，绕本身中心自转，因此产生三个容积扩大、缩小的周期变化。当吸气腔容积扩大时，制冷剂蒸气从端面吸气孔进入气腔 A 中（见图 6—14a）；转子继续转到图 6—14b 位置，吸气孔关闭，A 腔进气完毕，此时开始压缩过程；当压缩到图 6—14c 位置时，A 腔内的压力略大于排气腔的压力，则排气阀打开，开始排气过程。由于三角转子的三条边是等弧线，始终有一边和汽缸的曲线交点相切。这时 A 腔的三角圆弧边与下一交点相切，气体不断从排气阀排出，直到转到 A 腔完毕时为止。三角转子继续转动，又进入下一轮的吸气、压缩、排气过程，如此不断循环。三角转子每转一周，一个腔完成两个循环，一个缸有三个腔，完成六个循环。偏心轴齿轮和三角转子齿轮的齿数比 $z = 1:3$，所以，偏心轴每转三次，三角转子转一周。也就是偏心轴每转一次就有两次吸气、压缩、排气过程的循环，所以三角转子式压缩机的排气脉冲较小。三角转子式压缩机由于密封结构的可靠性，低速性能比任何一种压缩机都好，特别适合汽车空调制冷系统使用。同时，偏心轴的回旋半径小，高速转动时运转平稳，振动小。

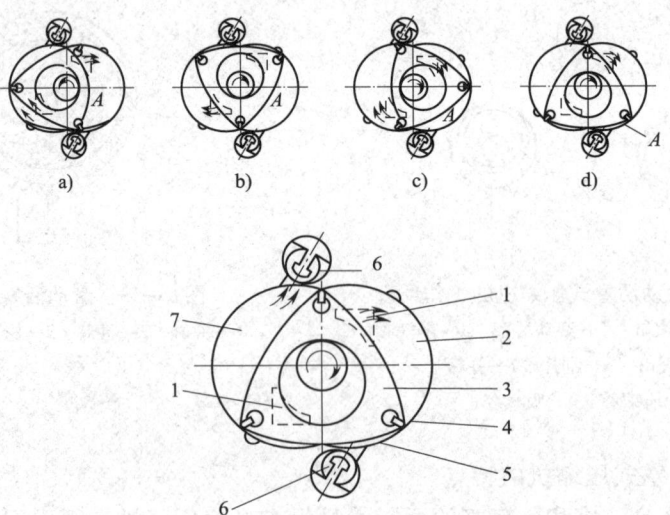

图 6—14 三角转子式压缩机工作原理
a)~d) 工作过程 e) 三角转子式压缩机结构
1—吸气孔 2—吸气腔 3—三角转子 4—顶密封 5—排气腔 6—排气阀 7—压缩腔

（2）三角转子式压缩机（汪克尔）的特点

1）转子的回转半径小，适于高速运转，便于减小体积和质量。

2）由于采用外摆线曲线缸体与三角圆弧外摆线内包络线，吸气腔容积大，压缩比高，密封性能好。这种压缩机的低速制冷量高，是目前所有压缩机低、中速性能最好的一种。

3）便于系列化。

4）三角转子式压缩机的缺点是缸体和转子的外轮廓线加工困难，需要高精度设备，制造成本较高。

4. 螺杆式压缩机

螺杆式压缩机在20世纪70年代就应用于大型制冷机和空气压缩。由于其对灰尘、液体压缩不敏感，近些年已开始在汽车空调制冷系统中使用。如美国将三菱重工生产的MSN6543型螺杆式压缩机用在轿车空调系统中，MSN851FR型用于大型旅行车空调系统中。

我国无锡制冷设备厂生产的螺杆式压缩机的技术性能指标已达到国际先进水平，转子直径从63～315 mm共8个系列。螺杆式压缩机在汽车空调系统中使用前景看好。

（1）工作原理。螺杆式压缩机用一对互相啮合的螺杆转子的转动来实现对制冷机蒸气的输送、压缩，如图6—15所示。

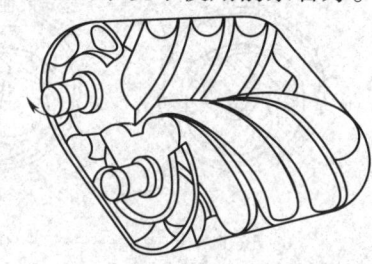

图6—15 螺杆式压缩机的螺杆转子

这一对转子中，其中一个是凹形的阴螺杆，另一个是凸形的阳螺杆。凹形阴螺杆的腔内吸进制冷剂蒸气并被制冷剂蒸气充满。此时阳螺杆在阴螺杆的带动下，凸起部分嵌入阴螺杆的吸气螺齿头部，这时阴、阳螺杆和缸体构成一个封闭空间，并进入压缩过程。阴螺杆继续带动阳螺杆转动，阳螺杆啮合进阴螺杆越来越多，制冷剂蒸气不断被压缩。此时阴螺杆再旋转，与排气口相通，被压缩了的制冷剂蒸气排出，随阴螺杆的转动，排气口将所有气体排尽。此时凹形阴螺杆的腔内处于最大容积，开始新的吸气、压缩、排气过程的循环。

螺杆转子每旋转一周，压缩机完成一个吸气、压缩、排气的循环。如果阴螺杆上有六条啮齿螺纹，并且由阴螺杆带动阳螺杆转动，阴螺杆转一周，六条螺纹也转一周，则有六次循环过程。因此，螺杆式压缩机的工作过程可以认为是连续、无脉冲的。

螺杆式压缩机不用设置吸气、排气阀片。同时，压缩制冷剂蒸气依靠阴、阳螺纹齿的啮合来完成。阴、阳螺杆啮合线的密封是螺杆式压缩机的关键技术。两个螺杆齿形的加工精度要求极高，需要大量的润滑油来加强两螺纹齿间啮合的密封性。

（2）螺杆式压缩机的特点

1）螺杆式压缩机没有进、排气阀，压力损失小；同时没有余隙容积，所以容积效率高。

2）只要改变转子直径，就可获得不同排量的螺杆式压缩机，易实现产品系列化。

3）因为不存在不平衡问题，故螺杆式压缩机的润滑、冷却效果好，易于解决高速运转带来的振动和局部高温现象，转速高。

4）结构简单、工作可靠，寿命长。

5）对振动、液体、灰尘不敏感，可在恶劣条件下工作。

6）螺杆式压缩机的缺点是转子加工精度要求高，产品价格较高。

5. 涡旋式压缩机

（1）涡旋式压缩机的工作原理。一对相同曲线的涡旋盘相互成180°角装配啮合在一起。两个涡旋盘的曲线是渐开线，曲率半径为4~5mm，定盘固定在机体上，动盘端面有偏心轴相接。动盘一方面只随偏心轴做公转而不自转，回转半径为偏心距；另一方面随定盘做圆周轨迹移动。动盘和定盘曲线相接触，形成四个腔，外腔与吸气口相通，进行吸气过程；内腔与排气口相通，形成排气过程；两盘之间的两个封闭腔，一个完成了吸气过程，开始压缩过程；另一个完成了压缩过程，只要再旋转一点，即开始排气过程。吸气、压缩、排气三个过程同时在四个腔内进行。所以涡旋式压缩机不设吸、排气阀片，也不存在余隙，如图6—16所示。

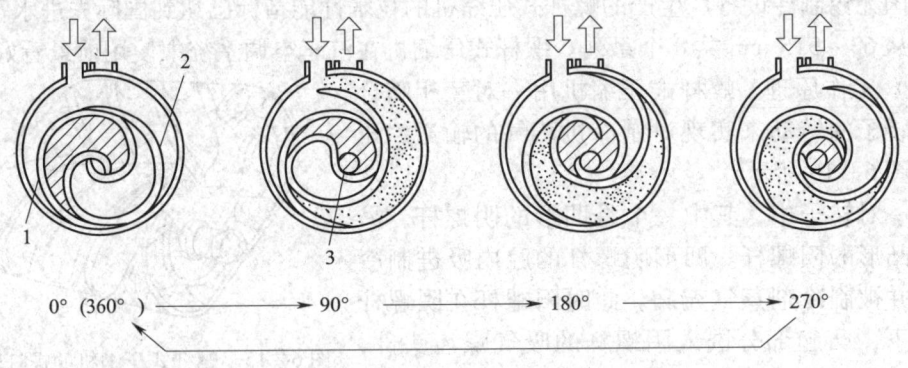

图6—16 涡旋式压缩机工作原理
1—定盘 2—动盘 3—排气口

涡旋式压缩机的涡旋圈数，理论上是越多越好，因为效率越高。在实际应用中，为防止制冷剂蒸气过压和受零件加工工艺的限制，一般选2.5~3圈；排气量小的选2.5圈，排气量大的选3~3.5圈。

对于涡旋圈为2.5的压缩机，主轴转2.5圈，每一个腔完成吸气、压缩、排气为循环过程；曲轴每旋转一周，就有一个腔处于排气过程，排气角度为320°。所以两个腔之间的排气间隙角很小，几乎是连续的排气过程，排气脉冲很小。

（2）涡旋式压缩机的特点

1）密封性好、容积效率高。容积效率低速时可达85%，一般达到90%，高速时可达95%。绝热系数比较高，单位制冷量所消耗的能量比往复活塞式压缩机减少10%~13%。

2）体积小、质量轻，润滑系统简单，质量比同一排量级的斜板式压缩机轻15%，体积减小40%。

3）高速运转，稳定性好，噪声小，寿命长。

4）排气温度低，可以用普通润滑油，润滑油量极少。

5）涡旋式压缩机的缺点是两个涡旋盘加工困难，端面磨损大。

四、汽车空调系统压缩机的发展趋势

从不同类型汽车空调压缩机的使用时间、结构和性能上综合考虑，压缩机有四代产品。曲柄连杆式压缩机无疑是第一代产品；摇板式和斜板式活塞式压缩机是第二代产品；旋叶式、滚动活塞式、三角转子式和螺杆式是第三代产品；涡旋式是第四代产品。从前述介绍可以看出：

（1）汽车空调压缩机发展的总趋势是旋转式压缩机代替往复式压缩机；变容量压缩机代替固定容量压缩机。在能源日益紧缺的形势下，这种趋势更加明显。

（2）由于涡旋式压缩机存在一些难以很快解决的技术问题，在可预见的将来，斜板式和摇板式压缩机仍是汽车空调制冷系统首选的压缩机。

（3）在大型客车和旅行轿车中，曲柄连杆式压缩机由于技术成熟、制冷量大等优势仍将占主导地位。

（4）涡旋式压缩机在解决了关键的技术问题后，会有长足的发展，在未来汽车空调压缩机的市场中将占有较大份额。随着科学技术的不断发展，会有更好的压缩机出现，供汽车空调制冷系统使用。

第六节 电磁离合器

汽车空调用的电磁离合器完成发动机与压缩机之间的动力传递。当接通电源时，电磁离合器将发动机的动力传递给压缩机主轴，带动压缩机工作；当断开电源时，电磁离合器分离，中断发动机与压缩机之间的动力传递，压缩机停止工作。电磁离合器是汽车空调中自动控制系统中的执行元件，受温度控制器（恒温器）、压力控制器、车速继电器和电源开关的控制。

一、电磁离合器的工作原理

电磁离合器应用电磁感应原理工作。当电磁线圈通电时，产生强大磁场，衔铁被吸起，电磁离合器吸合，带轮把发动机的动力传给主轴，压缩机工作；当电磁线圈断电时，磁场消失，电磁力消失，衔铁释放，断开压缩机与发动机之间的动力传递，压缩机停止工作，如图6—17所示。

二、电磁离合器的结构

电磁离合器的主要结构是电磁线圈，其被固定在前缸盖，嵌在带轮的凹槽内。前缸盖凸缘压装轴承，带轮装在轴承上。衔铁和前压板用三片弹簧铆接，当电磁线圈通电

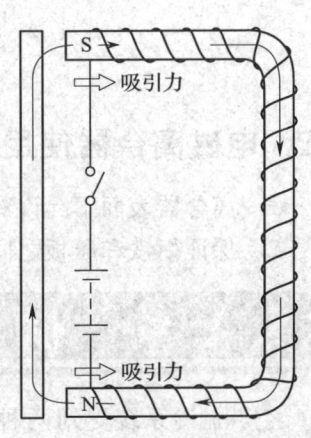

图6—17 电磁离合器工作原理

时，磁场产生磁力，吸引衔铁克服弹簧弹力，将前压板吸引结合在一起，紧贴带轮，压板上的轴套套装在压缩机主轴键上。这样带轮带动衔铁、压板，与驱动主轴一同转动，压缩机开始工作。当电磁线圈断电时，磁场消失，电磁吸引力消失，压板在弹簧弹力作用下使衔铁脱离带轮，轴套脱离键槽，中断发动机动力，压缩机停止工作，带轮空转，如图6—18所示。

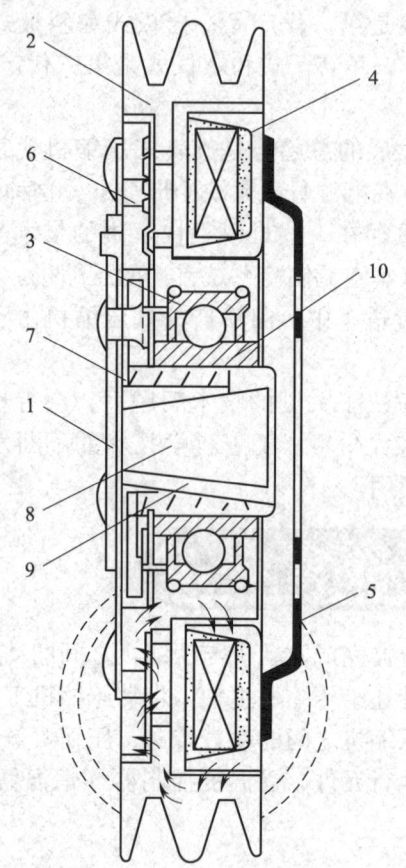

图6—18 电磁离合器结构

1—压板 2—带轮 3—滚珠轴承 4—电磁线圈 5—固定板 6—衔铁
7—轴套 8—主轴 9—键 10—前缸盖凸缘

三、电磁离合器使用注意事项

1. 离合器表面不允许有油渍。安装离合器时，要保持离合器清洁。
2. 保证衔铁和压板之间的间隙。

第七节 储液干燥器

空调制冷系统受到两种形式干扰，即潮湿和微粒。制冷剂中即使含有少量的水（超过0.002 5%），也会在膨胀阀截流孔上结冰堵塞，导致制冷剂将无法流动。冷冻油和制冷剂在水分子的作用下变质，腐蚀制冷系统的机件。微粒，包括外来的灰尘和压缩机磨损出现的金属微粒，都可能引起压缩机运转件的磨损和堵塞管道。为解决上述问题，所有空调制冷系统都装有储液干燥器。储液干燥器安装在冷凝器出口，固定在冷凝器的框架上。

一、储液干燥器的功能

1. 储藏液态制冷剂

汽车空调压缩机的工况千变万化。高速时输出制冷剂较多，低速时较少。储液干燥器起调节作用，减少液态制冷剂输出的波动。

2. 吸收水分，保持制冷剂干燥

储液干燥器内装有吸水能力很强的分子筛（5 A 或 4 A）或硅胶。硅胶的脱水率可达到 0.002 5%；分子筛的脱水率可达 0.001 2%。

3. 过滤

将金属粉末及灰尘过滤掉，保持制冷剂清洁。

4. 观察孔

部分储液干燥器上布置有观察孔，用于检查和监测制冷剂的流动情况和质量状态。

二、储液干燥器的结构

大部分储液干燥器是一个焊接坚固、密封的钢瓶，不可拆卸，内部装有干燥剂、过滤网。从冷凝器出来的高压液态制冷剂从上部进入储液干燥器，经过滤、干燥后，从底部引出到膨胀阀。观察孔正对流出来的制冷剂，如图6—19所示。

三、储液干燥器使用注意事项

（1）垂直安装。垂直安装能保证和制冷剂一起循环的冷冻油压出储液干燥器，回到压缩机。冷冻油在压力升高并冷却后，在制冷剂里的溶解度减小；冷冻油的密度大于制冷剂，将积存在罐底，垂直安装确保沉积在罐底的冷冻油流回压缩机。垂直安装还能确保由出口到膨胀阀的都是液态制冷剂，使膨胀阀正常工作。

（2）制冷系统安装或修理后安装，储液干燥器必须放在最后安装，并立即对系统抽真空，防止新干燥剂吸附空气中的水分降低性能。

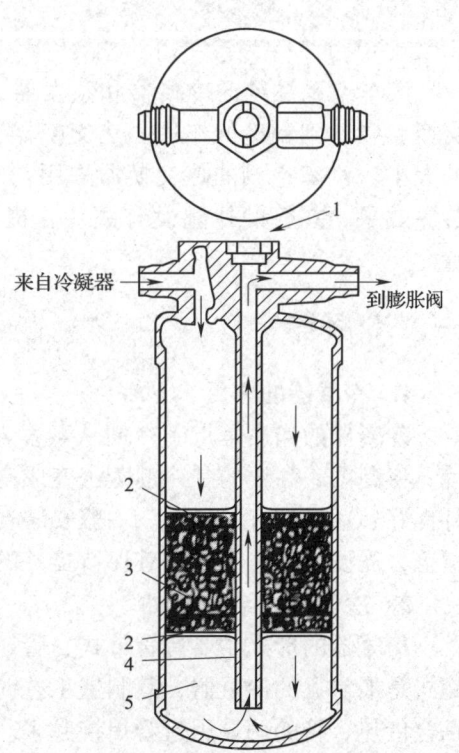

图6—19 储液干燥器
1—观察孔玻璃窗 2—过滤网 3—干燥剂
4—引出管 5—储液罐

四、硅胶和分子筛的再利用

硅胶和分子筛都可以再生利用。汽车空调目前使用的干燥剂再生方法见表6—4。

表6—4　　　　　　　　　　汽车常用干燥剂

干燥剂	硅胶	分子筛
分子式	SiO_2	$Al_2O_3 + SiO_2$
品位	工业纯	工业纯
吸水率	≥31%自重，≤0.002 5%	≥20%，≤0.001 2%
颜色	干燥时呈蓝色，吸水后呈红色	白色
粒度直径φ（mm）	3~5	3~5
新干燥剂活化	100~120℃，4 h	550℃±10℃，2 h
老干燥剂再生	100~120℃，4 h	350℃±10℃，5 h

第八节　热交换器

汽车空调系统的冷凝器和蒸发器，统称为热交换器。热交换器的作用是进行热量交换，以达到制冷的作用。热交换器影响制冷性能，同时影响汽车空调的质量和体积的大小。汽车空调的热交换器采用空气冷却，空气的传热系数比液态低得多，为加强传热效果，在管的外侧设有翅片，提高散热效果，但却增大了热交换器的体积和质量。

一、冷凝器

1. 冷凝器的作用

冷凝器的作用是将制冷剂从蒸发器吸收的能量和压缩机做功的能量传递给周围环境，将高温、高压的制冷剂蒸气变成高温、高压的液体。因此，冷凝器必须装在散热条件良好、通风良好的位置。一般安装在车头或汽车侧面、车底部；这些部位容易被杂物覆盖，需要经常清洗，使其保持良好的冷凝能力。

2. 冷凝器的结构形式

冷凝器的形式主要有管带式、管翅式和冷凝器、水箱一体式，如图6—20所示。管翅式是最常见的冷凝器，其制造工艺简单。0.2 mm厚的铝翅片用胀孔法将翅片和管壁贴合传热，管的两端用弯管焊接起来。因清理焊接氧化物非常麻烦，近年来都发展管带式。管带式可以轧制成多孔形，增加制冷剂蒸气和环境的热交换面积。国外普遍使用的是36孔，多的可达42孔。我国限于制造水平，多用24孔带管。管带式的热交换效率比管翅式热交换器高15%~20%。

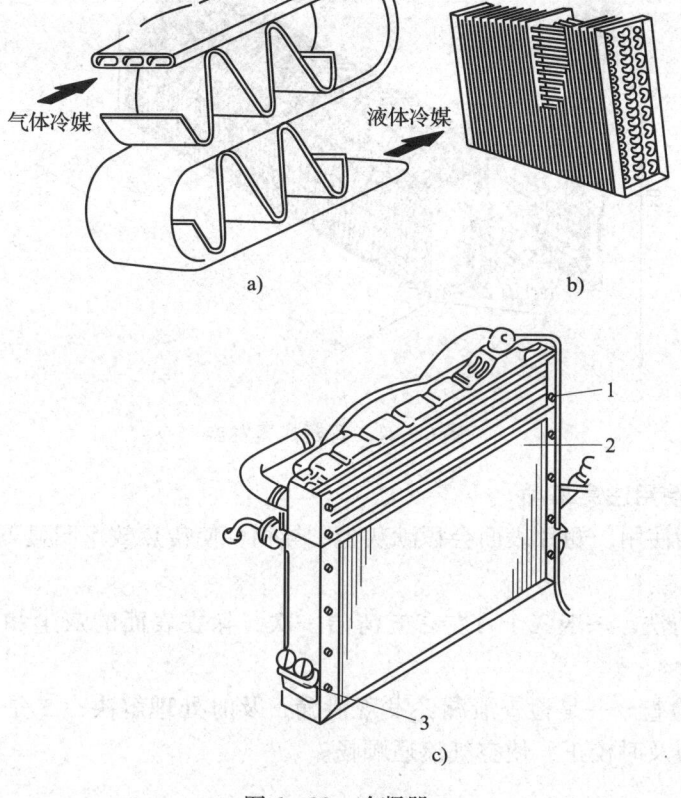

图 6—20 冷凝器
a) 管带式 b) 管翅式 c) 冷凝器、水箱一体式

冷凝器和水箱位置隔开一段距离,防止冷却液传给制冷剂。制冷量较大的空调系统,多装用两个冷凝器,一个将制冷剂蒸气冷凝成液体,另一个将制冷剂液体过冷。

3. 冷凝器使用注意事项

（1）保持冷凝器清洁。定期清洗和驱除冷凝器表面的污泥和杂物。

（2）如翅片倒伏、歪斜,可用工具校正。注意防锈,防止锈坏管路,制冷剂外漏。

（3）定期检查制冷剂有无泄漏,若发现泄漏找出原因,及时排除。

二、蒸发器

1. 蒸发器的作用

蒸发器的作用是把经过降压的液态制冷剂在蒸发器内沸腾蒸发,吸收蒸发器表面周围环境空气的热量,经风扇将冷空气吹送到车厢内,降低车内温度,保持车内环境舒适。蒸发器装在空调器厢内,平时看不到。

2. 蒸发器的构造

蒸发器的构造有多种,主要有管翅式和管带式,图 6—21 所示为管翅式蒸发器。蒸发器管的直径较大、管壁较薄。蒸发器常和加热器、膨胀阀、轴流风机、温控器等一起装在空调器内。

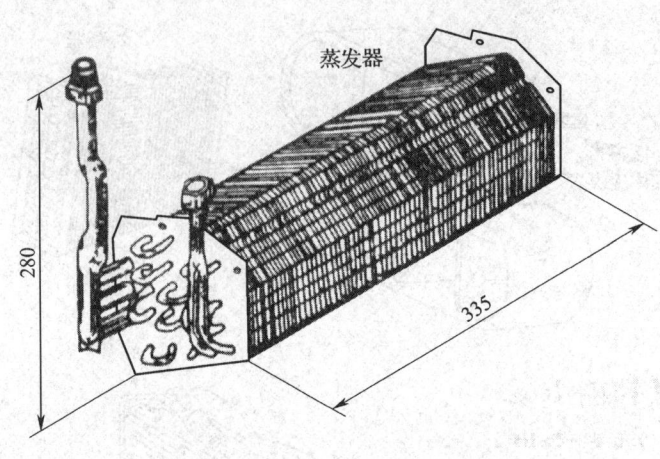

图6—21 管翅式蒸发器

3. 蒸发器使用注意事项

蒸发器长期使用，翅片表面会积满灰尘、异物，使传热效率明显下降，需要经常维护、清理。

（1）定期清洗。一般三个月左右应清洁一次，除去表面的灰尘和异物。清理时注意不要损坏翅片。

（2）定期检查。一是检查泄漏，发现泄漏，及时处理解决；二是检查翅片，发现翅片倒伏、歪斜及时校正，使空气流通顺畅。

三、节流膨胀阀

在制冷系统中，为吸收低温物体的热量，必须将制冷剂的饱和蒸气压力变成比低温物体更低的饱和温度所对应的饱和压力，热传导才能自发进行。截流膨胀阀的作用有两个：一是使高压的制冷剂降低压力，使其在低于低温物体的温度下蒸发，吸收热量，将蒸发器周围的空气温度降低，把冷空气输送到车厢内，保证蒸发器在低温下沸腾蒸发，降低流过蒸发器表面的空气温度；二是调节供给蒸发器的制冷剂循环量，以适应制冷负荷的变化。节流口的开度依据蒸发器的温度或压力要求控制大小，从而调节供给蒸发器的制冷剂流量。蒸发器出口的温度高，说明车内空气的温度高，需要大制冷量降温，节流口开度增大，制冷剂流量增大，蒸发器在单位时间内蒸发的制冷剂增多，吸热量也增多，反之也相同；三是通过感温包控制蒸发器的出口温度，防止压缩机出现"液击"现象。

第九节 汽车空调系统的分类

当汽车高速行驶时，压缩机提供最大制冷量，蒸发器吸热量大，蒸发器周围空气中的相对湿度随蒸发器温度降低而增大，翅片上的湿度可达100%，此时如果翅片温度低于0℃，水会结冰，随着时间延长，冰层加厚，堵塞蒸发器通路，称为"冻堵"。如果制冷剂得不到周围空气的热量蒸发，送到压缩机的是液态制冷剂，会发生"液击"，损坏压缩机。

防止蒸发器冻结，是汽车空调必要的功能。控制蒸发器温度，就可以使蒸发器不结冰、冻结。控制蒸发器温度的方式有两种：控制蒸发器表面温度和控制制冷剂的蒸发压力。两种方式都是通过膨胀阀和蒸发器压力控制阀、恒温器来实现的。根据控制蒸发器温度的方式，汽车空调制冷系统分为离合器循环控制系统、蒸发压力控制系统和介于两者之间的其他系统。

一、离合器循环控制的制冷系统

离合器循环系统，就是通过恒温控制器在预定温度区间内，切断或接通电磁离合器，使压缩机处于工作—停机的循环状态，保持空调系统正常工作。离合器循环控制系统一般是在经济型轿车、中级轿车、卡车上应用。离合器控制系统根据使用膨胀阀的区别，有以下几种制冷系统。

1. 内平衡膨胀阀系统

（1）内平衡膨胀阀系统的构成与工作原理。压缩机将制冷剂压缩成高压蒸气输送到冷凝器冷却，制冷剂将热量传给环境时液化，经储液干燥器过滤、吸收水分后，再到内平衡膨胀阀节流降压后送到蒸发器蒸发、吸热。蒸发后的低压制冷剂蒸气被压缩机吸净后，再压缩进入下一循环。当蒸发器的温度比较高时，内平衡膨胀阀的节流孔开度较大，提供较多的制冷剂到蒸发器，制冷量较大。当蒸发器的温度较低时，内平衡膨胀阀就提供较少的制冷剂到蒸发器，蒸发器制冷量较小。当蒸发器温度下降到0℃以下、吹出的冷风温度也在0~4℃时，恒温器自动切断离合器电磁线圈的电流，压缩机停止工作，防止蒸发器冻结。压缩机停机后，没有制冷剂输出，蒸发器也没有制冷剂输入，蒸发器温度上升，当温度上升到恒温开关设定的温度时，恒温器自动接通电磁线圈电流，压缩机重新开始工作，蒸发器又提供制冷剂。内平衡膨胀阀系统就是通过恒温器和内膨胀阀来控制蒸发器的温度，保持制冷系统的正常工作。

（2）恒温器的结构和工作原理。恒温器主要由感温系统、调温机构和触头开关三部分组成，具体结构如图6—22所示。

1）感温系统。感温系统由毛细管和波纹管（或波纹膜片）构成，内充感温剂（见图6—23a）。感温毛细管一端固定在散热器翅片之间，检测蒸发器表面的空气温度。主要功能是通过内部工质的温度变化，导致感温系统内的工质压力变化，使波纹管伸长或缩短。在端面弹簧力 P 的作用下，波纹管的位移量与感温剂的压力变化成线性关系。感温剂在某一小段温度范围内，压力与温度变化也成正比关系，所以波纹管 A 点的位移与温度控制范围内的变化也成正比关系，如图6—23b所示。

2）调温机构。调温机构由凸轮、转轴、调节螺钉等组成。调温器的功能是在温度控制范围内，从最低温度到最高温度的任意一点产生控制动作。恒温器触头开关的断电根据调节轴给定的位置变化，触头的闭合点与断开点的位置基本平行。开、闭点不重合是由于控制机构的间隙或动作时的机械惯性造成的。触头开关主要由触头、弹簧、杠杆等组成，功能是执行由控制机构传来的动作信号，通过触头的断开与导通控制电磁离合

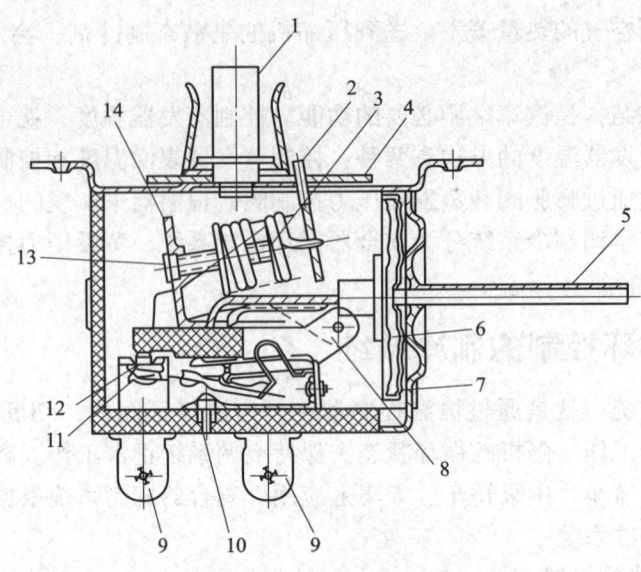

图6—22 恒温器结构

1—调温轴 2—控温板 3—主弹簧 4—调温凸轮 5—毛细管 6—感温剂 7—膜盒 8—杠杆 9—接线柱 10—温差调节螺钉 11—动触头 12—静触头 13—调温螺钉 14—固定架

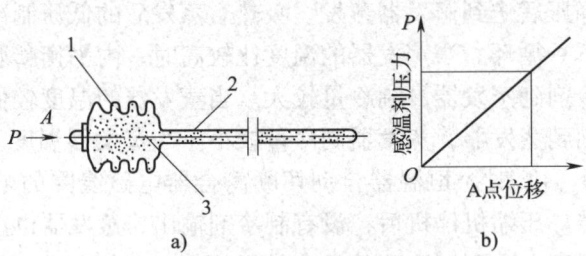

图6—23 波纹管感温器
a) 波纹管感温器结构 b) 压力与位移关系
1—波纹管 2—毛细管 3—感温剂

器结合或分离。毛细管温包式恒温器的优点是工作可靠，触头具有40万次的使用寿命，连续动作的使用寿命大于10万次，价格便宜，不怕振动，适合汽车空调使用。

3) 触头开关。当触头处于断开位置时，压缩机停止工作。这时蒸发器表面温度随时间延长逐渐升高。与此同时，毛细管内工质温度也随之升高，管内压力增大，波纹膜盒伸长，推动杠杆向左运动，带动触头向上运动。活动触头位置超过两触头中心线时，弹簧会使活动触头快速运动和固定触头接通（避免产生电弧烧蚀触点），离合器电路接通，压缩机开始工作。

压缩机工作后，蒸发器表面温度下降，毛细管内的工质温度下降，波纹膜盒收缩，带动杠杆向右运动。当杠杆运动到弹簧中点时，弹簧快速拉开活动触头（避免拉出电弧烧蚀触头），离合器电磁线圈断电分离，压缩机停止工作。由于恒温器的控制作用，电磁离合器不断循环工作，使车厢内保持舒适温度。控制温度的高低，可通过调节凸轮位置和调节弹簧弹力实现。

(3) 内平衡膨胀阀的结构和工作原理。内平衡膨胀阀主要由调节机构、感温系统和节流孔口组成，如图6—24所示。

节流孔口是节流膨胀阀的核心，功能是将制冷剂节流后降压，用于蒸发器吸热。节流孔一般直径为1~3 mm，控制机构由阀体、阀座、顶杆、弹簧组成。感温系统由金属膜片、毛细管、温包组成。金属膜片、毛细管和温包内部充满工质，形成一个随温度变化的动力室，推动膜片上下移动，通过顶杆推动阀芯运动，使节流孔口的开度变化，控制制冷剂流过节流孔口的流量大小。当汽车空调不工作时，由于感温包的压力增加比蒸发器快，故阀芯开始打开节流孔口。但是，随着时间延长，蒸发器内温度增加，两者压力平衡，弹簧弹力使阀口关闭。因此，内平衡膨胀阀在空调不工作时保持关闭状态，保护压缩机再重新工作时，不发生"液击"现象。

(4) 热敏电阻式温度控制器。随着电控技术在汽车上的应用，热敏电阻式温度控制器在汽车上的应用日益广泛。这种温度控制器用一只热敏电阻器，安装在蒸发器出风口位置。热敏电阻器将温度信号转变成电信号经放大器放大，控制继电器通、断电磁离合器的电路。

热敏电阻器的电阻值，随温度变化有较大的变化。热敏电阻器阻值的变化有两种，一种是热敏电阻器随温度升高，电阻阻值降低，称为负温度特性；另一种是电阻值随温度升高而升高，称为正温度特性。一般使用的是负温度特性热敏电阻器，如图6—25所示。

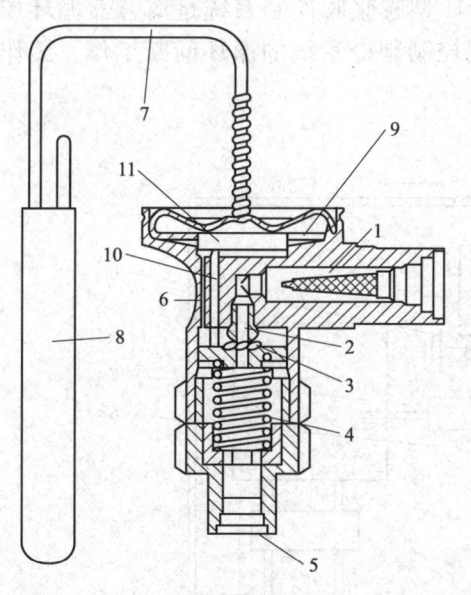

图6—24 内平衡膨胀阀
1—滤网 2—节流孔口 3—阀芯 4—弹簧 5—出口
6—内平衡孔 7—毛细管 8—温包 9—金属膜片
10—顶杆 11—支撑片

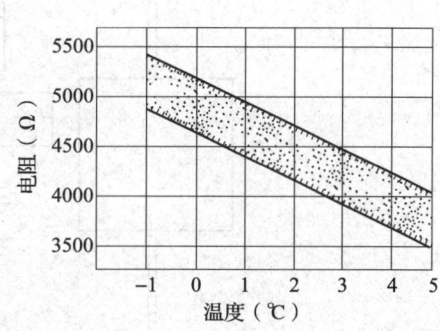

图6—25 负热敏电阻器特性

热敏电阻器安装在蒸发器冷风出口处最能反映蒸发器温度的位置。在温度较高时，热敏电阻器阻值小，三极管VT1截止，而三极管VT2导通，集电极有电流通过，继电器产生磁场，接通电磁离合器电路，压缩机工作。当蒸发器温度降到0℃，热敏电阻器阻值增大，三极管VT1导通，VT2截止，压缩机不工作，使蒸发器不结冰，如图6—26所示。

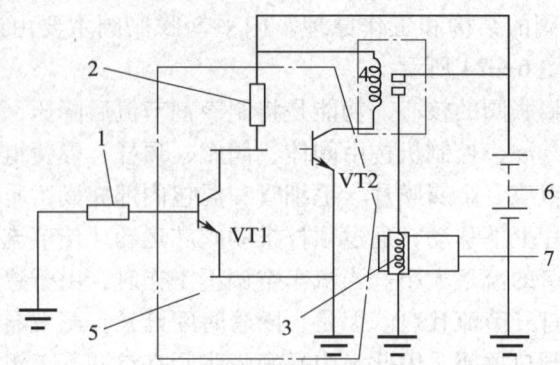

图6—26 热敏电阻式恒温器电路原理图
1—调温电阻器 2—热敏电阻器 3—电磁离合器线圈 4—继电器
5—控制放大器 6—蓄电池 7—压缩机

2. H型膨胀阀控制系统

内平衡膨胀阀制冷系统需要毛细管感测蒸发器出口温度，来调节供给蒸发器的制冷剂流量。由于毛细管较长、间接感测蒸发器出口温度，控制温度的精度受环境温度及其他因素影响较大。H型膨胀阀制冷系统解决了这一矛盾。

（1）H型膨胀阀控制系统的工作原理。H型膨胀阀控制系统是离合器循环控制的制冷系统之一，用恒温器和H型膨胀阀共同控制制冷系统的循环间断工作，工作原理如图6—27所示。

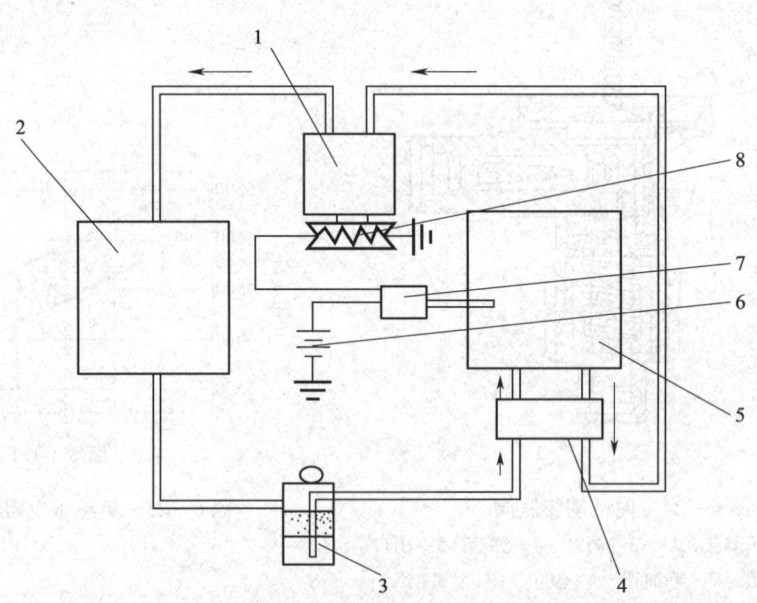

图6—27 H型膨胀阀控制系统
1—压缩机 2—冷凝器 3—储液干燥器 4—H型膨胀阀 5—蒸发器
6—蓄电池 7—恒温器 8—电磁离合器线圈

压缩机将制冷剂压缩输送到冷凝器冷却液化，经储液干燥器后进入H型膨胀阀进行节流减压，进入蒸发器蒸发吸热。制冷剂蒸发成气体后再次进入H型膨胀阀，从H

型膨胀阀出来后到压缩机再循环。若蒸发器温度过低，则感温器感测到后，恒温器切断离合器电磁线圈电路，压缩机不工作。温度升高后，恒温器接通电磁离合器电路，压缩机又开始工作，输出制冷剂。H型膨胀阀根据蒸发器气体的温度自动调节供给蒸发器的制冷剂的制冷量。

（2）H型膨胀阀的构造。H型膨胀阀因其内部通路像字母H而得名（见图6—28）。在方形阀体端面，右侧进液管与储液干燥器相连，右侧出气管与压缩机进气孔相连。阀体的左侧与蒸发器的进液口和出气口相连。由于H型膨胀阀直接插装在蒸发器上，阻力减小，制冷量提高3%～5%，空气阻力减少10%左右。该系统结构简单、可靠性高、检修方便，为许多汽车生产厂商所采用。

3. CCOT制冷系统

CCOT制冷系统（Cycling Clutch Orifice Tube 的缩写）是离合器循环控制制冷系统的一种，1974年由美国通用汽车公司研发成功，用来代替较复杂的膨胀阀。

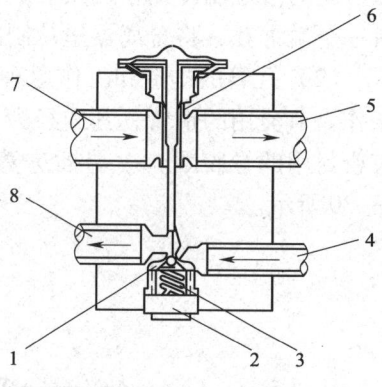

图6—28 H型膨胀阀
1—球阀 2—调整螺栓 3—弹簧
4—来自储液干燥器 5—至压缩机
6—感温器 7—来自蒸发器出气口
8—至蒸发器进液口

（1）CCOT制冷系统的工作原理。CCOT制冷系统用恒温器控制离合器电路，控制压缩机的工作状态，达到控制蒸发器温度的目的，防止蒸发器结冰"冻堵"现象。

CCOT制冷系统用节流孔管代替复杂的膨胀阀，用集液器代替储液器，结构简单。CCOT制冷系统工作原理如图6—29所示。

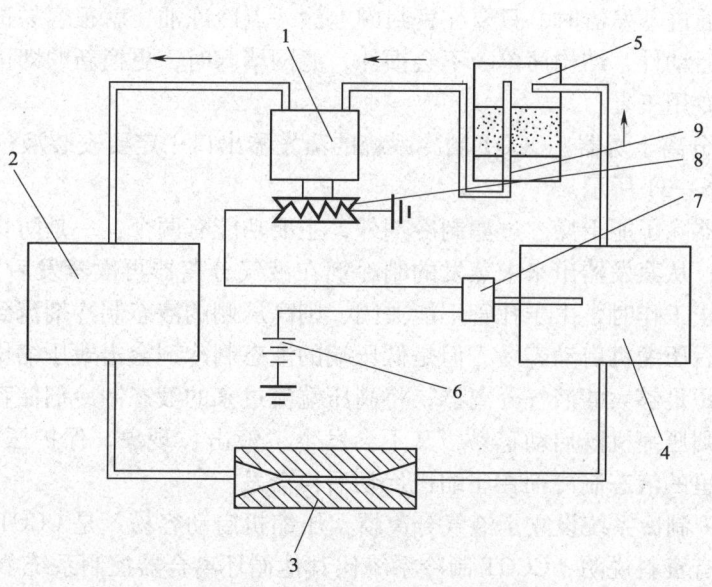

图6—29 CCOT制冷系统工作原理
1—压缩机 2—冷凝器 3—孔管 4—蒸发器 5—集液器 6—蓄电池
7—恒温控制器 8—电磁离合器线圈 9—溢油孔

制冷剂经压缩机压缩,在冷凝器液化成高压液体后,经过孔管的节流降压,变成低压的制冷剂液体,在蒸发器中吸热变成气体。由于孔管没有调节液体流量的功能,当压缩机高速运转时,液态制冷剂有可能蒸发不彻底,在蒸发器出口处有可能存在液态制冷剂。为避免压缩机发生"液击"损坏,在蒸发器出口处安装一个液气分离干燥器,未蒸发完的液态制冷剂在此蒸发成气态,送到压缩机进行压缩。在液气分离干燥器出口,有一个溢油孔,将分离器里从制冷剂中分离出来的冷冻油从溢油孔送回压缩机。

(2) 孔管的构造和工作原理。孔管的构造很简单,在一根工程塑料管的中间有一条作为节流用的铜管,其内径为3~5 mm,塑料管两端装有金属过滤网。塑料管外表面有密封用的橡胶圈。一端插进蒸发器,另一端插进从冷凝器来的橡胶管,结构如图6—30所示。

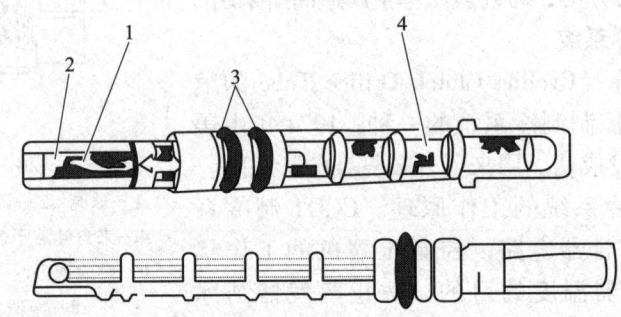

图6—30 孔管
1—出口 2—孔口 3—密封圈 4—进口滤网

在将孔管插进蒸发器时,只要在密封圈上涂一点冷冻油,就很容易进入蒸发器进口管。孔管没有运动件,结构简单,不会损坏,滤网堵塞时,更换新的即可。注意:安装孔管时要使用专用工具。

(3) 液气分离干燥器。CCOT制冷系统的蒸发器出口一定要安装液气分离器,分离器的结构如图6—31所示。

液气分离器除了能干燥、过滤制冷剂外,主要功能有两个:一是防止未蒸发的制冷剂进入压缩机;从蒸发器出来未蒸发的制冷剂在液气分离器再次蒸发后才进入压缩机;二是压缩机停止工作时,由于孔管不能关闭,则高压侧的液态制冷剂流到低压侧。虽然两端压力平衡后压缩机启动容易,但是低压端的液态制冷剂会击毁压缩机。只有在低压端设立一个体积足够大的液气分离器,将高压端流过来的液态制冷剂储存起来,不让它流到压缩机,则压缩机既启动容易,又不会发生"液击"现象,保护压缩机不受损坏。储存在分离器里的液态制冷剂在压缩机启动后再蒸发。

由于CCOT制冷系统设立了液气分离器,压缩机启动容易,是CCOT制冷系统节能的重要原因。有资料说明,CCOT制冷系统比其他循环离合器控制系统节能15%,而比蒸发器控制系统节能30%。还是由于压缩机启动容易,离合器和压缩机的使用寿命可增加一倍以上;压缩机也可以做得更轻巧。近期使用的CCOT制冷系统已经不使用恒温器,而是在液气分离器干燥器上装一个压力开关,检测蒸发器出口的压力,当蒸发压力

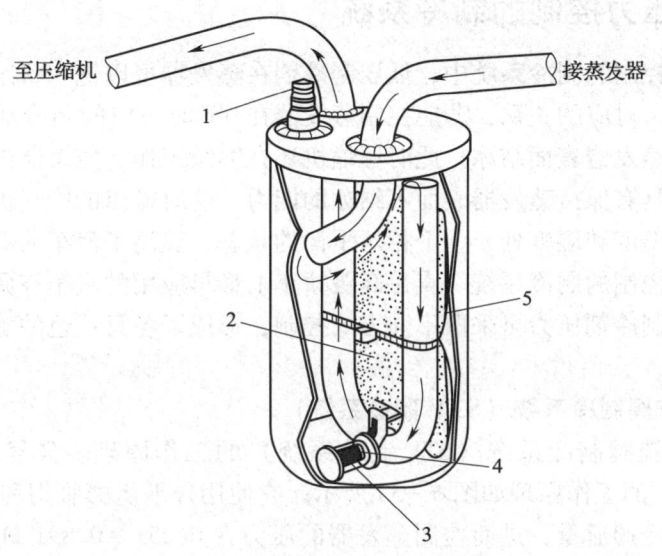

图6—31 液气分离器
1—测试孔口 2—干燥剂 3—滤网 4—泄油孔 5—出气管

低于0.308 MPa时，低压开关切断离合器电磁线圈的电路，压缩机停止工作，而在压力高于0.308 MPa结合，压缩机工作，例如，压力为0.320 MPa时压缩机工作。只要将调试好的压力开关装在测试口上，就和电源、离合器电磁线圈构成一个控制回路，成为不用恒温器的CCOT制冷系统（见图6—32）。压力开关控制的CCOT制冷系统比恒温器控制的CCOT制冷系统结构更简单、可靠，温度控制更精确。CCOT制冷系统的最大特点是节能可靠，广泛应用于经济性要求高的经济型轿车和中级轿车，如通用公司的福特、日本丰田、德国大众等。

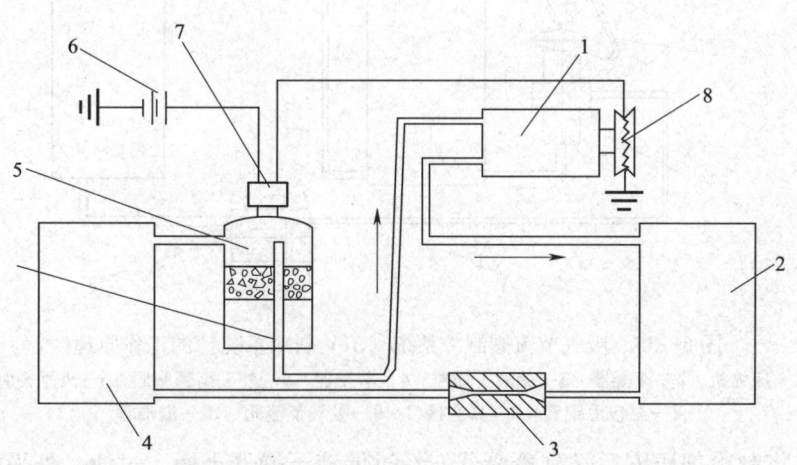

图6—32 压力开关控制的CCOT制冷系统
1—压缩机 2—冷凝器 3—孔管 4—蒸发器 5—液气分离器 6—蓄电池
7—压力开关（238~283 kPa断开，308~350 kPa结合） 8—电磁线圈 9—溢油孔

二、蒸发器压力控制的制冷系统

蒸发器压力控制的制冷系统中，低压制冷剂在蒸发器里以饱和状态蒸发，饱和蒸气温度和压力有一一对应的关系，若能控制蒸发器在0℃时对应的制冷剂蒸发压力不再降低，就可以防止蒸发器表面结冰。此时压缩机还在继续工作，蒸发器内的制冷剂还在蒸发，但制冷量仍具有保持蒸发器表面不结冰的能力。这时输出的冷气仍能维持热负荷的要求，保持车内温度和湿度处于一个相对平衡的状态，提高了汽车的舒适性。

蒸发器压力控制的制冷系统一直是高级轿车上最早应用的汽车空调系统，又称为传统空调系统。对制冷剂压力可采取不同方式控制，形成了各具特色的蒸发器压力控制的制冷系统。

1. 吸气节流阀制冷系统（STV 制冷系统）

（1）吸气节流阀制冷系统（STV 制冷系统）的工作原理。吸气节流阀制冷系统（STV 制冷系统）的工作原理如图6—33所示。它使用外平衡膨胀阀和STV阀联合控制进入蒸发器的制冷剂流量，进而控制蒸发器的压力在0.251～0.891 MPa工作，保证蒸发器表面不因结冰而堵塞。

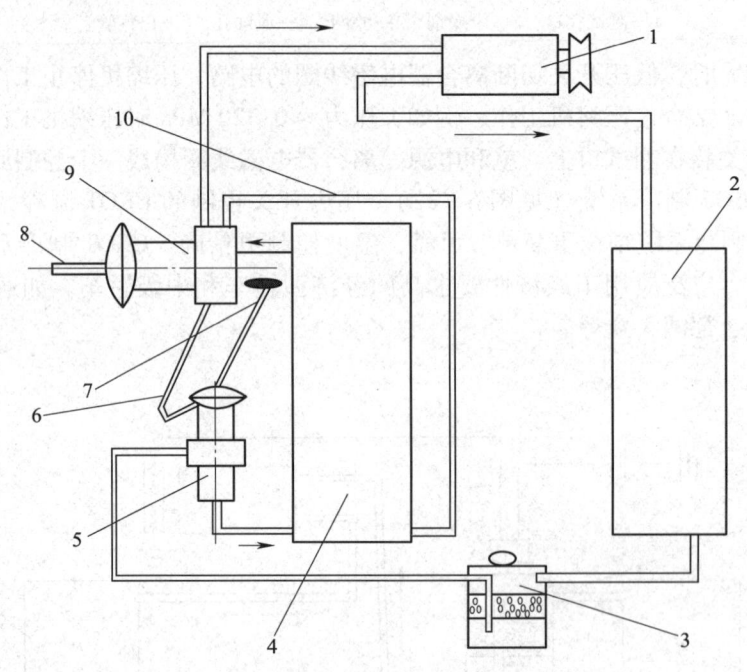

图6—33 吸气节流阀制冷系统（STV 制冷系统）的工作原理
1—压缩机 2—冷凝器 3—储液干燥器 4—蒸发器 5—外平衡膨胀阀 6—外平衡管
7—温包毛细管 8—真空接口 9—吸气节流阀 10—溢油管

压缩机将制冷剂压缩后送到冷凝器，经过储液干燥器干燥、过滤，外平衡膨胀阀的节流降压后，进入蒸发器蒸发吸热；蒸发器出来的低压制冷剂蒸气经过吸气节流阀后，回到压缩机压缩，制冷系统进入下一循环。

控制蒸发器制冷剂流量的是外平衡膨胀阀，而蒸发器内的制冷剂的蒸发压力则由吸气节流阀控制，防止蒸发器表面冻结由外平衡膨胀阀和吸气节流阀共同完成。蒸发器的制冷剂蒸发压力则由吸气节流阀控制。当蒸发器的温度下降到0℃，吸气节流阀会自动关闭蒸发器出口，只有少量制冷剂蒸气进入压缩机，保持蒸发器压力在0℃时，制冷剂蒸气对应的饱和蒸气压力，防止蒸发器结冰。

在蒸发器出口被关闭时，压缩机可能会因缺润滑油，润滑不良而损坏。为了防止这种现象的发生，在蒸发器的底部有一条溢油管通到压缩机，与此同时，也允许少量制冷剂通过溢油管进入压缩机。

传统空调制冷系统与循环离合器控制制冷系统的最大不同是蒸发器温度降到0℃以下时，制冷系统，包括压缩机仍在工作；而循环离合器控制的制冷系统只有空调蒸发器的风扇在继续工作，压缩机停止工作。传统空调制冷系统，只要接通离合器电源，制冷系统就不停的工作，不断向车内输送制冷空气，车内的温度保持在一个平稳的范围内，汽车舒适性好。但是，压缩机连续工作，要不断地消耗能量，经济性较差。

（2）外平衡膨胀阀的构造和工作原理。外平衡膨胀阀膜片下方的平衡压力是从蒸发器出口经外平衡管导入，其压力和温包在蒸发器出口检测到的压力相匹配，两者不存在压力误差。外平衡膨胀阀使用于需要较大制冷量的空调系统中。

外平衡膨胀阀由节流降压机构、过热度调节机构和调控机构组成（见图6—34）。节流降压机构包括阀体和节流孔；过热度调节机构包括弹簧和调节螺母；调控机构包括温包毛细管和外平衡管。

外平衡膨胀阀膜片承受三个作用力：分别是弹簧弹力和蒸发器出口处由外平衡管导入的制冷剂蒸气压力，这两个力的合力迫使膜片向上；温包毛细管内充满感温物质，一般是制冷剂，受热膨胀，力图使膜片向下运动。当这三个力平衡时，膜片位置一定，阀芯和节流孔位置也一定，则流入蒸发器的制冷剂流量也一定。

若蒸发器温度升高，温包内压力升高；同样由外平衡管引进的制冷剂蒸气压力也升高。但由于温包内的制冷剂蒸气是饱和蒸气，而外平衡管引进的是过热蒸气，所以温包内压力升高比外平衡管的过热蒸气压力大得多，迫使膜片下移，通过顶杆推开阀芯下移，使孔管开度增大，制冷剂流量增大。温度越高，流量越大，蒸发器制冷量越大，降温越迅速。

若温度下降，则温包内的压力下降得比膜片芯阀的压力快，弹簧推动阀芯向上运动，关小节流孔开度，制冷剂流量减少，温度越低，流量越小。

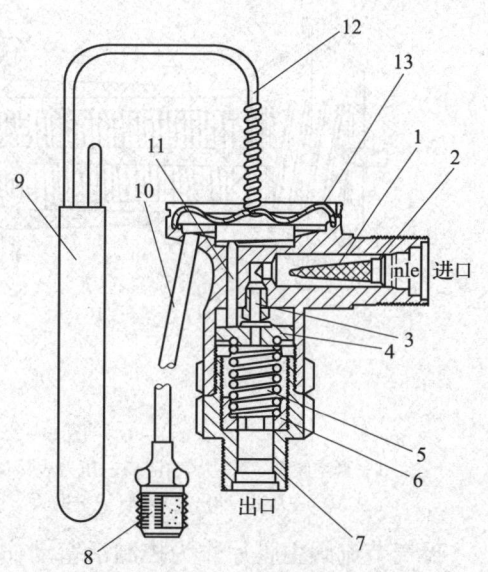

图6—34 外平衡膨胀阀
1—滤网 2—阀体 3—节流孔 4—阀芯
5—过热弹簧 6—弹簧座 7—调节螺母
8—外平衡管接口 9—温包 10—平衡片
11—顶杆 12—毛细管 13—膜片

在制冷系统工作时，外平衡膨胀阀不关闭制冷剂通路，只调节流量。因为在蒸发器温度降到接近冻结温度时，膜片芯阀的压力大于温包内的压力，力求关紧节流孔。但是当节流孔即将关紧时，蒸发器的温度立即上升，而蒸发器压力由于在出口处由压力控制阀控制，压力保持一定数值，故膜片上方随即产生一个正压力，推开阀芯。即是说，蒸发器处于低温时，膜片处于一个上、下压强的平衡状态，总是有少量制冷剂通过孔口进入蒸发器，维持蒸发器的低温状态。

当制冷系统停止工作时，由于温包内随温度升高的饱和压力大于蒸发器的过热蒸气压力，外平衡膨胀管还有少量制冷剂流通。但是，当膜片上下两端压力相等时，阀芯关紧制冷剂通路，避免高压端的液体流进低压端，防止压缩机重新工作时发生"液击"现象，损坏压缩机。

（3）吸气节流阀的构造和工作原理。吸气节流阀（Suction Throttling Valve，缩写为STV）。它的作用是控制蒸发器的压力不得低于 0.298～0.308 MPa，防止蒸发器表面结冰，构造如图6—35所示。吸气节流阀由三部分组成：控制阀、调节机构、真空膜盒。控制阀上有五个接口，分别为蒸发器、压缩机、外平衡管、溢油管和压力表接口。阀体内有一配合精密、可以左右自由移动的活塞，用来控制蒸发器的蒸发压力。活塞上有一对小孔，当活塞全部封死，蒸发器到压缩机的通道里，仍保持有少量制冷剂进入压缩机中，防止压缩机像抽真空一样耗功，减少能量损失。

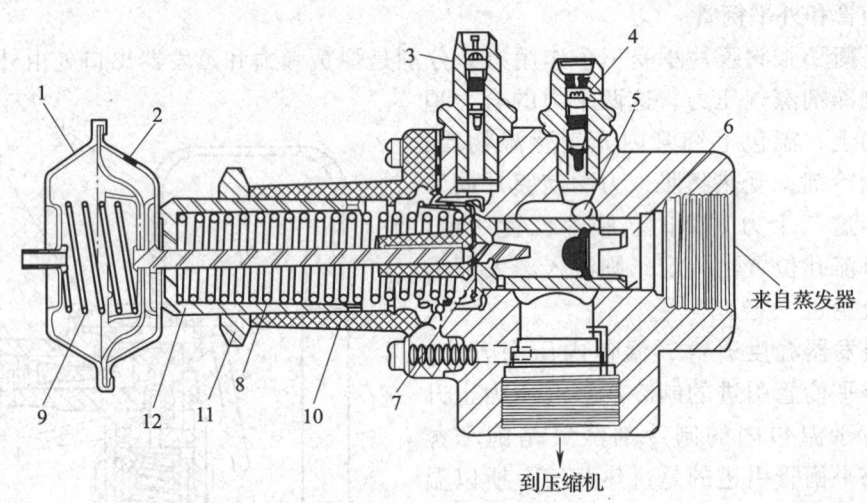

图6—35 吸气节流阀
1—真空膜盒 2—大气孔 3—压力表接口 4—溢油管接口 5—外平衡管接口 6—活塞
7—主膜片 8—主弹簧 9—助簧 10—固定套 11—紧固螺母 12—调节螺母

吸气节流阀主膜片作为控制活塞动作的元件，受到四个力的作用。蒸发压力和膜盒的真空吸力推动活塞向左移动，迫使膜片左移；主弹簧，大气压力使膜片向右移。当蒸发压力为 0.298 MPa 时，活塞刚好关闭蒸发器通往压缩机的通道。此时，主膜片受到的这四个力处于平衡状态。这时蒸发器内的饱和蒸汽温度为 -1℃，传到蒸发器表面则为 0℃，不会结冰。若汽车高速行驶，压缩机吸力会保持这种平衡状态。若蒸发器的温度高于0℃，则蒸发器压力上升，推动活塞左移，在新的位置上达到平衡，温度越高，蒸发压力越高,活塞左移越多,通道越大,配合外平衡膨胀阀,制冷剂流量越大,制冷量越大,温度越低。若反方向移动,则减少制冷剂流量,直到全关闭的平衡位置,又达到0℃。

吸气节流阀受大气压力变化影响,若汽车在高海拔地区行驶时,由于大气压力降低,原设计的关闭通道的平衡位置将会被打破,活塞向左多移一定距离,始终未能达到平衡的蒸发压力,会出现蒸发器表面结冰现象。

真空膜盒有两个作用,第一个作用是补偿海拔高度引起大气压变化的影响。若汽车在高海拔地区行驶时,切断真空膜盒的真空气路,则主膜片上缺少了真空吸力,用此来弥补海拔高的大气压力下降,使蒸发器的压力仍然保持原设计值,防止蒸发器表面结冰;第二个作用是提高制冷量,道理和第一个作用一样,只不过这时是接通真空气路。

2. 先导操纵的绝对吸气节流阀制冷系统(POA 系统)

STV 系统有三大缺点,第一是控制压力受海拔高度影响;第二是控制精度差;第三是主膜片容易泄漏制冷剂。先导操纵的吸气节流阀制冷系统(POA 系统)解决了这些问题,所以代替了吸气节流阀而成为汽车中主要的一种制冷系统。先导操纵的绝对吸气节流阀制冷系统(Pilot Operated Absolute Suction Throttle Valve,缩写为 POA),它能把蒸发压力控制在设定值 ±3.43 kPa(±0.035 kgf/cm^2)的范围内。

(1)先导操纵的吸气节流阀制冷系统(POA 系统)的工作原理。先导操纵的绝对吸气节流阀制冷系统(POA 系统)中,制冷剂经过压缩、冷凝后,在外平衡膨胀阀的节流、膨胀和控制下,进入蒸发器蒸发吸热。蒸发出来的制冷剂蒸气经过先导操纵的绝对吸气节流阀(POA 系统)的压力控制后,再回到压缩机压缩,进行下一循环过程,如图 6—36 所示。

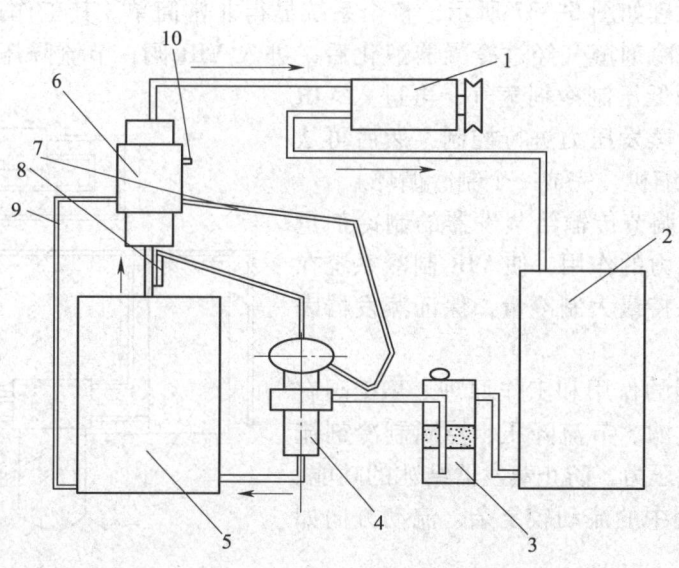

图 6—36 先导操纵的绝对吸气节流阀制冷系统(POA 系统)

1—压缩机 2—冷凝器 3—储液干燥器 4—外平衡膨胀阀 5—蒸发器 6—先导操纵的绝对吸气节流阀(POA 阀) 7—外平衡管 8—温包毛细管 9—溢油管 10—压力检查口

输送到蒸发器的制冷剂流量与外平衡阀控制,蒸发器内的蒸发压力和蒸发温度由先导操纵的吸气节流阀(POA 阀)控制。先导操纵的绝对吸气节流阀(POA 阀)控制蒸发压力不小于 0.298 MPa,这时的蒸发温度为 -1℃,传到蒸发器表面的温度为 0℃,防止了蒸发器表面结冰。

(2) 先导操纵的吸气节流阀(POA 阀)的构造。先导操纵的绝对吸气节流阀(POA 阀)上也有一个小孔,作用是当蒸发器的蒸发压力降到设计值时,关闭气流的主通路,由小孔输送一定气体到压缩机,使压缩机能在空负荷又不是真空空泵运动,以减少能耗。

从蒸发器底部接溢油管到先导操纵的吸气节流阀(POA 阀),作用是使积存在蒸发器底部的冷冻油回到压缩机,使冷冻油积存量不超过允许值;同时也有少量制冷剂由此进入压缩机,减少压缩机能耗。

3. 罐中阀制冷系统(VIR 制冷系统)

先导操纵的绝对吸气节流阀(POA 阀)、吸气节流阀制冷系统(STV 制冷系统)都具有储液干燥器、外平衡膨胀阀、POA 阀(STV 阀);依靠管路、接头连接成制冷系统;特别是外平衡膨胀阀、蒸发器、POA 阀(STV 阀)的接口达十余处,易造成制冷剂泄漏,空气、灰尘、水分等进入制冷系统;接头过多,工作量也大。美国通用公司1978 年研发成功罐中阀,可将储液干燥器、外平衡膨胀阀、POA 阀集中在一个罐中,只有两个接口,克服了先导操纵的绝对吸气节流阀(POA 阀)制冷系统的缺点,称为罐中阀制冷系统(Valve in Receiver,缩写为 VIR)。罐中阀制冷系统(VIR 制冷系统)广泛应用在中、高级轿车中。

(1) 罐中阀制冷系统(VIR 制冷系统)的工作原理。罐中阀制冷系统(VIR 制冷系统)的工作原理如图 6—37 所示,整个系统显得非常简单。其工作过程为:从压缩机出来的高温制冷剂蒸气经过冷凝器液化后,进入 VIR 阀,节流降压后进入蒸发器,蒸发吸热后成为低压制冷剂蒸气,再进入 VIR 阀,对制冷剂的蒸发压力进行控制,然后再从 VIR 阀出来到压缩机,完成一个制冷循环。

VIR 阀具有调节传输给蒸发器的制冷剂量和制冷剂蒸气压力的作用,使 VIR 制冷系统在各种工况下都保持最大制冷量,保证蒸发器表面不结冰。

(2) VIR 阀的作用和工作原理。VIR 阀有储液、干燥、过滤、节流降压、控制制冷剂流量和制冷剂蒸气压力,防止蒸发器结冰的功能。制冷剂在 VIR 阀中的流动较复杂,流动方向如图 6—38 所示。

压缩机将从 VIR 阀出来的低压制冷剂蒸气压缩成高压、高温制冷剂蒸气。经过冷凝器降温、降压变成高压液体。高压液体从 VIR 阀下

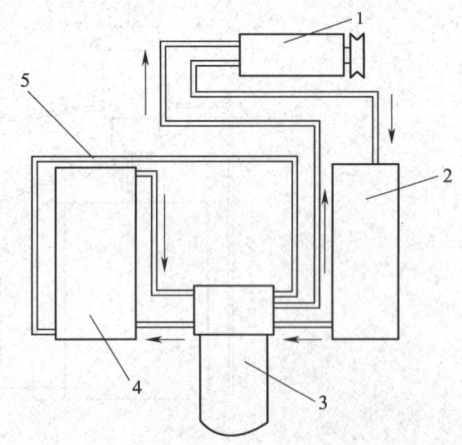

图 6—37 罐中阀制冷系统(VIR 制冷系统)工作原理框图
1—压缩机 2—冷凝器 3—罐中阀(VIR 阀)
4—蒸发器 5—溢油管

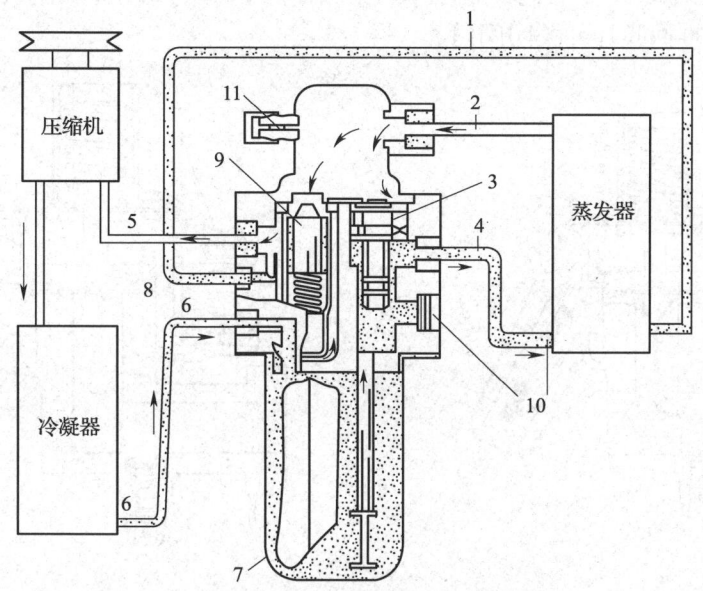

图6—38 制冷剂在VIR阀中的流动方向
1—溢油管 2—蒸发器出口 3—膨胀阀 4—蒸发器入口 5—压缩机入口 6—冷凝器入口
7—储液干燥器 8—溢油管接口 9—POA阀 10—观察孔 11—检查阀口

部的进液口流入VIR阀的储液罐中，经过过滤、干燥后，由吸液管将制冷剂吸到膨胀阀，降压后从VIR阀流出，进入蒸发器下部。蒸发、吸热后的制冷剂蒸气再从蒸发器进入VIR阀上部的进气口，经过罐中POA阀调节压力，又从VIR阀上部的出气口流出，送到压缩机并形成循环，如图6—38所示箭头指向。

控制进入蒸发器的制冷剂流量的是膨胀阀。它根据VIR阀上部的制冷剂蒸气温度，来调节球阀开度，从而控制进入蒸发器的制冷剂流量正好在无压力状态下完全蒸发吸热。控制蒸发器制冷剂蒸气压力的是POA阀，它根据车内设计的平衡压力调节、控制制冷剂蒸气的压力，并向车内提供足够维持其温度平衡所需的制冷量，以满足舒适性的要求，又防止蒸发器表面不因结冰而堵塞。流经VIR阀上部进、出接口的制冷剂为气态制冷剂，流经下部接口的制冷剂为液态制冷剂，阀内亦如此。

VIR阀设计的制冷剂蒸气平衡压力为0.290～0.308 MPa，这时，既保证有尽可能大的制冷量，又能防止蒸发器表面结冰。

4．蒸发器压力调节器制冷系统（EPR）

蒸发器压力调节器制冷系统（Evaporator Pressure Regulator，缩写是EPR）。它安装在压缩机入口处。由于安装位置不同，蒸气的过热值不同，所以蒸发器压力调节器制冷系统（EPR）的平衡设计值使得蒸发压力略高于其他制冷系统。制冷系统的工作原理和其他系统一样，控制制冷剂蒸发压力大于0.308 MPa，并防止蒸发器表面结冰。蒸发器压力调节器制冷系统（EPR）主要使用在克莱斯勒公司、丰田公司生产的中、高级轿车中。早期使用的蒸发器压力调节器阀（EPR–I阀）是膜片控制的平面阀（见图6—39）。制冷剂蒸气压力高于设定值时，推动膜片向上，克服弹簧弹力，阀口打开，制冷剂蒸气流进压缩机。当制冷剂蒸气压力下降到 253～280 kPa 时（压缩机吸气压力），弹簧弹力推回膜片，关闭阀门。

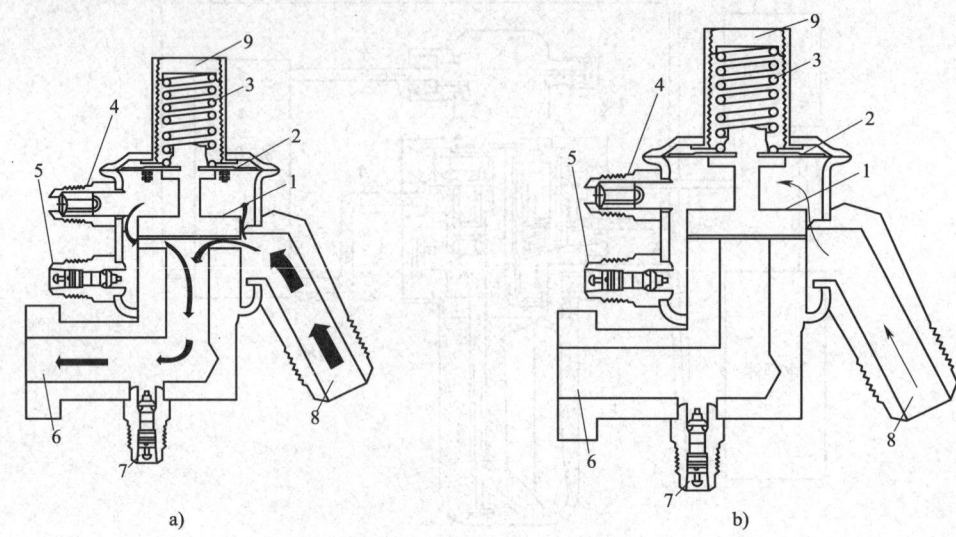

图 6—39 EPR–Ⅰ阀
a) 阀门打开 b) 阀门关闭
1—平面阀 2—膜片 3—调定弹簧 4—外平衡管接口 5—压力表接口
6—压缩机接口 7—溢油管接口 8—蒸发器接口 9—调定螺母

EPR–Ⅰ阀是依靠弹簧和膜片控制制冷剂蒸发压力的，再加上平面阀密封差，所以 EPR–Ⅰ型阀控制制冷剂蒸气压力的精度较差。

现在使用的是 EPR–Ⅱ型阀，构造如图 6—40 所示。EPR–Ⅱ型阀用先导法控制活塞主气量，是一种精度高的制冷剂蒸气压力控制阀。EPR–Ⅱ型阀与 POA 阀不同，在磷青铜波纹管内不抽成真空，而是充注一种惰性气体，如氮气（N_2），工作原理与 POA 阀也略有区别。

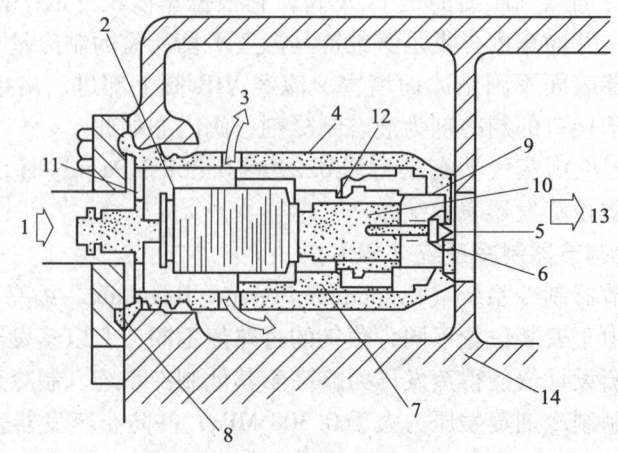

图 6—40 EPR–Ⅱ型阀
1—进气口 2—波纹管 3—主气孔 4—阀体 5—先导阀 6—先导阀弹簧 7—活塞 8—O 形圈
9—活塞支撑弹簧 10—先导阀座 11—波纹管固定板 12—小孔 13—出气孔 14—压缩机进气口

当蒸发器压力正好等于设计压力时，如 0.308 MPa，活塞正好封闭主气口。活塞承受两个力：制冷剂蒸气压力和弹簧弹力。当蒸发器的温度较高，制冷剂蒸气压力大于 0.308 MPa 时，制冷剂蒸气压力大于波纹管内的气体膨胀的压力，波纹管收缩变短，先导阀打开，活塞的背压消失，活塞正压力大于弹簧弹力，活塞右移将主气孔打开，蒸发器蒸发更多制冷剂，提供更大制冷量。

当蒸发器压力下降时，波纹管膨胀伸长，先导阀开度逐渐减小，活塞背压逐渐增加，活塞在弹簧弹力作用下逐渐左移，使主气孔通过面积减少。若压缩机转速不断加大，则吸气压力逐渐下降，使制冷剂蒸气压力下降到 0.298～0.308 MPa 范围时，波纹管伸长量正好关闭先导阀，制冷剂蒸气压力正好和弹簧弹力相等，活塞关闭主气孔，只从小孔流少量制冷剂蒸气到压缩机，控制蒸发器压力不继续下降，防止蒸发器表面结冰；当蒸发器压力大于 0.308 MPa 时，过程相反。

此后，克莱斯勒公司推出结构更简单的 EPR—Ⅲ型阀（见图6—41）。它只有一个铜质波纹管作为制冷剂的通道，出气口设锥形阀。当蒸发压力高时，波纹管伸长，锥形阀打开；反之，锥形阀关闭。EPR—Ⅲ形阀的结构简单，但是控制精度差。

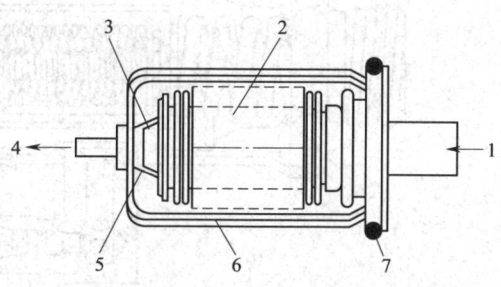

图6—41　EPR—Ⅲ型阀
1—进气口　2—波纹管　3—锥阀　4—出气口
5—锥阀座　6—阀体　7—O形圈

5. 蒸发器温度调节器制冷系统（ETR）

克莱斯勒公司生产的轿车自动空调系统中，装用一种蒸发器温度调节器制冷系统（Evaporator Temperature Reguleitor，缩写为 ETR）。蒸发器温度调节器制冷系统（ETR）是一个装在压缩机吸入口的电磁阀，控制电磁阀开关的是恒温器（见图6—42）。这个系统的压缩机不停止工作，但是压缩机输出的制冷剂是断续的。这时由于吸气是断续的，因此，呈现的温度波动较大。这种系统既不是循环离合器控制系统，也不是蒸发器压力控制系统，而被称为蒸发器温度控制系统。

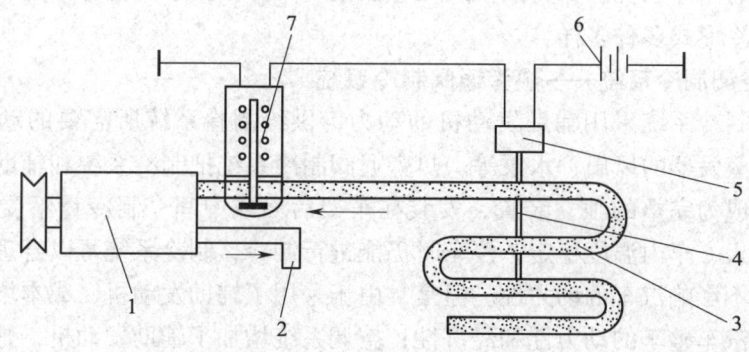

图6—42　蒸发器温度调节器制冷系统（ETR）
1—压缩机　2—冷凝器接口　3—蒸发器　4—感温包　5—恒温器
6—蓄电池　7—蒸发器温度调节器

6. 组合阀制冷系统

克莱斯勒汽车公司和德国的某些汽车公司生产的一些车型使用组合阀制冷系统。组合阀（Combintion Valae）是由 H 型膨胀阀和 EPR—Ⅲ 型阀组合而成，直接安装在蒸发器上。与 VIR 制冷系统比较，组合阀需要单装一个储液干燥器，结构如图 6—43 所示。

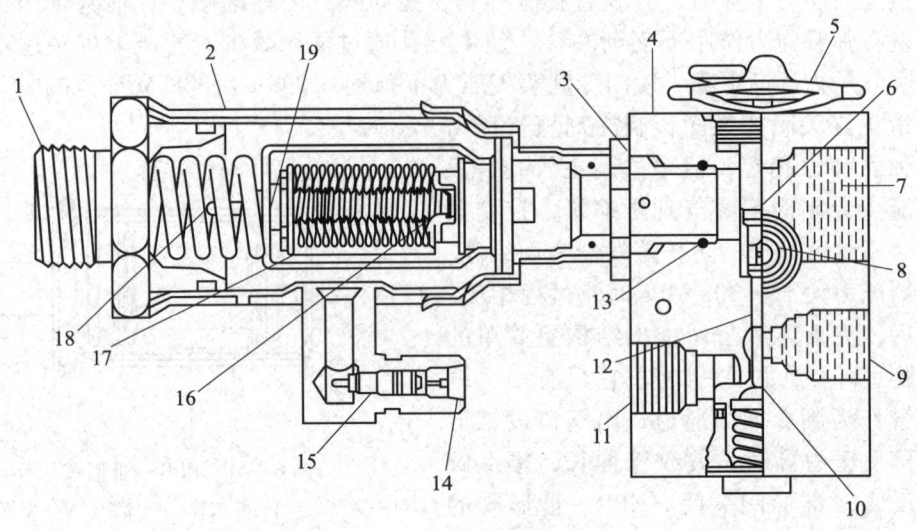

图 6—43　组合阀制冷系统

1—接压缩机吸气口　2—EPR 阀　3—锁紧螺母　4—H 型膨胀阀　5—膜盒　6—温包　7—至蒸发器出口　8—低压表接口　9—至蒸发器入口　10—球阀　11—高压液态制冷剂接口　12—推杆　13—密封圈　14—溢油管接头　15—气门阀　16—小孔　17—波纹管　18—出气口　19—锥阀

三、大型客车的制冷系统

大型客车的制冷系统，分为独立式和非独立式两种。由于大型客车的制冷量大，通风要求高，制冷形式多种多样。

1. 独立空调制冷系统——热旁通阀制冷系统

独立空调制冷系统采用辅助发动机的动力，供给制冷系统所需要的动力，如压缩机、冷凝器和蒸发器的风扇、水泵等。热旁通阀制冷系统把制冷系统和辅助发动机装在同一机架上，成为完整的独立装置，安装在车架后面或中间。制冷量不受行车速度影响，而受控于人，车内温度稳定，停车时仍能进行制冷，制冷系统可以合理匹配。制冷系统工作时，不影响汽车的动力性。但是，由于采用了辅助发动机，成本增加，总质量增加，影响了汽车整车的动力性和经济性；空调系统增加了辅助发动机，整车的经济性下降，使用空调时，燃油消耗增加 25%～28%，这是使用空调系统付出的代价。大型客车使用空调系统，可使汽车的舒适性增加，改善了人们的出行条件，是社会进步的标志。

2. 双机并联能量调节制冷系统

现在，由于发动机有足够大的功率，大型客车空调制冷系统一般采用主发动机驱动制冷压缩机。由于驾驶室内的空间有限，而采用两台小型制冷压缩机并联来满足对制冷量的要求。双机并联能量调节制冷系统，使用于车内空调制冷负荷稳定、车速较高的大型客车，如旅游大巴、中巴。与独立式空调系统比较，双机并联制冷系统可以节约车辆成本30%，节约运行成本40%。

第十节 汽车空调取暖系统

汽车空调的定义，不同的国家各不相同。美国对汽车空调的定义是单一制冷汽车，而冷、暖一体化的汽车空调称为整体空调。欧洲则无论制冷、取暖或两者皆有的汽车，统称为汽车空调。日本分的较明确，单供冷气的称为冷汽车；冷、暖一体化的称为空调车。我国还没有统一的定义，无论是单一制冷，还是冷、暖兼有的统称为空调车。汽车空调取暖系统应具有下述功能。

第一，取暖器和蒸发器一起将车内空间环境温度调节到舒适的温度。现代汽车空调已经发展成为冷、暖一体化，全天候对车内的空气进行调节，通过对冷、热风的调节，温度人为设定，满足乘员舒适性的要求。第二，冬季取暖。冬天天气寒冷，人们在行驶中的汽车里会感觉更冷。此时汽车空调提供暖风，提高车内温度，使驾乘人员感到温暖舒适。第三，除霜。当车内外温度、湿度相差较大，车内乘员较多时，车窗上会结霜、起雾，妨碍驾驶员视线，影响行车安全；妨碍乘员的视线，使乘员感到不舒适。这时应调节温度和湿度，除去车窗上的霜、雾，使驾驶员和乘员视野开阔，心情舒畅。

汽车空调取暖系统按热源可分为余热式和独立式。

一、余热式取暖系统

轿车、中小型客车和卡车需要的热量较少，一般采用发动机余热取暖。余热取暖设备简单、使用安全、运行经济；缺点是热量较小，受汽车运行工况影响，发动机起动后，冷却系统温度未达到正常温度和发动机不运转时，不能供暖。

1. 水暖式取暖系统

（1）水暖式取暖系统工作原理（见图6—44）。

从发动机出来的冷却液经过节温器，当温度达到80℃时，节温器允许发动机冷却液外流到取暖系统加热器芯。在节温器和加热器芯之间有一热水阀，以控制热水流动。冷却液另一部分流到水箱散热。冷却液在加热器芯散热，加热周围空气，再由风扇送到车内；冷却液从加热器芯出来，在水泵驱动下，重新进入发动机冷却水套，冷却发动机，完成一次取暖循环。

（2）水暖式暖风机。水暖式暖风机有单独暖风机和整体暖风机。

1）单独暖风机总成。单独暖风机总成由外壳、风扇、加热器组成，如图6—45所示。

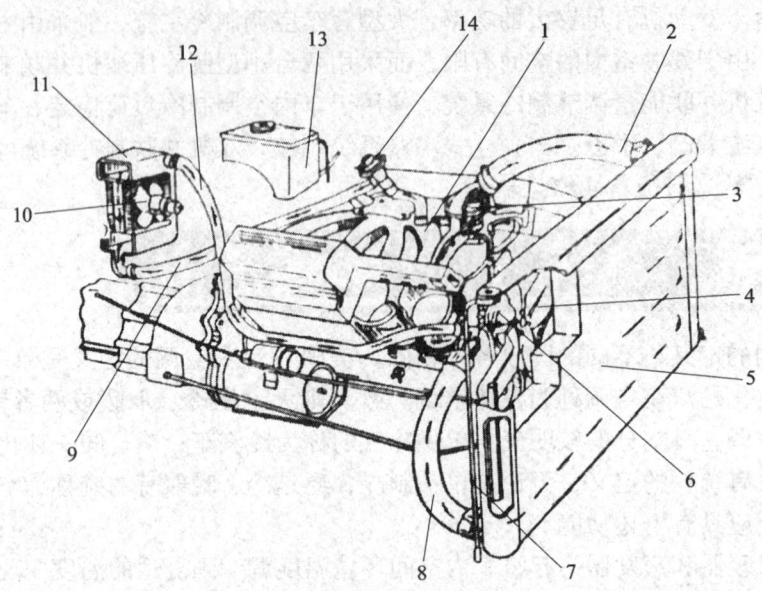

图6—44 水暖式取暖系统的工作原理
1—发动机 2—出液管 3—节温器 4—风扇 5—散热器 6—水泵
7—溢流管 8—回液管 9—加热器进水管 10—风扇 11—加热器芯
12—加热器出水管 13—溢流罐（副水箱） 14—热水开关

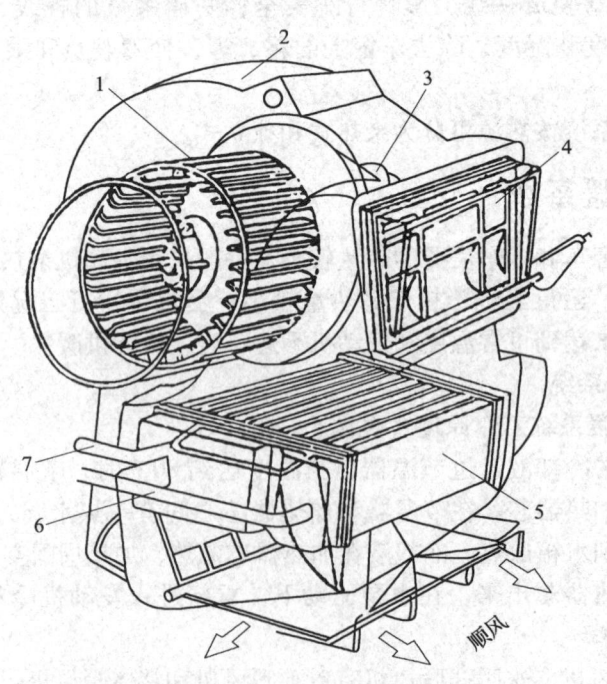

图6—45 水暖式暖风机
1—风扇叶轮 2—暖风机壳 3—电动机 4—调节风门 5—加热器芯 6—进水管芯 7—出水管

一般汽车暖风采用自然通风的外循环方式，空气新鲜，采风口在车灯罩后，经过风机，进入加热器芯加热。红旗轿车有三个暖风机，两个在前，另一个在第一排座椅下，向后排座椅吹风。风扇用来调节输出风量，一般有3~4个风速。

2）整体空调。整体空调把加热器和蒸发器装在一个箱子里，共用一个风扇（见图6—46）。加热器和蒸发器用阀门隔开。加热器有管带式和管翅式两种，材料有铜制和铝制之分。冷却液自上而下通过加热器，使空气和蒸气不能积存在加热器管道里，阻碍冷却液流动。

（3）冷却液控制阀（热水阀）。冷却液控制阀装在加热器进水管之前，控制取暖器冷却液通路。冷却液控制阀有拉绳控制阀和真空控制阀两种。

1）拉绳冷却液控制阀。拉绳冷却液控制阀使用在手动空调中，依靠人工来回拉动开关的绳索，打开或关闭控制阀，结构如图6—47所示。

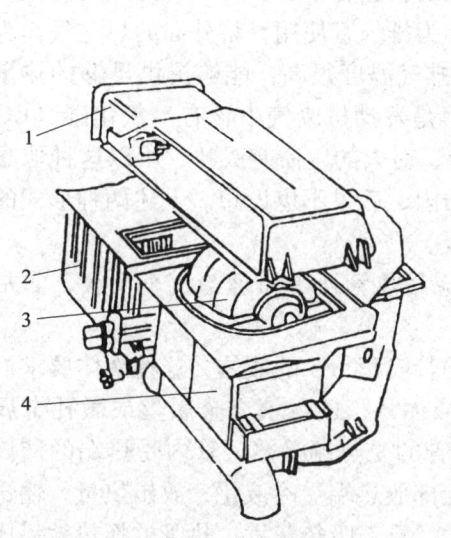
图6—46 整体空调器
1—进风口 2—蒸发器 3—轴流风机 4—加热器

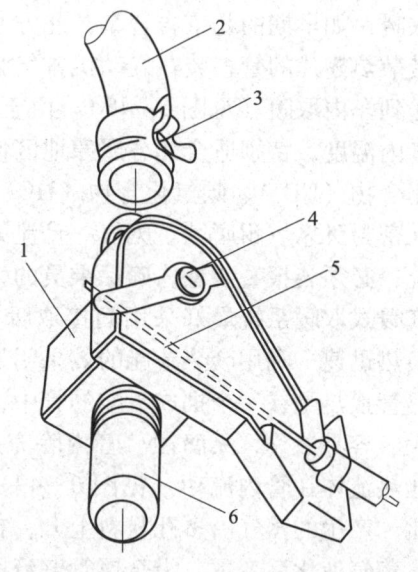
图6—47 拉绳冷却液控制阀
1—控制阀 2—进水管 3—管夹 4—弹簧支架
5—拉绳 6—流向加热器

2）真空冷却液控制阀。真空冷却液控制阀主要由一个封闭膜片盒、活塞和阀体组成。膜盒内有橡胶膜片、弹簧和真空管接头。控制真空冷却液阀的是真空膜片盒，真空从发动机进气歧管或真空罐引来。真空阀不但可以用在手动空调上，也可以用在自动空调上。

真空冷却液控制阀接在进出水口处必须按箭头指示的方向接，冷却液压力和弹簧压力共同作用，使水阀处于加强关闭状态。如需冷却液进入加热器，真空吸力拉动膜片，克服弹簧弹力右移，活塞移动距离准确。如果接反（反箭头方向），冷却液压力使活塞两端压差减小，冷却液压力克服弹簧弹力，真空阀右移，阀门打开，不能正确控制温度。

（4）节温器。节温器装在发动机冷却液通道出口处，取水软管下，感温元件装进发动机冷却水套，感应发动机内冷却液温度。

节温器在发动机水温比较低时，关闭冷却液经过散热水箱和空调加热器芯的大循环，使冷却液只在发动机水套进行小循环，从而使发动机迅速升温到正常工作温度，促使发动机尽快进入稳定工况，保证发动机在正常温度下运转。在发动机未达到正常工作温度前，不能有热的冷却液通过空调器加热器。

标准节温器在82℃时，才逐渐打开大循环的冷却液通路，到96℃时，全部打开冷却液大循环通路，冷却液进行大循环；同样，当温度低时，节温器逐渐关小大循环通路，当低于82℃时，关闭大循环通路，冷却液进入小循环；如此循环控制，保证发动机正常的工作温度。

2. 气暖式取暖系统

气暖式取暖系统是最早采用的取暖形式之一。一种方式是发动机排气管通过驾驶室直接取暖，如早期的北京吉普车，北方寒冷地区的长途客车等。另一种方式是将换热器铸成带散热翅片的管，装在发动机排气管上，作为排气管使用，将外面的热空气作为暖气，送到车内取暖（见图6—48）。由于发动机排气温度很高，能够提供足够的热量以调节车内温度，特别适合北方严寒地区使用。但是发动机废气中含有一氧化碳（CO）、氮氧化合物（NO_x）、碳氢化合物（HC）和微粒，对人的生命有威胁，所以这种取暖系统必须密封可靠、耐腐蚀。废气一旦泄漏到车厢内，后果不堪设想。上述两种形式的取暖系统，必须装报警装置，确保乘员的生命安全。

气暖式取暖系统最好采用间接取暖方式。应用热管换热原理给汽车供暖，非常安全，换热迅速，利用废热节能的效果明显。

热管换热是在一个抽成真空的管中，充入约管容积1/3的液体，这种液体要求汽化潜热大、容易液化、无腐蚀。管内除充入上述液体外，还可填充金属丝或微孔金属材料，让热流体在管内流动（见图6—49）。当热管的受热端吸热，管内受热端的液体立即汽化，产生的蒸气沿多孔材料上升，在热管上部放热端受冷液化，放出热量，输送到车内；蒸气液化后变重，沿金属管壁流回受热端，重新吸热蒸发。热管的换热效果比空气换热效果好、速度快。大型客车热管式取暖系统如图6—50所示。

3. 废气水暖系统

气暖式取暖系统送来的暖气，温度高，湿度偏低，使人感觉空气过于干燥，舒适性较差，采用废气水暖系统可改变这一状态。废气水暖系统与燃气热水器相似，在发动机排气管出口，安装带有散热翅片的热水器，经700~800℃的高温排气加热流过热水器的水，这种水是乙二醇和水的溶液，温度达到105℃左右，再将热水送到空调的加热器加热空气后，送入车内以调节温度，如图6—51所示。

温度高时不需要供热，电磁换向阀将热水器加热的水溶液直接换流到水箱，不经过加热器，在水箱和加热器之间循环。

废气水暖系统在水箱位置高于加热器的条件下可不设水泵，受热膨胀的水溶液会自动地使液体沿着水箱→热水器→加热器→水箱方向循环；增加水泵可使循环加快，有利于暖气温度增高。

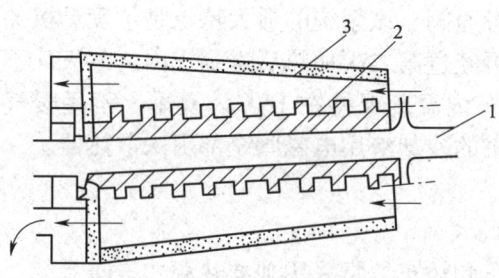

图6—48 气暖式热交换器
1—排气管 2—热交换管 3—空气保温管

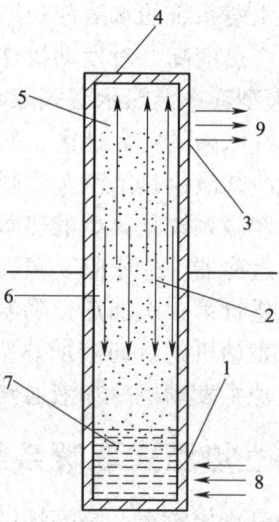

图6—49 热管换热原理
1—吸热端 2—金属多孔材料 3—放热端
4—导热金属 5—蒸气 6—冷凝器
7—液体 8—吸热端热源 9—放出热量

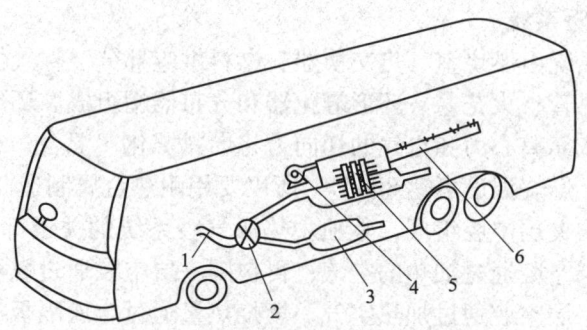

图6—50 热管式取暖系统
1—发动机排气总管 2—电磁换向阀 3—消声器 4—鼓风机 5—热管取暖器 6—暖风管

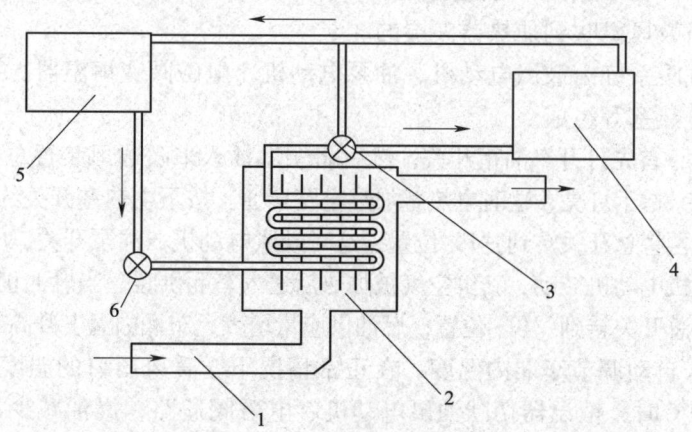

图6—51 废气水暖系统
1—发动机排气管 2—热水器 3—电磁换向阀 4—加热器 5—水箱 6—水泵

废气水暖系统的水溶液长期在系统内部循环，必须使用纯净水或防冻液。该系统设备简单、产热值高，对发动机性能影响较小。

4. 大型客车余热水暖式取暖系统

在长江以南的广大地区，寒冷时间短，为降低成本，多使用主发动机和空调系统的副发动机冷却液供热给汽车供暖。

独立制冷系统是典型的热蒸气旁通阀系统，有自己的副发动机、压缩机、冷凝器、储液器、过冷器、膨胀阀、蒸发器和电磁旁通阀。该系统的最大特点是主发动机的冷却液对空气进行第一次加热，降温、除湿；再经过第二次加热后送到车内。冬天，不用冷气，由主发动机的冷却液加热空气，可使车内温度保持在15℃。夏季，不用暖气，用截止阀关掉主发动机冷却液通路，副发动机的冷却液用电磁阀全部引入散热器。

二、独立热源式取暖系统

大型豪华旅游车、高寒地区使用的客车和轿车，常采用独立热源式取暖系统。独立热源式取暖系统是在燃烧器里燃烧汽油、煤油、柴油，以产生热能加热空气，输送到车内提高温度，产生的废气将排入大气。独立热源式取暖系统分为独立热源气暖系统和独立热源水暖系统。

1. 独立热源气暖系统

独立热源气暖系统由燃烧室、热交换器、燃料供应部分、空气供应部分和控制部分组成。燃烧室由燃料管、火花塞、环形雾化器和分布器帽组成。环形雾化器直接装在风扇电动机的轴上，依靠离心力和空气的切向力将燃料雾化、混合，经火花塞点火引燃后在燃烧器上部燃烧，燃烧温度可达800℃，所以要用耐热金属制造。

热交换器由连格夹层空腔组成，是独立热源气暖系统的关键部件。中心是燃烧室，包围燃烧室的第一层空腔通过加热的空气；再包围一层空腔通过燃烧气体，然后引到排气腔；外面再包围一层空腔通过加热空气。燃烧热量通过金属隔板加热空气，加热后的空气集中至暖气室，送到车内。燃烧室内的空气供应和燃料泵均由风扇电动机驱动。燃料由燃料泵从燃油箱中泵出，经过过滤器、吸入管到油泵，送到环形雾化器和空气混合燃烧。空气是由鼓风机吹到加热器夹层的。

独立热源气暖系统由鼓风电动机、油泵电动机、电磁阀、恒温器、接线板、熔断器盒、控制板、电热塞等组成。

冬季取暖时，首先打开燃油箱开关，然后将钥匙插入采暖通风装置总开关"0"位置，按下电热塞开关，指示灯亮，这时电热塞加热电路接通。按下电热塞开关约30 s，再按下油泵电动机开关；再将总开关转到"Ⅰ"位置，这时鼓风电动机、油泵开关、电磁阀电路接通，指示灯亮。鼓风机电动机转动，新鲜空气被加热后送入车厢供暖。当燃油正常燃烧后，松开电热塞开关，将总开关转到"Ⅱ"位置，燃油供应量增大，车厢内温度升高。

恒温器用来自动调节车厢内温度。在正常情况下，暖风出口的温度为180℃。当排气温度超过180℃时，恒温器切断油泵电动机、电磁阀通路，燃油减少，使排气温度下降。当温度低于180℃时，油泵电动机、电磁阀电路接通，供暖系统重新工作。如此循环控制，保持车内舒适温度。

2. 独立热源水暖系统

独立热源水暖系统的加热器采用的是管带式或管翅式结构。管内流动的是待加热的水，管外的翅片增加与空气的接触面积，增加换热能力。水暖装置的换热系数大于气暖装置，高达80%~85%，而且暖气比较柔和、不干燥。

第十一节　汽车空调通风和调节系统

汽车空调系统在不断变化的车外大气环境下，需要保持车内的温度、湿度、空气的清新度、清洁度，为实现这一目标，必须对已经通过制冷或加热的空气重新调节温度、湿度等。

一、汽车空调通风系统

汽车内的空气要符合卫生标准，要提高车内的空气含氧量，降低二氧化碳（CO_2）、减少灰尘、烟气等有害物的含量，给车内乘员提供舒适的出行环境。为此需要给车内输入一定量的新鲜空气。将新鲜空气引进车内代替车内污浊空气的过程称为汽车通风。

新鲜空气进入车内的量必须大于排出车外和泄漏到车外的空气量，才能保持车内压力略大于车外的正压状态，避免空气不通过风门装置直接进入车内，影响车内空气的调节。车内如果处于负压状态，车外的空气不经空调装置直接进入车内，排出去的热空气，甚至发动机排出的废气都会通过会风道进入车内，污染车内空气。

汽车空调通风有两种方法，一种是迎风通风法，另一种是动力吸入法。排气也有两种方法，一种是自然排气法；另一种是动力排出法。为保证新鲜空气的洁净度，进风口和排风口的位置非常重要。进风口必须选在汽车行驶时的正压分布区内。这时外界空气经过过滤和进气控制阀的控制，校正车内空间处于正压区，空气新鲜。排气门应选在负压区，便于排出车内的污浊空气。

轿车、货车的新鲜空气进风口都布置在车头部位，这个部位处于正压区，引进来的空气较新鲜。为避免发动机室内空气对新鲜空气的污染，用管道将车外新鲜空气直接引入空调室。

大型客车的进风口布置比较复杂，需依据蒸发器和空调管线布局位置来设置。整体式独立空调的进风口要避免设在灰尘多的位置，一般设一条吸气管通到车顶，用动力强制吸入。

大部分空调客车排风口设在车前部驾驶室两侧上部，这一位置是最大负压区，首先利于引导车内空气排出和流动；其次是空调风在车内空气流动循环的最后部分（见图6—52）。空调风吹出后，经车内中间部分、座位底部回流，再沿着前部两侧上升到出风口排出车外，充分利用了气流能量。少部分大型客车，追求温度分布的均匀性，采取强制排气的方式。在车侧的中间开有排风口，再用管道将其引到抽风机，排出车外。

图6—53所示为轿车空调风的循环。车外新鲜空气从发动机罩后部引风口进入车内，在车内循环，从后门棱上的空气出口隔栅间外溢；只要空调风吹动，车内即开始吸入新鲜空气。进风口处装有进气阀门和内循环阀门，用来控制新鲜空气的流量。当空调

器刚启动时，车内温度较高，应首先打开内循环阀门，尽快降低车内温度；之后再打开外部空气进口，保持车内空气的清新度。

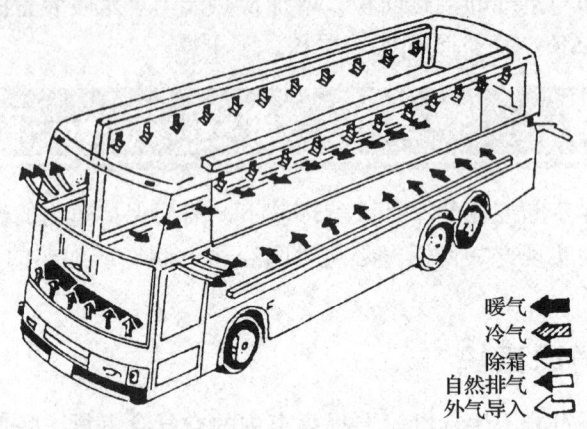

图 6—52　大型客车空调风在车内的循环

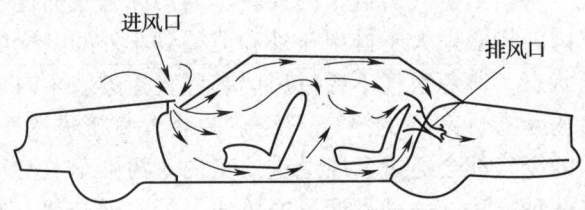

图 6—53　轿车空调风的循环

二、汽车空调的配气

1. 典型配气系统的温度调节

当前市场上出售的汽车，基本上采用一体式空调器，其排气系统和温度调节如图 6—54 所示。

典型汽车空调器温度调节、输送、分配如下：空气的清新度由气源门来调节和控制，循环空气被风扇吸入车厢进入空调器。气源门在位置 A，为外部新鲜空气进入空调器；在位置 B，为车内循环；有些空调的气源门可以在 A 和 B 之间的任何位置，则为外部空气和车内空气的混合循环。

空气在风扇的输送下，流过蒸发器，进行除湿、降温。温度调节门的作用是调节空气的温度，当调温门在位置 A 时，冷空气不经过加热器，空气温度最低，夏天给车内降温最好。当调温门在位置 B 时，有一部分冷空气经过加热器芯，温度升高；一部分冷空气不经过加热器芯，两部分空气混合后，得到一定温度的空气，输送到车内；温度调节门在 $A\sim C$ 的不同位置，就得到不同温度的空气。人们可以按实际需要调节温度调节门的位置，控制车内温度。当温度调节门在位置 C 时，全部冷空气进入加热器芯，得到较高温度的空调风。温度调节门在位置 C 时，经过蒸发器降温、除湿和不经过蒸发器除湿、降温两种空气的状态是不同的，最大的区别是湿度、温度也略有差别。

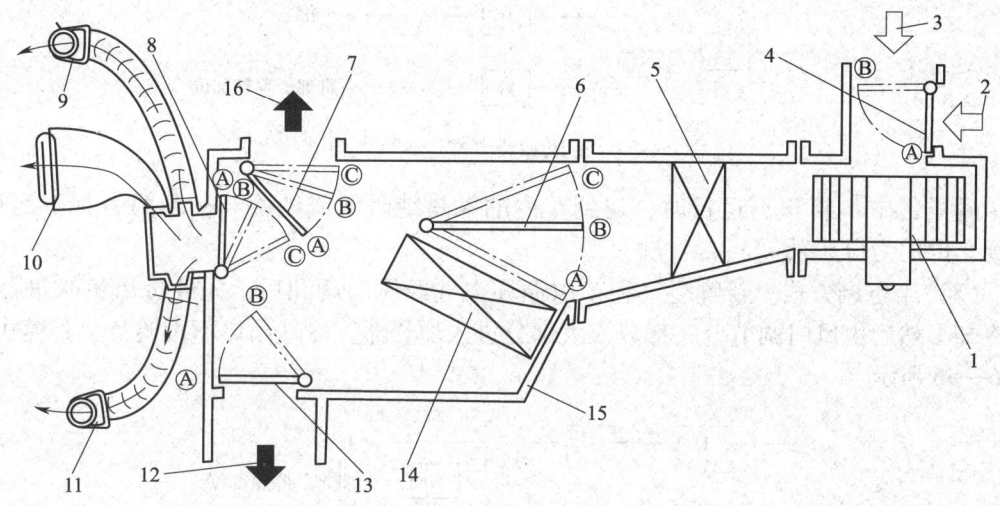

图 6—54 典型汽车空调器温度调节和配气图
1—轴流风机 2—内循环空气门 3—外来新鲜空气 4—气源门 5—蒸发器 6—调温门
7—除霜门 8—中风门 9—侧风口 10—中风口 11—侧风口 12—下风口
13—下风门 14—加热器芯 15—空调外壳 16—上风口

调节温度后的空气，须从除霜门、中风门和下风门输送到车内。当前挡风玻璃有霜或雾时，打开除霜门进行除霜、除雾。冬天打开下风门，供驾驶员和乘员脚部取暖，还可调节调风门将风引向所需的部位。

需要注意的是，除霜时必须用外部空气循环引进的热空气，因为冬天在行车时，车外部空气干燥（雪、雾天气除外），空气加热后更加干燥，吹向挡风玻璃，溶化霜后，吸收水蒸气，排到车外，使车内湿度下降，玻璃表面才不会再结霜或雾。而车内空气由于乘员呼吸中的水分，相对湿度比车外高，接触到挡风玻璃，受外界环境的冷却达到饱和，再继续受环境冷却，会在挡风玻璃表面结霜或雾。这时用车内循环除霜和雾，车内湿空气被加热后吹到冷玻璃上，湿度立即提高，在玻璃上变成雾、凝成小水珠或结成霜，如此循环，严重影响驾驶员视线，威胁行车安全。

2. 其他调节温度的配气系统

（1）再热空气混合。新鲜空气和循环空气经风门调和后，由风机 D 吹向蒸发器 E 进行冷却，再经过风门进加热器 H 加热，处理后的空气分别按功能要求从出风口送入车内，即 D→E→H→出风口。

混合空气的温度控制由热水阀控制其热水量。若不用热水，则出来的是未经加热的空气；若不用制冷，则出来的是暖风；若不用冷、暖气，则出来的为自然风。

（2）冷风和暖气并进式。新鲜空气和循环空气经风门调和后，由风机 D 吹出，空气将由调风门调节进入并联的蒸发器 E 和加热器 H，蒸发器的冷风从上面吹出，对着人体上部，而热空气对准脚下和除霜部位。由于风量和温度多种多样，则由风门调节空气流量的大小分别进入蒸发器和加热器。以满足不同温度、不同风量的要求，其模式如图 6—55 所示。

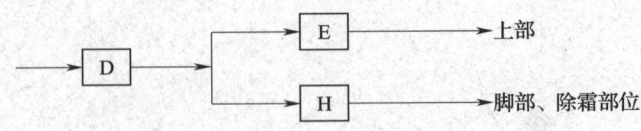

图 6—55　冷风和暖气并进式配气方式

同样，在 E 或 D 不运行时，送到车内的就是纯暖气或纯冷气；若两者都不运行，送到车内的为自然风。

（3）半空调方式。新鲜空气和车内循环空气经风门调和后，先经过风机吹进蒸发器冷却，然后由风门调节，一部分或大部分进入加热器，冷气出口不再调节，其模式如图 6—56 所示。

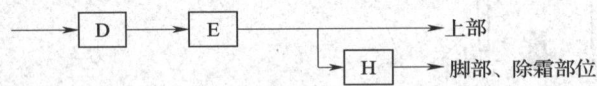

图 6—56　半空调方式配气方式

同样，由风门来调节送入车内的空气温度。若 E 不开，将空气全部引到发热器，则送出来的是暖风；若 H 不开，则送出来的全部是冷风；若两者均不开，则送出来的是自然风。

一般情况下，当前使用最多的温度调节方式是再热空气混合式，即空气先经过蒸发器进行降温、除湿处理后，由调温阀门将一部分或大部分送到加热器取暖，出来的热气和冷气再混合，可以调节出人们所需要的各种温度的空气。而且除霜的热风可以直接从加热器引到除霜风口，直吹挡风玻璃。

三、高级轿车冷气和暖气分开输送系统

有些高级轿车，冷气和暖气的输送分开进行。例如，红旗轿车和某些型号的奔驰轿车。冷气从上面向下吹向乘员的头部和上身部分，暖气则吹向脚部，创造一种头部区域冷、脚部区域热的环境。由于混合空气的温度是在车厢内进行，所以垂直面上的温差比较大，使人感觉不太舒服。因此，冷气温度不能太低，暖气温度不能太高，即使这样，温度的舒适度也比较难调节。这种空调系统已经逐渐消失。

目前，高级轿车的空调系统，是由微机控制的，每个座位均安装一个微型调节器，每个乘员可以按自我需求，调节空调器吹向自己身体各部分空调风的温度，并可以创造出一个微型的上冷、下热环境。这点对于不同年龄的乘员特别有用。

调节空调器吹出空气的温度、流向，以及其他各种参数的选择，有手动调节、半自动调节和全自动调节、计算机调节等方法。

四、手动调节的汽车空调系统

手动调节的汽车空调系统目前仍然在大多中级和经济型轿车、面包车、货车上使用，是最普遍、最经济的汽车空调系统。其温度的调节、通风机构和风向、风速等都是

依靠驾驶员调节各种键来实现,增加了驾驶员的工作量,而且调节的空调参数不一定是在最舒适的范围内。下面介绍手动调节的汽车空调系统。控制板上的功能键。

汽车空调系统在仪表板上都装有空调控制板,如图6—57所示。

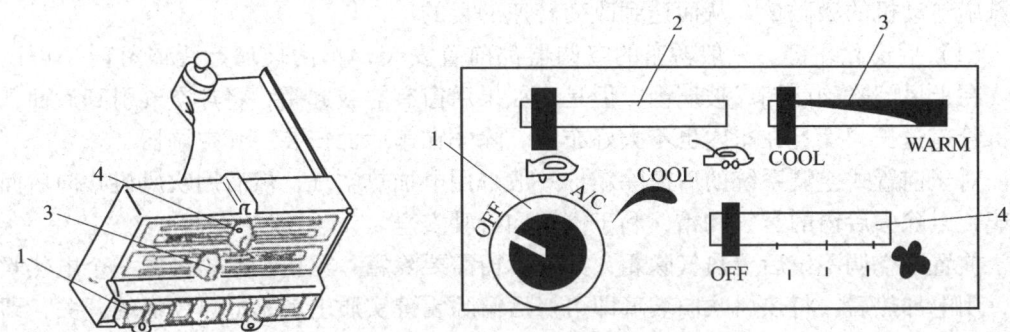

图6—57 汽车空调控制板
1—功能选择键 2—空气循环键 3—调温键 4—调风键

不同汽车的空调,控制板的控制键和形式也有所不同,但其功能键的内容基本相同,对于手动调节系统更是如此,这样布置的控制板为大多数轿车和面包车所接受。我国生产的北京切诺基、桑塔纳、标致、奥迪以及第二汽车制造厂生产的富康等轿车以及轻型货车均如此。

控制板有4个功能键,它们分别是:

（1）功能选择键。用于确定空调系统功能,即要求空调是取暖、制冷、冷暖风或者除霜。具体功能选择键的名称和作用如下:

OFF——停止位置　　　　　Floor（或Heater）——暖气位置
Max——最大制冷位置　　　Mix（或Bilevet）——取暖和化霜位置
A/C——空调位置　　　　　Def——化霜位置
Vent——自然通风位置

功能选择键在移动（对旋钮式的功能键则为转动）时,就能改变真空开关的通路。通过真空开关来控制真空电动机,而通过真空电动机就能控制各个风门的开关位置,从而调节空气的温度、流向。

（2）温度键（又称调温键）。温度键是控制温度门的开关,用拉线和温度门连接。温度键的左端是制冷端（COOL）,右端是取暖端（WARM）。键处在左端的COOL位置,则温度门关断通向加热器的通路,出来的空气是未经加热的空气。键处在右端的WARM位置,经过蒸发器降温、除湿后的空气全部引入加热器,送入车内的空气是经过除湿后的暖空气。温度键可以在左、右两端自由移动,其中间的每一个位置,对应温度门也有一确定位置。

控制温度键,同样控制了加热器的热水控制阀。当温度键处于最左端的COOL位置时,热水控制阀处于关闭状态,加热器没有冷却热水通过。只要移动温度键离开COOL位置,温度键同时也拉动热水控制阀的绳索或真空开关,打开取暖系统通路。如果温度键是应用旋钮,其控制温度门和热水控制阀都是应用真空电动机来控制。

(3) 调风键。调风键只是控制空调器内的鼓风机，不能控制冷凝器的风扇。一般空调器开关有四个调速挡和一个开关，即 Hi（高）、Lo（低）、M1（中速1）、M2（中速2）和 OFF（断开）。调风键其实是一个电阻箱，通过改变电动机的线路电阻值来改变风扇电动机的激磁量，从而达到改变转速的目的。

(4) 后窗除霜键。一般轿车的空调器都前置安装，车内玻璃有霜或雾时，可以用热气在上风门吹到前挡风玻璃上。但是，如果后窗有雾或起霜，将热空气引到后面，就显得管道过长，而且在车内也不太好布置。除非在车后面安装一套空调器。

对于前置式空调系统的后窗除霜，一般采用电加热空气，然后用吹风机吹向后面的玻璃，以除去后窗的雾气和霜，利于倒车和行驶安全。

前置式空调不设后置热气除霜，如果后窗需要除霜，只要在后窗设置一个电热吹风机，用电加热后，将热风吹向玻璃即可。后窗除霜键实质上就是电热风机的开关，即除霜键旁边的一个指示灯。当开关接通时，指示灯亮，提醒驾驶员后窗除霜系统在工作，不要忘记切断电源。

五、全自动的汽车空调系统

目前，大量进入中国市场的日本、美国、德国的轿车，如凯迪拉克、宝马等汽车的空调系统都是采用全自动的，它比前面讲的用真空控制的自动空调控制精度要准确得多，而且控制板也比较简单。

在自动空调系统中，有一套计算比较电路，通过对传感器信号和预调信号的处理、计算、比较，输出不同的电信号指挥控制机构工作。使温度门的位置不断调节空调温度，并使风扇的转速随着空调参数的改变而改变。空调风向的控制、各风门的开关，是用电磁阀控制的，故控制键的形式是琴键式，操作方便。

全自动汽车空调系统主要由电桥、比较计算器、真空伺服电动机控制三部分组成。由车外温度传感器、车内温度传感器、太阳辐射热传感器和调温键电阻器组成的电桥，和计算比较器组成一个控制系统，由于温度变化，由热敏电阻器组成的传感器电阻必然会引起电阻的变化（见图6—58）。则电桥的输出电位 U_A 和 U_B 相应发生变化，电桥处于不平衡状态，引起比较器 OP 的启动。OP_1 和 OP_2 组成的计算比较器，对电桥来的电信号进行比较后，OP_1 或 OP_2 输出一个电流值给真空电磁阀，而真空电磁阀将电信号转换成真空信号，指挥真空伺服电动机工作，带动控制杆对温度门的开度进行控制，同时对风扇转速和热水阀进行控制，最后达到恒温。

全自动空调的工作过程如下：如果设定的温度为25℃，车外温度为30℃，当空调系统刚开始工作时，由于预定温度下的电阻比传感器桥臂的总电阻低，例如减少了一个 ΔR 值。电桥处于不平衡状态，此时，电桥输出的电位 $U_B > U_A$，比较器开始工作。由于 U_B 电位高，则 OP_2 无电流输出，只有 OP 有电流，真空电磁阀 YVc 打开；由于 YVc 是打开大气通路的，所以真空伺服电动机的真空度减小，膜片在气压增大作用下，将控制杆向上推，并将温度门通往加热器芯的气体通道减小，空气温度下降，而且风扇转速上升。若预调温度和车内温度差值越大，则电桥两端输出的电位差越大，比较器输给真空电磁阀的电流越大，则电磁阀的开度越大，真空伺服电动机的膜片移动量越大。

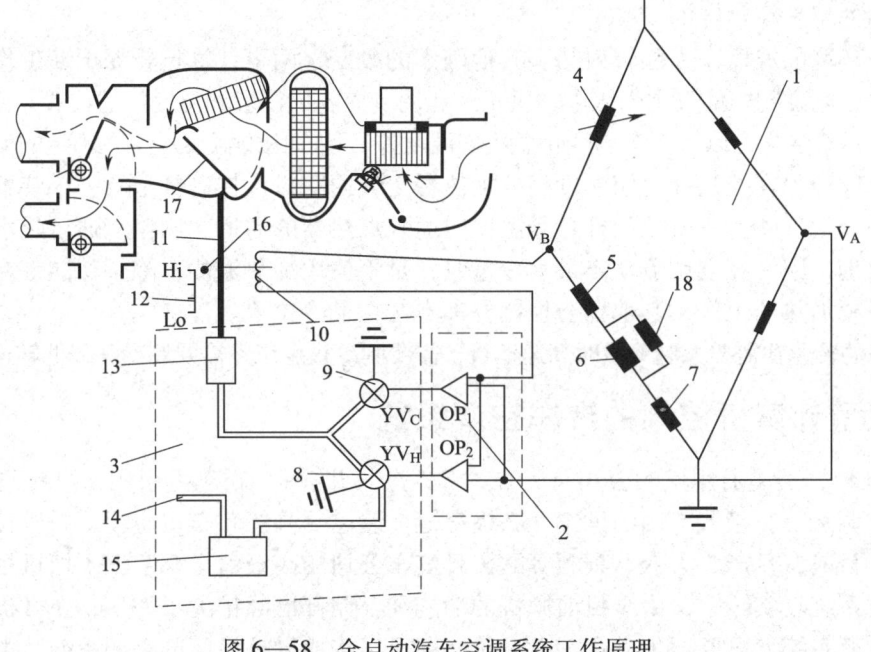

图 6—58 全自动汽车空调系统工作原理
1—电桥 2—比较计算器 3—真空控制器 4—调温键电阻 5—车内温度传感器 6—太阳辐射热传感器
7—车外温度传感器 8—升温真空电磁阀 9—降温真空电磁阀 10—反馈电位器 11—控制杆
12—风扇转速开关 13—真空伺服电动机 14—接发动机进气歧管 15—真空罐
16—热水阀开关 17—温度门 18—风道温度传感器

此时，随着控制杆的上移，反馈电位器的电阻下降，直到控制杆将温度门关断加热器芯的通道，而反馈电位器的电阻为零。这时，风扇在最高转速运转，蒸发器以最大制冷量输出冷气，而冷气没有经过再热，以最凉的风吹进车内，进行降温调节。

在车内降温过程中，调温键电阻和车内温度传感器电阻之差值不断减小。在某一温度一下，ΔR 之值和反馈电位器的最大电阻值相同，U_B 电位和电位器的反电位相同，比较器 OP_1 无信号输出，OP_1 截止，YV_C 关闭大气通路，真空伺服电动机维持在最大制冷量时的工作状态。温度门仍然关闭，风扇高速运转。因此，车内温度继续快速下降。车内温度传感器电阻不断增大，并与调温键电阻差值越来越小，这时 U_B 虽大于 U_A，但是，由于反馈电位器电阻的作用，在比较器两端的电位，变成 $U_A > U_B$，OP_2 输出电流信号。真空电磁阀 YV_H 打开真空气路，真空伺服电动机的真空度增大，膜片克服弹簧力下移，带动控制杆下移，温度门逐渐打开加热器芯空气通路，让一部分冷空气重新加热，并混合后再送到车内。这时，随着控制杆的下移，反馈电位器电阻不断减小，而且电桥的总电阻差值也不断减小，最后，当车内温度达到预选温度时，电桥的总电阻差值和反馈电位器电阻值相同时，比较器两端的电位也相等，即 $U_{op_1} = U_{op_2}$，OP_1 和 OP_2 都无信号输入，YV_C 和 YV_H 都关闭。真空伺服电动机保持原工作状态，这时，输到车内的空调风的制冷量刚好保持车内温度在预选温度恒定。如果外界的条件有变化，如太阳直晒，则车内热量增多，电桥又会输出 U_B 电位给 OP_1，使 YV_C 工作，空调风的温度下降一些。如果外界温度下降，电桥会输出 U_A 给 OP_2，空调风的温度会自动升高一些，以保持车内的温度在预定的 25℃。

由于环境的温度、太阳辐射热和其他因素的改变，两个计算比较器不断工作，输出电流给真空电磁阀，使真空伺服电动机不断地调节控制的位置和温度门的位置，使输出的空调温度不断变化，以适应车内变化微小的温度差，使车内的温度保持在预定的温度。

热水阀开关在控制杆关闭温度门的加热器空气通路时，控制杆上有一个装置能切断热水阀的真空气路。只要控制杆打开温度门通入加热器的通道，则恢复通过热水。这样安排很合理，因为在空调器输出最大冷量时，是不使用加热器的，除了功能键在自然风时，才不要加热器工作。其他场合控制杆都不会在最冷位置。

风扇的转速在需要大制冷量时高速运行，需要制冷量少或不需要制冷时，低转速运行。

六、微型计算机控制的汽车空调系统

1980 年，美国通用汽车公司首先在"别克"（Buick）轿车上引用微型计算机控制的汽车空调系统，接着丰田的世纪、高级皇冠、凌志等高级轿车也应用了微机控制的汽车空调。目前，日产、大众、奔驰等欧美日汽车公司的高级汽车都装上了微机控制的全自动空调系统。实际上，由于目前微机的功能和存储都已经扩大了许多，在微机控制的喷油发动机系统，只要增加一点辅助系统，即可以构成微机控制的空调系统。微机控制的空调系统，不仅能按照乘员的需要吹出最适宜温度、湿度的风，而且可以根据实际需要调节风速、风量。它还极大地简化了操作。

1. 微机控制的汽车空调系统的相关功能

空调控制。温度自动控制、风量控制、运转方式给定的自动控制、换气量的控制等，满足车内空调对舒适性的要求。

（1）节能控制。压缩机运转速度的控制、换气量的最适量控制以及随温度变化换气切换、自动转入经济运行、根据室内外温度自动切断压缩机电源等。

（2）故障、安全报警。制冷剂不足报警、制冷压力高于设定值或低于设定值报警、离合器打滑报警、各种控制器件的故障判断报警，并对故障部位用闪烁指示灯报警，直到修好为止。计算机空调系统在某种器件发生故障报警的同时，将这一故障器件自动转入常规运行状态，而不影响空调系统的工作。例如进气门发生故障时，车内再循环空气门不再使用，进气门自动将它接到车外空气通路，空调系统继续工作，但由于外界空气进入车内，空调器不能提供最冷的空气。

（3）显示。能显示给定的温度、控制温度、控制方式、运转方式的状态以及运转时间等。

（4）故障诊断储存。空调系统发生故障，计算机将故障部位用代码的形式储存起来，在需要修理时，能指示故障的部位，所以很容易修理。微机控制的空调系统具有高度自动化、高度可靠性、经济性和舒适性、安全性等优点，是微机汽车空调日益普及的根本原因。

2. 微机控制的基本原理

汽车上应用的计算机，和工业上使用的计算机控制系统一样，是一个非常复杂的系统。包括硬件和软件两部分。硬件包括主计算机和 I/O 接口设备，主计算机包括中央处理器 CPU 和主存储器 RAM；主计算机依靠 I/O 接口设备输入信息（键盘、传感器信号）、输出指令（打印、绘图、显示、转换器等）。软件包括系统软件和应用软件。系统软件含有语言处理程序、操作系统、服务诊断程序等；应用软件包括工程设计程序、数据处理程序和过程控制程序。

微型计算机空调系统包括硬件系统和软件系统。硬件中的主计算机负责计算、记忆、判断、计时。I/O 接口输入设备模拟开关和 A/D 转换器，将人工输入温度通过模拟开关输入主机；而传感器送来的信息通过 A/D 转换器输入主机。I/O 接口输出设备有驱动器，控制各个电磁阀。在图 6—59、图 6—60 中，主计算机主要控制压缩机工况和空调器的一些主要功能以及进行监视。在主机的接口上增加了一个辅助计算系统。其实这是一个过程控制程序的应用软件系统，控制着空调系统的制冷、制热、风门、风向、温度、流速等。微机主机是单独接受和计算各种传感器输入的信号，以及对控制信号的反馈进行迅速的演算、记忆、比较、判断，再发出各种指令，驱动各执行机构工作，调节、控制车内的温度和各种空调参数。图 6—59 所示为微机控制的汽车空调的组成和接口电路框图，图 6—60 是微机控制的汽车空调系统工作原理图。从图中可知，微机控制的空调分四部分，输入信号和数据、输出指令、主机的演算、记忆、判断、计时、指示故障等，计算机之外围是指令的转换器和执行器。输入信号有 4 类：

（1）车内温度、大气温度、太阳辐射三个传感器（热敏电阻器）输入的信号。

（2）驾驶员预定的调节温度信号、选择功能信号。

（3）由分压器检出温度风门的位置信号，以及蒸发器温度传感器、冷却水温度传感器信息。

（4）压缩机的工作参数，如转速、制冷剂、压力、温度等。

计算机根据这些输入的信息进行计算、比较、判断，并发出工作指令和故障警告。计算机的控制是根据温度平衡方程进行的。设输入预调的电阻为 K，车内的温度电阻为 A，车外大气温度电阻为 B，日照电阻为 C，则其温度平衡方程为：$K = A + B + C$。计算机根据这个方程计算、比较、判断后发出各类指令，让执行机构实施动作：

（1）向有关的真空电磁阀发出指令，驱动各个风门在相应的位置。

（2）根据温度平衡方程和热水阀传感器的信息和蒸发器温度的信息，发出指令，控制 YVV 阀动作，调节温度门在适当的位置，输出合适温度的空调风。

（3）根据车内的温度情况，调节空调风量，指令风扇电动机输送调节电压信号。

例如，在冬天，车内温度较低，若送风量大，送出的风温度较低，使人感觉有寒意而不舒适。若调低转速，送出的暖风温度较高，让人觉得暖和。这点是其他自动空调系统达不到的。

（4）根据室外温度的高、低，自动切断压缩机的工作或切断加热器的工作。这样会节省油耗。例如，当室外温度降低到 10℃ 以下，计算机会自动切断压缩机的电路，并引入外界空气，进行空气调节后送入车内。在夏天，室外温度高于 30℃ 时，计算机发出指令，关闭热水阀，并让风机高速工作，多送凉风到车内。室外温度高于 5℃，自动切断车外空气，并定期切换一次外气。

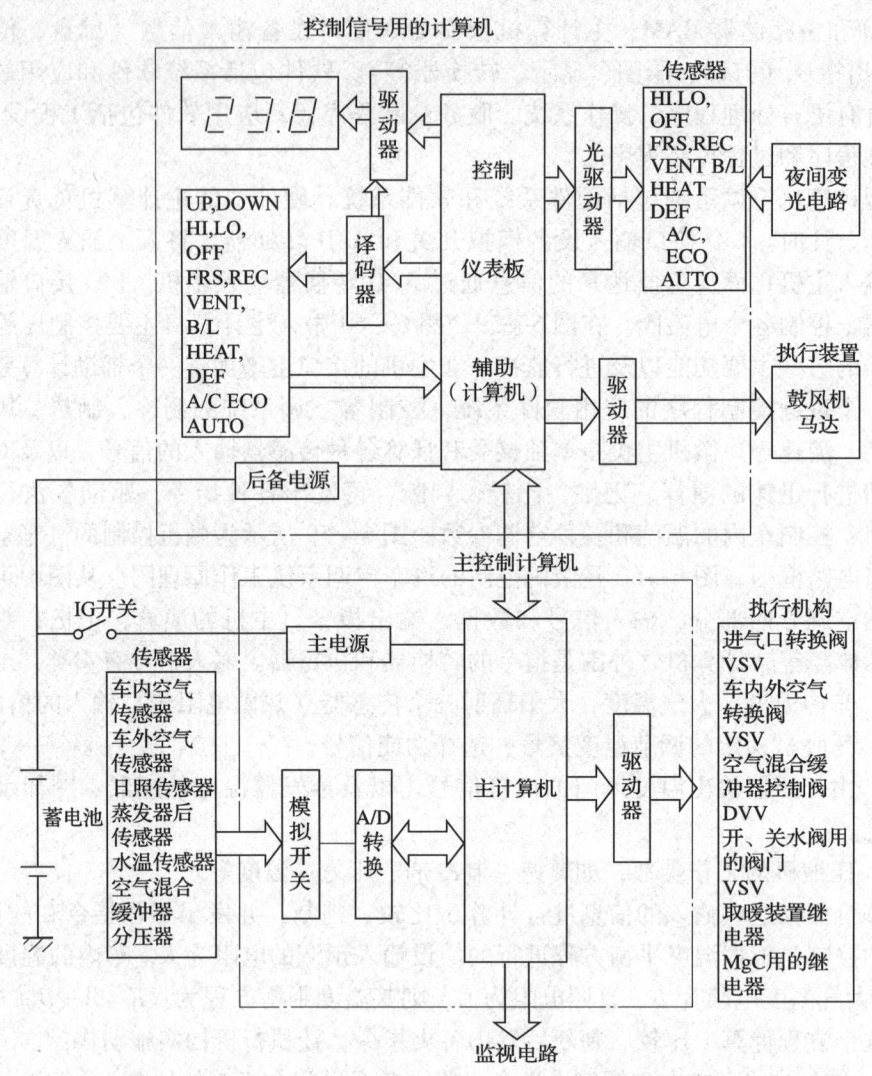

图 6—59 微机控制的汽车空调的组成和接口

（5）对于使用容积可调式压缩机制冷系统，压缩机的节能输出会引起蒸发器温度上升。这时计算机可自动调节温度门位置，保持输出空气温度不变，保持车内温度恒定。

（6）在冬季和夏季雨天，必须除去玻璃上的结霜和凝雾，以保证驾驶员安全操作和乘员的视线清晰。只要触摸 Def 开关，空调就会向挡风玻璃和汽车两侧玻璃吹热风。

微机控制的汽车空调系统的工作方式选定，只要在电子触摸板的按钮上轻轻触摸即可。计算机控制板上的触摸开关下面，有一个灵敏的转换器。只要按功能键，微机控制的空调系统就可以按照选定的温度和功能，自动选择运行方式，达到驾驶员所需要的温度。

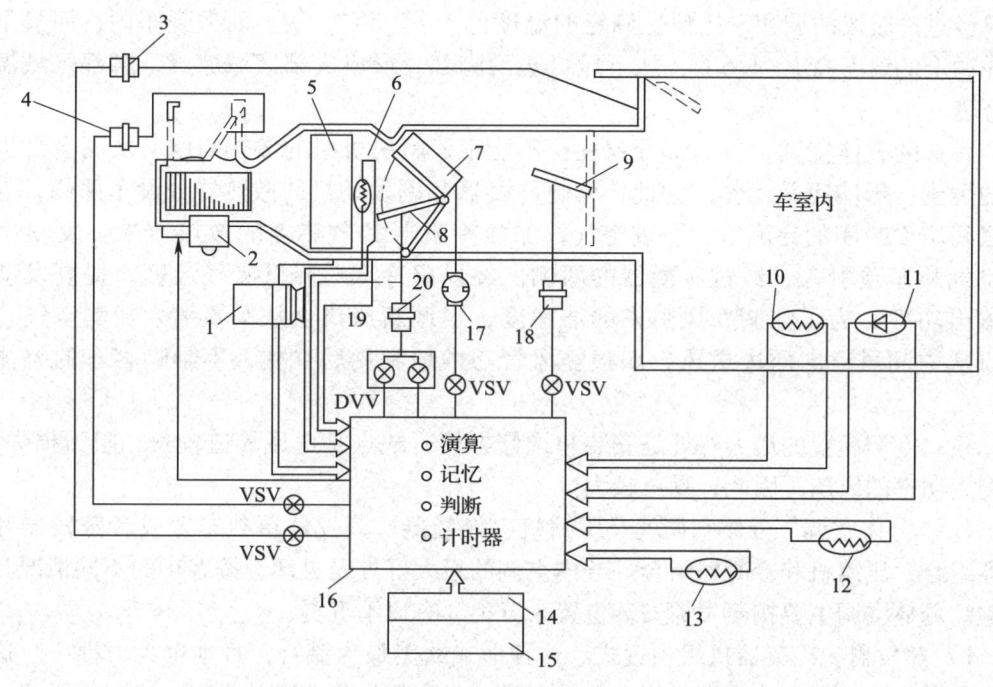

图 6—60 微机控制的汽车空调系统工作原理
1—压缩机 2—风机 3—真空电动机 4—气源门真空电动机 5—蒸发器 6—蒸发器传感器 7—加热器芯
8—温度门 9—风行调节器 10—车内温度传感器 11—太阳辐射传感器 12—车外温度传感器
13—冷却水温传感器 14—触摸开关 15—预定温度键 16—微型计算机
17—热水阀真空电动机 18—风口切向真空电动机 19—反馈电位计
20—真空伺服电动机 VSV—真空转换阀 YVV—降温、升温电磁阀

七、大、中型客车的空调系统

1. 大、中型客车的空调布局

大、中型客车的空调装置布局远比小轿车复杂，种类也因而繁多。基本上可以分为整体空调和分体空调两类。

（1）整体空调。整体空调就是先前介绍过的独立空调系统，制冷系统所需的动力由副发动机供给，副发动机、空调器和取暖设备都装在一个机架上，整体装在汽车裙部或后置。裙置式便于副发动机散热，通风管道短而好布置，独立空调的安装也较方便。裙置式独立空调横置于车轴线，所以，冷凝器的冷却效果不大理想，而且灰尘、泥水较容易污染冷凝器。为此，经常从汽车侧面开一个引风口。由于此处是负压区，必须由强力抽气风扇进行强制冷却，因此要多消耗能量。空调器的外来风必须用长管从车顶引进，增加了装置尺寸。

整体空调用风管将冷风送到车内，每个座位的上面都有一个可以转动的风口，让冷风均匀吹到每个乘员的头部。左右两个玻璃框，做成左右两条冷气管。冷气管则埋在车顶的夹层内。同样，若有独立式整体的暖风源，用风管送到座位的车两侧底部，向脚下吹暖风，形成头冷、脚暖的环境。目前的大型豪华客车，都用计算机控制输气，上部的冷风经过冷暖风的调和，比预先调定的温度低 $1\sim1.5\ ℃$，从上面送到车内，而脚下比预先调定的温度高 $1\sim1.5\ ℃$，从下风口送到脚部，形成头部区域凉爽，脚部区域温暖的环境。

后置的整体空调，在后部开窗往往不能很好解决机组的散热问题，反而会带进大量的尘土，影响正常工作。为此，常将冷凝器和副发动机的散热器分设车两侧，与车壳之间增设封闭的导流室，引进空气，加强冷凝器和散热器的散热效果。发动机所需空气从车顶引入，经过冷凝器的两侧。经风扇冷却后降低吸气温度，提高发动机的输出功率。为了空调新风引入的洁净度，空调新风口也从车顶引入新鲜空气。而冷风从中间风道向两边送风，四根竖风管巧妙地利用后立柱，不影响客车的整体美观。

独立空调后置的最大好处是安装和维修方便，缺点是送风管道较长，阻力损失大，要配大功率的风扇，因此，噪声较大。

(2) 分体空调。分体空调就是压缩机、冷凝器、蒸发器单独布置或者蒸发器和冷凝器组合，压缩机和冷凝器组合。分体空调的最大好处是灵活，按客车的不同情况具体处理。分体空调主要按蒸发器安装位置来分类，有以下五类：

1) 蒸发器+冷凝器机组顶置式。这种形式欧美最为流行，日本也大力推广。这种分体空调将蒸发器和冷凝器机组安装于车顶。具有不占汽车有效空间、冷凝效果好、空调气流分配均匀、新鲜空气依靠风压进气等优点。还适应不同的驱动形式，其制冷剂的循环管道和热水管都可以依窗框为依托，整个布局简洁明了，不影响汽车空气动力性能，节省燃油消耗。蒸发器和冷凝器的组合空调的箱体是用耐腐蚀、高强度、质量轻的玻璃纤维塑料制成，隔热性能好。顶置式分体空调器的优点使得其被众多大型客车所采用。我国的岳阳制冷设备总厂最早从德国的 KONVEKTA 公司引进生产技术，其制冷量从 $9.3\sim29$ kW 的各种规格都有。用于大、中型客车。若是加长公共汽车，可以在后车顶上再装一个空调器。上海新江机器厂也从德国同一家公司引进生产类似的产品。

2) 蒸发器顶置分散式。这种形式的蒸发器分布在车顶上的各个合适位置。为了便于安装冷气管道和减少阻力，蒸发器一般在中间对立两边。两个长形的蒸发器配置几个轴流风扇，形成强大的制冷能力，对车内的温度进行降温。取暖系统一般都用管道从下面送出。

顶置分散式还有在4个顶角上安装4个空调器和中央4个空调器等多种形式，主要考虑冷气均匀。顶置分散式既可以为非独立空调，由主发动机带动；也可以为独立式空调，由副发动机驱动压缩机。这类空调器顶置式主要为大巴和中巴采用，也为冷藏货车采用。特别是中巴，用主发动机驱动两个压缩机同时工作，两个空调器工作，产生最大冷量。当车内温度降低到预定温度时，停止一个压缩机和空调器工作，有利于节能。

3) 车内顶置式。空调蒸发器布置在车内顶棚之上，上面再有一层高凸起的车顶。这类布局常见于中巴和面包车上。在中国和日本汽车较为流行。空调器又可分为前置、中置和后置三种。前置和后置以集中式为主，一个蒸发器配几个离心风机做成一个空调器。

内置式不但有集中的，也有分散的，压缩机由主发动机驱动（非独立式），冷凝器侧置，主要考虑和发动机水箱分开后，散热效果比较好，还设有制冷器，使制冷系统的制冷系数较大。

4）后置分散空调。蒸发器安装在车后面的分散空调，多见于大型旅游车和豪华长途客车，主要有以下几种形式：

①空调器布置在后车顶，冷凝器安装在后围中部或侧部，压缩机一般由主发动机驱动，也可由副发动机驱动。蒸发器两边各有一个离心式抽风机，新风从车顶吸入，冷气由管道输送。

②蒸发器装在车后中间，而冷凝器装在车后顶部。蒸发器用两个风扇将空调风抽送到上面管道，再向下吹送到车内，车后中部两侧设有两个新鲜空气入口，车内循环风由车内侧进入蒸发器。而暖气采用水暖式，经空调器内和冷气调节好温度后，再送入车内。压缩机可以由副发动机或主发动机驱动。

③蒸发器和冷凝器组装成整体后置车尾中部。蒸发器由两个风扇输送空调风到车内，两侧有新鲜空气进口，车内循环风由内侧进来。发动机的冷却水作为取暖热源，通过空调器内加热器和冷空气调和。像轿车的温度门和气门一样，控制温度的高低，将暖风从下风管送到车底部，而冷风从上部送入车内。而冷凝器则由一排小型轴流风扇强制冷却，冷却风从侧面进来，热风从车后吹出到空气中。

空调系统分散在车后是目前大型客车广为流行的方式，其特点是结构紧凑，不占用车厢空间，基本可以用主发动机的冷却水来取暖，空调实现冷暖一体化和计算机控制，空调系统装在车后，设备的噪声、振动对车内干扰较小。

5）双层公共汽车制冷系统的布局。目前，城市的公共交通拥挤，双层公共汽车的占地面积几乎比单层的减少50%。

双层公共汽车的空调分布形式均为分体空调。包括顶置4个蒸发器、中层2个蒸发器的中央分散式以及蒸发器和冷凝器后置式两种。

中央分散式的顶置4个空调器是小型的。可以分布在前后4个角，也可以分布在中央，为上层车内提供冷气。在两层之间的两侧面，安装两个长条形的大空调器，为下层提供冷气。中央分散式的压缩机有独立式，也有非独立式。主发动机都为后置。所以，非独立式的压缩机在后面，而冷凝器安排后置在上层座位的下方空间内，中间层的蒸发器多分布在中间的侧面隔层位置。而独立式将发动机和压缩机安装在裙部，和冷凝器在一起，此时，中隔层的两个蒸发器均安装在上层后座位下的空间。蒸发器和冷凝器后置的位置都在中隔板的上层后座位的空间和下层安装发动机多余的空间。这种后置是比较紧凑的。它的压缩机驱动方式亦分为独立的和非独立的。

2. 大、中型客车空调的控制

近年来，大、中型客车的空调系统发展得非常快，已向全方位发展，能调节冷、暖、湿度（除湿和加湿）、通风，控制系统已经实现自动控制和微机控制，如图6—61所示。

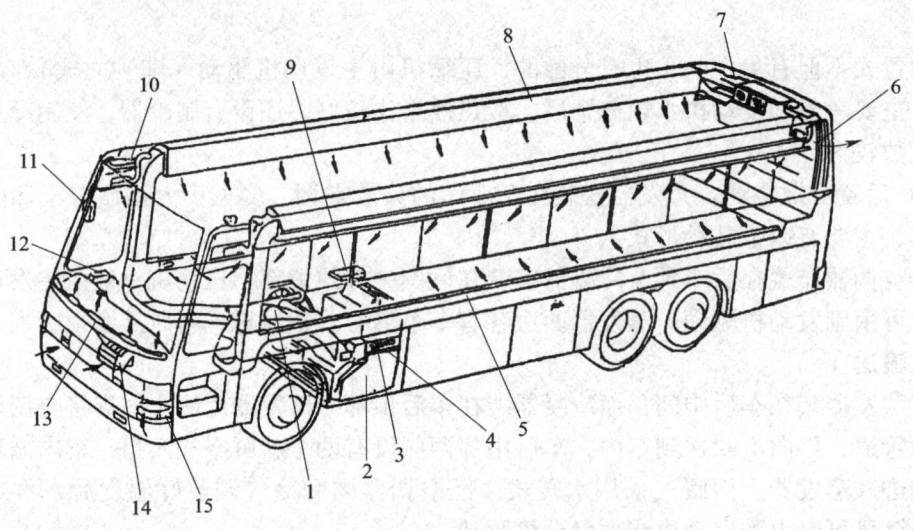

图 6—61 高级豪华旅游车空调系统
1—加热器 2—压缩机 3—空调器 4—车外空气进口 5—暖气管 6—出风口 7—后部通风
8—冷气管 9—控制箱 10—前侧通风 11—太阳辐射传感器 12—空调控制板
13—除霜风口 14—除霜加热器 15—踏板通风

对于大、中型客车，空调装置远离驾驶员，因此必须有自动控制系统，监视、报警系统和安全装置。对于独立式空调，必须具有燃料、燃烧、水温、油压等监视装置和压缩机制冷剂压力高、低报警装置，如图 6—62 所示。

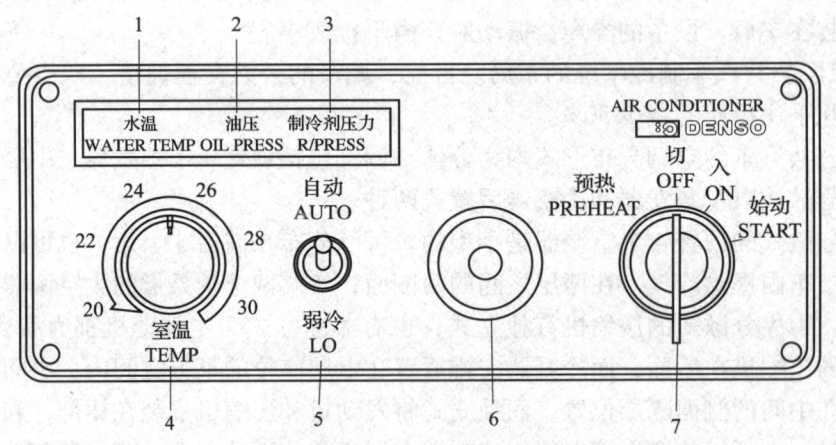

图 6—62 公共汽车冷气控制板
1—水温报警灯 2—油压报警灯 3—制冷剂压力报警灯 4—调温键
5—控制方式开关 6—加热指示灯 7—总开关

（1）水温报警灯。如果副发动机出现水温反常的高温，则水温报警灯闪烁，计算机会自动切断发动机的点火电路（对汽油机）或油路（柴油机），保护副发动机不被损坏。

(2) 油压报警灯。通过油压表测定副发动机的润滑油压力。如果油压过低,油压报警灯闪烁,但副发动机仍在工作,请求排除故障;若油压过高,油压报警灯亮并自动停止副发动机的工作,保护副发动机不被烧坏。

(3) 制冷剂压力报警灯。若制冷系统的制冷剂压力过高或过低,此灯都会闪烁,并自动停止副发动机工作,保护制冷系统不被损坏。

(4) 调温键。控制车内空调的温度在一个恒定的温度内。逆时钟转动,温度降低。调温键在任何一个位置,就对应其中一个车内温度。

(5) 控制方式开关。此开关用来选择4种降温方法中的一种。在"Auto"位置时,风扇根据所选择的温度,输送出最适合的冷空气量。

(6) 加热指示灯。副发动机启动之前,指示预热塞在工作状态。当发动机正常工作后,应该切断预热塞的电源。

(7) 总开关。用来预热和启动副发动机。在"ON"位置时,向所有空调系统中需要用电的部件供电。

上述的控制和监视、自动保护功能由计算机集中控制和操作。例如,温度自动控制是依靠车外温度传感器、车内温度传感器、太阳辐射传感器和蒸发器温度传感器4个传感器根据不同温度下的不同阻值,转换成不同的电压信号以及调温键的电阻电压信号各自独立输入计算机,计算机根据这些信号,进行计算、比较、判断,并发出指令,控制副发动机和风扇以适当的转速,使产生的冷量与预调的温度相适应。计算机会自动地选择制冷模式,产生不同的制冷量。表6—5是不同控制模式下的制冷量。计算机能发出四种制冷模式,产生四种制冷工况,来维持车内温度的恒定。在控制板上,还特设了一个手动模式,即控制键下的微冷开关的制冷工况和计算机的旁通阀控制模式一样,但关闭了旁通阀。

表6—5　　　　　　　计算机控制的四种制冷模式的制冷工况

控制方式	风扇工况	发动机转速（r/min）	制冷量（MJ/h）	冷空气量（m³/h）	旁通阀状态
发动机转速控制	高速	1 700	93.3	3 000	关闭
	中速	1 100	71.1	2 400	
	低速	1 100	60.7	2 000	
旁通阀控制	低速、旁通	1 100	35.6	2 000	打开

八、货车和工程车空调系统

1. 货车空调系统

货车由于发动机距驾驶室很近,而且驾驶室玻璃窗大,发动机和太阳辐射热量大,所以,空调系统的热负荷较大。同时,货车的运行条件较差,要求空调系统的防振动性要好。这些都是设计和使用货车空调时应特别注意的事项。

货车的空调系统是由主发动机驱动压缩机的非独立系统。空调系统的布局有轿车式和顶置式两种。轿车式的空调就是冷凝器在水箱前面,蒸发器和加热器组成的空调器装在仪表板之下，具有采暖、降温和空调、通风等功能，像轿车一样可以切换各种气门和气源。特别是具有除霜、除雾功能，如图6—63所示。

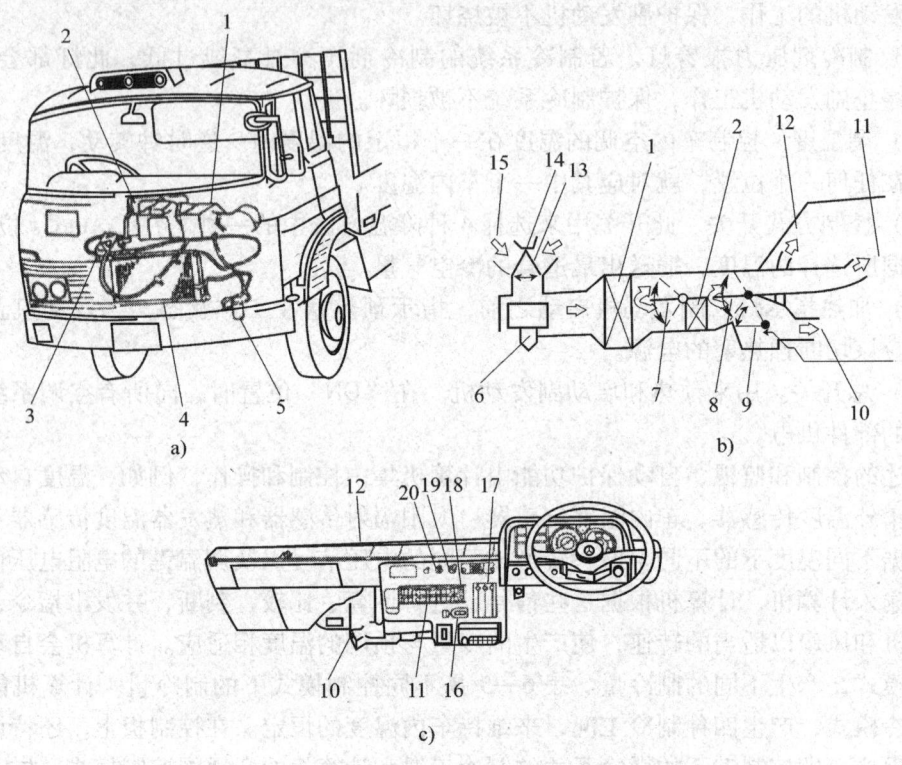

图6—63 货车空调系统
a) 各部件布置 b) 空调配气 c) 仪表板上空调部件
1—蒸发器 2—加热器芯 3—压缩机 4—冷凝器 5—储液干燥器 6—空调风机 7—温度门
8—中阀门和下阀门 9—除霜和脚下阀门 10—下风口 11—中风口 12—上风口
13—车内循环风门 14—气源门 15—车外空气 16—风扇开关 17—功能选择键
18—空调开关 19—调温键 20—气源门开关

很多大型货车采用顶置式空调系统（见图6—64），和顶置的客车空调一样，这种装置的蒸发器和冷凝器组成一个整体，安装在车顶部，由上至下供冷风，在操纵板的下方是冷却水加热的水暖式取暖系统，向车内提供暖气。室外新鲜空气从车顶引入。顶置式空调特别适于驾驶室较大的长途载重汽车。它能够比较均匀地分配冷暖气体。一般大型货车的制冷能力在3.3~4.18 kW，中小型货车在2.1~2.9 kW，空调的温度在24~27℃，噪声应控制在70 dB（A）以下，制热能力在4.3~5.8 kW。

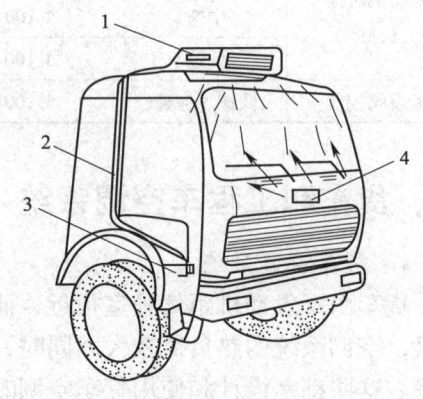

图6—64 顶置式货车空调布置
1—空调机组 2—制冷管 3—压缩机 4—加热器

2. 工程车空调系统

工程车包括挖掘机、装载机、起重机、筑路机、压路机、推土机等，这些工程车的共同特点是都在比较恶劣的环境下使用，而且车速很慢，驾驶室很小。其安装空调一般都要注意耐振动、耐热、耐腐蚀、防尘，接线要柔软、接头要牢固，以确保空调装置能够正常运行。

为了保证冷凝器的冷却效果，工程车的空调冷凝器都配有风量较大的冷却风扇。整个空调系统的布局按安装方便来选择。例如，图6—65a所示的挖掘机，发动机室比较宽敞，驾驶室在裙部，而且比较高。所以其布局是，冷暖一体化的空调器置于驾驶室的底裙部，而压缩机、冷凝器等都在挖掘机的发动机室里。

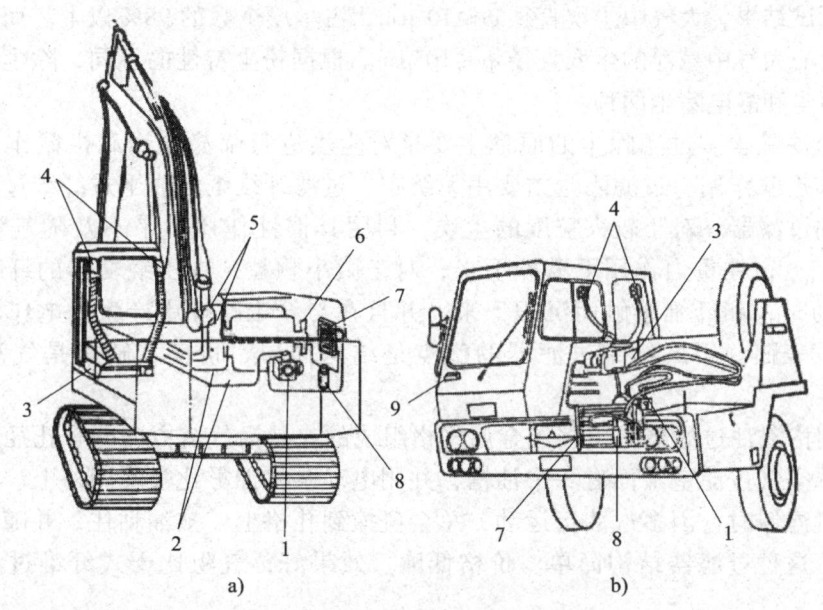

图6—65 工程车空调系统布置
a) 挖掘机 b) 起重机
1—压缩机 2—制冷剂高低压管 3—空调器（蒸发器＋加热器） 4—空调风管 5—热水管
6—发动机 7—冷凝器 8—储液器 9—控制板

像推土机、筑路机等工程车，驾驶室都在车的中部，此时，空调系统一般安装在驾驶室的顶部最为合理。工程车顶置式空调系统如图6—65b所示。室外空气通过过滤后进入空调器，经冷、暖处理后，调节成合适的温度和风量送到驾驶室，并按不同送风口送到头部和脚部。

九、空气净化处理

汽车空调系统的空气需要净化车外空气和车内循环空气两部分。车外空气受到环境的污染，例如，粉尘，公路上汽车排出的废气中含有的二氧化碳（CO_2）、一氧化碳（CO）、氮氧化物（NO_x）、二氧化硫（SO_2）、碳氢化合物（HC）、烟雾和发动机的废气通过车底的缝隙进入车内。车内空气受人的活动的影响，如人体出汗，人呼出的气味等。这些污染物极大地降低了空调的舒适性能，对人体健康造成不利影响，会使人精神疲倦，容易造成行车事故。所以，必须对汽车空调的空气进行净化处理。

1. 对粉尘的净化

汽车在公路上行驶，粉尘是空调的最大污染源。大气中的粉尘浓度与地区、气候、时间、风速等因素有关。即使在同一个地区，不同的时间，大气含粉尘浓度也有很大差别。

粉尘包括由固体物质粉碎破坏形成的固体颗粒，因燃料燃烧不完全产生的固体烟尘，因化学反应过程中产生升华、蒸馏形成的烟气以及雾的液体粒子、花粉、细菌等。通过实际测试结果，大气中尘埃直径 $\phi \leq 10\ \mu m$，占尘埃个数的 98% 以上。而空调净化技术所涉及的大气中悬浮的尘埃直径 $\phi \leq 10\ \mu m$。根据粉尘特性的不同，除尘净化可以采取过滤除尘和静电除尘两种。

（1）过滤除尘。过滤除尘的原理主要是对尘埃进行筛滤作用和拦截作用，还有惯性作用和扩散作用。过滤除尘主要用无纺布、过滤纤维纸组成干式纤维过滤器和金属网格浸油过滤器。对于较大粒度的尘埃，利用其惯性作用，来不及随气流转弯而碰撞到孔壁上，在重力作用下跌掉下来；对于微小颗粒，在围绕交错的纤维表面做作布朗运动时，和纤维接触而沉积下来，并且在与纤维摩擦中产生静电作用，被纤维吸附在其表面。干式纤维过滤器的优点是结构简单、价廉，缺点是气流阻力太大。

金属网格浸油过滤器是由多层金属网格组成的，是沿气流方向分布孔径逐渐减少的金属网。空气过滤室下面有一个油槽，并用电动泵将油雾化喷在网格上。当尘埃随空气通过过滤器时，因多次曲折运动，总会碰撞到孔格上，被油粘住，并随油滴一起跌落槽底。这种过滤器结构简单、价格低廉、效果好，气阻比干式纤维过滤器小得多。

（2）静电除尘。静电除尘是利用高压电极产生高压电场，对空气进行电离，使尘粒带电，然后在电场作用下产生定向运动，沉降在正、负电极上而实现对空气的过滤除尘。空调和通风工程中常用的静电除尘器为两段结构，第一段为电离段，第二段为集尘段，其原理如图 6—66 所示。

电离段等距离平行安装流线形管柱（或平行板）接地电极，极板间分布有几十根直径为 0.2 mm 的针形细线，其材料为金属钨，称为电晕极。当放电线加上 10～12 kV 直流电压时，在钨丝电极附近产生空气电离及发生辉光现象，在电极周围充满电离的电子和正离子。在电场力作用下，电子移向正极电晕极，并和经过的尘埃碰撞而带上负电荷。然后带负电荷的尘埃进入由板状电极构成的集尘段，在 5～7 kV 高压直流电的作用下，极板间形成均匀电场，带负电荷尘埃定向被正极吸附，空气得到除尘效果。显然，它的过滤效率与其电场强度、尘粒大小、气流速度以及集尘段的长短有关。

（3）汽车空调常用的过滤器

1）初效过滤器。这类过滤器较多采用金属网丝和粗孔聚氨酯泡沫塑料和各种人造纤维作为滤层。初效过滤器主要利用空气中的尘粒惯性力来实现空气过滤。

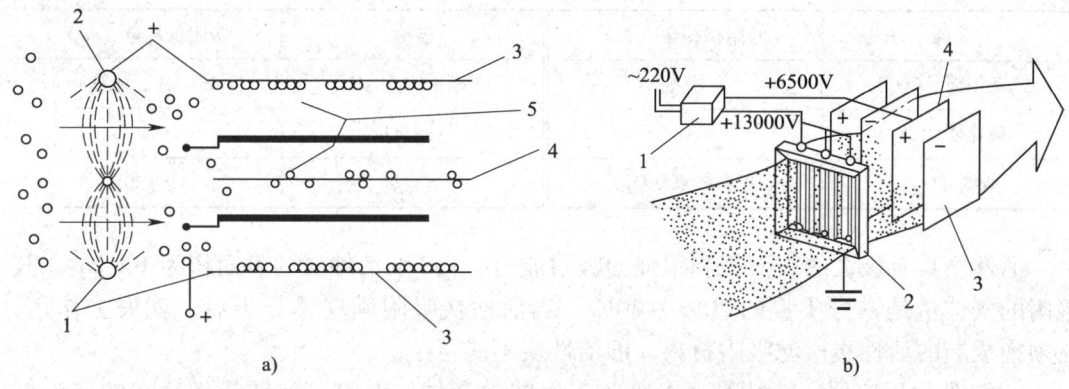

图 6—66 静电除尘器工作原理
a）工作原理 b）零件分解
1—整流升压器 2—电离器 3—吸尘负极板 4—吸尘正极板 5—电晕放电
6—捕捉的尘埃，负极占80%，正极占20%

2）中效过滤器。这类过滤器一般选用直径约为 10 μm 的中孔聚氨酯泡沫塑料、化纤无纺布作为过滤器，金属网丝喷油或喷水过滤器也属于中效过滤器。这类过滤器在汽车空调中应用最多。

3）高效过滤器。高效过滤器用于有超净要求的高级汽车空调，作为最终过滤之用，其前有初级、中级的前辍过滤器。这种过滤器的滤层为超细玻璃棉、纸质过滤等。

从初效过滤器到中、高效过滤器，其压力损失成几何级数增大，故风扇的能量不断增大，而风速不断降低。静电除尘可以按除尘要求设计，分别满足中、高级汽车的除尘要求，且阻力要小得多。

最近出现的水淋式空气过滤器，特别适用于需要加湿的汽车空调。下设一个水槽，内装电动泵向空气过滤室喷雾。水淋式空气过滤器还能除去空气中的硫化物、氮氧化物、氨、氯和汗臭等。过滤室内设有几块玻璃丝（直径为 200 μm）滤层。空气由下往上，经过每层滤网时，尘埃和水相遇而涨大，在重力作用下流到槽内，即可过滤去除。

2. 除臭去毒

（1）利用活性炭吸附作用。利用活性炭仍然是汽车空调主要应用的除臭方法，从表6—6中可以看到，它能吸收大量的汗臭、烟臭、厕所臭和人体发出的各种臭味，其次还能吸收有毒的氯化物和硫化物。

表 6—6 活性炭吸附有害气体量

名称	吸附保持量（%）	名称	吸附保持量（%）
氨（NH_4）	少量	一氧化碳（CO）	少量
二氧化硫（SO_2）	10	苯（C_6H_6）	24
氯气（Cl_2）	15	吡啶（C_5H_5N）	25（烟草燃烧）

续表

名称	吸附保持量（%）	名称	吸附保持量（%）
二氧化碳（CO_2）	少量	丁基酸 $C_5H_{10}O_2$	35（汗、体臭）
二硫化碳（CS_2）	15	烹调焦臭	约30
臭氧（O_3）	还原成氧（O_2）	浴厕臭	约30

活性炭具有极大的表面积和很强的吸附能力，每1 g活性炭的表面积为100 m²，其吸附的气体量是本身质量的20%～30%。当活性炭吸附满气体分子后，就失去作用，必须换成新的活性炭过滤吸附材料，旧活性炭不能再生。

（2）催化反应器。活性炭只能吸收有气味的气体，对汽车空调最常存在的有毒气体CO、NO_x、HC等几乎没有吸附作用。近年来已经研究出高效除去汽车空调中常有的有毒气体的方法，就是使用催化反应器。

当有毒的CO、NO_x和HC化合物的气体通过催化反应器时，在催化剂的作用下，使CO、NO_x、HC化合物在较低的温度下（250～350℃），很快进行化学反应，转化为无毒性的CO_2、N_2和H_2O。

催化剂以铂、铑、钯等贵金属和稀土金属或它们的氧化物与碱土金属氧化物做成多孔的反应器，并在外部装一个加热器。反应开始时，反应器需达到反应温度，一旦反应开始，则反应热可以维持所需的温度而不用加热。

（3）负离子发生器。人们发现，在树林，特别是针叶树林里空气十分清新，因为含有大量的负离子，能够对人的精神产生镇静作用，能降低血压，抑制哮喘以及产生其他良好的生理调节作用。

负离子发生器一般利用电晕放电法使空气离子化，利用针状电极和金属网电极之间的高压作用产生不均匀的电场，使空气电离。当针状电极上加上负高压脉冲时，即将针状电极附近的空气电离化，电离产生的正离子被负电极吸收，而负离子空气通过金属网正极，在风扇作用下，送到空调车内，成为负离子空气。负离子发生器的电压约为50 kV，脉冲频率为50 Hz，通常采用的风速在10 m/s以内。

第十二节 汽车空调的保护和控制装置

为了保护汽车空调系统能正常工作，在一些特殊情况下，系统内还需要安装保护装置和保护电路。汽车安装了空调系统，特别是对于非独立空调系统，需要消耗主发动机的动力和电源，影响了发动机的动力性和经济性，也影响汽车的动力性，从而影响了汽车运行的工况。为了保证汽车在各种工况下都能不因为安装空调受到影响，还必须设置汽车工况控制装置。本节主要介绍安全保护装置和工况控制装置，并介绍汽车空调的典型电路。

一、制冷系统的安全保护

汽车空调的制冷系统必须在一定的工作条件下才能长期、安全地运行,表6—7列出了R12、R22两种制冷剂的活塞式单级制冷系统安全使用条件。

表6—7　　　　　　　　汽车空调制冷系统安全使用条件

使用条件	制冷剂	
	R12	R22
蒸发器温度（℃）	-30~10	-40~5
冷凝器温度（℃）	≤50	≤40
冷凝器压力/蒸发压力（P_k/P_o）（MPa）	≤10	≤10
冷凝器压力-蒸发压力（$P_k - P_o$）（MPa）	≤1.2	≤1.4
吸气温度（℃）	≤15	≤15
排气温度（℃）	≤130	≤150

为控制制冷剂正常工作的温度和压力,可通过如下方法来实现。

1. 高压压力保护开关

高压压力保护开关是用来防止制冷系统在异常高的压力下工作,保护冷凝器和高压管路不会爆裂,压缩机的排气阀不会折断以及压缩机其他零件和离合器不被损坏。当冷凝器被污垢、杂物、碎纸或塑料薄膜阻挡冷却风通过时,制冷剂无法冷却,制冷剂压力偏高;当制冷系统制冷剂量过多,系统压力也会增高;还有其他原因都会引起系统压力异常过高。这时高压压力保护开关会自动切断离合器电路,压缩机停止工作,同时接通冷凝器风扇高速挡电路,自动提高风扇转速,较快地降低冷凝器的温度和压力。

高压压力保护开关的结构如图6—67所示,它直接安装在储液器上面,高压制冷蒸气作用在膜片上。正常情况下,触头是闭合的,接通离合器电路,压缩机工作。当制冷系统压力异常高到2.788MPa时,金属膜片的弹力小于蒸气压力,金属膜片反弹变形,快速移动活动触头的杆,快速脱离触头的接触状态,断开离合器电路,压缩机停止工作,从而保护了压缩机。当制冷剂压力

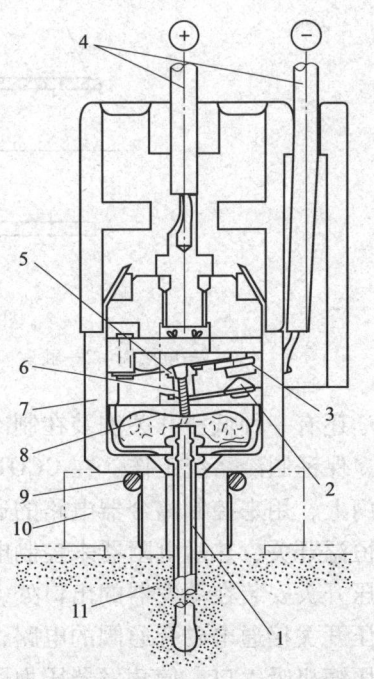

图6—67　高压压力保护开关
1—感温包　2—固定触点　3—活动触点
4—接线柱　5—调整螺钉　6—膜片
7—外壳　8—膜片　9—O型圈
10—储液器　11—制冷剂

下降到 2.17 MPa 时，金属膜片恢复正常，触头闭合，电路接通，压缩机又恢复工作。

2. 低压压力保护开关

低压压力保护开关的作用是感测制冷系统高压侧的制冷剂压力是否正常。当压缩机排出的制冷剂压力过低时，低压压力保护开关会自动切断离合器电路，压缩机停止工作，保护压缩机不被损坏。当制冷系统的制冷剂不足或泄漏时，冷冻润滑油也有可能随着泄漏，这样系统的润滑油不足，压缩机继续运行可能导致严重损坏。故高压端的制冷压力过低时，应立即停止压缩机工作。当高压侧的压力低于 0.423 MPa 时，低压保护开关断开离合器电路，保证压缩机不被损坏。

低压压力保护开关还有一个作用，就是在环境温度较低时，自动切断离合器的电路，使压缩机在低温下不能工作。这个作用的原理很简单，就是当外面环境温度过低时，冷凝温度低，则压缩机排出的制冷剂的温度和压力都低，例如，环境温度小于 10℃ 时，其压力只有 0.423 MPa，此压力正是低压开关切断离合器电源的数值。所以当环境温度低于 10℃，制冷系统不工作。

低压压力保护开关如图 6—68 所示，其构造和高压保护开关一样，只不过是动、定触头的位置调动一下。它也用螺纹接头直接安装在储液器上。

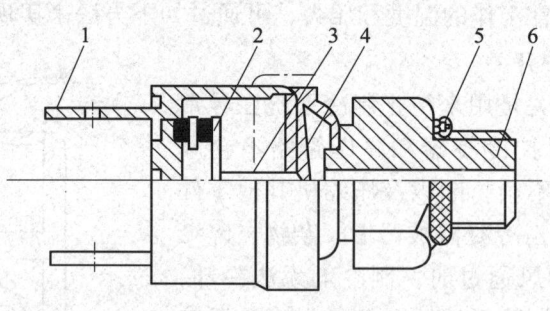

图 6—68 低压压力保护开关
1—电接头 2—触头 3—动触头杆 4—膜片 5—O 型圈 6—空心螺管

还有一种低压开关安装在制冷系统的低压端，用来控制蒸发器的压力不致过低而结冰，保证制冷系统工作。在 CCOT 系统中，这种低压开关装在液气分离器的压力表检查阀门上，用来控制离合器电路的通断，控制压缩机工作循环。在热旁通阀系统中，除了用恒温开关、热敏电阻器来控制电磁旁通阀的通路外，还可用低压开关来控制。这时，低压开关安装在蒸发器的出口处，感测其压力。当蒸发器压力在 0.253～0.289 MPa 时，低压开关接通电磁旁通阀的电路，电磁旁通阀工作，让一部分高压热蒸气通过旁通阀流到压缩机吸气口，使蒸发器压力回升，防止其结冰。当蒸发器压力上升时，低压开关又切断其电路，制冷系统又转入正常的制冷工作。这种控制的热旁通阀系统一般在大、中型客车的空调系统中应用。

3. 高、低压联动开关

高、低压力保护开关都安装在储液器上，感测高压端的压力是否正常。如果把高、低压力保护开关组合成一体，可以减少其质量和接口，减少制冷剂泄漏的可能性。图6—69 就是装在储液器上面的高、低压联动开关，其工作原理如下：

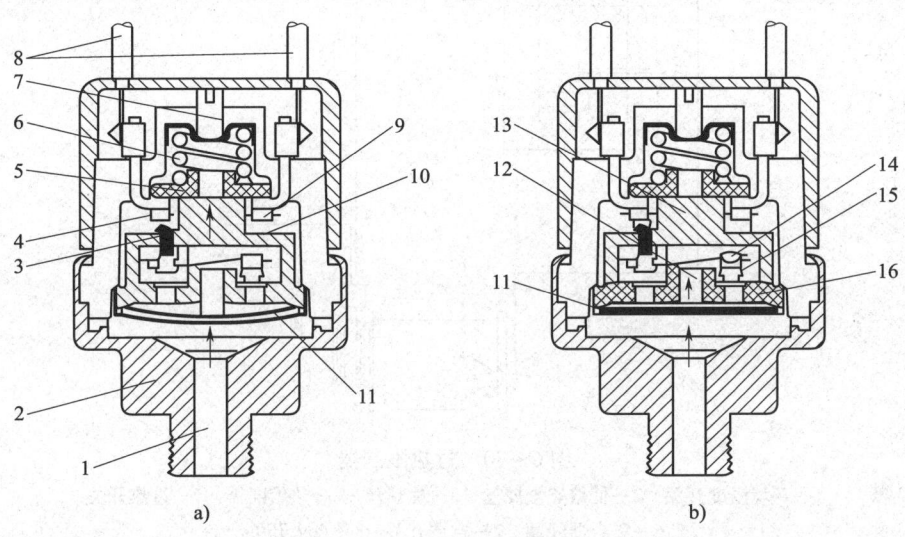

图 6—69　高低压力联动保护开关
1—制冷剂压力通道　2—开关座　3、10—低压静触头　4、9—低压动触头　5—绝缘片
6—弹簧　7—调节螺钉　8—接线柱　11—膜片　12—顶销　13—铜座
14—高压动触头　15—高压静触头　16—膜片座

当高压制冷剂的压力合适时，即在 0.423~2.75 MPa，金属膜片和弹簧力平衡，高压触头 14、15 和低压触头 3、4、9、10 都闭合，电流从低压触头 3、4 到高压触头 14、15 后再到低压触头 9、10 出来。当制冷剂压力降低到小于 0.423 MPa 时，弹簧力大于制冷剂压力，推动低压动触头 4 和 3 脱开，电流中断，压缩机停止工作（见图 6—69a）。当压力大于 2.750 MPa 时，蒸气压力将整个装置往下推到下止点，蒸气继续压迫金属膜片下移，并推动顶销将高压动触头 14 推开与高压静触头 15 的接触，断开离合器电路，压缩机停止工作。当高压端的压力小于 2.17 MPa 时，金属膜片回到正常位置，压缩机又开始工作，如图 6—69b 所示。

4. 过热限制器

过热限制器主要用在通用汽车公司出产的斜板式压缩机上，在制冷系统温度过高时，切断离合器的电路，停止压缩机工作，免除压缩机损坏。

过热限制器的构造如图 6—70 所示，包括过热开关和熔断器两部分。过热开关安装在压缩机后盖紧靠吸气腔，是一个温度传感开关，其构造如图 6—71 所示。其中，图 6—71a 是旧型号，图 6—71b 是新型号，两者不能混用。当制冷系统的制冷剂泄漏量较多，压力下降时，若压缩机继续工作，就会产生过热现象。这时制冷剂的温度上升，但压力不增加，就会毁坏润滑油，进而损坏压缩机。这时，过热开关传感器内的制冷剂蒸气检测到入口的温度升高，接通电源。即过热开关平时是断开的，只有压缩机过热时才接通电路。

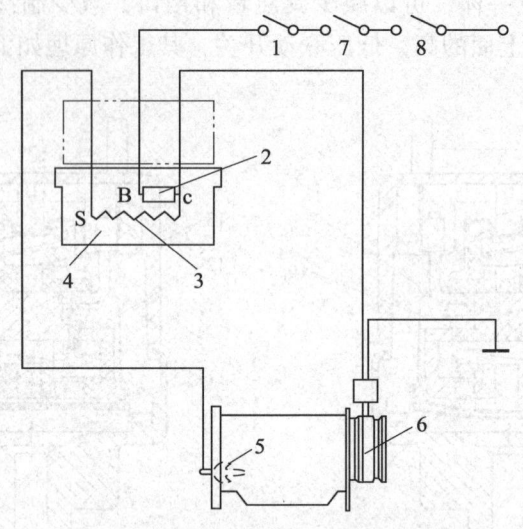

图 6—70 过热限制器
1—环境温度开关 2—低熔点金属丝 3—发热丝 4—热熔断器 5—过热开关
6—离合器线圈 7—空调开关 8—点火开关

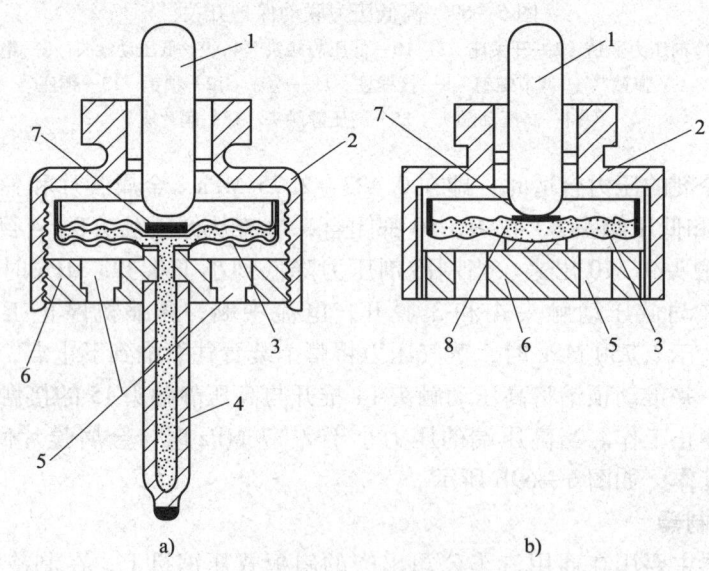

图 6—71 过热开关
a) 旧型号 b) 新型号
1—接线柱 2—壳体 3—膜片盒 4—感温管 5—感温口
6—调节螺母 7—触头 8—R12 高温蒸气

熔断器有三个接头，S 接过热开关，B 接外电源，C 接离合器。熔断器内部，B 和 C 接一个低熔点金属丝，S 和 C 接通电热丝。正常情况下，电流通过空调与环境开关，经过熔断器低熔点金属丝到压缩机的电磁线圈。

当发生过热时，过热开关闭合，使电路接地，它接通了流经过热限制器上的发热丝再到过热开关，再接地。发热丝发热后熔化低熔点金属丝，切断压缩机离合器电路和过热保护开关的短接电路，压缩机停止工作。

当熔断器断路时，一定要仔细检查制冷系统是否因泄漏而缺少制冷剂。否则，接好熔丝后，很快又会被烧断。另外，如果仔细检查制冷系统后，确认不缺制冷剂，可能是过热开关坏了，需要更换新的。过热限制器首次装在通用汽车 20 世纪 70 年代末的车型上，现在大部分为低压保护开关所代替，目前仍用这种装置的有凯迪莱克和奥斯莫比尔等几种通用汽车。

5. 高压卸压阀

如果制冷剂 R12 的压力升得太高，将会损坏压缩机。因此，在典型的空调系统中，有一个装在压缩机或高压管路上的弹簧作用的卸压阀。按不同系统和生产厂商，此阀的压力调整值在 2.413～2.792 MPa 范围内变化。当压力超出调整值时，卸压阀被迫打开，让制冷剂放空溢出，直到压力降低到调整值范围内为止，在弹簧作用下自动关闭，保证制冷系统正常工作。

6. 时间—温度延时继电器

在非独立式空调系统中，当发动机发出最大转矩，慢速爬坡时，发动机的冷却水温度会升得很高，这是由于大负荷工作时，发动机的燃烧温度升高，冷却水温也提高的原因。这时车速较慢，正面冲刷的冷却风量减少，致使散热器中的冷却液温度超过 127 ℃。为了保护发动机正常工作，时间—温度延时继电器切断压缩机离合器的电路，停止压缩机工作，使发动机负荷减轻，冷却水温度降低；同时压缩机停止工作，则冷凝器温度降低，吹到水箱的空气温度也降低，从而保护发动机的正常运行。这个装置还能使发动机在第一次启动时，延迟空调压缩机迟启动半分钟到一分钟，以使发动机正常运转。稳定后再驱动空调系统，如图 6—72 所示。

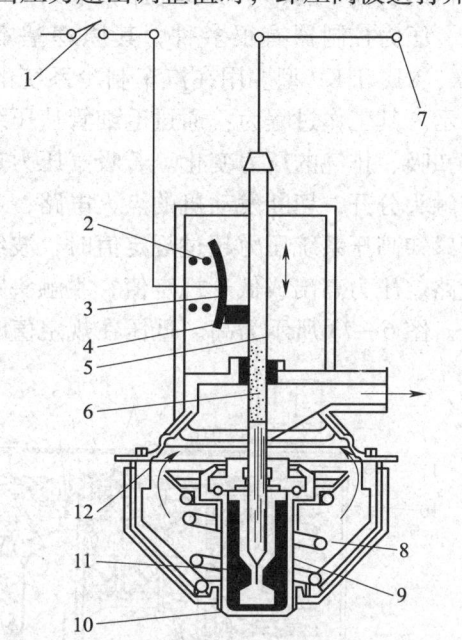

图 6—72　蜡式节温开关

1—空调（点火）开关　2，8—弹簧　3—静触头　4—动触头　5—铜接线柱　6—绝缘轴　7—接压缩机　9—石蜡　10—感温体　11—橡胶套　12—阀门

二、独立空调系统的操纵和保护装置

大、中型客车上的独立空调、副发动机和压缩机等空调系统一般装在车的裙部或采用后置式，独立空调系统远离驾驶室。所以，需要有一套操纵系统和保护装置，才能使独立空调系统安全运行和方便操纵。在驾驶室中设有副发动机的操纵杆以及空调的报警装置，能自动保护空调系统安全工作。当空调系统的排气和吸气压力过高或过低时，报警装置发出警告信号，同时自动停止空调系统工作；若发动机冷却液温度过高或油压过高，报警装置都会发出警告信号，并自动停止发动机工作。

独立空调系统一般由副发动机通过联轴器直接驱动压缩机，中间没有电磁离合器，所以空调系统发生故障，不管是制冷系统或是副发动机，都由计算机自动控制停止副发动机的工作，这样压缩机也不工作。

1. 压力继电器

独立空调制冷系统的高压、低压是由压力控制器来控制的。当压缩机排出的压力超过给定值，或者当吸入压力低于给定值时，由高、低压力控制器切断柴油发动机的点火电路或切断柴油发动机的燃油供应，副发动机停止工作，压缩机也停止制冷；同时在控制板上发出蜂鸣声或者闪烁指示警灯，保护压缩机不因过高压力或过低压力而遭受损坏。高压和低压控制器可以各自独立安装在排气阀或吸气阀上，分别起保护作用，这点和上述的高、低压保护开关一样。也为了结构紧凑，减少触头的故障，把高压和低压控制器组装在一起，串联成电路，公共使用一对触头，这就是所谓的压力继电器。

压力控制器有很多种，其原理基本相同。制冷系统中常用的压力控制器有 YT、YK、KD 和 KP 型。用在汽车制冷系统的为 KP 型。例如，KP15 型，其构造如图 6—73 所示。其工作过程为：通过毛细管从压缩机的吸、排气阀引压力和继电器连接。波纹管感知吸、排气的压力变化。若吸气压力过低，则波纹管缩短，带动动触头的杠杆下移，使触头分开，切断发动机的点火电路，或关闭柴油机油路供油电磁阀。当高压端的波纹管感知高压系统压力超过规定值时，波纹管伸长，克服弹簧力使动触头跳开，也切断其电路。压力高出或低于规定值，主触头跳开时，都会接通报警器电路，使报警器发出信号。图 6—73 所示为高、低压在规定值时，触头在弹簧作用下是关闭的。

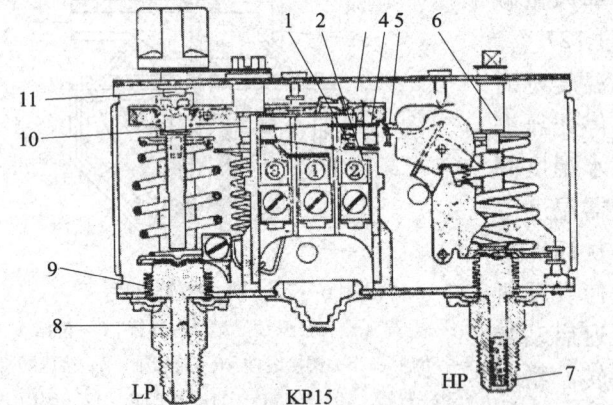
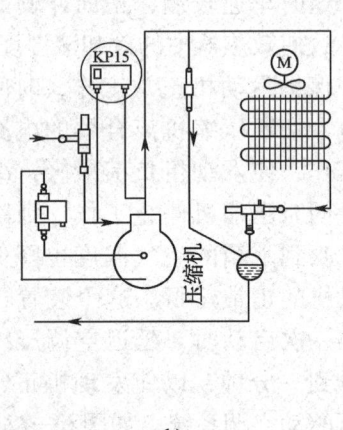

图 6—73　KP 型高低压控制器结构及在系统中的安装位置
a) 结构　b) 安装位置
1, 3—动触头　2—静触头　4—低压弹跳触头　5—高压弹跳螺钉　6—高压调节螺钉
7, 8—高、低压引入接头　9—波纹管　10—幅差调节螺钉　11—低压调节螺钉

2. 油压控制器

大型客车上还有一个油压控制器，它的作用是在副发动机的润滑油压力低于某一设定值时，使副发动机停止工作，保护副发动机不受损坏。油压控制器安装在机油滤清器上（见图 6—74）。副发动机正常工作时，油压正常，报警灯不亮。当机油压力低于

0.3 kgf/cm² （表压）时，油压控制器的触头闭合，油压警告灯闪烁，副发动机也自动停止工作。

3. 水温控制器

独立空调的发动机还安装有水温控制器，其作用是在副发动机的冷却液温度高于107℃时，自动停止副发动机工作，同时报警灯闪烁。它是一个石蜡式的温控开关，安装在水泵进口位置，控制和监督发动机的冷却液温度。

4. 燃料切断阀

由上面介绍可知，独立空调系统中，

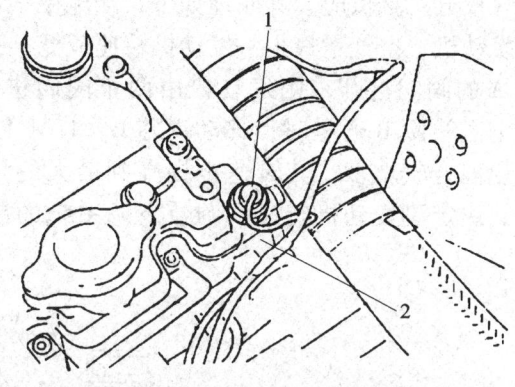

图6—74 副发动机油压控制器的安装位置
1—油压控制器 2—机油滤清器

不论是制冷系统的排气压力和吸气压力的值处于不正常范围内，还是副发动机的冷却液温度太高超过规定值，或者副发动机的油压低于正常值，都会引起大型客车上的计算机控制器发出停止副发动机工作的指令，并同时或单独报警，指示其不正常工作状态的位置。直到消除故障后，才能复位正常状态，保障独立空调系统安全运行。

如图6—75所示是日野大型客车独立空调系统副发动机上的燃油切断阀。它是一个电磁阀，只要制冷系统高、低压力，副发动机油压或冷却液温不正常，控制器就会发出信号，接通燃油切断阀的电源，关闭通入高压油泵的油路，使发动机自动熄火。

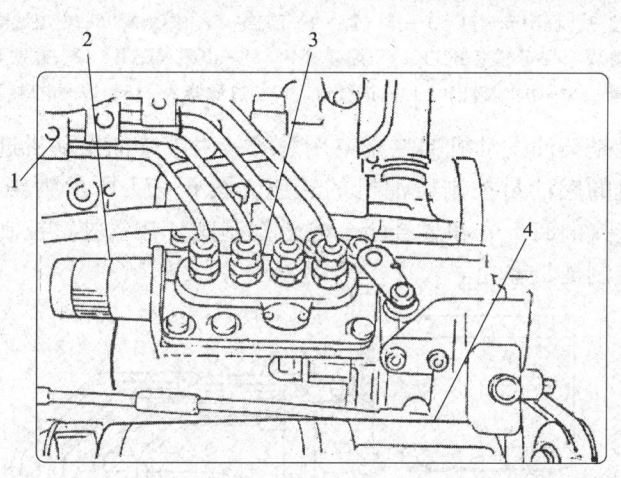

图6—75 副发动机燃油切断阀
1—副发动机转速控制器 2—燃油切断阀 3—高压油泵 4—传动轴

5. 副发动机的速度控制

独立式空调系统制冷量的调节，是通过改变副发动机的转速来实现的。一般是将副发动机的转速分为三挡来调节。不同的发动机有不同的调节方法。对于汽油发动机，是依靠调节混合气的浓度来控制发动机的转速。由于副发动机的转速相对稳定，不像主发动机那样频繁变化。故用一个发动机速度控制装置，如图6—76所示，把进入发动机的空气量分三挡供应。其原理如下：当电磁线圈 A 和 B 都不通电时，气体只由中间孔进到发动机，空气量最少，发动机转速最低；当电磁线圈 A 通电时，带动铁芯 A 移动，把 A 的阀门打开，则发动机由两个阀门进气，气量提高，其转速也提高到中速挡；当电磁线圈 B 通电时，移动铁芯 B，打开 B 的最大进气阀门，发动机的空气量增大，可燃混合气增多，其转速也提高到最大的挡位运行。这样驾驶员就可以根据具体情况，决定副发动机转速。调节空调系统的制冷量，以便空调系统在最经济状况下运行。

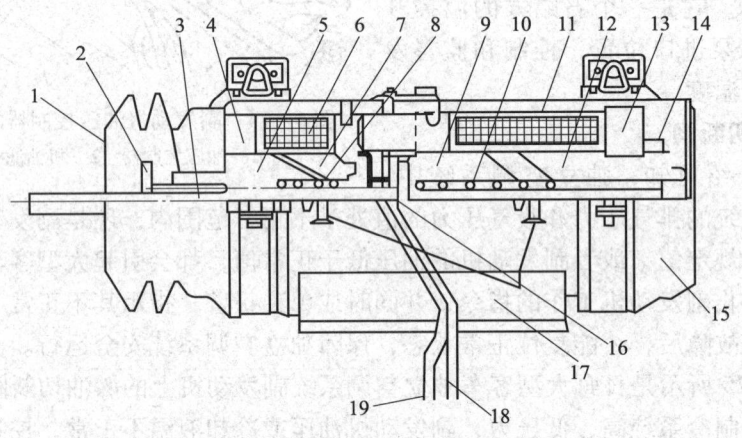

图 6—76　汽油机副发动机速度控制装置
1—防水胶盖 A　2—冲程调节螺钉　3—排气管　4—前盖　5—磁铁 A　6—电磁线圈 A　7—软铁芯 A
8—压缩弹簧 A　9—软铁芯 B　10—压缩弹簧 B　11—电磁线圈 B　12—磁铁 B　13—后盖
14—紧固螺栓　15—防水胶盖 B　16—进气口　17—过滤器 A　18，19—电磁线圈 A、B 接头

对于副发动机是柴油发动机的独立空调系统，由于柴油发动机进气量不能控制，只能通过控制柴油机的燃油量控制柴油机的转速。图 6—77 所示为柴油机的速度控制装置，和高压油泵连接的有 1 号和 2 号两个电磁控制阀。在驾驶室控制的操纵杆通过连杆的位置变化，来控制油量输出。

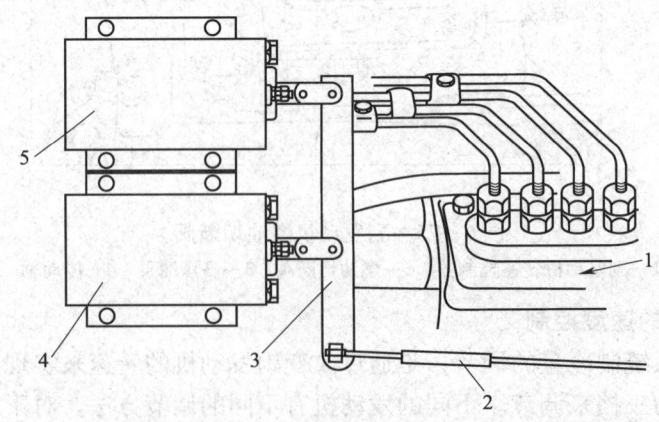

图 6—77　柴油机转速控制装置
1—高压油泵　2—操纵杆　3—连杆　4—2 号电磁控制阀　5—1 号电磁控制阀

第十三节 汽车空调系统使用注意事项

汽车空调系统由于其工作特点，在使用中要注意以下事项。

一、定期检查

（1）定期检查各种润滑油、制冷剂量，使它们保持在正常值范围内。

（2）检查紧固件紧固状态，保证螺栓、螺母的正常预紧扭矩。

（3）检查传动带的预紧张力，防止因传动带松弛影响动力传递。

（4）检查管道、导线等的相互位置，防止因相互摩擦，出现液体泄漏、导线短路等故障。

（5）检查清洁过滤器、散热器状况，防止被灰尘、杂物堵塞，影响工作。特别是在季节交替时，如春季到夏季，要检查、清理散热器，防止柳絮、扬花堵塞，影响散热效能。

二、定期启动空调压缩机

空调压缩机只有在润滑油充分的情况下，系统才能可靠的密封。因此，即使在冬季不用制冷的情况下，每15天左右，也最好启动制冷系统15 min左右，使润滑油充填各部间隙，保持良好密封状态，防止制冷剂泄漏。只要认真做好上述各项工作，就能使空调系统更好地发挥效能。

单元测试题

一、判断题（下列判断正确的打"√"，错误的打"×"）

1. $1 \text{ MPa} = 10^3 \text{ kPa} = 10^6 \text{ Pa}$。（　　）
2. $1 \text{ atm} = 760 \text{ mmHg} = 1.013\ 25 \times 10^5 \text{ Pa} \approx 1.013 \text{ bar}$。（　　）
3. $1 \text{ bar} = 10^5 \text{ Pa} = 0.1 \text{ MPa} = 100 \text{ kPa}$。（　　）
4. $1 \text{ at} = 1 \text{ kg/cm}^2 = 9.80\ 665 \times 10^4 \text{ Pa} = 0.980\ 665 \text{ bar} = 735.6 \text{ mmHg}$。（　　）
5. $1 \text{ mmHg} = 133.322 \text{ Pa} \approx 133.3 \text{ Pa}$。（　　）
6. $1 \text{ mmH}_2\text{O} = 9.806\ 65 \text{ Pa} \approx 9.81 \text{ Pa}$。（　　）
7. 温度概念的建立及其测量是以热力学第零定律为基础的。（　　）
8. 干度 X 的定义为湿蒸气中的饱和蒸气与湿蒸气总量的比值。（　　）
9. 斜板式压缩机是一种轴向往复活塞式压缩机。（　　）
10. 摇板式压缩机是美国GM公司1955年应用于汽车空调系统的一种轴向往复运动往复活塞式压缩机。（　　）
11. 三角转子式压缩机又叫汪克尔（Wankel）压缩机，是从汪克尔转子发动机演

变过来的。　　　　　　　　　　　　　　　　　　　　　　　　　　　（　　）

二、单项选择题（下列每题的选项中，只有1个是正确的，请将正确答案填在横线空白处）

1. 人感觉最舒适的温度是_____℃。
   A. 14~18　　　　　B. 9~22　　　　　C. 22~28　　　　　D. 28~30
2. 汽车空调按驱动方式分类，可分为_____和非独立式空调。
   A. 独立式空调　　B. 分体式空调　　C. 立式空调　　　　D. 卧式空调
3. 汽车空调按功能方式分类，可分为_____和冷暖一体式空调两种。
   A. 单一空调　　　　　　　　　　　　B. 冷暖空调
   C. 混合式空调　　　　　　　　　　　D. 通风式空调
4. 热能可以转换成其他形式的能，转换过程中能量的_____，称为热力学第一定律。
   A. 总和不变　　　　　　　　　　　　B. 总和增加
   C. 总和减少　　　　　　　　　　　　D. 总和因压力过程而定
5. 压力是_____上所受的垂直作用力。
   A. 每平方厘米　　B. 单位面积　　　C. 每平方英寸　　D. 每平方米
6. 往复活塞式压缩机的不足之处是进、排气阻力较大，容积系数较低，一般在_____。
   A. 50%~60%　　　　　　　　　　　　B. 70%~80%
   C. 90%~95%　　　　　　　　　　　　D. 30%~40%
7. 汽车空调制冷压缩机，主要采用_____压缩机。
   A. 容积式　　　　B. 间隙式　　　　C. 变频式　　　　D. 间歇式
8. 汽车空调用的_____是控制发动机和压缩机之间的动力传递。
   A. 电磁离合器　　　　　　　　　　　B. 干式离合器
   C. 湿式离合器　　　　　　　　　　　D. 片式离合器
9. 电磁离合器的主要结构是_____，固定在前缸盖，嵌在传动带轮的凹槽内。
   A. 电磁线圈　　　B. 离合器片　　　C. 硅油　　　　　　D. 线圈
10. 空调制冷系统受到两种形式的干扰，即_____。
    A. 潮湿和微粒　　　　　　　　　　　B. 水分和沙粒
    C. 灰尘和气味　　　　　　　　　　　D. 异味和柳絮
11. 大部分储液干燥器是一个焊接坚固、密封的钢瓶，_____，内部装有干燥剂、过滤网。
    A. 不能解体　　　　　　　　　　　　B. 可以解体
    C. 可换干燥剂　　　　　　　　　　　D. 可换过滤网
12. 汽车空调系统的冷凝器和蒸发器，统称为_____。
    A. 热交换器　　　B. 换热器　　　　C. 制冷器　　　　D. 储能器
13. 热交换器的作用是进行热量交换达到_____的作用。
    A. 能量增加　　　B. 制冷　　　　　C. 能量减少　　　D. 保持温度

14. 恒温器主要由感温系统、_____和触头开关三部分组成。
    A. 调温系统　　　　　　　　　　　B. 控温系统
    C. 双金属开关　　　　　　　　　　D. 单金属开关
15. 感温系统由_____和波纹管（或波纹膜片）构成，内充感温剂。
    A. 毛细孔　　　B. 针细孔　　　C. 毛细管　　　D. 细金属管
16. 调温机构由凸轮、转轴、_____等组成。
    A. 调节螺钉　　B. 调节杆　　　C. 调节阀　　　D. 调整片
17. 利用活性炭来除臭仍然是汽车空调主要的方法，它能吸附空气中_____的成分。
    A. 有味　　　　　　　　　　　　　B. 有毒
    C. 汗味　　　　　　　　　　　　　D. 有毒、有气味
18. 高效除去汽车空调中常有的有毒气体的方法，就是使用_____。
    A. 催化反应器　　　　　　　　　　B. 活性炭罐
    C. 催化合成器　　　　　　　　　　D. 催化分解器
19. 独立式空调系统制冷量的调节，是通过改变副发动机的_____来实现的。
    A. 负荷　　　　B. 输出功率　　C. 转速　　　　D. 进气压力
20. 独立式空调制冷系统的高压、低压是由_____来控制的。
    A. 制冷开关　　　　　　　　　　　B. 制冷剂量
    C. 温度控制器　　　　　　　　　　D. 压力控制器

三、**多选填空题**（下列每题的选项中，至少有1个是正确的，请将正确答案填在横线空白处）

1. 曲柄连杆活塞式压缩机的主要零部件有连杆、_____、_____、活塞环、缸盖、曲轴箱，_____有阀板和阀片。
    A. 曲轴　　　　B. 进、排气结构　C. 活塞　　　　D. 压板
2. 滚动活塞式压缩机是一种_____压缩机，有单缸、_____、变容式三种。
    A. 旋转式　　　B. 往复式　　　C. 双缸　　　　D. 行星式
3. 汽车空调制冷系统主要包括_____、热交换器、储液干燥器、_____、_____、压缩机保护系统。
    A. 制冷压缩机　B. 发动机　　　C. 膨胀阀　　　D. 温度和压力控制
4. 冷凝器的作用是将制冷剂从蒸发器吸收的能量和压缩机做功的能量_____，将高温、高压的制冷剂蒸气变成_____的液体。
    A. 传递给环境　　　　　　　　　　B. 低温、高压
    C. 高温、高压　　　　　　　　　　D. 制冷剂蒸气
5. 冷凝器的形式主要有_____、管翅式和_____、一体式。
    A. 管带式　　　B. 片式　　　　C. 冷凝器水箱　D. 管式
6. 活性炭具有极大的表面积和很强的吸附能力，每1g活性炭的表面积为_____，其吸附的气体量是本身质量的_____。

A. 1 000 m²   B. 100 m²   C. 20%~30%   D. 40%~50%

7. 汽车空调通风有两种方法，一种是_____，另一种是_____；排气也有两种方法，一种是自然排气法，另一种是动力排出法。

    A. 侧置通风法   B. 迎风通风法
    C. 人工排出法   D. 动力排出法

8. 低压_____的作用是感测制冷系统高压侧的_____是否正常。

    A. 高压控制开关   B. 制冷剂压力
    C. 压力保护开关   D. 制冷剂强度

四、简答题

1. 汽车空调的基本组成有哪几部分？
2. 汽车用空调系统的主要特点是什么？
3. 汽车用空调的主要作用是什么？
4. 液体的蒸发过程与哪些因素有关？
5. 空调系统中常用的力学参数有哪些？
6. 什么是热力学温标？
7. 制冷系统使用润滑油的主要作用是什么？
8. 使用冷冻油需注意的问题有哪些？
9. 螺杆式压缩机有什么特点？
10. 三角转子式压缩机的特点有哪些？
11. 旋叶式压缩机有哪些特点？
12. 依据汽车发动机的特点，对汽车空调系统制冷压缩机有哪些特殊要求？
13. 汽车空调系统压缩机的发展趋势是什么？
14. 涡旋式压缩机有哪些特点？
15. 空调制冷系统为什么都装有储液干燥器？
16. 储液干燥器的功能有哪几项？
17. 节流膨胀阀的作用有哪些？
18. 冷凝器使用应注意哪些问题？
19. 蒸发器使用应注意哪些问题？
20. 液气分离器除了能干燥、过滤制冷剂外，还有哪些主要功能？
21. 吸气节流阀制冷系统（STV 制冷系统）中，真空膜盒有几个主要作用？
22. VIR 阀的作用是什么？
23. 蒸发器压力控制的制冷系统有几类？
24. 汽车空调取暖系统应具有哪些功能？
25. 余热式取暖系统有哪些种类？
26. 独立热源式取暖系统有哪些种类？
27. 汽车空调通风系统的作用是什么？
28. 除霜时需要注意什么？
29. 粉尘的净化方法有哪些？

30. 制冷系统的安全保护装置有哪些?
31. 独立空调系统的操纵和保护装置有哪些?
32. 汽车空调系统在使用中要注意哪些问题?
33. 汽车空调系统在使用中要定期检查哪些项目?

单元测试题答案

一、判断题

1. √ 2. √ 3. √ 4. √ 5. √ 6. √ 7. √ 8. √ 9. √ 10. √ 11. √

二、单项选择题

1. C 2. A 3. A 4. A 5. B 6. A 7. A 8. A 9. A 10. A 11. A 12. A 13. B 14. A 15. B 16. A 17. D 18. A 19. C 20. D

三、多项选择题

1. ABC 2. AC 3. ACD 4. AC 5. AC 6. BC 7. BD 8. CB

四、简答题

(略)

第7单元

汽车不常见故障判断与排除

汽车不常见故障是指故障现象明显，但出现部位不容易判断，超出一般判断思路范围的故障。这类故障通常出现在按一般程序判断、处理故障后故障现象却仍然存在。这类故障的出现常在车辆交通事故发生以后，报维修更换配件后，与驾驶车辆的人或乘车人的特殊习惯相关。故障现象一般表现为在某一特定的使用情况下出现，判断处理相对较难，处理后又感觉故障原因非常简单。

一、制动系统不常见故障

一辆捷达轿车，行驶7万公里，保养时更换制动分泵软管后试车，轻踩制动，制动良好；紧急制动时，ABS故障灯亮，右后轮无制动，回车库检查。

（1）按规定停放好车辆，接入解码仪5051，调取故障码为00240，含义：ABS右后电磁阀故障；显示故障码为00287，表征右后速度传感器故障。

（2）检查ABS右后电磁阀右后速度传感器，良好，无损坏。消除故障码。

（3）试车，故障依旧，仍然显示原故障码。

（4）车进库后，支起，检查全部与右后轮相关部件：如线路、接头、传感器、电磁阀、制动液、管路等，未发现接触不实与泄漏点。

（5）将车放下，驾驶员坐入座位后，将车支起，固定好，启动发动机。模仿道路制动情况，轻点制动，检查各部零件，一切正常。紧急制动，检查各零部件时，发现右后分泵制动管较软、无压力，其他三根压力正常；反复试验，情况一致。将该软管拆下检查，发现该软管内金属接头与橡胶接合处有一橡胶膜，分析为轻踩制动时，制动液能正常通过，所以有制动。当紧急制动时，制动液流速大，将这一橡胶膜带起，堵塞管路，制动液不能顺利到达制动分泵，建立压力，所以出现上述故障现象和故障码。

（6）接入5051故障诊断仪，消除故障码后，再紧急制动，ABS等不再点亮，无故障码出现，故障彻底排除。

（7）通过对上述故障的处理，可以发现引起故障的原因很简单。如果对制动系统了解不充分，很难发现故障点。这是一个实际出现的故障，修车后，车主将车接走，紧急制动时车辆甩尾，ABS灯亮，回场返修。最初判断故障的过程大费周折，用了约一周时间，反复查找，能换的备件都换了，所有办法全用了，才将故障排除。在实际修理车辆过程中，必须按规范进行，才能较快找到故障点。另一个比较重要的是一定要使用正品、合格的配件。

二、发动机故障

一辆丰田锐志轿车，搭载2.5L 5GR-FE V6发动机，行驶约1万公里。高速行驶时，车左侧与路面石头相撞，发动机故障灯亮，发动机仍能继续行驶；车主将车送修理厂维修。接车后，按修理程序进行。

（1）将车停放在车位，支起。检查车辆底部，发现车左侧三元催化装置后部的氧传感器被撞歪。

（2）将诊断计算机连接上DLC3，显示6个故障码，见表7—1。

表 7—1　　　　　　　　　　显示的 6 个故障码

序号	故障码	故障码含义
1	P0031	空燃比传感器控制电路电压低（B1～S1）
2	P0037	加热式氧传感器控制电路电压低（B1～S2）
3	P0051	空燃比传感器控制线路电压低（B1～S2）
4	P0057	加热式氧传感器控制线路电压低（B2～S2）
5	P0660	进气歧管调整阀控制线路断路（B1）
6	P0102	空气流量计线路输入电压过低

（3）故障处理过程

1）检查时已经发现氧传感器被撞歪，首先检测氧传感器。将数字万用表调到 200 Ω 挡，测得阻值为无限大，说明传感器内部断路，已经损坏（这种氧传感器正常电阻值为 24 Ω）。更换合格的氧传感器。

2）6 个故障码中有 3 个与共用电源 B1 相关，说明是共用电源电路存在问题。打开发动机罩盖，检查氧传感器相关电路，未发现磨损、裸露导线。

3）检测空气流量计

①拔下传感器接头，用数字万用表欧姆挡，测 4（THA）和 5（E2）间电阻为 2.5 kΩ，正常，如图 7—1 所示。

②打开点火开关，测量空气流量计线束端子电压，测试结果为 0 V。1 号端子为电源电压，为 12 V，说明传感器电源电路有断路点。

③上述检测结果，不能排除传感器损坏的可能性。测量传感器，接好传感器插头，采用跨接法直接给传感器供电（用探针接蓄电池正极后插入 1 号 +B 端）。打开点火开关，测量空气流量计 3 号端子（VG）与 2 号端子（E2G）之间电压，正常。打开点火开关，启动发动机，踏动加速踏板，不断改变发动机转速，电压表电压在 0～5 V 摆动，说明空气流量计工作正常。将发动机熄火。查相关电路图，空气流量计电源电路受两个熔断丝控制 EFINO₂（10 A）和 EFI（25 A），如图 7—2 所示。检查这两个熔断丝，发现 EFINO₂ 熔断丝熔断。更换熔断丝，复原全部电路。

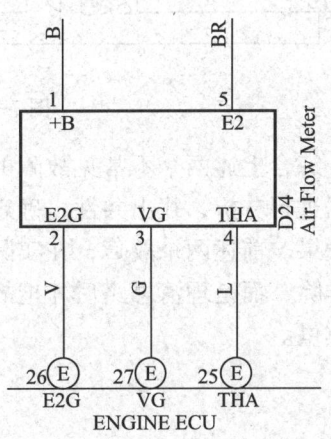

图 7—1　空气流量传感器各接线脚

4）打开点火开关，启动发动机，清除故障码。再检测发动机，无故障码显示，发动机工作正常，故障排除。

5）拆下解码仪，清理工作现场，清理车辆。

（4）故障分析。这是一个实际发生的故障，最初处理时由于未注意到共用电路电源这一问题，在更换了氧传感器后，依然显示故障码。现在处理故障的方法是故障处理完成后，经整理后的较佳路径。

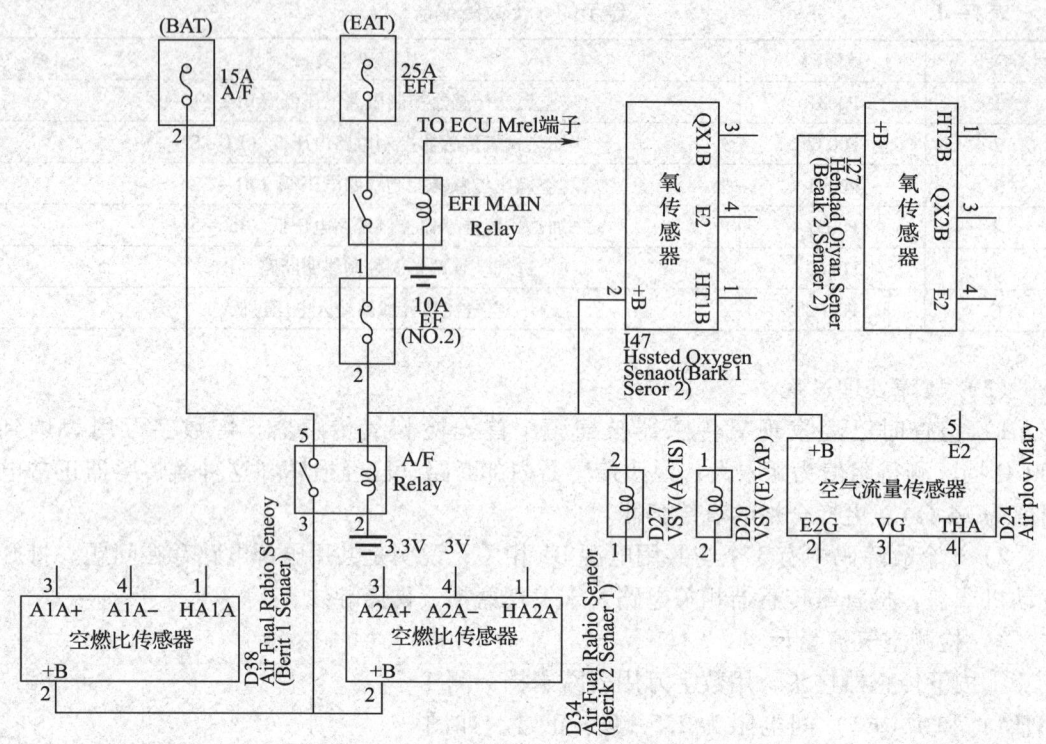

图 7—2 传感器电源电路（部分简化）

综合上述两个不常见故障的处理，可以看出在处理故障时，首先要对所测得的各种数据进行分析，找出共性，确定一个明确的思路后，再去处理故障，可以得到事半功倍的效果。前述两个故障，在实际处理过程中，均费时较长，走了不少弯路，也没能把故障排除，而是理清思路后才把故障解决的。其次，一定要使用合格的配件，才能保证修理质量。

第 8 单元

汽车新技术发展简介

- 第一节　发动机结构 /246
- 第二节　汽车轮胎 /247
- 第三节　汽车新燃料 /250
- 第四节　混合动力汽车 /256
- 第五节　电动汽车 /260
- 第六节　氢燃料电池汽车 /266
- 第七节　太阳能汽车 /270

科学技术在不断发展进步，应用到汽车上，使汽车不断完善。新材料、新结构、新工艺等在汽车上的应用，使汽车给人们的出行带来更大的方便。本章主要介绍在汽车上应用的新技术、新材料、新结构、新工艺等。

第一节　发动机结构

发动机结构最新的技术，除电控技术会更多地在发动机上应用外，最大的变革将是电子驱动气门。

在未来的 20 年，发动机设计和性能最根本的改进可能是出现电子驱动气门（EVA），能够在计算机控制下快速开启和关闭进、排气门。气门升程可达 12 mm，可以改善发动机性能及提高效率。例如，发动机低速时，需要短开启时间和小升程，以保持进气速度、改善效率；高速时，需要长开启时间和大升程，使性能最优化。电子驱动气门可以完全控制进、排气的相位，从而不断修正喷油量和废气循环量，优化各种行驶状况下的发动机性能和燃油经济性。对电子驱动气门发动机的试验研究表明，其最大功率和转矩增大 50%。

电子驱动气门的另一项优点，就是无节流泵气损失，改善发动机效率。使用 EVA，可连续控制进气门升程，这就有可能通过改变气门开度，控制发动机进气量。因此，可以取消节气门蝶形阀，由发动机管理系统控制发动机速度（电子节气）。EVA 可将低速时效率提高 10%，同时，因进气门开度随油门踏板位置同时变化，加快节气响应。

电子驱动气门的另一项功能，就是能选择性地停缸，实际上没有增加成本。例如，四缸发动机在怠速时，可以只有两缸工作。以前在传统发动机（如美国通用公司）中采用过停止汽缸技术，但没有成功，因为停止工作的汽缸不久就会冷却，增大摩擦，同时排放增加。使用电子驱动气门，可以依次停止不同的汽缸，防止汽缸冷却，这个过程称为"跳火"。在所研究的发动机上，怠速排放和燃油消耗降低达 50%。

许多汽车厂尝试开发电子驱动气门发动机，由于样机的高成本和复杂性，许多汽车厂遭遇失败，但是研究工作仍在持续。一些汽车厂采用电磁阀控制系统气门与一小活塞连接，活塞两侧又施加高压油，电磁阀控制油液的方向。气门正时和升程由发动机管理系统的电脉冲控制。气门动作的动力来自机油泵。

如西门子公司，研究直接驱动气门。采用一对电磁铁和平衡弹簧（见图 8—1）。不通电时，平衡弹簧使气门半开；气门关闭线圈通电时，阀芯向上拉动，逐渐关闭

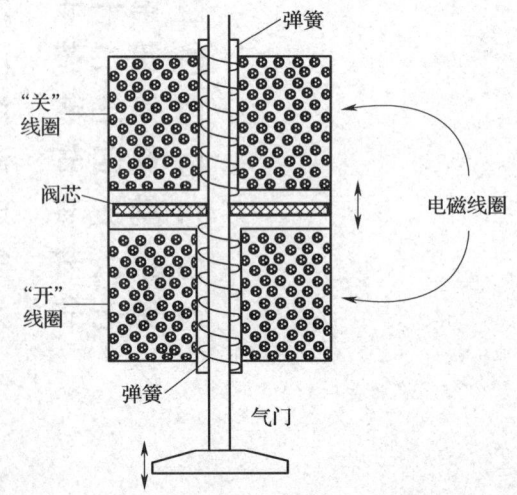

图 8—1　电磁式气门执行器断面（未施加动力）

气门；相类似，气门开启线圈控制气门打开。这样的系统能提供适当气门升程和响应时间，可适用转速高达 7 000 r/min 的发动机。这种系统的另一个优点就是无凸轮轴、摇臂、正时齿轮和传动带，使发动机更紧凑、更短、更轻。这些优点对小型前轮驱动汽车很重要。

第二节 汽车轮胎

一、汽车高速运动性能及对轮胎性能的要求

随着对高速公路利用的日常化，人们特别重视的就是轮胎的高速性能。从 1960 年开始迅速普及的子午线轮胎与以前的斜胶胎相比，附着力大，高速行驶时的操纵稳定性也得到大幅度提高。这是因为子午线轮胎直行或转向时接地压力的分布比较均匀。

高速行驶时，不仅是干路面性能，湿路面性能也很重要。改良胎面橡胶在不损害其他性能的同时提高摩擦系数，也是今后的重要课题。为了改善湿路面的性能，在胎面花纹设计中也要求有更高级的方法。即利用巨型计算机自动设计出能有效排出轮胎与路面间积水的花纹沟，这是最佳配置方法。现在利用计算机进行的性能预测，从理想的仿真水平来看只是完成了一半，为了完成试验和确定最佳花纹，还留有许多课题。

高速行驶时的另一个重要特性是耐刺穿性。在高速公路上轮胎突然被刺穿会直接造成重大事故。必须制造不易刺穿、破裂的轮胎和万一出现异常后能继续行驶一段距离的轮胎。现在的无内胎钢丝子午线轮胎即使被铁钉刺中，其强韧的钢丝带束层也可以防止铁钉穿透轮胎。再者，即使铁钉等异物穿透了轮胎，轮胎里面的气密也具有收缩后堵住孔洞的作用，避免气压急剧下降。作为积极预防轮胎瞬间破坏的方法，有下述各种设想正在研究中。

（1）在轮胎内部设置压力传感器，向驾驶员报警或自动补充空气，如图 8—2 所示。

（2）设计新的结构使轮胎在气压减小后也不致完全被破坏。因此，可在补强胎侧的同时，在轮胎内部再置入一个轮胎（型芯式），将来可能会依据上述想法生产出低成本、高可靠性的实用化产品。图 8—3 所示的"双胎系统"据说可兼具湿滑性能和耐刺穿性能，预示着将来的轮胎可能会出现的一种新模式。因为是在一只轮辋上安装两只轮胎。所以在两只轮胎的中心部位有非常优越的排水性。另外，即使一只轮胎被刺穿了，另一只轮胎也能确保操纵稳定性。

图 8—2 设置在轮胎内部的压力传感器

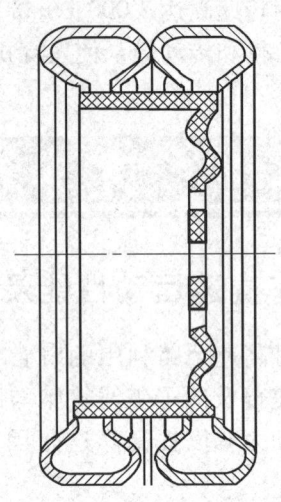

图 8—3 双胎系统

二、提高汽车乘坐舒适性对轮胎性能的要求

近年来汽车的舒适性（降低噪声、振动）有了显著的提高。以后从环境保护方面考虑，一旦严格要求汽车轻量化，将减少车辆的防噪声、防振部件，这些将被转化为降低轮胎噪声和振动的课题。或者从对速度的限制更加严厉等方面考虑，用户的需求将从高速、动力性能向舒适性能转化。从现状来看，轮胎性能的改善中有与下述要求相悖的地方。

1. 要求乘坐具有舒适性，就要降低胎体刚性，这将损害操纵稳定性。
2. 要提高振动的衰减性，就要使用能量损失大的材料，这将增加滚动阻力。对将来的轮胎而言，在不断研究克服这些问题的同时，还必须重视大幅度地改善轮胎的均匀性。均匀性问题主要由制造过程中的因素而产生，因此，要从以下几方面对制造方法进行研究。

（1）用高精度、均一的轮胎部件制造轮胎。
（2）取消轮胎部件的接头，采用整体制造法。

三、社会污染问题及对轮胎性能的要求

1. 从资源保护、节能方面要求轮胎轻量化、低燃料费和资源再利用

为尽量长期利用有限的石油资源和防止地球温室化，在所有的产业中削减石油消耗量、提高能量效率已成为社会化的要求。在轮胎的开发中，轻量化、低燃料费是眼下最大的课题，也是将来的重要课题。

乘用车的质量约为 1 t，其中轮胎重 8 kg，5 只共重 40 kg，在汽车总重中所占的比例并不大。但整车质量减轻 1%，燃料费可降低 0.5%～1.0%。为了降低燃料费，轮胎

轻量化也是一个不能忽视的课题。轮胎轻量化的主要措施是：

（1）减薄。降低胎面花纹沟深度，减薄胎体，使用更细的补强帘线等。

（2）变窄。减小胎面、带束层等的宽度。

（3）使用低密度材料。用芳纶纤维置换钢丝材料等。

这些开发课题也应考虑如何巧妙地综合平衡耐久性、操纵稳定性等轮胎基本特性与轻量化的问题。例如，减薄可带来磨耗性能、耐刺伤性能等安全方面的问题。因此，必须开发高强度的新型材料和新的结构。

在轮胎性能中直接影响燃油性能的是滚动阻力。滚动阻力减少1%，燃料费用可降低1%~8%。对汽车的低燃料化而言，可以说减少轮胎滚动阻力是重要的因素。降低滚动阻力的副作用必将带来湿滑性能、磨耗寿命、乘坐舒适性等方面的问题。其中，与湿滑性能的二者兼备问题，在此前的研究中已成为可能。今后，与磨耗寿命、乘坐舒适性的三者兼备、四者兼备问题是新的研究课题，为此将广泛进行轮胎新材料的开发和轮胎新结构的开发。

废轮胎（半旧轮胎）可用作燃料、粉碎后铺路等，但只是一少部分；将来必须开拓新的再利用法，这可能是成为真正意义上的循环利用，把废轮胎还原成可利用的资源。

2. 从防止粉尘公害方面对轮胎的要求（开发应用无镶钉轮胎）

由于装配镶钉轮胎的汽车在非积雪道路上损害路面、引起粉尘的公害已经成为社会化问题。发达国家对此制定了相应的法规，限制其使用，如日本就制定了防止镶钉轮胎产生粉尘的法律。为配合使用限制，各轮胎制造公司停止销售镶钉轮胎，继而开发、销售代替镶钉轮胎的冬季轮胎"无镶钉轮胎"。

为提高冰雪路面上的摩擦力，无镶钉轮胎采用了低温时不易变硬的胎面橡胶，同时在胎面花纹上下大功夫。其结果是，与以前的雪地轮胎相比，无镶钉轮胎大幅度提高了在冻结路面上的性能，且具备与镶钉轮胎相近的雪地、冰上行驶性能。

但是，无镶钉轮胎的雪地、冰上行驶性能还有许多改进的余地，今后还将继续研究开发。另外，无镶钉轮胎在非积雪路面上行驶时磨损快，高速公路上的操纵稳定性也不能令人十分满意，都还有待继续改善。

3. 从降低交通噪声方面对轮胎的要求

随着汽车数量的增加，城市人口密集区和干线道路周围的噪声问题日益严重。根据日本环境厅进行的现状调查，公路干线附近的汽车行驶噪声，有60%以上超过日本国内环境噪声标准。所以必须在今后5~10年内更加努力地把噪声降下来。

降低轮胎噪声的研究和开发工作一直在进行，主要是围绕着改善轮胎花纹做工作。无轮胎花纹的胎面（无花纹沟）的轮胎噪声最低，但无排水作用，不能保证其湿滑性能。因此，在不牺牲其他特性的前提下，改善轮胎花纹对噪声的降低有局限性。降低噪声的技术应是在保持轮胎花纹的基础上着重进行轮胎结构及材料方面的研究。另外，除轮胎以外，路面铺设对噪声的影响也很大。这从行驶时因路面变化而使噪声忽大忽小的体验中也很容易理解。因此，降低噪声还可用其他技术来弥补，改进铺设路面技术降低噪声，已变得越来越重要。

第三节 汽车新燃料

应用代用燃料可缓解能源危机，减少环境污染，特别是降低造成大气温室效应的 CO_2 的排放。从这个观点来看，在太阳能作用下获得的二次能源，如植物燃料、氢和电就很有发展前景。在大城市中，由于汽车密度太高，汽车排气污染物造成人口密集地区的臭氧浓度上升，使用产生臭氧较少的代用燃料和电驱动的汽车可以改善局部的环境。

内燃机的代用燃料大多是二次能源。它们可由植物、天然气、煤炭、太阳能、水力势能和风能等自然能以及核能这些一次能源，加工成可用于内燃机的代用燃料，如植物油、天然气、醇类燃料、氢和电能。

一、植物燃料

从植物中可以提炼3种内燃机代用燃料。

1. 醇类燃料

醇类燃料作为内燃机的代用燃料，初看起来可以不对大气中的 CO_2 造成增加，因为植物中的碳元素几乎都是来自空气中的 CO_2。但是，在从植物中提取内燃机所需要的燃料的过程中，却要消耗很多能源。由表8—1可以看出，从大多数植物中提炼乙醇所消耗的能源都大于或接近于所获得的乙醇中含有的能源。这样，从目前的技术水平来看，从植物中提取乙醇作为内燃机的代用燃料并不能获得更多能源。如果乙醇提炼过程所需要的能源来自石油或煤炭，则对大气的 CO_2 平衡也无益处。

表8—1　　　　乙醇生产所需要的能源和获得能源的比值

原料	生产乙醇所需要的能源和获得能源的比值
甜菜	0.96
土豆	1.32
小麦	1.28
玉米	1.15

从植物中提炼乙醇所带来的另一个问题是增加污水。提炼1 L乙醇要产生污水10~12 L。在德国，如果在汽油中加入体积分数为5%的由植物加工的乙醇就会增加相当于两千万人口所产生的废水，达到德国全国生活污水的1/4。

甲醇还可以从天然气或生物气中提取。但从天然气中提取甲醇远比从生物气中提炼便宜。生物气主要是木材和植物的茎根等材料的部分氧化产物。从木材中提炼甲醇的过程所消耗的能源是所获得能源的80%左右。

从植物中提炼醇类燃料，只有在巴西有大规模地从甘蔗中提炼乙醇的实践。

2. 植物油

植物油作为油灯的燃油已经有很长的历史了。柴油机在柴油发明之初，也是以植物油作为燃料。含油量较高的植物有向日葵、大豆、油菜和棕榈等。从燃烧学的角度来看，各类植物油之间的特性基本相同，而且与柴油比较接近，热值是柴油的80%左右，动力黏度是柴油的8~12倍，十六烷值和柴油相当。

植物油在柴油机上应用的主要问题是：植物油燃烧不很完全，会在汽缸内留下污垢，影响柴油机的耐久性能。另外，还需要加入添加剂以提高冷启动性能。

以菜籽油为例，提炼菜籽油所消耗的能量是菜籽油能量的70%左右，提炼到甲酯则需要消耗获得的能量的85%左右。只有在菜籽油的茎叶等所有副产品都当作提炼过程中的燃料使用，附加的能量才可能降低到30%以下。

3. 生物气

把含能较高的植物及植物废料加热、加压汽化的优点是利用了植物的所有部分，免去了废物处理，所获得的生物气还可以进一步处理，以获得内燃机所需要的燃油成分。这种方法目前被认为是利用植物资源和废料的最有前景的方法。植物燃料作为代用燃料的主要问题是植物的来源。以植物油为例，1990年世界上植物油及植物油脂的总产量有6 000万吨左右，即只有石油产量的2%左右。其中绝大部分都用来食用及作为日用化学工业的原料。作为石油的代用能源，植物油的作用是很小的。它只有在一些植物油资源丰富、没有石油资源和缺少外汇的发展中国家以及农业过剩的西欧国家才有可能被应用。

植物燃料在提炼过程中消耗大量的额外能源，会产生 CO_2。另外，植物生产所需要的化学肥料等都需要能量。考虑到植物生长过程中产生的致暖气体，使用植物燃料对环境的影响需要综合分析。

二、天然气

天然气是多种气体的混合物，其中最主要成分是甲烷（CH_4）。根据产地不同，天然气中的甲烷含量为81%~98%。甲烷不易着火，抗爆性很好，单独使用甲烷的内燃机的压缩比可以设计得很高，有利于提高内燃机的热效率。甲烷的氢原子和碳原子比例高达4，是汽油和柴油的2倍左右。产生同样的热能，甲烷燃烧产生的 CO_2 比柴油和汽油约少30%。作为车用内燃机燃料，天然气需要高压压缩或液化。

图8—4所示为使用汽油和天然气的大众T4车在FTP-75循环第一阶段的排气污染物排放的对比。使用天然气 CO 排放减少60%以上（见图8—4a），NO_x 排放降低80%以上（见图8—4b），HC的总量虽略有增加（见图8—4c），但能导致产生臭氧的无甲烷碳氢化合物却减少了90%以上。

甲烷的密度只有空气的一半左右。万一出现事故，气体不会留在地面，火灾危害较小。再加上不易着火，因此使用甲烷危险性小。但在通风较差的地方（如车库、隧道），则比较危险。天然气的缺点是能量密度低，体积太大，沸点很低（-162℃），不容易携带。

根据携带方式不同，天然气在车辆上的应用可分为两类：

（1）压缩天然气（CNG）。将天然气加压到20 MPa左右，灌入高压气瓶。

（2）液化天然气（LNG）。将天然气在-162℃以下冷藏。

即使使用20 MPa压缩天然气的汽车，加足一次燃料只能行驶相当于汽油车的1/4左右的里程。

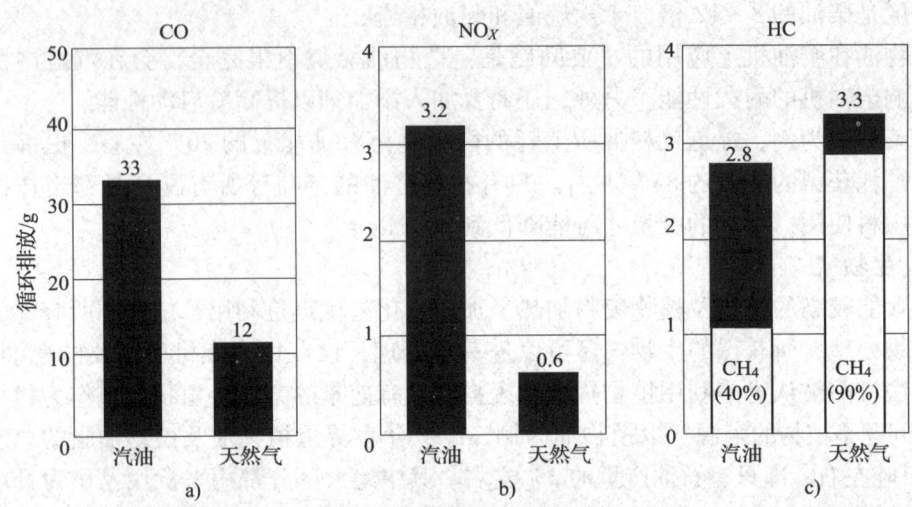

图8—4 使用天然气和汽油的汽车的排放对比
a) 使用天然气 CO 排放 b) NO 排放 c) HC 总量变化

液化天然气的能量密度略高一些，但液化和加气站的成本更高。由于加气站的投资较大，不可能像加油站那样普及，因此，天然气汽车适合于行驶范围相对比较固定的出租车和公共汽车。

车用压缩天然气（CNG）的储气瓶是高压容器，为保证使用安全，世界各国对其制造、使用制定了极其严格的法规。强制检验，必须认真进行，需要建设专用检验站，并由受过培训且考试合格的专门人员进行。这是非常严格、复杂的工作，也在一定程度上限制了天然气汽车的发展。

三、液化石油气（LPG）

液化石油气（LPG）的成分是丙烷和丁烷，两者各占约一半。它是石油开采、炼油和天然气加工中的副产品。它的能量密度相对于甲烷较高，只要加压到 0.5~1.0 MPa 就可以携带。但液化气的密度较大，泄漏以后沉在地面，使用起来比较危险。

四、醇类燃料

作为内燃机代用燃料的醇类主要有甲醇和乙醇两种。甲醇和乙醇由于其不完全燃烧的产物中导致臭氧形成的成分较少，在美国排放标准中都被列为清洁燃料。生产使用醇类燃料的车辆，可以改善制造厂商的平均燃油经济性。

乙醇主要是从植物中获得，其制造成本较高，应用相对较少，一般直接作为内燃机燃料使用。作为内燃机燃料，乙醇和甲醇的性能很相似。

甲醇是目前应用最广的内燃机代用燃料。可以通过提炼植物、煤炭和天然气获得，用天然气为原料生产合成的甲醇，是目前使用最广泛、最经济的生产方法。

甲醇主要是作为内燃机的燃料使用。另外，也可以进一步加工后使用，在无铅汽油中，用来提高汽油辛烷值的甲基叔丁基乙醚就是以甲醇为主要原料制成的。

甲醇的着火性能很差，但抗爆性却很好。甲醇的十六烷值只有3，研究法辛烷值却高达110，马达法辛烷值为92。

由于甲醇具有较高的辛烷值，用于点燃式内燃机比较容易。点燃式甲醇内燃机的压缩比可以设计得比一般汽油机高，油耗一般比汽油机低10%左右。若要进一步提高甲醇内燃机的热效率，就需要使用甲醇直喷式内燃机。由于甲醇的着火性能很差，需要采取特殊措施来点燃混合气。

甲醇内燃机排气中含有甲醛，需要采用特殊的氧化催化转化器来降低甲醛的排放。

甲醇的能量密度为一般燃油的一半。这样，甲醇汽车需要的油箱应是一般汽车油箱的两倍。如果使用同样的油箱，可行驶的路程将要缩短一半。

从天然气中合成甲醇是最经济，也是目前最常用的生产甲醇的方法。甲醇也是应用较广的内燃机代用燃料。

甲醇遇水后对金属有腐蚀作用，所以内燃机的有关部件和油箱需要选用合适的防腐材料。

醇类和润滑油较难混合，内燃机的润滑系统需要采取特殊的措施，以免醇类燃料漏入润滑系统后造成内燃机的润滑不良。

五、煤炭

煤炭是蒸汽机和汽轮机以及工业炉的主要燃料之一。内燃机中燃料的燃烧时间很短，煤炭必须做一定的处理才能作为内燃机的燃料。煤炭作为内燃机的代用燃料途径有：

（1）煤粉或煤浆直接作为燃料。
（2）加氢反应制成人造石油。
（3）煤炭汽化后合成生产各种液体和气体燃料。

煤炭的氢和碳原子比为0.8左右，远低于石油（约为2）。另外，煤炭中还含有硫、氮、水和其他矿物质。使用煤粉或煤浆直接作为燃料的主要问题是内燃机的使用寿命、可靠性以及炭烟排放。

从煤炭中提炼内燃机代用燃料的成本很高，很难有竞争力。燃料提炼过程需要消耗很多能源，对环境的压力反而增加而不是减少。从煤炭中提炼燃油的方法只有在二次大战时期的德国和因受经济制裁时的南非有所应用。

六、氢

太阳能电解水可得到氢，氢燃烧后，形成水。这可能是以后主要的能源循环。氢燃烧不产生CO_2，也不产生除了NO_x以外的污染物。但是，氢的生产过程需要消耗能源。如果所消耗的能源是太阳能、水力势能、风能和原子能，则可以降低CO_2的排放。如果所消耗的能源是通过煤炭或石油燃烧而得，则不能降低CO_2的排放。氢的利用前景取决于太阳能开发技术的进展。

氢的密度很低，用进气道输入氢的方法容易引起进气道回火。与压缩天然气一样，氢在通风较差的地方使用比较危险。氢用做车用内燃机燃料的主要问题是氢的能量密度很低，就目前的技术来说，无论是采用低温液化、高压压缩，还是金属吸附等储氢方法，燃料及附加设备的质量和体积都太大。另外，氢的制造成本还很高。目前，以太阳能为能源制造氢的成本是汽油的100倍左右。以氢驱动的汽车消耗的一次能源高于电动汽车。相对于电动汽车，氢驱动的汽车具有功率大和充气速度快（与充电相比）的优点。

随着技术的进步，特别是太阳能的高效廉价利用、燃料电池技术的进步以及储氢技术的突破，一般认为不久的将来将会开始大量使用氢作为动力机械的能源。

七、电能

除非使用自然能源（太阳能、水力势能或风能）来发电，否则使用电动汽车不会降低排放物对整个环境的压力，它只不过是将汽车的排放转移到发电厂而已。

对于用户来讲，储电设备（电池）的能量密度很低，价格很高，充电时间很长（轿车行驶100 km需要充电8 h左右），作为一般车用内燃机的代用能源毫无竞争能力，没有政府在税收上的优惠政策是很难推广的。

八、燃料电池

1. 燃料电池工作原理

燃料电池的工作原理如图8—5所示。燃料电池由燃料（阳极）和氧气极（阴极）组成。这两个电极在燃料电池内通过导电的电解液相连接，对燃料电池外的载荷产生电压。氢作为燃料在阳极输入，被电离成带正电荷的氢离子和电子。电子形成电流对载荷做功，然后还原得到氧原子。带负电荷的氧离子和带正电荷的氢离子在电解液中反应生成水。这样，在燃料电池中产生化学能的化学反应是：

$$H_2 + O_2 \rightarrow H_2O$$

由于氢的能量密度很低，而且制造成本很高，因此，需要发展使用其他能量密度较高的燃料电池。但其他燃料都要首先汽化并重整出氢，才能供燃料电池使用。

图8—6所示为使用甲醇为燃料的车用燃料电池系统。甲醇和水的混合物首先在蒸发器里蒸发，其蒸汽在重整器中被重整为体积分数为75%的H_2和体积分数为25%的CO_2组成的混合气，这种混合气直接进入燃料电池的阳极。进入阴极的是空气。该系统中的燃烧器、换热器及冷却器，用来保证蒸发器和重整器所需要的温度。燃料电池中没有完全氧化的排气将在燃烧器中继续被氧化。

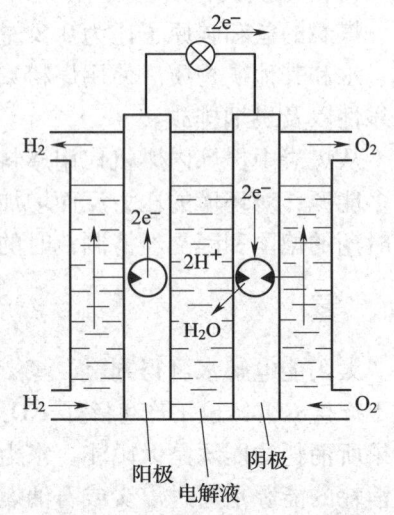

图8—5　燃料电池工作原理

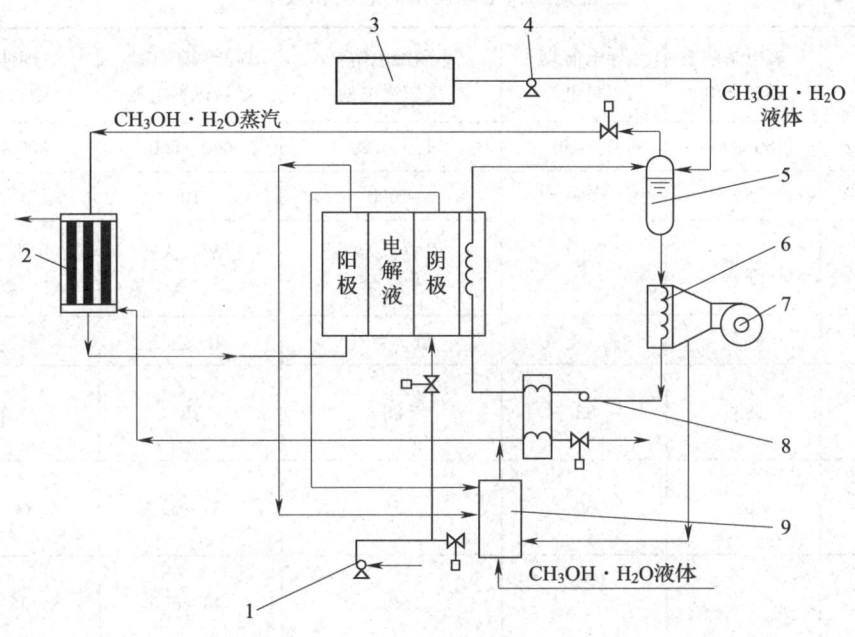

图8—6 甲醇燃料电池系统
1,7—鼓风机 2—重整器 3—油箱 4,8—泵 5—蒸发器 6—冷却器

2. 各类燃料电池的应用

(1) 碱电解液燃料电池。碱电解液燃料电池的优点是效率高。缺点是只能使用纯氧和纯氢。这种燃料电池主要用在航天和军事上。

(2) 导电薄膜燃料电池。导电薄膜燃料电池的优点是能量密度高,运行特性比较灵活。德国戴姆勒—奔驰公司选用这种燃料电池作为示范汽车的动力。

(3) 磷酸电解液燃料电池。磷酸电解液燃料电池的工作温度较高,带来很多腐蚀方面的问题。

(4) 碱金属碳酸盐溶液燃料电池。碱金属碳酸盐溶液燃料电池的工作温度更高,腐蚀问题更严重。它们主要用于发电厂。

(5) 固体氧化物燃料电池。固体氧化物燃料电池的优点是可以直接使用天然气。也主要用于发电厂。

各类燃料电池使用的燃料和效率见表8—2。其中,理论效率和实际效率分别指的是电池中燃料化学能转换成电能的理论效率和现有的技术水平。系统效率则是减去系统中附件消耗的能量以后的效率。燃料电池将化学能直接转换成电能,效率很高。理论上,在室温下,转换效率可以达到83%,而且与负荷变化关系不大。在实际应用中,各种燃料电池的能量转换效率为40%~65%,特别是在部分负荷时,燃料电池的能量转换效率远远高于内燃机。

各种燃料电池的工作温度低于1 000℃,在这种温度下几乎不产生NO_x,其他污染物的排放也很低。全系统的CO_2和污染物的排放则取决于燃料的来源。

表8—2　　　　　　　　　各类燃料电池使用的燃料和效率

电池种类	碱电解液燃料电池	导电薄膜燃料电池	磷酸电解液燃料电池	碱金属碳酸盐溶液燃料电池	固体氧化物燃料电池
温度（℃）	60~90	60~80	160~220	600~660	800~1 000
功率（kW）	50	20	4 600	10	1
燃料	纯氢	氢	甲醇、天然气、氢	甲醇、天然气、煤气、氢	甲醇、天然气、煤气、氢
氧化剂	纯氧	氧、空气	氧、空气	氧、空气	氧、空气
理论效率（%）	83	83	80	78	73
实际效率（%）	60	60	55	55~65	60~65
系统效率（%）			40	48~60	55~60

一般认为，甲醇是近期可以大量使用的旨在降低排放的内燃机代用燃料。氢是来源比较可靠的代用燃料，从长远来看，在太阳能利用和氢的储存技术突破之后，有望成为内燃机的主要燃料。而燃料电池的商业化则有可能动摇内燃机在动力界的地位。

第四节　混合动力汽车

一、混合动力汽车的特点

目前，采用混合动力驱动系统是解决电动汽车续航距离短最快捷、最有效的途径。混合动力汽车有两套驱动系统，即燃油驱动系统和电驱动系统。其动力源主要是燃油，在低速、起动和加速时用电力，即在不完全燃烧时用电力，可提高燃料的燃烧效率。

这种系统既能发挥电驱动汽车在城市里运行时低排放、低噪声的优点，同时又能保留内燃机汽车长距离运行的优点，还可以利用驱动系统中的电动机回收汽车制动能量。当汽车起动和爬坡时可以利用电动机的辅助转矩，使汽车配置的内燃机排量减小。当汽车在城市内处于低速运行时，可完全依靠电动机运行。在长途运输过程中可利用内燃机为电驱动系统中的蓄电池充电。

但由于混合动力汽车只是燃油汽车与电动汽车之间的过渡产品，一旦电动汽车关键技术得到突破，成本下降到具有商业化推广价值，混合动力汽车会很快被淘汰。

二、混合动力汽车的类型

混合动力汽车根据其动力系统的配置不同，可分为串联式（Series）、并联式（Parallel）和分割式（Split）三类，如图 8—7 所示。分割式是由英语直译的名称，按其具体结构也可称为串、并联灵活驱动式。

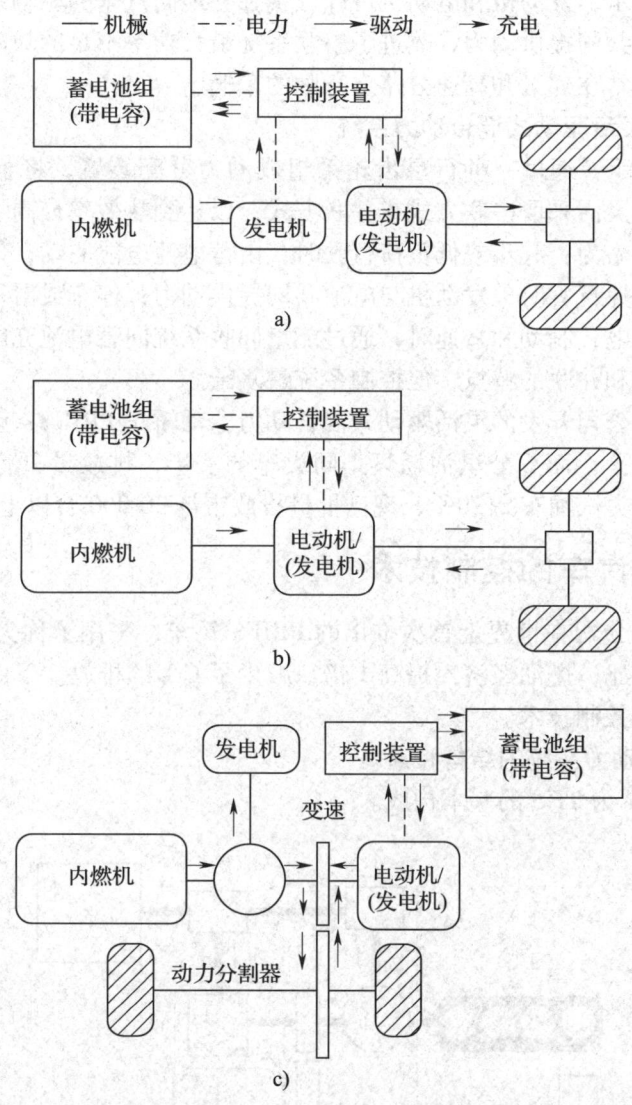

图 8—7 混合动力系统的类型
a）串联式混合动力系统　b）并联式混合动力系统
c）串、并联灵活驱动式混合动力系统

1. 串联式混合动力系统

工作原理如图 8—7a 所示，由发动机带动发电机，电能在控制器的调节下带动电动机运转，以驱动车轮。发动机始终在热效率高而排放较低的单一最佳工况下运转，单一工况运转也便于排气后处理装置始终保持高净化率。低负荷运转时,发动机发出的功率超过驱动车辆的需要,多余的电能向蓄电池充电;而高负荷运转时,除发电机发出的电能外,蓄电池组可提供额外的电能。但最高输出功率要受到电动机功率的限制。串联式混合动力车适用于城区运行的车辆,如公交汽车等。

2. 并联式混合动力系统

如图8—7b所示,发动机和电动机可以分别独立地向汽车的驱动系统提供动力,而需要大功率时可以共同提供动力,改进了串联系统最大功率不足的缺陷。并联式混合动力车比较适合于经常在郊区和高速公路上行驶的车辆。

3. 串、并联灵活驱动式混合动力系统

如图8—7c所示,通过一种行星齿轮系组成动力分配装置,将整个系统耦合在一起,根据行驶工况灵活采取串联方式或并联方式,以达到热效率最高、排气污染最低的效果。一般控制策略为:起步或低负荷行驶时,由蓄电池电能驱动;匀速行驶时,由发动机提供动力;加速行驶时,发动机与电池共同提供动力;停车或滑行时,发动机带动发电机向蓄电池充电;制动和减速时,通过能量回收系统向蓄电池充电。串、并联灵活驱动方式兼有串联和并联的特点,但控制系统最复杂。

日本丰田汽车公司开发的灵活驱动式混合动力电动轿车PRIUS,动力性能完全达到同类汽油机轿车水平,而百公里油耗只是同类车的一半,排放量只有日本排放限值的1/10,成本只比同类汽油车高20%,现已批量投放市场30 000台以上。

三、混合动力汽车的控制技术

日本丰田汽车公司在世界上首次推出的PRIUS轿车,采用了称为THS的混合动力系统,与汽油车相比,燃油经济性提高1倍,减少了CO_2的排放。下面以该系统为例介绍混合动力汽车的控制技术。

1. THS混合动力系统的结构特点

如图8—8所示为THS的基本构成。

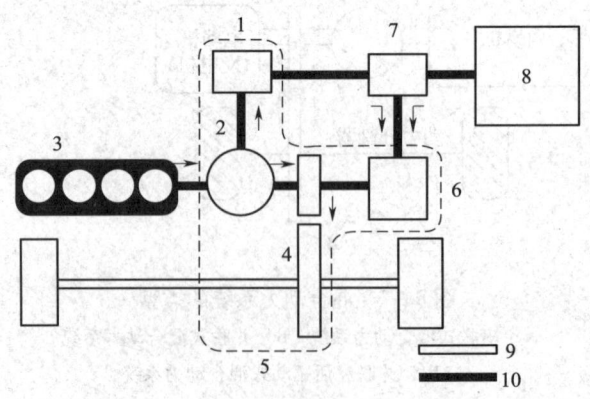

图8—8 丰田混合动力系统(THS)的构成
1—发动机 2—动力分配机构 3—发动机 4—减速器 5—混合动力用变速器
6—电动机 7—变换器 8—蓄电池 9—动力传递途径 10—电力传递途径

THS混合动力系统采用串、并联灵活驱动式混合动力系统。发动机为直列式，四缸，排量为1 500 mL，采用交流永磁式同步电动机，镍氢电池，基本动力源为发动机。发动机的动力通过动力分配机构形成车轮驱动力与发电机驱动力，由发电机发出电流，直接用于驱动电动机。此外，发电机输出的交流电流由电流变换器变换为直流后，被存储在高压蓄电池中。其变速器采用通常轿车用变速器，装车性能优良。

混合动力用变速器由动力分配机构、减速装置、发电机、电动机组合构成。发动机的动力按照动力分配机构可分为两大部分，在输出轴一方为电动机与车轮连接；另一方为电动机与发电机连接。也就是说，发动机的动力通过机械与电气两条路径进行传递。发动机的转速与发电机及电动机的转速可以无级变速，具有电子控制变速器的作用。动力分配机构应用行星齿轮装置。发动机动力被传递到直接连接的行星齿轮装置，通过小齿轮，动力被分配到齿圈与恒星齿轮。齿圈旋转轴则与电动机直接连接，通过减速器使驱动力传递到车轮。另外，恒星齿轮的旋转轴又与发电机直接连接。

2. THS混合动力系统的控制

THS混合动力系统是有效利用发动机和电动机的各自特点，进行优化组合控制的装置，所以具有显著节能的优点。为了获得高效率的控制，必须按照车辆的运转条件做精确的区分。丰田混合动力系统是对发动机、电动机、发电机、蓄电池等各构成部件的要求值或实际值进行确认与计算的，因此，必须进行实时的高速精密控制。

（1）发动机运转域控制。发动机的运转域就是在燃油经济性良好的预先规定的高转矩域中进行正常运转。按照车辆行驶工况，对发动机转速与电子控制节气门开度进行自动控制。

（2）行驶控制。在某一状态中，当驾驶员踩踏加速踏板时，则根据踏入量，以发动机运转域控制为基础，打开电子控制节气门；控制发电机转速，进而控制发动机转速；发动机驱动力被分配为直接驱动部分与发电引起的电动机的驱动力部分的比例也同时得到控制，把发动机的直接驱动力与电动机的驱动力进行叠加，形成整车的驱动力。当蓄电池必须充电时，在施加发电电力的方向上，增加发动机的输出功率进行运转。

（3）发动机与电动机的驱动控制。装用THS动力的车辆，可以表示为以下两部分：一部分是发动机的直接驱动力，另一部分是驱动发电机发出的电力与来自蓄电池供给的电力进行工作的电动机的驱动力。

（4）能量再生控制。图8—9所示为液压制动与能量回收制动系统的优化分配原理框图。发动机制动或用脚制动时，电动机作为发电机进行工作。也就是说，车辆的运动能量变换为电能，并由蓄电池回收电能。这样可以减少制动器的负荷。这种能量回收的制动系统，对于在城市道路上行驶时频繁进行加速、减速的工况，最适宜于回收制动能量。当制动时，可以协调控制液压制动与能量回收制动系统，以实现优先使用能量回收制动系统的节能目标，显著提高了能量回收效率。

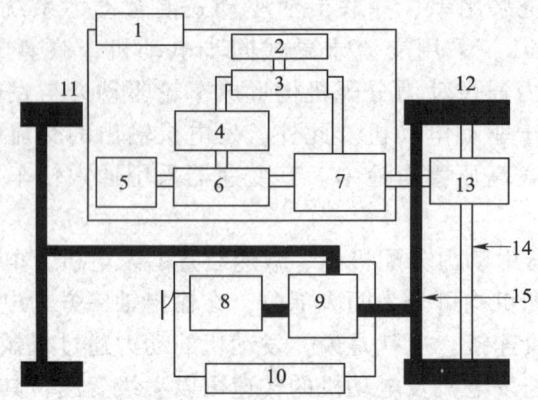

图8—9 液压制动系统与能量回收制动系统的制动力分配
1—THS ECU（丰田混合动力系统的电控单元） 2—蓄电池 3—交直流发电机 4—发电机 5—发动机
6—动力分配机构 7—电动机 8—制动器液压源 9—液压调控部分 10—制动系统电控单元
11—后轮 12—前轮 13—差速器 14—能量再生制动 15—液压制动

第五节 电动汽车

一、电动汽车的结构原理

1. 电动汽车简介

电动汽车主要有纯电池电动汽车和混合动力汽车两大类。纯电池电动汽车包括以氢气为燃料的燃料电池电动汽车，可以循环使用的镍氢电池电动汽车，寿命长、充放电效率高的锂离子电池电动汽车，已有100多年历史的铅酸蓄电池电动汽车。此外，目前研究应用的还有镉镍电池、钠硫电池、飞轮电池、太阳能电池等电动汽车。其中，燃料电池和锂离子电池电动汽车最具潜力。

电动汽车由车载电源（蓄电池和充电器等）、驱动电动机及控制器、车体（底盘和车身等）三部分组成。行驶时，由蓄电池输出电能（电流），通过控制器驱动电动机运转，电动机输出的转矩经传动系统带动车轮前进或后退。其动力源来源于蓄电池，也就是说，电动汽车续驶里程与蓄电池容量有关，蓄电池容量受诸多因素限制，是有限的。要提高一次充电续驶行程，必须尽可能地节省蓄电池的能量，因此，电动汽车与燃油汽车基本骨架就应有明显的区别。这就要求电动汽车的基本骨架应具有以下特点：

（1）为了确保行驶安全性，提高维护保养性，采用低重心和免维护型蓄电池，并将其放在车身后部的车厢地板下。

（2）为了减轻车架质量，提高刚度，大断面主车架为纵直车架。

（3）为了确保车厢内部具有最大限度的乘员空间，最大限度地紧缩机械空间而采取将乘员空间与驱动系统动力源等完全分开的处置，将电动机、高压电气系统集中配置在车身前部，利用这些技术，既实现了各个部件的高效率利用的配置，又突出了电动汽车本身特性的要求。

2. 电动汽车配置

由于电动汽车采用电动机驱动,蓄电池为动力,因此其结构与燃油汽车有明显的不同,电动车结构如图 8—10 所示。

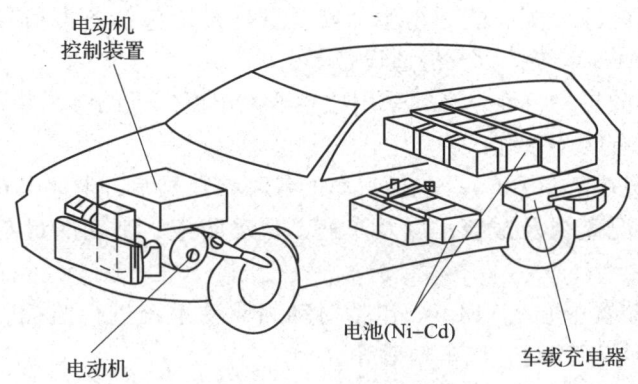

图 8—10　电动车结构

(1) 电动机。电动汽车按驱动电动机不同,可分为直流电动机驱动的电动汽车和交流电动机驱动的电动汽车两大类。直流电动机驱动的电动汽车,虽然在结构上有许多独到之处,如不需要离合器、变速器,并具有起步加速牵引力大、控制系统较简单等优点,但它的整个动力传动系统效率不太高,故目前有被其他驱动类型电动汽车所替代的趋势。交流电动机驱动的电动汽车突出的优点是体积小、质量轻、效率高、调速范围宽和基本免维护等。它是近几年发展起来的新技术,目前尚处于进一步发展阶段,但其制造成本较高。随着电力电子技术的进一步发展,成本将随之降低,这类电动汽车将具有强大的生命力。

直流无刷电动机现已开发出质量轻、电效率高的产品,其主要部件永久磁铁采用高磁力稀土类磁铁,且对定子和转子进行最优设计,可实现高达 96% 的能量转换效率。其指标是:输出功率为 49 kW(1 700~8 750 r/min),输出转矩为 275 N·m(1 700 r/min)。电动汽车最高速度可达 130 km/h。

交流电动机(包括同步、异步、开关磁阻)驱动系统,近几年来的研制和开发不断取得新的突破,体积小、质量轻、效率高、免维护、调速范围宽是它的突出优点。

(2) 控制系统。电动汽车的控制系统性能直接影响着车辆的性能指标,该控制系统控制车辆在各类工况下的行驶速度、加速度和能源转换。它类似于燃油汽车的加速踏板和变速器,包括电动机驱动器、控制器及各种传感器,其中最关键的是电动机逆变器。目前正在进行控制系统和电动汽车使用条件的合理匹配的开发,研制智能化控制系统的工程应用,进行减轻质量、降低造价、抗振、抗扰、降噪以及提高控制系统在电动机制动时能量回收的研究。

直流无刷电动机、永磁稀土同步电动机、异步电动机以及开关磁阻电动机等,均可作为电动汽车的驱动电动机,控制器相应有所不同。

控制器将蓄电池直流电逆变成交流电后驱动交流驱动电动机,电动机输出的转矩经传动系统驱动车轮，使电动汽车前行或倒退。控制器中将直流电转换成交流电的逆变器电路的开关元件，通常采用损耗小的绝缘栅双极晶体管（Insulated Gate Bipolar Transistor，缩写成IGBT），以减少功率损耗。

(3) 管理、监控系统。管理系统包括能源、安全管理系统。能源管理系统包括车载充电器、行车时能源分配、能源再生；安全管理系统包括各类信号检测及防护装置SRS、安全气囊、ABS系统，以及舒适设备等。

因为电动汽车的自身特性，必须采用比燃油汽车更先进的电子装置来对其进行综合管理和监控，通常有两个系统：

1) 驾驶员信息中心（DIC）。包括汽车的各种参数显示，电池电量指示，电池残余电量指示，放电情况监视及报警，以及车速、自动防抱、制动能量自动回收和电差速等。

2) 车辆电子装置中心（VEC）。包括对动力驱动系统进行监控、平稳调速、换挡提示、车灯监视、悬架控制、汽车电话等。

3. 电动汽车的总体布置

电动汽车具有现代汽车的基本性能，而且采用了现代汽车上的许多总成，如车身和车身附件、汽车底盘行驶系统中的悬架和车轮、转向系统、制动系统和各种电气、电子设备等。但它又具有其本身的特点，在总体结构、动力系统、传动系统、控制系统（操作系统）等方面又与传统的内燃机汽车有所区别。

电动汽车有轿车、城市出租汽车、小型客车和中型客车、邮政运输车、牛奶运输车、小型送货车和一些家庭用小型轿车等。因此，电动汽车趋向于小型化和轻量化。各种不同的车型，具有不同的总体布置。

电动汽车是依靠动力电池组来提供动力，迄今为止，电池的质量比能量和质量比功率还很低，因此，要提高电动汽车的动力性能和续驶里程，就需要一个体积和质量都比较大的动力电池组，必须充分考虑动力电池组在电动汽车上的布置，以及减轻动力电池组的质量和轴载的合理分配，并且能够适应电动汽车小型化的特点。

新一代电动汽车传动系统一般已不再沿用传统的内燃机汽车的传动系统，而采用机电一体化的集中驱动轴和电动轮的分散驱动系统，使得电动汽车的驱动系统更加紧凑，空载质量减轻，有利于电动汽车的布置。

图8—11所示为电动汽车的4种总体布置模式。下面分别简要介绍其特点。

(1) 传统的驱动模式（见图8—11a）

1) 电动机替代发动机。

2) 仍然采用内燃机汽车的传动系统，包括离合器、变速器、传动轴和驱动桥等总成。

3) 有电动机前置、驱动桥前置，电动机后、驱动桥后置等驱动模式。

4) 结构复杂，效率低，不能充分发挥电动机的性能。

(2) 电动机—驱动桥组合式驱动系统（见图8—11b）

1) 在电动机端盖处装置变速齿轮、差速器等驱动总成，形成电动机—驱动桥组合式驱动系统。

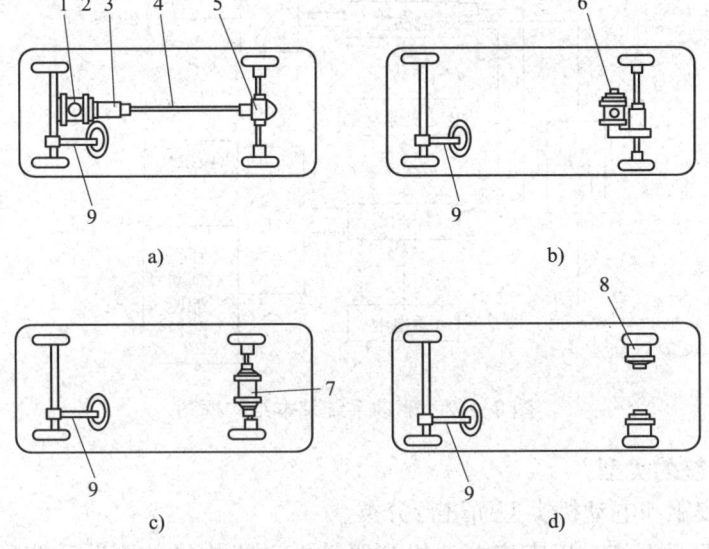

图 8—11　电动汽车的总体布置
a) 传统的驱动模式　b) 电动机—驱动桥组合式驱动系统
c) 电动机—驱动桥整体式驱动系统　d) 轮毂电动机分散驱动系统
1—电动机　2—离合器　3—变速器　4—传动轴　5—驱动桥
6—电动机—驱动桥组合式驱动系统　7—电动机—驱动桥整体式驱动系统
8—轮毂电动机分散驱动系统　9—转向器

2) 有电动机前置、驱动桥前置和电动机后置、驱动桥后置两种驱动模式。

3) 传动机构紧凑，传动效率较高，安装方便。

(3) 电动机—驱动桥整体式驱动系统（见图 8—11c）

1) 在电动机端盖处装置变速齿轮、差速器等驱动总成，电动机有一个空心轴，有一个驱动桥的半轴从电动机空心轴中通过。

2) 有电动机前置、驱动桥前置和电动机后置、驱动桥后置两种驱动模式。

3) 传动机构紧凑，传动效率较高，可以作为驱动桥布置在车架下面。

(4) 轮毂电动机分散驱动系统（见图 8—11d）

1) 电动机装在车轮轮毂中，可以有 4×2 和 4×4 两种布置方式，各个车轮之间的同步转动或差速转动由中央控制器的计算机系统控制。

2) 4×2 布置方式有双前轮驱动模式和双后轮驱动模式。

二、电动汽车驱动系统的基本构成

驱动系统是电动汽车中重要的系统，电动汽车运行性能主要决定于驱动系统的类型和性能。

1. 驱动系统的构成

电动汽车驱动系统由牵引电动机、控制系统（包括电动机驱动器、控制器及各种传感器）、机械减速及传动装置、车轮等构成，如图 8—12 所示。

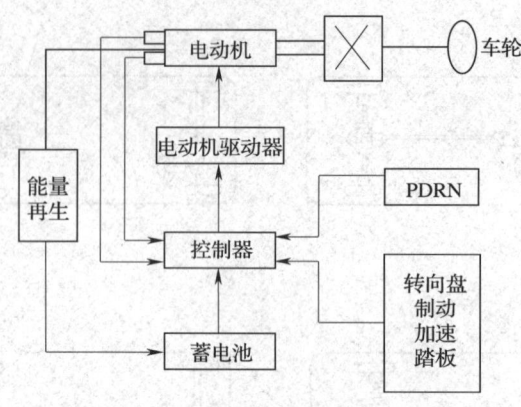

图 8—12 驱动系统基本结构框图

2. 驱动系统的类型

驱动系统按驱动电动机类型而进行分类。

（1）直流驱动系统。以直流电动机为驱动电动机构成的驱动系统称为直流电动机驱动系统，简称直流驱动系统。直流驱动系统中的驱动器的功率电路，通常采用斩波器控制方式，它具有控制较简单、效率较高、成本低、技术成熟等优点。但直流电动机的电刷、换向器等易损件，需定期维护，同时直流电动机的效率低于交流电动机，且因为价格高、质量及体积大等缺点，影响其广泛使用。

（2）交流驱动系统。以交流异步电动机为驱动电动机构成的驱动系统称为交流异步电动机驱动系统，简称交流驱动系统。交流电动机与直流电动机相比，具有效率高、体积小、质量轻、免维护、坚实可靠、易冷却、寿命长、能更有效地实现再生制动等优点，但控制电动机的逆变器较复杂。一方面控制用的大功率管数量要求比直流驱动系统中多，且容易损坏；另一方面要实现交流异步电动机的良好调速性能，必须采用矢量控制方法。矢量控制逆变器除采用数字信号微处理器（DSP）外，控制软件也较复杂。

（3）永磁同步电动机交流驱动系统。以永磁同步电动机 [包括无刷直流电动机（BDCM）和三相永磁同步电动机（PMSM）] 为驱动电动机的驱动系统称为永磁交流驱动系统。它与前两种驱动系统相比，具有效率最高、体积最小、质量最轻、无须维护等优点，在电动汽车中也得到了一定使用。但该类驱动系统目前的成本太高，而在可靠性和使用寿命等指标上也比交流异步电动机差。同时，对于大功率的 PMSM 和 BDCM，要做到体积小、质量轻，尚有一定的技术难度。

（4）开关磁阻电动机驱动系统。开关磁阻电动机驱动系统，其电动机结构比异步电动机更简单可靠，特别适用于高速大转矩、低速大转矩、小电流的系统；且效率高，其转子无绕组，适合于频繁正、反转及冲击负载等工况条件；驱动功率电路采用的功率开关元件较少，电路较简单；功率元件与电动机绕组相串联，不易发生短路；利用较简单的控制电路能够实现较宽的调速范围，低速大转矩和制动能量反馈等特性。因此，该驱动系统特别适合电动汽车，当然，该驱动系统亦有不足之处，即振动较大，噪声亦较大。

从目前世界各国的电动汽车所用电动机来看，欧美等国多用交流异步电动机，而日本等国多采用直流电动机。从发展趋势看，交流异步电动机最有前途，因此在电子器件日趋成熟的情况下，使用交流异步电动机的优点特别突出。

三、电动汽车的能量管理与再生控制系统

1. 能量管理系统

一辆设计优良的电动汽车，除了具有良好的机械性能、良好的电驱动性能、选择适当的能量源（即电池）外，还应该有一套协调各功能部件工作的能量管理系统，使有限的能量源能够最大限度得到利用。

一个完整的能量管理系统，应考虑诸多方面的因素。从功能上考虑，应具备电池充电指示和电池放电（用电）的管理两大功能，如图8—13所示。

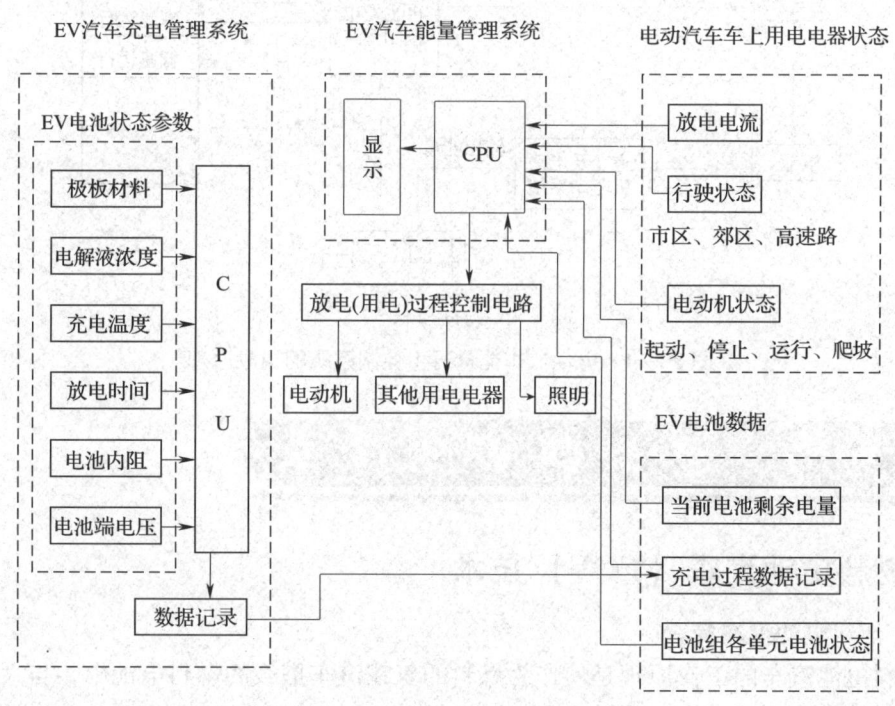

图8—13　EV汽车能量管理系统框图

2. 能量再生控制系统

电动汽车不管采用什么电动机，都有如下相同的特点：电动机由于本身及其所带负载的惯性作用，从切断电源到完全停止运转，不可能立即停止。这就给电动机制动过程提供了可利用的剩余能源。就电动机制动而言，采用的方法一般为两大类：机械制动和电气制动。而在电气制动中又有反接制动、能耗制动和再生发电制动三种形式。电动汽车的制动方式应考虑两种类型的结合，一般的制动系统为机械式制动，若能在电动汽车制动和下坡滑行时考虑设计一种再生发电系统，这样便可提高整车能量的使用效率，达到节约能源的目的。在机械式制动时，大量的能源被消耗，若能在此时将电动机的状态

由控制状态改变为发电状态,在机械制动的同时,将能量的一部分转换为电池能量,相应地减小机械制动系统的损耗,可达到一举两得的效果。

一般的再生发电制动只能起到限制电动机转子速度过高的作用,即不让转子的速度比同步速度高出很多,但无法使其限制到小于同步转速。也就是说,再生发电制动仅仅能起到稳定运行的作用。因此,电动汽车(EV)的能量再生系统应将汽车制动、下坡滑行、高速运行、减速运行等状态下的部分能量转化为电能,给蓄电池充电,从而有效地利用能源,提高电动汽车的续驶能力,以充分发挥电动汽车的优点,如图8—14所示。

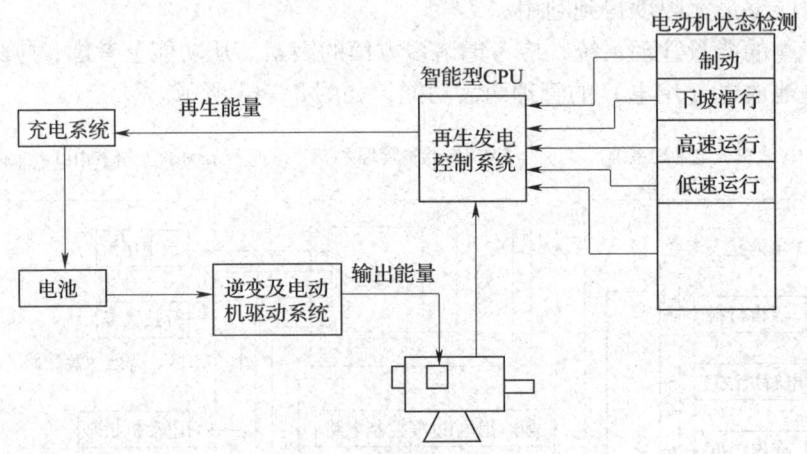

图8—14 电动汽车能量再生控制系统的构成原理

第六节 氢燃料电池汽车

一、燃料电池汽车(FCV)技术

1. 燃料电池汽车简介

燃料电池汽车的工作原理是使作为燃料的氢在汽车搭载的燃料电池中,与大气中的氧发生化学反应,从而产生出电能,以起动电动机,进而驱动汽车行驶。其中的化学反应除了电能就只产生水。因此,燃料电池汽车被称为"环保车"。燃料电池的能量转换效率极高。燃料电池不经历热机过程,不受热力循环限制,故能量转换效率高,燃料电池的化学能转换效率理论上可达100%,实际效率已达60%~80%,是普通内燃机热效率的2~3倍。因此,从节约能源的角度来看,燃料电池汽车明显优于使用内燃机的普通汽车。

另外,近年来燃料电池技术的迅速发展也为燃料电池运用于汽车创造了条件。由于技术的进步,燃料电池的功率密度不断提高,电池组的输出功率不断增大,而电池的体积和成本却明显降低。

燃料电池的另一个吸引人的地方,在于它将取代蓄电池来用于电动汽车。燃料电池的燃料主要有氢气、甲醇和汽油三种。根据燃料电池的发电原理,氢气是最理想的燃料。一是氢气可以直接参与电化学反应;二是氢气燃料电池的产物中只有洁净的水蒸气,对环境不会造成任何污染。但是要以氢气为燃料,必须解决以下两个问题:

第一个问题是如何经济地获取纯氢。可以从天然气等传统的石化燃料,通过重整或改质技术转化而来。现在进行的太阳能分解水制氢、太阳能发电电解水制氢、阳光催化光解水制氢、太阳能生物制氢等方面的研究,只有到了能以再生性能源廉价地生产出氢燃料,氢燃料电池民用汽车的燃料问题才算获得了根本性解决。

第二个问题是如何为燃料电池供应燃料。向燃料电池供应燃料有两种形式:一种是非重整式,即氢气储罐直接装在车上供给燃料电池;另一种是重整式,即车上装有液体燃料,利用车上装置制造氢气。通常称制氢装置为重整装置,具有重整装置的燃料电池汽车称为重整式燃料电池汽车。

通常氢能以三种状态存储和运输,即高压气态、液态和氢化物形态。用常用的压缩气体罐储存的氢,只能供燃料电池汽车行驶 150 km,这还不如目前最好的蓄电池驱动的汽车。由于氢气是最小的分子,很容易造成泄漏。即使是微量的泄漏,都有可能造成极可怕的后果。而在零下 253 ℃ 的条件下储存液氢的深度制冷技术对于大众市场来说,目前还很不成熟。但储氢材料的开发已取得令人鼓舞的进展。据报道,一种具有复杂的纳米结构的石墨纤维,其单位质量可以吸收 20% 的氢气。

2. 燃料电池汽车的发展及展望

为了争夺燃料电池汽车的未来市场,各国汽车厂商在政府的扶植下纷纷投入巨资,竞相开发自己的燃料电池汽车。戴姆勒—克莱斯勒与巴拉德动力系统公司联手,于 1997 年共同投资 3.3 亿美元进行开发,日本丰田汽车公司和美国通用汽车公司迅速反应,宣布联合开发燃料电池汽车。为了争夺 21 世纪世界汽车市场的主导权,双方都希望自己的技术能成为燃料电池汽车的世界标准。

大众汽车公司也示范了一种以"高尔夫"车型为基础的甲醇作为燃料的混合型汽车。该汽车采用 20 kW 的巴拉德燃料电池堆和约翰逊·马秦的"热点"甲醇重整装置。

1998 年 1 月在底特律举行的北美国际汽车展上,福特汽车公司推出了首辆燃料电池概念车—P2 000 FCV。福特汽车公司的下一辆燃料电池汽车是以全球畅销车为原型的福特福克斯燃料电池汽车。福克斯燃料电池汽车采用直接氢气系统为其燃料电池组供电,这是当今世界上最可靠、最有效的供电方式。

我国中科院"大功率质子交换膜燃料电池发动机及氢源技术",研究和开发自主知识产权的 75 kW 和 150 kW 燃料电池发动机及氢能源成套技术。清华大学电动车研究室和北京飞驰绿能电源技术有限公司联合承担了"燃料电池电动汽车关键技术研究与样车研制"。经过近一年的联合攻关,燃料电池轻型客车样车研制成功。样车结构参数为:质子交换膜燃料电池;额定功率 18 kW(氢/氧型);驱动电动机额定功率 35 kW,最大功率 90 kW;无级调速传动系统;最高车速 80 km/h;最大爬坡度 15%;加速时间 0~40 km/h,不大于 15 s;一次加(氢)气行驶里程大于 165 km。

我国另一辆燃料电池汽车 2003 年 1 月 11 日在同济大学问世,这辆未来汽车名叫"超越一号"。它已经通过科技部重大专项年度评审,各项性能指标都达到了要求。图

8—15 所示为北京公交控股（集团）有限公司在北京试运行的梅塞德斯—奔驰 Citaro 燃料电池公共汽车。

图 8—15　梅塞德斯—奔驰 Citaro 燃料电池公共汽车

二、燃料电池的种类及特点

燃料电池种类繁多，其特点随所用的电解质的性质而异（见表 8—3）。

表 8—3　　　　　　　　　　燃料电池的主要类型

电池类型	工作温度（℃）	燃料	氧化剂	电解质	效率	特点	技术状态及应用
碱性燃料电池	室温~200	纯氢	纯氧	水氧化钾	50%	能量转化效率高；高比功率；高比能量；但不适合在地面上应用	高度发展，20 世纪 60 年代已在航天中成功应用，可作为特殊地面应用
质子交换膜燃料电池	室温~100	纯氢、净化重整气	氧气、空气	阳离子交换膜	50%	可室温快速起动；无电解液流失；水易排出；寿命长；比功率与比能量高	高度发展，适用于分散电站、电动车、潜艇推动、各种可移动电源、家庭动力源。已有电动车样车，需降低成本，尽早实现产业化
直接甲醇燃料电池	室温~200	CH_3OH	空气	磷酸载体离子交换膜	40%		正在开发。适宜为手机、笔记本电脑等供电
磷酸燃料电池	100~200	重整气	空气	磷酸水溶液	40%~50%	建分散电站运行可靠度高，但起动时间长，成本高，余热利用价值低	高度发展，适用于特殊需求、区域性分散电站

续表

电池类型	工作温度（℃）	燃料	氧化剂	电解质	效率	特点	技术状态及应用
熔融碳酸盐燃料电池	600~700	净化煤气、重整气、天然气	空气	磷酸锂、碳酸	45%	具有建立分散电站的优势，余热利用价值高	适宜建区域性分散电站，正在进行现场实验，需延长寿命，才能有竞争力，实现商业化
固体氧化物燃料电池	800~1 000	净化煤气、天然气	空气	氧化锆、陶瓷	50%	全固体结构，无使用液体电解质带来的腐蚀和电解液流失问题，可望实现长寿命运行，高工作温度是其技术难点	适宜建造大、中型电站，分散电站，电池结构选择开发廉价制备技术

对于汽车用燃料电池，质子交换膜燃料电池（PEMFC）最为适合。它的结构紧凑，工作温度低（只有80℃），起动迅速，功率密度高，工作寿命长。PEMFC的核心是涂有铂催化剂的弹性材料膜。铂催化剂把氢气转化为质子和电子，只有质子可以通过电解质膜，与电解质膜另一侧的氧结合生成水，而电子在闭合的外电路中形成电流。图8—16所示为我国研制的燃料电池。

图8—16 燃料电池
a) 200 W b) 5 kW

三、影响氢燃料电池汽车发展的主要问题

现在专家一致认为，制约燃料电池汽车商业应用的最大因素是燃料电池的生产成本一直居高不下。由于燃料电池非常昂贵，与装备充电电池的汽车相比，燃料电池汽车的价格要高得多。因此，如何降低燃料电池的生产成本成为燃料电池汽车实用化的关键。据美国能源部测算，目前燃料电池的生产成本已降为500美元/kW。据专家估计，只有当燃料电池的生产成本降至50美元/kW的水平才能为消费者所接受。也就是说，当一台80 kW的汽车用燃料电池的成本降到目前汽油发动机的3 500美元的价格时，才能创造巨大的市场效益。

第七节 太阳能汽车

太阳能汽车和传统的汽车不同,太阳能汽车(Solar ears)没有发动机、底盘、驱动、变速箱等构件,而是由电池板、储电器和电动机组成,车的行驶只要控制输入电动机的电流就可以解决,全车主要有3个技术环节,一是将太阳光转化为电能;二是将电能储存起来;三是将电能最大限度地发挥到动力上。

太阳能汽车是真正意义上的无公害、无能源消耗的环保汽车。其基本结构和工作原理如图8—17所示。在车身表面装有大面积($2\sim10\ m^2$)的太阳能电池板,将接收的太阳能变为电能。为了随时根据日照量和温度条件控制太阳能电池工作在最佳状态,设有最大功率点跟踪仪(Maximum Power Point Tracker,MPPT)。来自太阳能电池的电能经过MPPT和车速控制装置驱动电动机,电动机通过链传动或带传动带动车轮转动。为弥补能量不足以及日照不足时的行驶动力,备有蓄电池。

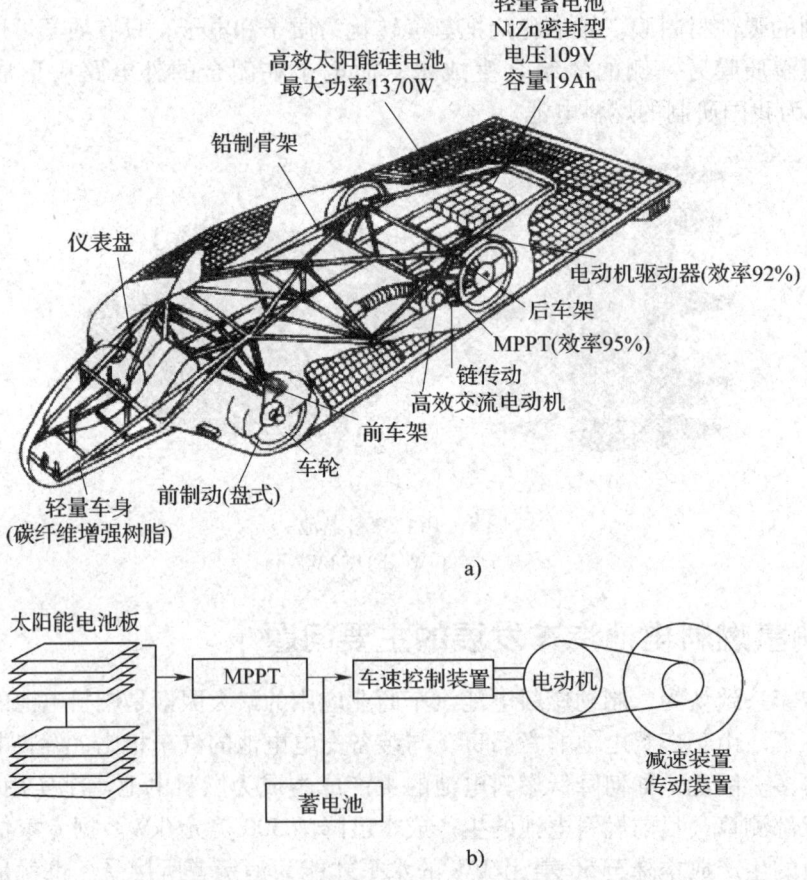

图8—17 太阳能汽车基本结构和工作原理
a)基本结构 b)工作原理

太阳能汽车目前主要有表8—4所列的4类。表中Ⅰ类车主要用于比赛,一般只能乘坐驾驶员一人,为降低空气阻力,车身采用流线形;为尽可能减轻质量,多采用树脂复合材料;为了设置7~10 m²的太阳能电池板,车身具有很大的面容比(表面积/体积),并带有3~5 kW的蓄电池。最接近实用化的太阳能车是表中Ⅳ类车,它可由普通的轿车改造而成,太阳能电池板面积只有1.5~2 m²,但带有较大的蓄电池。而第Ⅱ类和第Ⅲ类太阳能车则介于上述两种之间,其太阳能电池面积(即车身面容比)依次减小,而车重依次增大。

表8—4　　　　　　　　　　　　　　太阳能汽车分类

类别	Ⅰ类车	Ⅱ类车	Ⅲ类车	Ⅳ类车
车身及载重	树脂材料车身,载重120~200 kg,1~2人	树脂材料/铝框架车身,载重210~270 kg,1~2人	树脂复合材料车身,载重350~700 kg,2人	商品轿车车身改造,载重830~980 kg,2人
太阳能电池	多晶硅、单晶硅,功率/面积12~2 kW/7~10 m²	多晶硅、单晶硅,功率/面积0.752~1.25 kW/5~7 m²	多晶硅,功率/面积0.35~0.46 kW/2~3 m²	多晶硅、单晶硅,功率/面积0.082~0.4 kW/1.5 m²
蓄电池	银锌、镍锌,3~5 kW·h	银锌、镍锌,3~5 kW·h	镍锌,5~9 kW·h	铅酸,14~18 kW·h

太阳能电池的类型有多晶硅和单晶硅两种,近年来单晶硅成为主流。太阳能电池的光电转换效率是关键问题,转换效率在14%~29%范围内。目前,有3种类型的非晶硅太阳能电池:装在玻璃片上的普通型、透明型、新式塑料胶片型。

使用质量为25 kg的太阳能电池可输出250 W能量,晴天需要3 h才能充满蓄电池所需的电量,类似的太阳能电池的造价为377美元/m²(35美元/ft²)。

仅以太阳能作为行驶动力时,竞赛用的Ⅰ类车行驶速度可达100~120 km/h,而Ⅱ类车和Ⅲ类车一般为30~50 km/h,Ⅳ类车只有20~40 km/h,远低于商用轿车的车速。太阳能汽车由于其零污染、能源用之不竭,代表了汽车发展的新水平,因此被人们称为"未来汽车"。但因其造价昂贵、动力受太阳照射时间限制及承载能力差等特点目前还难以普及。

太阳能汽车形似"UFO"。图8—18是2002年8月6日在南京亮相、由中美两国大学生研制的新型太阳能汽车。这种汽车最高时速达80 km/h。

图 8—18 太阳能汽车外形

单元测试题

简答题

1. 轮胎轻量化主要从哪几方面考虑？
2. 社会对轮胎性能的要求有哪些？
3. 代用燃料主要有哪些？
4. 用氢气直接作为汽车燃料的主要缺点是什么？
5. 混合动力汽车主要有哪些类型？
6. 电动汽车驱动系统按驱动电动机类型来分类主要有哪些类型？
7. 电动汽车的驱动方式主要有哪几种？
8. 影响氢燃料电池汽车发展的主要问题是什么？
9. 太阳能汽车的主要结构有哪些？

单元测试题答案

简答题

（略）

第9单元

汽车运输企业日常管理

- 第一节　运输成本管理 /274
- 第二节　车用物资管理 /280
- 第三节　劳动人事管理 /286
- 第四节　职工全员培训 /288
- 第五节　计算机基础知识 /294
- 第六节　汽车编队行驶管理 /296

第一节 运输成本管理

运输成本是指企业生产经营全过程发生的所有费用和其他形式的支出，包括物化劳动和活劳动。运输成本管理是对企业生产经营活动全过程发生的所有费用和成本的形成进行预测、计划、核算、控制、分析、考核及采取降低成本措施的一系列生产管理、经营管理活动。它是关系到企业各部门的一项综合性管理工作，是企业管理最重要的组成部分。加强成本管理，是企业低成本运行、提高企业竞争能力，取得良好经济效益的必由之路。

一、运输成本

汽车运输企业的生产过程是实现旅客和货物的位置移动过程。在实现旅客、货物的移动时，需要消耗物化劳动和活劳动，这些劳动的社会价值就构成了运输成本。运输成本是用货币的形式来反映完成客、货运输量的全部消耗。这些耗费概括为生产费用和结算费用之和，由企业先用资金垫付，再从盈余收入中获得利润。

1. 运输成本的组成

运输成本是以运输价值为基础的。运输价值具体反映在劳务价值上，取决于生产该项劳务的社会必要劳动量。这种社会必要劳动量的价值是由运输生产中所消耗的物化劳动的转移价值、生产者为其自身创造的价值和生产者为社会提供的价值三部分组成。运输成本是劳动价值的前两部分。包括以下几个部分。

（1）生产运营过程中消耗的燃料、润滑料、维修材料、蓄电池、轮胎、原材料、低值易耗品的费用。

（2）运输、装卸货物的费用。

（3）职工工资、福利费、特定原材料节约奖（如节油、节电奖励）、技术改造和合理化建议奖励。

（4）固定资产的修理费、折旧费和租赁费。

（5）科研经费、技术开发和新产品试制发生的不构成固定资产的费用，购置样机和一般测试仪器的费用。

（6）工会和教育经费。

（7）财产和运输的保险费、契约、合同、公证费和印鉴、证件费、咨询费、专有技术使用费和排污费。

（8）流动资金贷款利息。

（9）办公费、会议费、差旅费、劳动保护用品费、消防费等管理费用。

（10）营运业务费、养路费、过路过桥费、代理费。

（11）财政审查批准应列入成本的其他费用。

2. 运输成本的分类

汽车运输企业发生的费用项目繁多，为方便成本核算和管理，企业的生产费用在不违反财政原则的前提下，可按不同的管理需要进行分类。运输成本分类的主要方法有：

（1）按生产费用要素分类。按生产费用要素分类可反映企业在一定时期内同类性质费用的全部支出，便于按费用归口管理，为计算净产值、国民收入、核定企业流动资金需要量提供依据。运输成本包括如下项目：材料费、燃料和润滑料费、动力费、职工工资及职工福利基金、固定资产折旧费、固定资产大修基金、流动资金贷款利息支出、养路费、其他费用支出。

（2）按成本项目分类。汽车运输成本按项目分类，可分为车辆费用和企业管理费用两大类。车辆费用主要包括工资、职工福利基金、燃料费用、轮胎费用、维修费、折旧费、养路费、其他费用等。企业管理费用主要包括企业为管理和组织运输生产而发生的各种管理费用和业务费用。企业管理费用按分级归口的原则又分为企业管理费、车队管理费、车站管理费等。例如，管理人员的工资和附加费、办公费、水电费、取暖费、通信费、差旅费、低值易耗品费用、修理费、大修基金计提费、折旧费、劳动保护费、公务车费、交通费、仓库费、业务费、职工培训费、材料盘亏和损失费、贷款利息支出、事故损失费等。

（3）按成本形态分类。汽车运输生产的消耗主要取决于运输距离的长短，因此运输成本中有相当一部分是随行车公里数而变动的，有一部分是随产量而变动的。这两部分成本叫做相对变动成本。另外还有一种成本，它在一定的产量和行驶里程内不受影响，被称为固定成本。按汽车运输成本性质可分为车公里变动成本、吨公里变动成本和固定成本。

1）车公里变动成本。该成本是指在运输成本中随行车里程变动的成本，主要有燃料和润滑料费、轮胎费、维修费、计提的折旧基金和大修基金等。无论车辆空驶还是重载，只要车轮移动就会发生这类费用，而且随行驶公里数的增加，运输成本也增加。

2）吨公里变动成本。吨公里变动成本是指随运输周转量变动的成本。如吨公里燃料附加费、养路费（按营收额的一定比例计提）、按周转量计算的行车补贴等。

3）固定成本。固定成本是指在一定产量的范围内，不受行车里程和产量变动影响的那一部分支出相对固定的成本。如驾驶员和其他职工的工资、提取的职工福利基金、企业管理费、工会活动经费、教育经费、住房基金以及其他费用。

按照成本形态分类，企业可以进行成本决策。实行成本控制，还要充分考虑车辆利用率的影响，全面分析成本构成，保证企业以合理的成本运行，减少不必要的开支，才能实现企业的利润目标。

二、运输成本管理的要求

运输成本是企业经营管理工作质量好坏的一项综合性指标，直接反映企业生产经营活动的经济成果。对运输成本管理的要求是通过运输成果的预算、计划、控制、核算、分析和考核，挖掘企业内部降低成本的一切潜力，寻找降低成本的途径和方法，降低生产费用和一切非生产开支，增加利润。因此，对运输成本管理的要求是：

1. 加强运输成本管理的基础工作

企业各职能部门应在经理、总会计师、总工程师领导下，认真做好成本管理的基础工作。首先，建立健全客、货招揽业务记录，财产、物资移动记录，管理信息记录等原始记录。其次，企业应对各种原材料、燃料、轮胎、工具、物资储备、资金占用、费用、工时利用等制定出平均先进定额，并根据企业技术水平和管理水平的提高、生产环境的改善，定期或不定期地修订定额。再次，一切物资的进出都要经过计量、验收；计量仪表、器具要配备齐全，定期校正、维修，保证其准确性。最后，企业的物资财产要定期盘存，保证账、实相符，并及时调剂处理多余的积压物资，减少物资损耗。

2. 严格区分不同性质费用的支出范围

企业费用支出种类繁多，费用来源和用途不同，为了加强成本管理，必须严格按规定的成本开支范围和标准支出。在企业会计核算中，要严格区分营业费用与基建费用的开支范围，区分营业开支与营业外支出的界限，保证成本的真实性和可比性，防止乱挤、乱摊成本等违反财经纪律的行为。

3. 加强成本监督，保证成本核算的真实性

成本计划、成本控制和成本分析有赖于成本核算资料。若成本核算不真实，就不能发挥成本管理的作用，同时企业财务成果也会失真。造成成本核算失真的原因有：企业原始记录不够健全，计量不够准确；财务人员处理企业各项开支范围和标准不清，财务科目处理归口不当；企业法人违反财经纪律，搞"法人成本"。要保证企业成本核算真实，除加强成本管理、成本核算的学习教育外，还必须加强成本监督，认真审查成本计划和各项费用开支的标准，经常进行成本检查，对违反成本法规的要及时制止；对明知故犯者，要及时警示处理；对违法者，且情节严重触犯刑律的，要交由司法机关依法追究刑事责任。

4. 实行成本全面管理

成本全面管理是企业全员参与企业生产经营全过程的管理。企业成本高、低直接影响企业的经济效益，关系到每个职工的个人利益。因此，每个职工都要参与成本管理，做到干什么管什么，成本责任到人。汽车运输企业要从物资供应、维修、装卸、运输、结算等方面进行全过程的成本管理，环环相接，精确到位，确保生产过程的每个环节以最低成本运行，创造出最佳的经济效益。

三、运输成本控制

运输成本控制是指企业在生产经营活动中，采用一定的控制标准，对运输产品形成的全过程进行监督，发现偏差及时采取措施消除失误，使实际劳动消耗和各项费用开支控制在目标成本和费用规定之内，保证企业达到降低成本的目标。

1. 成本控制方式

（1）事前控制。"凡事预则立，不预则废"，要在成本形成之前采取有效的管理方式，预防成本扩大。要对各项资源消耗的数量界限和各项费用开支的标准事先加以确定，作为衡量实际成本控制情况的依据。

（2）过程控制。在生产经营过程中，始终按照成本计划指标、生产费用预算、各项费用支付额度和技术经济定额进行控制；建立信息反馈系统，及时发现执行过程中出现的偏差，采取措施及时纠正，防止事态扩大而造成严重损失。

（3）事后控制。企业定期或不定期地对过去一段时间的生产成本进行分析，总结经验，找出不足；对已经发生的成本偏差及时纠正，分析原因，明确责任，制定措施，完善必要的制度；若分析证明成本计划与变化了的形势不适应，必须及时修改原成本计划，制订切实可行的成本计划。

2. 运输成本控制的方法

汽车运输成本主要从以下几个方面进行控制。

（1）开拓市场，控制生产经营。认真进行市场调查，掌握市场需要，合理配置运力，围绕影响运输成本的关键性指标，把工作重点放在组织货源，保证运输质量，合理调配运力，提高车辆实载率、拖运率上。这是在生产过程中控制成本的有效环节。要通过有工作效率的相互配合的生产指挥系统来完成。

（2）控制费用，节约开支。在贯彻执行成本开支规定的基础上，主要从两方面控制费用支出。首先要严格控制营业费用，审查支出费用是否符合成本开支规定，是否有计划且符合定额要求和开支标准，是否符合"待摊费用"和"预提费用"规定；其次要严格控制非生产性开支，检查开支的合理性，超额部分要报企业领导批准。可采用"费用包干"方式，尽可能降低企业管理费在总成本中所占的比例。

（3）降低物资消耗。各种物资消耗的多少对生产成本高低具有决定性影响，必须严加控制。首先要控制劳动力的消耗，控制定员、定额，严格按定员、定额组织运输生产，提高劳动工时利用率，多余人员要另作安排；要严格考勤制度，抓好劳动纪律。其次要严格控制燃料、配件及原材料的消耗，特别要加强燃料的管理，做到有定额、有制度、有考核、有奖惩、节约能源；配件材料要严格控制采购、入库、保管、出库、领用、报废等环节，开展修旧利废活动，做到物尽其用。

（4）成本分级归口管理。在主管经理领导下，生产成本分级归口管理。以财务运作为中心，把成本计划指标按所述范围和性质逐级或逐项分解，落实到各基层及职能部门。这种管理能形成纵横交错的全企业的成本管理体系，有利于调动企业职工参与成本管理和控制的积极性。

四、运输成本的预测与计划

1. 生产成本预测

成本预测是在企业经营决策总目标指导下，对成本可能达到的水平进行客观、科学的估算。生产成本预测是确定目标成本和选择达到目标成本最佳途径的重要方法。加强成本预测，可以挖掘企业内部潜力，以最小的劳动力、物力、财力的投入来实现企业经营目标，保证企业取得最好的经济效益。生产成本预测过程，从某种意义上来说就是成本决策过程。可以对近期生产成本进行预测，也可以对远期生产成本进行预测，要按企业的实际需要进行。

（1）生产成本预测的步骤

1）企业在经过充分调查的情况下，以国内外同行业的先进水平或本企业历史最好水平做参考，结合企业现有的经济实力、资金运作情况、企业经济效益、企业设备技术状况、企业员工平均技术水平、市场经营前景等各方面的状况，提出初步目标成本。还可以先确定目标利润，从运输收入（减去税金）中减去目标利润即为初步目标成本。

2）在现有生产的情况下，预测生产成本可能达到的水平，找出与初步目标成本的差距。在此基础上，采取加权平均的方法，对以前的生产成本进行必要的调整或依据成本构成进行初步成本预测。

3）比较各种降低生产成本方法的经济效果。降低运输生产成本的方式很多，如车型选购、采用节油技术、优化材料采购、修旧利废等，都要经过经济效果的比较，最后确定最佳目标成本。

4）选择最佳生产成本方案，确定目标成本。经过多种降低生产成本方案的比较，综合平衡选出最佳生产成本预测方案，计算、确定生产成本预测值。此值就是目标成本，也是企业在预测期内的预期生产成本目标。预测期内企业经营环境发生明显变化时，要及时调整目标成本，以保证企业获得最大的经济效益。

（2）生产成本预测的基本方式。生产成本预测的基本方式有保本成本预测法、成本降低预测法、车辆利用率变化时成本预测法。

1）保本成本预测法。保本成本预测法是指企业的运输收入与运输成本相等，处于不盈、不亏的状态。企业运营收入低于保本点，则发生亏损；企业运营收入高于保本点，则企业盈利。保本点按下述方法计算。

保本时的运输收入计算公式：

$$保本运输收入 = 变动成本 + 固定成本$$

$$运输收入 = 固定成本 + 变动成本 + 目标利润$$

假设某公司 8 月变动成本为 750 万元，固定成本为 200 万元，预期利润为 100 万元，求 8 月保本运输收入与完成预期利润的运输收入。

将已知条件代入公式：

$$保本运输收入 = 750 万元 + 200 万元 = 950 万元$$

$$运输收入 = 750 万元 + 200 万元 + 100 万元 = 1\ 050 万元$$

2）成本降低预测法。随着科学技术的进步，道路条件的改善，企业经营管理水平的提高，成本构成必然会发生变化。为准确掌握成本构成，当产量、劳动生产率和工资等发生变化时，应及时对成本进行预测。

①产量变动时对成本影响的预测。在一定产量限度内，运输产量变动时对固定成本影响很小，此时可按下式计算：

$$预测成本降低率 = 固定成本占总成本比重 - [固定成本占总成本比重/（1 + 产量增长率）]$$

假设某公司运输成本中固定成本占总成本比重为 30%，运输周转量增长 20%，则预测成本降低率为：

$$预测成本降低率 = 30\% - 30\%/（1 + 20\%）= 30\% - 25\% = 5\%$$

②劳动生产率和工资变动时对成本影响的预测。此项预测可按下式计算：

预测成本降低率 = 生产工人工资占总成本比重 - [生产工人工资占总成本比重 ×

(1+工资增长率)／(1+劳动生产增长率)]

假设某公司工资占总成本比重为10%，工人工资提高10%，劳动生产率提高20%，则预测成本降低率为：

预测成本降低率 = 10% − [10% × (1 + 10%)] ／ (1 + 20%) = 0.83%

3) 车辆利用率变化时成本预测法

①工作车日和车日行程发生变化时的成本预测。运载系数一定，工作车日和车日行程变化，必然会引起周转量的变化。这时单位车公里变动成本和单位吨公里变动成本不受影响，而单位固定成本则随产量变动而变动，因此引起运输单位成本的变化。其计算公式为：

运输单位成本 = 车公里变动成本/运载系数 + 单位吨公里变动成本 +
固定成本/运输周转量

②实载率及运载系数变化时的成本预测。实载率变化必然会引起运载系数的变化，产量也随之发生变化。这种变化对固定成本总额在一定产量限度内不发生影响，但单位固定成本随产量变动而变动；单位车公里变动成本则不受车辆实载率变动的影响；吨公里变动成本则随产量变动而发生变动，从而引起单位成本的变化。

③拖运率变化时的成本预测。提高运载系数有两种方法，一是提高实载率，二是提高拖运率。提高拖运率比提高实载率降低成本的效果更显著。车辆运载系数可按下式计算：

车辆运载系数 = 主车吨位 × 实载率 × [1／(1 − 拖运率)]

由于主车和拖车的变动成本及固定成本随车辆运载系数的变化而变化，所以，运载系数提高，运输成本则要降低，而单位吨公里变动成本不受运载系数的影响。拖挂后的单位运输成本可按下式计算：

运输单位成本 = [(主车车公里变动成本 + 挂车车公里变动成本 +
单位固定成本)/运载系数] + 单位吨公里变动成本

2. 成本计划

企业成本计划是生产经营计划的重要组成部分，也是企业进行成本控制和成本分析、制订财务计划的重要依据。正确编制成本计划，对贯彻经济责任制，完善经济管理，提高经济效益有重要的作用。

汽车运输成本计划是按运输成本项目和车辆类别分别编制的，主要有客车成本计划，货车成本计划，客、货综合成本计划，分车型、类别的成本计划。编制计划的步骤如下：

(1) 收集和整理资料。资料主要包括成本降低的指标，计划期企业生产、物资供应、劳动工资等计划资料，计划燃料、润滑料、轮胎的消耗定额，车辆维修、维护里程定额，原材料消耗定额，劳动定额，上年度成本核算资料等。

(2) 分析上年度成本，对计划期内成本进行预测。在编制成本计划时，成本降低额和降低率均以上一年度为参照。对上一年度成本资料要认真分析，从中找出降低成本的途径，对计划期内成本进行预测。

(3) 依据企业计划期成本降低率，测算各因素变化对成本的影响。测算的重点放在燃料、原材料、全员或驾驶员劳动生产率、事故损失的变化上。

第二节　车用物资管理

车用物资涵盖的面非常广泛，包括黑色金属、有色金属、汽车配件、汽车燃料、润滑料、传动液、制动液、维修设备、检测设备等。

一、车用物资管理概述

1. 车用物资分类

为便于编制供应计划、采购和加强管理，物资按在生产过程中的作用，可分为材料、燃料、轮胎、工具量具、电气器材五类。

（1）材料

1）配件。汽车维修零件、部件。

2）五金、杂项。大、小五金，电气杂项，油漆，钢材，木材，轻化工产品，玻璃等。

3）汽车维修用润滑油、润滑脂、固体润滑剂、制动液、动力传动液、蒸馏水、硫酸、盐酸等。

4）包装物。油桶、氧气瓶、氮气瓶。

5）液化石油气瓶、天然气瓶等。

6）随车工具。

7）蓄电池。

（2）燃料。汽油、柴油、液化石油气、天然气。

（3）轮胎。各种规格轮胎的外胎、内胎、垫带。

（4）工具量具。各种工具、量具、卡具。

（5）电气器材。各种车用传感器、电控元器件、通信设备维修用材料。

2. 车用物资管理的意义和任务

企业物资管理不仅是生产前的一项准备工作，而且是企业开源节流的重要工作。这项工作做好了，就能保证运输生产的顺利进行。物资消耗中燃料、轮胎、小修用料约占运输成本的50%；在产品制造中，原材料一般约占成本的75%。而这些物资储备占用的流动资金约占企业流动资金总额的80%。做好物资管理工作，做到合理使用、储备和节约物资，对促进企业生产发展、降低成本、减少资金占用、提高经济效益有极为重要的意义。

物资管理的主要任务是：计划采购（合适的供应商、合适的产品品质、合适的时间、合适的价格、合适的数量），合理储备，科学保管，及时供应，修旧利废，降低成本，减少资金占用，加快资金周转，保证运输生产的顺利进行。

3. 车用物资管理的工作程序

汽车运输企业物资管理工作的程序如图9—1所示。

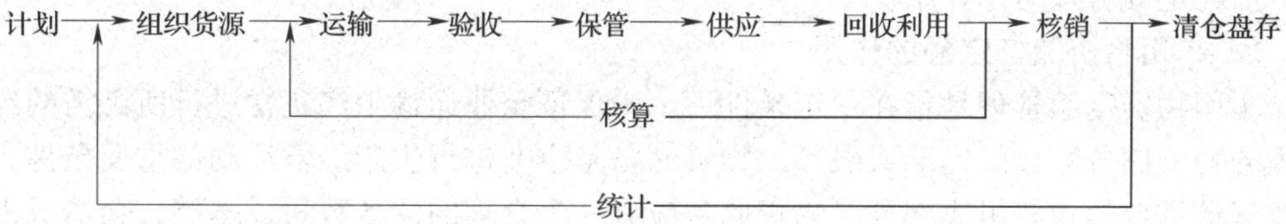

计划 → 组织货源 → 运输 → 验收 → 保管 → 供应 → 回收利用 → 核销 → 清仓盘存

核算

统计

图 9—1 物资管理工作的程序

4．车用物资管理体系

企业物资管理体系要坚持集中统一、分级管理的原则。

（1）集中统一就是统一计划、订购、分配、调度和管理。

1）统一计划是指企业生产经营所需要的燃料、轮胎、配件等，由企业物资供应部门根据统计资料和计划期间生产任务、储备定额编制物资采购计划。

2）统一订购是指企业生产经营所需要的燃料、轮胎、配件、材料由企业物资供应部门统一组织订货、采购和加工定做。基层单位材料供应部门，只根据企业规定的自购物资项目和核定的储备基金采购。

3）统一分配是指燃料、轮胎和配件材料均由企业物资供应部门统筹安排，并根据生产计划等具体情况进行统一分配。

4）统一调度是指企业物资供应部门的各级仓库，有权视情况组织企业内部物资余缺的调剂。

5）统一管理是指以岗位责任制为中心，对物资计划、定额、订购、核算、统计、仓库管理和资金管理等，制定统一的标准和考核办法。统一管理可以充分发挥集中采购的优势，对所需采购的物资进行招标，达到既优质又优价，即最合适的性能价格比。

（2）分级管理就是要明确企业和基层生产单位物资管理机构的管理范围、采购范围以及各自的职责，保证按时、按质、按量供应物资，减少盲目采购，避免物资积压和资金浪费。同时，企业物资部门和其他职能部门的相关专用物资则实行归口管理。

按物资使用性质归口，凡生产用物资由供应部门管理，基建物资由基建部门管理。基建部门物资的消耗与库存必须认真统计，送给供应部门汇总，以便准确反映企业全部物资消耗和库存的情况。凡设备、工具、电气维修等均由相关部门管理。管理方法有两种：一种是计划、订购、资金结算、保管、发放等都由职能部门自行负责；另一种是由职能部门提出计划，由供应部门订购、保管和发放，职能部门负责计划分配和资金筹措。轮胎由主管部门计划分配、翻新修补，供应部门负责订购、提运、资金结算、保管、发放和报废。自制配件和修旧配件、总成，计划由供应部门提供，生产部门组织实施，产品由供应部门统一管理。

在实行统一管理和分级归口管理的同时，实行经济责任制，使经济效益与奖惩制度、供应任务、资金周转、流动费用、服务质量和执行政策相结合，做到责、权、利相结合，提高物资管理的经济效益。

二、车用物资的储备管理

车用物资定额管理包括储备定额管理和消耗定额管理。这里主要介绍储备定额管理，消耗定额管理另作介绍。

1. 车用物资储备定额的作用

车用物资定额管理是指在一定条件下，为保证企业运输生产正常进行所必需的经济合理的物资储备数量的标准或限额。物资储备是企业进行生产经营活动的重要条件，是企业流动资金的重要组成部分。物资储备应有一个合理的储备数量。多储，会造成占用大量流动资金和物资积压；少储，则会导致供不应求，影响生产。因此，企业必须制定科学合理的物资储备定额。物资储备定额既是编制物资供应计划、组织采购订货、核定流动资金、确定企业仓库规模和仓库定员的重要依据，也是掌握和监督库存动态、督促合理采购、保持合理库存量的重要依据。

2. 车用物资储备定额的制定

在一定的物资消耗量和一定的时间间隔内，物资储备定额主要取决于两个因素：即订购次数和订购数量。订购次数越多或订货批量越多，则物资储备量越少；反之，物资储备量越大。物资储备定额分为经常储备定额和保险储备定额。经常储备定额是指企业前后两批物资到货间隔期内保证正常生产所必需的物资储备数量。保险储备定额是指当物资供应工作中发生到货误期等不正常的情况时，保证正常生产所需要的物资储备数量。

（1）经常储备定额。经常储备定额主要由前后两批物资到货的间隔时间和平均每天需要量决定。计算公式为：

$$经常储备定额 = 到货间隔天数 \times 平均每天需要量$$

（2）保险储备定额。保险储备定额主要由保险储备天数（由上年度统计的实际到货平均误期天数相关资料来确定）和平均每天需要量来决定。计算公式为：

$$保险储备定额 = 保险储备天数 \times 平均每天需要量$$

（3）最高储备定额和最低储备定额。企业物资储备定额由经常储备定额和保险储备定额两部分构成。因为经常储备定额是一个变量，物资储备定额就有上限和下限，上限称为最高储备定额，即经常储备定额和保险储备定额之和；下限称为最低储备定额，即保险储备定额。计算公式为：

$$最高储备定额 = 经常储备定额 + 保险储备定额$$
$$最低储备定额 = 保险储备定额$$

汽车运输生产的燃料、轮胎、维修配件的消耗中，燃料属一次性消耗，轮胎属实际运行消耗，维修配件消耗与车辆技术状况和维修标准有关。在制定储备定额时，需结合具体情况确定。

1）有明确的消耗定额，凡属一次性消耗，消耗量基本平均时，可用定额计算法计算储备量，如燃料储备量。计算公式为：

$$计划期内总需要量 = 平均每天需要量 \times 计划期日历天数$$

经常储备定额可按下述公式计算：

$$经常储备定额 = 到货间隔天数 \times 平均每天需要量 \times (1 + 耗损率)$$

2）有明确的消耗定额，单位消耗基本均匀，但属于递延性消耗（如轮胎、蓄电池等）时，应在年度计划需要总量的基础上，根据上期末平均每车在用轮胎质量状况、计划期翻新计划等资料进行推算来确定储备定额。确定储备定额时应计入送修翻修轮胎的数量。

3) 只有消耗金额定额，而无具体材料消耗定额，同时又受车辆技术状况和维修标准等因素变化而影响消耗量时，可用统计推算法，结合具体情况确定调整系数来制定。如汽车维修配件类的储备定额。统计推算法步骤如下：

①求出计划期间内某种配件的总需要量：

计划期内的需要量＝（配件耗用量÷同期平均运营车数）×计划期平均运营车数
　　　　　　　　×（1±调整系数）

式中，平均运营车数也可根据具体情况用总行车公里或维修作业次数表示。

②根据总需要量计算平均每天需要量。

③根据平均每天需要量计算储备定额。企业物资供应部门将各种物资最高与最低储备定额数量填入相应的物资卡片和账本上。当库存物资接近最高储备定额时，要立即控制进货或调剂给其他单位，以防超储积压、占用资金；当库存物资接近最低储备量时，要催办下批物资到货或向其他单位调剂，防止供应不足，影响生产。

3. 物资供应计划

企业的物资供应计划是确定计划期内保证运输生产正常进行所需各种物资的计划。它是依据年度运输生产计划、车辆维修计划和交通工业产品计划制订的；也是企业组织订货和采购各种物资的依据。编制物资供应计划分为编制计划前的准备、编制计划和组织计划实施三个阶段。

（1）编制计划前的准备工作。编制物资供应计划之前，计划编制人员要调查研究，掌握信息，收集资料，了解各种物资消耗水平和市场动态，编制物资供应目录，调整和修改物资定额，并要认真做好物资盘存、核实库存各种物资数量的工作，预测计划期内各种物资供应形式和物价升降趋势，为编制物资供应计划做好准备。

（2）编制计划。物资供应计划的内容为确定各种物资需要量，计划期初、期末储备量，编制物资平衡表、物资申请计划和采购计划等。

1）确定各种物资需要量是编制物资供应计划的重要环节。物资需要量是指计划期内为保证正常生产进行所必需消耗的物资数量。它是按照每一类物资、每一种品种规格分别计算的。运输企业各种物资需要量主要有下列几种：

①燃料需用量。运输生产燃料需用量依据车型不同、路况不同、运行条件不同和其他附加燃料消耗量来计算，可采用不同的计算方式。常用的计量单位有升/百吨公里、升/百公里。简单经验计算公式为：

行车燃料需要量＝上年度燃料实际消耗量÷上年度实际工作量×计划期运输工作量

用此式计算，假定计划期内车型及车辆技术状况、工作条件与上年度相似，燃料定额不变，则决定计划期内燃料需用量的主要因素为运输工作量。若条件发生变化，要依据变化的情况对计算的需用量进行修正。

②轮胎需用量。在正常的运输生产中，轮胎消耗费用占成本的百分比仅少于人工和燃料占总成本的百分比。在制订年度物资供应计划时，要重视轮胎需用量的计算。其计算公式为：

某型轮胎需用量＝（某型轮胎计划总行驶公里÷该型轮胎行驶综合里程定额）
　　　　　　　×每车装用轮胎数

③配件需用量。主要配件需用量可分车型依据上年度配件实际平均消耗量和计划期运营车数进行计算。计算公式为：

某型车配件需用量＝上年度平均消耗量×计划期该车型车数×（1±调整系数）

调整系数可根据车辆平均技术等级和维修任务的变化来修订。

④辅助材料需用量。辅助材料需用量有消耗定额的，可直接计算计划期内的需用量；对用量少、价值低、不需要或不易按单位产品计算耗用量的，可根据以往的消耗量进行估算。

2）确定期初库存量和期末库存储备量。在计划期内，期初库存量和期末储备量会有差异。当期初库存量大于期末储备量时，计划供应量可以减少；当期初库存量小于期末储备量时，则计划供应量增加。期初库存量是依据编制计划时的实际盘存数以及预计计划期初前的到货和消耗用量来计算的。计算公式为：

期初库存量＝计划时实际库存量＋期初前到货量－期初前消耗用量

期末储备量是依据计划年度第四季度物资供应情况和下一年度第一季度生产任务来计算，即计划期间内经常储备量加保险储备量，最小不能低于保险储备量。

3）编制物资平衡表和物资计划。编制物资计划要注意以下几点：

①物资需用量应与生产任务平衡。物资供应是为生产服务的，因此，需用量要与运输生产、车辆维修、配件制造、设备大修、技术措施、基建计划平衡。

②物资需用量应与供应资源平衡。要对调查的期货、积压、修旧、自制、库存资源等进行综合平衡。

③物资需用量应与供应可靠性平衡。要将计划需要的品种、规格、价格与质量、供货时间等，同产品的生产状况、市场供应、运输衔接，进行平衡。

④物资需用量的费用应与资金平衡。物资需用量要通过市场价格的估算转为货币之后，分别与相应的资金来源进行对口平衡。通过上述综合平衡后，即可编制物资计划。计划量的计算公式为：

某种物资计划量＝该种物资需用量＋期末储备量－期初库存量－
　　　　　　　企业内部可利用资源

4. 物资采购

物资供应计划确定之后，还要认真组织物资的采购和订货，才能实施供应计划。

（1）物资采购和订货。汽车企业生产经营需要的物资，品种规格繁多，各种物资需用数量也各不相同。因此，需根据生产需要和市场供应情况采取招标采购、源头采购、以储代销等方式，以减少库存和流动资金，采购质量、价格、性能比较合适的物资。

1）对大宗物资可利用招标的方式进行采购。通过招标引进竞争机制，使采购行为公开、规范化，使所采购的物资具有较好的性能价格比。

2）源头采购要选择优质名牌产品，与信誉好、供货及时的生产厂商建立长期合作关系，减少中间环节，降低物资成本。企业可依据以往的供需关系，对供货商进行综合评价，定期公布供货商首选名录，规范采购行为。

3）对小额物资可就地、就近组织采购。

4）非计划物资按经济合理的原则选购。

（2）签订供货合同。供货合同属于经济合同范畴，是供需双方履行各自承担的经济责任的协议或契约。在合同中，规定了物资的名称、品种、型号、规格、质量、数量、包装标准、价格、交货方法、交货期限、运输方式、到货地点、验收方法、结算方式、违约责任以及双方协商约定的其他事项等。订货合同分为长期、年度和短期三种。长期合同分为定点、定量供货合同和供应协议两种。定点、定量供货合同对供应关系和供应数量做出明确规定；而供应协议，只规定供应关系，不固定供应数量，一般依据企业每年需用量再签订具体的年度供货合同。短期合同是供需双方的一次性协议或临时发生的合同关系。供货合同一经签订就具有法律效力，供需双方必须严格遵守，认真履行合同中规定的各项条款和义务，任何一方都无权废除和改变合同。

5．仓库管理

仓库是企业物资周转的储备环节，是企业物资供应的基地，担负物资管理的多项职能。加强仓库管理，能够保证仓库安全、减少物资损坏、加快资金周转、保证物资供应，对企业生产管理有重要的作用。

仓库管理的主要任务是物资验收、入库、保管、发放、清仓盘点和废旧物资回收利用等。

（1）物资验收、入库。物资验收、入库是物资储存管理的开始，也是仓库业务管理的重要阶段。物资验收是对入库前的配件、原料以及车间、班组修制的成品，按规定的程序和手段进行检查和验收。物资验收主要有两个方面的内容：其一是对物资的数量、品种、规格、型号验收，要按照运单、发票和合同的规定，认真检查、点数、称重、核实；其二是质量验收，对要入库的物资按照相应的技术条件和合同规定的条件检验。凡仓库能检验的，由仓库管理人员进行；凡需要由技术部门或检验部门检验的，应通过这些部门检验，出具检验证明。只有物资验收无误后，才能办理入库手续，填写入库凭证，登记账卡，按物资分类存放，妥善保管。凡凭证不全、手续不全、数量不符、质量不合格的物资，不准入库。

（2）物资保管。物资一经检验入库，就要加强保管。要根据不同的品种、规格、性能、形状、体积大小分类分区进行保管。做到账物相符、不短缺、不变质、不损伤、品种规格不混杂。实行定仓、定位、立牌、立卡管理。要做到物资仓库管理专职化，货位固定化，堆放规格化，计量标准化，库容整洁化，防火、防盗、防潮、防震经常化。要做到库号、架号、层号、位号与材料账页上的编号统一，账物相符，发料准确、迅速。

（3）物资发放。物资发放工作是仓库管理的重要环节，是物资供应计划的具体落实，也是物资管理工作面向生产、面向基层的具体体现。物资发放要按程序及时、准确、保质、保量地进行，要坚持先入库物资先发放的原则，以减少物资储存时间。严格执行交旧领新制度，做好废旧物资回收工作。与此同时要建立送货上门制度。汽车维修单位的材料部门，要坚决执行按任务、按定额或依据技术检验员签证的领料单发料；车辆救援用料，应由救援人员用机动小修用料单填车号领取。总之，物资出库必须坚持先开票后发料，当面清点后，应由领料人签章。材料发出后，要及时登记、调整、核实账面数量，实行日清月结，杜绝差错发生。

（4）清仓盘点。为及时掌握库存物资的变化情况，避免发生物资供应不足，影响生产以及物资账、物不符，超储积压和丢失，需要对物资进行经常性的、定期的清仓盘点工作。经常性的物资盘点主要由仓库管理人员每日通过收发料及时检查库存物资账、物是否相符；每月对动态的物资进行一至两次的复查或抽查；年中或年末要逐项逐件进行全面清点工作。定期的清仓盘点，是由物资供应部门、财务部门、技术部门等有关人员组成的清仓盘点小组，对仓库进行全面清点核查。清查中发生盘盈或盘亏等问题，要查明原因，及时处理。对超储积压物资，需及时处理解决。

（5）废旧物资的回收利用。废旧物资回收利用是物资管理的一个重要组成部分，是降低成本的一项重要措施，更是节约能源、保护环境的有效方法。做好废旧物资的回收利用工作，首先，要明确规定回收废旧物资的范围和标准。对废机油、废钢铁等废旧物资规定回收指标，建立健全废旧物资回收制度和奖励制度，要由专人管理。回收的废旧物资要及时分类，避免用途不同、性质不同、价值不同的废旧物资混杂。废旧物资回收的目的在于挖掘物资的使用潜力，做到物尽其用，降低企业运行成本；更重要的原因是保护人们的生存环境，防止废旧物资对环境的污染。修旧利废可以有效地降低企业运行成本，在经济合理、使用可靠的原则下，企业应加大修旧利废的力度。

第三节　劳动人事管理

在改革不断深入的大形势下，企业全面走向市场，在市场运作的全新态势下，企业必须适应新形势形成的新的劳动人事管理方式，形成一种职工能进能出、干部能上能下、工资能升能降、岗位靠竞争、待遇靠贡献的竞争机制。

一、劳动管理

劳动管理的任务是：制定劳动定额，合理安排劳动力，充分利用劳动时间，保证安全生产，调动职工积极性，提高劳动生产率，使劳动者在生产过程中与生产资料（即劳动资料和劳动对象）最有效地结合起来。这里主要介绍定员编制。

汽车运输企业的定员编制要从运输市场的实际需要出发，既要保证运输生产正常进行的必需人员，又要做到精简机构，合理定员，提高工作效率，减少人工成本。要科学合理地配备各类工作人员的数量，从而形成一个工作效率高的整体。

1. 定员范围

企业定员范围一般限定在进行正常生产需要的各类人员之内，无论是长期合同工（正式工）还是临时工，是基本工人还是辅助工人，是生产人员还是非生产人员，是工人还是管理人员，只要是维持生产所需要的，都应列入定员之内。在市场经济条件下，仅仅规定企业定员范围是不够的，还要在定员范围内分配好各类人员的比例。包括生产人员与非生产人员的比例；基本工人与辅助工人的比例；基本工人、辅助工人内各工种的比例。

2. 定员方法

计算定员人数的依据是总工作量和一个人的工作效率。因为企业内各类人员的工作性质不同，总工作量和各类人员的工作效率表现形式也不同，所以计算定员的具体方法也应该不同。汽车运输行业计算定员有以下几种方法：

（1）按设备定员。例如，驾驶员、售票员、保修工等的人数均可依据运营车来计算。

（2）按劳动效率定员。例如，保修工的人数就可用一部汽车年维修工作量除以一个维修工的年有效工时来计算。

（3）按工作岗位定员。例如，车站业务人员可依据站务性质和任务量的大小来定员。

（4）按人员比例定员。例如，管理人员可按站全员人数的比例计算；炊事员可按就餐人数和就餐次数计算等。

3. 定员组织工作

定员的组织工作是企业管理的基础工作，它关系到职工的切身利益，其政策性强，涉及面广，必须加强领导，充分发挥行政组织的作用。要充分依靠群众检查劳动组织是否合理、非生产人员和生产人员比例是否正常、劳动工时利用率是否合理。发现劳动力在使用上不合理时，要找出原因，采取措施，及时解决。

二、劳动保护及保险

1. 劳动保护

劳动保护是指劳动者在生产中的安全和健康保护工作。加强劳动保护、搞好安全生产，关系到职工人身安全、社会的稳定和企业的健康发展。劳动保护工作主要包括以下几方面的内容：

（1）保证安全生产，改善劳动条件，组织文明生产，防止工伤事故和职业病的发生。

（2）保护环境，认真治理"三废"。

（3）合理确定工作和休息时间，使劳动者保持精力充沛。

（4）加强对女职工的照顾，适当安排女职工的工作。

为了做好劳动保护工作，要建立健全安全生产责任制。企业各级领导对本单位的安全工作负总的组织领导责任，要保证国家有关劳动保护法令、环境保护法令和制度在本单位的贯彻执行；经常监督检查劳动保护、安全工作和环境保护工作，及时消除危害职工身体健康和不安全的隐患。

企业各职能部门应切实做好各自业务范围内的安全技术、劳动保护工作。

劳动保护专职管理机构（或专职人员）在经理（厂长）、总工程师的领导下具体组织并监督检查企业有关部门的安全技术、劳动保护工作。

企业职工应积极参加各种安全生产活动，自觉遵守安全生产规章制度，主动提出改进安全、卫生的建议，维护和正确使用车辆、机具设备、个人防护用品。

企业要不断进行安全生产教育，宣传安全生产方针，交流安全生产经验。通过教育，使职工自觉执行安全生产的方针和劳动保护政策、法令，保证安全生产。

认真发放劳动保护用品和保健食品。劳动保护用品职工进行安全生产的必要条件，必须按规定发放，不可超标准也不能降低标准。

2. 职工的劳动保险制度

劳动保险是依据国家的规定给予职工和其直系供养亲属在生、老、病、死、伤、残等方面一定的物质保障，是解决职工生活困难，保证职工身体健康的措施，是保证社会稳定的基本措施之一。

职工的劳动保险项目有：

（1）职工因公与非因公伤残、疾病及死亡的保险待遇。

（2）职工退休、退职的保险待遇。

（3）职工生育保险待遇。

（4）职工医疗保险待遇。

（5）职工集体保险。

第四节　职工全员培训

市场竞争是人才的竞争，拥有掌握先进技术和知识的人才，就占有市场优势。人的知识和能力需要培养和训练才能获得。职工培训是开发劳动者智力、培养人才的重要途径之一，是提高企业竞争力和生产效率、取得最佳经济效益、保持企业长期发展不衰的重要措施之一。

一、驾驶员技术培训的形式、内容、方法和步骤

1. 驾驶员技术培训的形式与内容

（1）技术培训的形式。对驾驶员的培训重点应放在加强他们对车辆性能的了解，掌握车辆采用的新技术，正确使用车辆；学习在各种不同的道路、气候条件下正确驾驶车辆，加强对驾驶员安全意识的培训，强调在任何时刻、任何情况下，都不能拿自己和他人的生命冒险。对驾驶员的培训要采取不同的形式。

1）自学为主，定期讲课，定期考核。按统一要求编写培训教材，发给驾驶员自学；由技术人员定期讲课、辅导，提出要求，解答学习中遇到的问题。驾驶员学习成绩的考核可以结合驾驶员年审进行。考核时，应根据驾驶员的技术等级，由企业技术管理部门统一命题。

2）利用运输量淡季对驾驶员进行短期轮流培训。在运输淡季，企业可以调整运输计划，以车队、班组为单位，对部分驾驶员集中进行培训。这种培训时间相对集中，可以针对重要问题有目的地进行技术教育（如汽车新技术、新结构、性能的重大改进等）。

3）企业有计划、有目的地抽调驾驶员进行短期轮训。企业开设汽车技术培训班，按企业驾驶员的一定比例抽调人员脱岗集中进行培训。学习时间按培训内容需要的时间

确定。这种培训有计划、有目的，时间集中，使驾驶员可以安下心来认真学习，教育效果较好。

4）定期召开经验交流会。请有经验的驾驶员介绍驾驶车辆、处理交通情况的心得，是一种很好的教育方式。榜样的作用非常大，而且是现身说法，能起到技术人员讲课所起不到的作用。

上述各种培训方式，各企业可根据企业的实际情况，采取不同的方法，只要能对职工起到教育作用，又不违反法律，均可以采用。

（2）技术培训的内容。驾驶员的技术培训内容要按《国家职业标准·汽车驾驶员》的要求进行。该标准把汽车驾驶员分成四级，即初级驾驶员、中级驾驶员、高级驾驶员、技师驾驶员。驾驶员等级培训必须按国家标准进行。

2. 行车事故预防教育的内容与方法

深入持久地开展安全行车教育，是预防和减少行车事故的关键。

（1）安全教育的内容。安全教育的内容非常广泛，汽车运输行业的行车安全教育主要有交通法规和企业安全行车规定教育，安全行车知识教育，事故案例教育，光荣传统、先进事迹教育。

1）交通法规和企业安全行车规定教育。交通法规包括国家公布实施的《道路交通法规》《机动车管理办法》《中华人民共和国高速公路交通管理办法》《道路交通事故处理办法》《道路交通事故处理程序规定》《中华人民共和国治安管理处罚条例》等。还有地方性交通法规以及汽车运输企业内部有关安全行车的各项规定。这些文件都是驾驶员、安全专业人员业务学习的重要内容。在交通法规和企业安全行车各项规定的教育中，要使驾驶员明白把自由交通行为改变成依法交通行为的重要性和必要性。通过教育，消除在遵守交通法规方面普遍存在的侥幸心理、麻痹思想和与己无关的思想，帮助驾驶员养成良好的、自觉遵守交通法规和各项企业规定的习惯。

2）安全行车知识教育。车辆运行中发生事故，从孕育（隐患）、萌芽（事故苗头）到成熟（交通肇事）是有客观规律的。驾驶技术引发交通事故的原因多为在处理交通情况时车辆行驶位置选择不正确；车与车之间排列位置选择不正确；车辆通过某一地段的时机选择不正确等。只有了解了行车事故产生的规律和安全行车的基本知识，才能对复杂的情况做出正确的判断，果断、正确地处理交通情况，避免交通事故的发生。

在安全行车知识教育中，要使驾驶员熟悉和掌握各种道路条件、气候条件、心理条件、车辆条件和时间条件下的安全行车方法；掌握超车、会车、让车和跟车的驾驶技术要求；了解和掌握险情的处理原则和应急技术措施；牢记饮酒、吸烟以及药物等对行车安全的影响。要组织驾驶员学习前人或他人用鲜血换来的经验教训，引以为戒；还要让驾驶员了解劳动保健的意义和方法，自觉安排好生活、娱乐和工作的关系，保持旺盛的精力。

3）事故案例教育。通过事故案例分析，使驾驶员了解事故的特征和事故发生的经过，从中汲取教训，预防事故的发生。在进行事故案例分析时，一般采取因果分析法，把诱发事故的众多原因尽可能全面客观地反映出来，要由表及里，寻根究底，找出事故的直接原因，使驾驶员从活生生的案例中得到启发，汲取教训，不再发生类似事故。在事故案例分析中,要正确分析评价事故的处理。对每一起行车事故的正确处理,都会对驾驶员起到很好的法制教育作用。反之,如果在事故处理中掌握政策不准,责任区分与经济追偿不合理,不按规定查处责任者,则对其他驾驶员的教育作用就会锐减,丧失说服力。为此,在分析、评价处理事故时,必须坚持实事求是的原则,以法律为准绳,维护交通法规的严肃性。通过这样的教育,强化驾驶员的交通法规意识,增强守法自觉性。

4) 光荣传统、先进事迹教育。汽车运输企业都有自己的光辉发展历史和本企业的光荣传统,有自己企业的形象代表。这些先进人物和企业的光荣业绩可以激励职工发扬成绩,珍惜集体荣誉,严格要求自己。在安全行车方面树立典型,介绍安全行车的心得体会,使驾驶员学有榜样,赶有目标。在这种基础上开展安全行车竞赛,可以使安全教育工作有声有色,扎实深入。

安全专业管理人员在进行安全教育时,要努力做到"五个清楚""四个及时""一个彻底"。"五个清楚"即对驾驶员的家庭情况与思想状态清楚;对容易发生事故的重点驾驶员的性格特点清楚;对运行线路的道路交通情况清楚;对车辆的安全技术状况清楚;对预防薄弱环节行车事故的预防措施清楚。"四个及时"是要及时与情绪波动的驾驶员谈心,解决驾驶员的思想问题;要及时发现和排除车辆的安全隐患,保证车辆技术状况完好;要及时表扬安全行车成绩突出的驾驶员,保障驾驶员安全行车的积极性;要及时帮助发生事故的驾驶员分析事故原因,稳定思想情绪,总结教训,放下包袱,安全行车。"一个彻底"是发现不安全因素和隐患时,要一查到底,彻底解决,堵塞漏洞。

安全行车思想教育不在于多,而在于及时、准确。要抓住在不同时期各类驾驶员的思想脉搏,制定不同时间、不同道路条件、不同气候条件下的安全行车措施,进行有针对性的教育,才能达到安全教育的目的,取得实在的效果。另外,还要组织驾驶员学习有关交通心理学、车辆安全行驶与车辆安全性能的基础知识,培养驾驶员正确处理交通信息,实现最佳控制车辆的能力。在思想上、职业道德上、责任心上、专业技术上全面提高驾驶员的职业素质,使企业拥有更多合格的、优秀的驾驶员。

(2) 安全教育的基本形式。行车安全教育可分为经常性安全教育和突击性安全教育。经常性安全教育是安全管理专业部门的重要日常工作,应设置专业岗位,由专人负责。突击性安全教育由分管安全工作的人员,利用节假日、季节变化、临时任务、班前会、站台会等一切可利用的时机,进行行车安全教育。行车安全教育的方式有直接教育、间接教育、自我教育、综合教育。

1) 直接教育。直接教育常用的方式主要有:

①系统教育法。系统教育法是指通过有条理的、连贯的安全理论教育来提高驾驶员安全行车的意识,在思想上树立牢固的安全观念,形成人人讲安全、时时想安全、事事抓安全的风气。

②专题教育法。专题安全行车教育是就某一主题或某一问题进行教育。在安全教育中,依据运营任务、季节、道路、人员等情况,进行某一方面或某一问题的专门教育。

③随机教育法。随机教育就是根据驾驶员在行车和生活中存在的普遍性问题或思想波动情况,不失时机地进行行车安全教育。

④轮训教育法。由于汽车运输行业工作的特殊性,要把企业所有驾驶员集中起来,安排一定的时间进行学习会影响运输任务,往往是不可能的。针对这种情况,企业一般采取人员相对集中的方法。即专职安全管理干部根据企业运营实际的许可程度,将驾驶员分成若干批次,分批脱产学习,对驾驶员实行轮训。

⑤个别教育法。个别教育就是对特殊驾驶员进行单独教育。

⑥形象教育。形象教育是运用戏剧、电影、电视、图片等视觉形象进行安全行车教育。形象教育的特点是具有直观性,感染力较强。

⑦座谈讨论方式。座谈讨论方式就是通过座谈、讨论的方式对驾驶员进行教育。座谈讨论可组织驾驶员就某一问题不拘形式地交换意见。

2)间接教育。间接教育是一种渗透性的教育方式,是对直接教育方式必不可少的补充。安全教育是一种多方面、多渠道的教育,它不仅通过面对面的灌输进行直接教育,还渗透于各种社会活动和物质文化活动之中。采取间接教育方式,可以使驾驶员更易于接受安全教育,收到意想不到的效果。

①寓教于乐法。寓教于乐法就是把安全教育融于文化娱乐之中的方式。

②读书讲演法。读书讲演法是通过有目的的读书活动和读书心得讲演会,使读者和听众都从中受到启发和教育的方式。

③读报用报法。交通安全报刊是以刊载交通安全为主要内容的定期刊物,是宣传交通安全、驾驶员先进事迹、驾驶技术的阵地。读报法就是通过组织驾驶员阅读报纸、杂志对驾驶员进行安全教育。

④板报、墙报宣传法。利用板报、墙报是群众性安全教育极好的一种形式。好的板报、墙报是驾驶员安全行车的良师益友。

⑤知识竞赛法。知识竞赛是由企业安全管理部门或上级机关组织进行的安全知识比赛,内容包括交通法规、行车安全、驾驶员交通心理、企业有关安全的规章制度以及车辆使用维护的知识等。

3)自我教育。自我教育是一种主动性教育方法,它构成了安全教育的又一个层次,起着直接教育和间接教育等被动教育无法起到的作用,是对前述教育方式的重要补充,常用的自我教育方式如下所述:

①心得体会法。心得体会是指驾驶员在学习和实践中体验到的思想收获和感受,通过谈、写等心得体会与大家交流,不断提高思想认识和安全行车技术水平的方法。

②思想小结法。思想小结是驾驶员在一定时期内对自己的思想变化和安全行车状况所做的书面总结。它是阶段性的经验与教训的总结,使驾驶员能及时和准确地总结自己的经验与存在的问题。

③理论研究法。理论研究法是指在安全教育中,注意激发和引导驾驶员研究安全行车理论知识的兴趣,开展学术讨论,使驾驶员在理论研讨活动中不断提高安全行车的理论水平。

4)综合教育。综合教育是运用企业各方面的力量与安全部门结合成一体,紧密配合,协调一致,多角度、多层次、采取多种手段及时解决和消除各种不安全隐患,避免发生行车事故的活动。

①职工互相帮助法。职工有责任做好安全教育工作，也有能力做好安全教育工作。很多运输企业采取职工互相帮助法开展安全教育工作，取得了明显的效果。

②骨干帮教法。企业骨干工作积极、思想觉悟高、驾驶技术好，在群众中享有一定威信。骨干帮教法就是让驾驶员队伍中的骨干力量去帮助技术不熟练和思想上不重视安全的驾驶员的方法，把安全教育的担子让骨干承担起来，既培养了骨干的工作能力，也做好了安全教育工作。

③干群互相促进法。干群互相促进法是通过安全管理人员和驾驶员之间的互帮互教、相互制约，使干群共同克服缺点，共同提高。

④公约守则法。公约守则法就是通过制定公约、守则，规范驾驶行为，消除各种事故隐患。

3. 安全教育教案的编写

编写好安全教育课教案是搞好安全教育工作的前提和基础。安全教育课教案是授课者组织和实施安全教育的方案，是对某一行车安全课题的总体构想或具体设计。通过编写教育方案，授课者可以周密安排，理清思路，提炼精华，增强安全教育的科学性、逻辑性，充分发挥授课者的主观能动性，打破单一死板的讲课方式，紧密联系实际，生动活泼地搞好安全教育。

（1）安全教育的内容。完整的安全教育教案包括教育课题、教育对象、教育目的、教育内容、教育重点、授课课时、教授方法等。其中教育目的的确定、教育内容的安排、教育重点、教授方法是教案的主要组成部分。

1）教育课题。每一次安全教育课都要有明确的题目。确定教育课题要从工作实际出发，紧密围绕教育目的和内容，准确体现教育的中心思想，迅速抓住学员心理，以引起受教育对象的兴趣和思考。确定教育课题一定要结合实际，切忌讲空话、套话、废话、口号连篇。

2）教育对象。编写安全课程教案，要明确受教育对象是安全专业干部还是驾驶员，要根据受教育对象的技术素质、文化水平、心理状态、兴趣爱好等因人施教、因材施教，有针对性地准备教案。

3）教育目的。每次安全教育课要有明确的教育目的。教育目的是教育活动的出发地和目的地。教育目的是否达到要求和达到要求的程度，是衡量教育质量好坏的重要尺度。必须明确，通过讲授使受教育对象接受哪些知识，弄清楚什么问题，提高哪方面的能力等。要想通过一次安全教育即达到这一目的是困难的，要从受教育对象的实际出发，有重点地确定每次讲课的教育目的。

4）教育内容。教案的主体是教育内容，它是根据教育目的来确定的，包括交通法规、企业有关安全行车的规章制度、驾驶员的职业道德、行车事故发生的规律、安全行车的基本知识和经验教训、交通事故的处理等。

（2）安全教育的重点和难点。安全教育重点就是安全教育课所要解决的中心问题。要依据受教育对象来确定，例如，受教育对象是安全管理干部，则应把安全管理作为重点；如果是驾驶员，则应把车辆驾驶技术、安全行车意识、遵守交通法规等作为重点。抓住教育重点对安全教育目的的实现具有决定性的作用。安全教育难点就是安全教育课程中较难理解的问题和受教育对象中存在的难以解决的思想认识问题等。

编写教案要把主要精力放在解决教育重点、难点上。要深入研究教材，弄通教育内容的内在联系，把握教育重点，把重点问题讲清楚。还要通过个别谈话、开座谈会等形式深入了解受教育对象的思想和存在的问题，在进行教育时有针对性地解决。对教育重点、难点要讲透，做到观点鲜明，事例典型确切，结论恰当正确。

（3）教育方法。教育方法要与教育目的相呼应，要根据受教育对象的特点在教育方法上区别对待，应采取多种不同的方法，避免雷同。在讲课时，要注意演绎法和归纳法、分析和综合的结合运用，要注意启发受教育者独立思考。精心设疑、举例、反问、比喻和提问；展示图片、表格；讲究板书格式；充分利用手势、讲课语气来增强授课效果。可以利用电教技术，把讲课内容做成课件，把深奥的理论用动画生动地表现出来，使抽象的东西形象化，深入浅出，听之有趣，观之有形，思之有理，使受教育者从中受到教育。

（4）教育步骤。教育步骤就是在教育过程中对教学活动所做的具体安排。因为每次安全教育的目的、内容不同，受教育的对象不同，具体步骤也必然不同，必须根据每次安全教育的具体情况来定。但必须注意各步骤之间的前后衔接，保证教育内容的系统性、连贯性。

综上所述，在安全管理活动中，坚持经常性、多样性的安全教育，是提高驾驶员安全意识，树立"安全第一"思想的有效手段；坚持安全教育的科学性、趣味性是增强教育效果的重要方法；坚持及时、灵活、针对性强的安全教育方法，是提高驾驶员安全自控能力的有效措施。只有这样，才能把安全管理的重点真正转移到预防为主的正确轨道上来，最大限度地减少行车事故。

4. 驾驶员培训计划

驾驶员培训计划要按各单位的实际情况来安排，既要符合国家标准，又要符合本单位的实际情况。教学计划一般应包括采用的教材、教学地点、授课课时、授课时间、考核时间、授课教师、教学目的、教学内容等，培训单位应妥善安排，并达到国家标准的要求。

二、职工培训的组织

职工培训是传授知识、技术、技巧给职工的过程，是对现有劳动力进行再教育、再生产的过程。科学技术的不断发展，要求在职职工应不断地学习新知识，掌握新技术；企业为增加在市场中的竞争力和提高产品质量，也必须对职工进行再教育，提高劳动力的素质；企业为保持持续发展，也必须对职工进行培训，占领劳动力的技术先机，夺取技术制高点。教育投资是回报丰厚的投资。要搞好职工教育，必须加强对职工教育的组织领导。

1. 建立健全职工培训专职机构

培训机构设置包括大型运输企业应成立职工教育管理委员会，设宣教部（或教育部）、技工学校、干部培训班；中型运输和修理企业应成立职工教育管理委员会，下设宣教科、职工轮训班。按每个职工 $0.3 \sim 0.5 \ m^2$ 的标准建立教学基地。

职工教育管理委员会负责讨论决定本企业职工教育方面的重大问题，协调各方面的工作。宣教部（科）按定员要求配备专职人员做好日常工作。技工学校、培训班应根据需要配备人员负责教学任务的实施。

2. 建立以专职教师为骨干，专职教师与兼职教师相结合的教师队伍

教师队伍的素质直接影响教学质量。在教师队伍建设上首先要按职工总数 0.3% ~ 0.5% 的比例（不包括职工高等教育的教师）配备专职教师；其次要选调能胜任教学工作的职工和工程技术人员担任专职教师或兼职教师。

3. 因地制宜，广开学路，多种形式办学

汽车运输企业的特点决定了职工教育不可能只用一种形式，必须采用多种形式。可以集中办学，也可以分散办学；可以脱产办学，也可以业余教育；可以利用电视、函授、广播办电大、函大、业余大学教学班，也可以利用技校、子弟学校举办文化、技术训练班。

4. 既要勤俭办学，更要保证必要的办学条件

教学基地及相应的教学经费必须按规定妥善解决，以保证教学的经费来源。

第五节　计算机基础知识

21世纪，全球已进入了信息时代，办公自动化深入到企业生产经营的每一个领域。随着计算机技术的发展和普及，计算机在汽车运输行业得到了广泛应用，获得了显著的社会效益和经济效益。电子计算机是利用电脉冲信号表示数据并按算术运算法则进行运算的装置。其特点是：存储信息量大，运算速度快，精确度高，逻辑判断能力强，通用性好，运算过程自动化。计算机由硬件系统和软件系统组成。硬件系统是计算机各种具体设备的总称；软件系统是计算机各种程序的总称。

一、硬件系统

硬件系统由主机及其外围设备组成。主机由存储器、运算器和控制器组成。运算器和控制器在一起统称为中央处理器，简称 CPU。外围设备由辅助存储器、输入装置和输出装置组成。

输入装置是将程序、数据或操作命令送入主机的设备。常用的输入装置有键盘、纸带输入机、卡片输入机、软盘机等。

输出装置是将计算机主机的计算结果、处理结果或其他信息输出的设备。常用的输出装置有显示器、打印机、绘图仪等。

二、软件系统

软件系统是相对硬件系统而言的，它包括计算机运行所需要的各种程序和相关资料。软件系统按功能分为应用软件和系统软件。系统软件是计算机的基本软件，由操作系统、数据库管理系统、诊断系统等组成，一般由计算机生产厂家提供。应用软件是计算机用户为解决本企业管理的实际问题而编写的程序，可分为科学计算程序、数据处理程序、企业管理程序等。应用软件是计算机用户按企业需要由用户自行编制或软件公司按用户要求编制的程序。

1. 操作系统

操作系统是对计算机系统进行自动管理的机构和控制中心，它使计算机系统可以自动协调、高效率地工作。操作系统一般由几个分程序组成。控制部分称为监控管理程序，它控制计算机各部分的运行、调度以及动态分配存储器等；作业管理部分是监控作业执行状态的程序；数据管理部分管理信息的存取。

2. 数据库管理系统

数据库管理系统是用户根据需要建立的数据库，为询问、显示、修改数据库的内容和输出打印各种表格等而编制程序的总称。数据库是负责统一组织和管理数据的一组软件，通常由计算机厂家提供。数据库可以使数据的重复程度减到最小，节约存储空间，便于保持数据的一致性；可以使数据与使用程序相互独立，修改程序和数据时互不影响，使所有用户可以共享数据。

3. 诊断系统

诊断系统是用于帮助计算机维修人员迅速查清和排除计算机系统软件错误和硬件故障的一组程序，由自动测试、诊断和排错程序等组成。

三、计算机应用的条件

企业管理现代化、自动化的标志是标准化和数据化。使用计算机管理企业，是企业实现管理现代化、数据化的重要体现。利用计算机管理企业，要具备一定的条件，主要包括管理基础、专业队伍、全面的总体规划和相适用的计算机系统。

1. 一定的管理基础

一定的企业管理基础是企业应用计算机管理的先决条件。企业管理体制合理，各种规章制度健全，生产条件良好，管理方法科学，原始记录数据完整、真实、准确是计算机管理的基础条件。

（1）管理工作程序图表化。企业管理工作是有规律性的，应根据运输生产的特点和对运输生产管理工作的要求，编制各项工作程序图表。这种工作图表既要指明各项工作的前后顺序，又要规定各个工作环节的内容与相关工作的信息联系，使管理职责范围规范化、条理化、具体化。这是计算机管理的基础。

（2）管理业务标准化。管理业务标准化是在管理程序化的基础上，把企业管理中重复出现的工作，用制度形式规定出标准的工作程序和工作方法，作为企业行为的准则，无论谁做这项工作，都是统一模式、同一标准。

（3）报表文件统一化。报表文件和记录是传递信息的工具。报表文件内容、格式的统一，第一要求反映运输生产过程和工作过程中同一工作内容的报表格式要统一；第二是同类数据项目名称的含义要统一；第三是报表文件和原始记录、凭证要以计算机便于处理为前提。

（4）数据资料要完整准确，数据应编码。原始数据资料的完整、准确、可靠是企业管理的基础。数据编码时要适应计算机进行数据处理的要求。

2. 具备一支专业队伍

企业使用计算机管理，是在企业原有管理基础上进行的涉及企业管理科学、计算机应用科学等多学科、多门类的知识，必须有一支具有专业知识的人员队伍。这些人员包括系统分析员、程序设计员、计算机维护员、计算机操作员等。企业应抽调有经验的管理人员和工程技术人员与上述人员共同搞好计算机管理。这是企业应用计算机管理的关键。

3. 有一个全面的总体规划

企业应用计算机管理是一项系统工程。要将计算机全面用于企业管理，第一要有一个总体规划。第二要保证企业总体系统与各职能部门子系统的协调一致，要接得上口。第三要注意新、旧系统的衔接运行，处理好新、旧系统的交接过程，保证管理工作的连续性，避免工作中断。

4. 选择适用的机型设备

企业应用计算机管理，必须具有相应的计算机和计算机系统。企业在选用计算机机型时，必须注意所选机型的兼容性和前瞻性。企业要根据企业的经济实力、业务需求、与外部的联系、处理信息量大小等购置设备，既要满足企业管理的需要，又要克服"贪大求洋""购买过多的剩余功能"的问题。汽车运输企业应用计算机可以进行运输计划管理、车辆调度管理、财务、工资、劳动人事管理，车队、车间管理等各个方面的管理。

第六节 汽车编队行驶管理

汽车运输企业在执行运输作业时，经常会遇到为完成大量客运、货运任务，数辆或数十辆车编队行驶的情况。在执行这种运输任务时，为保证行车安全和运输货物的安全（客运要保证乘客的安全），需要对参加运输的车辆编队，驾驶员按编队行驶更有利于保证行车安全。在对车辆编队的同时，要做好车辆检查、维修、救援的物质准备工作。车辆编队主要工作内容如下：

一、车辆编队的原则

进行车辆编队首先要了解参加运输任务的驾驶员的驾驶技术、驾龄、驾驶经验、安全行驶公里数等，其次按驾驶员的技术水平进行编队。

二、车辆编队行驶

（1）车辆编队行驶，车队的第一辆车极其关键。车队第一辆车的驾驶员要求责任心强，驾驶经验丰富。车队行驶时要规定好行驶速度，车队第一辆车的驾驶员必须按此速度行驶。该车驾驶员要经常注意其余车辆是否跟得上，是否保持正常车距，要按行驶情况随时调整车速。

（2）车辆编队行驶，车队的最后一辆车至关重要。因此，车队的最后一辆车的驾驶员要驾驶经验丰富，责任心强，处理事件果断，遇事不慌，跟车能力强。

（3）车辆编队要按车辆的数量进行。车辆少于10辆时，应编好前后顺序，将驾驶技术较弱的驾驶员尽量安排在接近第一辆车,便于其跟上车队行驶;车辆多于 10 辆时,可依据车辆的多少,分成少于 10 辆车的数个组,每一组由专人负责,以便于车队的管理。

(4) 车队行驶时,要尽可能靠外侧车道行驶,以免影响车速较高的行驶车辆。

(5) 做好车辆识别标志,打开危险警示灯,保持车距,避免其他车辆插队行驶。

三、车队行驶的物质准备

车辆较多的车队在出车前要做好物质准备,主要包括维修工、维修备件、救援车辆等。

(1) 维修备件要满足修复车辆一般常见故障的需要(如常用汽车配件、易损件、传动带、蓄电池、轮胎等),要准备足够的冷却液、润滑油、燃料等。

(2) 要依据出车数量,配备足够数量的保修工,以保证车辆的维修工作。

(3) 有条件的运输单位可配备专用的抢修车,抢修车应处于完好的技术状况。

(4) 规定与抢修车(抢修工)的联络方式,便于车辆出现问题时,能及时与抢修车(抢修工)联系,排除故障。

(5) 参加运输任务车辆的转向系、制动系、行驶系应达到车辆安全行车的规定标准。

(6) 配备必要的备份运输车辆,确保完成运输任务。

四、车队行驶的指挥

车队指挥系统的工作效率、指挥决策对车队的行车顺利与安全起着决定性的作用。车队的指挥人员必须做到:

(1) 要了解清楚行车路线、行车路线道路的主要特点,做到心中有数,才能做到指挥若定。

(2) 出车前要把行车路线、行车路线的特点、车队编组、行车速度、应注意的问题及可能出现的故障和事故的处理方案向驾驶员交代清楚,使车队的驾驶员能在与车队失去联络时,独立处理出现的问题,安全到达目的地。

(3) 规定与指挥车的联系方式,保证车队的信息及时、通畅,便于处理车队突发情况。

(4) 车队行驶要适当安排休息,保证每个驾驶员精力充沛,以便于保证行车安全。一般每 2 h 休息一次较为合理。休息时由保修工检查车辆转向系统、制动系统、行驶系统等。

(5) 车辆编队行驶时,要求驾驶员必须按前后编队的顺序行驶,严禁超车抢行。

单元测试题

一、判断题(下列判断正确的打"√",错误的打"×")

1. 保本运输收入 = 变动成本 + 固定成本。   (   )

2. 汽车运输成本按性质分类，可分为车公里变动成本、吨公里变动成本、固定成本。（　　）

3. 汽车运输成本按项目分类，可分为车辆费用和企业管理费用两大类。（　　）

4. 按物资在生产过程中的作用分类，可分为材料、燃料、轮胎、工具量具、电气器材五类。（　　）

5. 废旧物资回收利用是物资管理的一个重要组成部分，是降低成本的一项重要措施，更是节约能源、保护环境的有效方法。（　　）

6. 物资验收入库是物资储存管理的开始，也是仓库业务管理的重要阶段。（　　）

7. 供货合同属于经济合同范畴，是供、需双方履行各自承担的经济责任的协议或契约。（　　）

8. 计划期内的需要量＝（配件耗用量÷同期平均运营车数）×计划期平均运营车数×（1±调整系数）。（　　）

9. 车用物资涵盖的面非常广，包括黑色金属、有色金属，汽车配件，汽车燃料、润滑料、传动液、制动液，维修设备，检测设备等。（　　）

10. 物资管理是对物资供应活动各项管理工作的总概括，物资包括全部生产资料和生活资料。（　　）

11. 企业物资管理不仅是生产前的一项准备工作，也是企业开源节流的重要工作。（　　）

12. 物资定额管理包含储备定额管理和消耗定额管理。（　　）

13. 劳动保护用品是工人进行安全生产的必要条件，必须按规定发放，不可超标准也不能降低标准发放。（　　）

14. 劳动保护是指劳动者在生产中的安全和健康保护工作。（　　）

15. 企业劳动管理的实质是根据社会主义劳动性质和特点来完善社会主义的劳动关系。（　　）

16. 劳动定额是组织生产和进行分配的依据。（　　）

17. 行车安全教育的方式有直接教育、间接教育、自我教育、综合教育。（　　）

18. 行车安全教育是做好安全管理工作的基础，是贯彻落实"安全第一、预防为主"的方针，是防止发生交通事故的重要手段之一。（　　）

19. 行车安全教育可分为经常性安全教育和突击性安全教育。（　　）

20. 职工培训是传授知识、技术、技巧给职工的过程，是对现有劳动力进行再教育、再生产的过程。（　　）

21. 计算机由硬件系统和软件系统组成。（　　）

22. 软件系统是相对硬件系统而言的，它包括计算机运行所需要的各种程序和相关资料。（　　）

23. 常用的输出装置有显示器、打印机、绘图仪等。（　　）

24. 企业管理现代化、自动化的标志是标准化和数据化。（　　）

25. 企业实施计算机管理，原始数据资料完整、准确、可靠是企业管理的基础。（　　）

26. 车辆编队行驶时,要求驾驶员必须按前后编队的顺序行驶,严禁超车抢行。
( )
27. 车辆编队行驶中,车队的最后一辆车至关重要。( )
28. 车辆编队行驶中,车队的第一辆车极其关键。( )

二、简答题

1. 运输企业进行运输成本管理的意义是什么?
2. 按成本形态分类,汽车运输生产成本主要分成哪几类?
3. 劳动保护工作主要包括哪几方面的内容?
4. 汽车运输行业计算定员有几种方法?
5. 劳动定额的表现形式有几种?
6. 制定劳动定额的方法通常有哪几种?
7. 安全教育的内容有哪些?
8. 直接教育常用的方式主要有哪些?
9. 技术培训的形式有哪些?
10. 为什么必须进行职工教育?
11. 汽车运输企业应用计算机可以进行哪些方面的管理?
12. 电子计算机的特点是什么?
13. 利用计算机管理企业,需要具备的条件有哪些?
14. 选用计算机管理系统的设备要注意哪些问题?
15. 车辆编队行驶时的物质准备主要有哪几方面?
16. 车辆编队行驶时,编队的原则有哪些?

单元测试题答案

一、判断题

1. √ 2. √ 3. √ 4. √ 5. √ 6. √ 7. √ 8. √ 9. √ 10. √ 11. √
12. √ 13. √ 14. √ 15. √ 16. √ 17. √ 18. √ 19. √ 20. √ 21. √ 22. √
23. √ 24. √ 25. √ 26. √ 27. √ 28. √

二、简答题

(略)

理论知识考核试卷

注 意 事 项

1. 考试时间：120 min。
2. 请首先按要求在试卷的标封处填写姓名、准考证号和所在单位的名称。
3. 请仔细阅读各种题目的回答要求，在规定的位置填写正确答案。
4. 不要在标封区填写无关的内容。

一、**填空题**（第 1~20 题。请将正确答案填入题内空白处。每题 1 分，共 20 分）

1. 驾驶员处理突发信息的灵敏性、准确性和稳定性是衡量驾驶员_____的重要指标。
2. 汽车巡航控制装置是使汽车在发动机_____范围内，保持车速恒定的自动驾驶装置。
3. 主销内倾角使转向轮具有_____作用。
4. 液力传动油也称自动变速器油，是汽车液力自动传动系统的_____。
5. 汽车上的电控系统的故障内容多以代码形式储存于自诊断系统电控单元的存储器中，读取故障代码时可利用随车自诊断系统或_____。
6. 在不计光源体积大小的情况下，照度与离开光源距离的平方成反比，与_____成正比。
7. 运输成本是以运输价值为基础的，运输价值具体反映在_____上。
8. _____是编制物资供应计划、组织采购订货、核定流动资金、确定企业仓库规模和仓库定员的重要依据。
9. _____是企业在生产经营动中，采用一定的控制标准，对运输产品形成的全过程进行监督，发现偏差及时采取措施，消除失误。
10. 每次安全教育的目的、内容不同，受教育的_____不同，具体步骤也必然不同。
11. 电子控制悬架的弹性元件，可选择步进电动机驱动的空气悬架或_____。
12. 柴油机排除的炭烟是不完全燃烧的产物，主要由直径_____ μm 的多孔性炭组成。
13. 集中统一管理就是统一计划、_____、统一分配、统一调度和统一管理。
14. 企业开设汽车技术培训班，就是企业按驾驶员的一定比例抽调人员_____集中进行培训。
15. 为测定汽车尾气成分，必须规定废气的取样方法，常用的取样方法有：_____、全样气袋取样法、直接取样法和比例取样法。

16. 通过教育，可以消除驾驶员在遵守交通法规方面普遍存在的侥幸心理、_____和与已无关的思想，帮助驾驶员养成良好的、自觉遵守交通法规和各项企业规定的习惯。

17. 安全管理的重点是预防为主，最大限度地减少_____。

18. 企业费用支出种类繁多，费用来源和用途不同，为了加强_____，必须严格按规定的成本开支范围和标准支出。

19. 在分析评价处理事故时，必须坚持_____的原则，以法律为准绳，维护交通法规的严肃性，通过这样的教育，强化驾驶员的交通法规意识。

20. 多缸发动机各汽缸的_____之和，称为发动机的排量。

二、选择题（第21~30题。请选择一个正确答案，将相应字母填入横线空白处。每题2分，共20分）

21. 前轮定位值的正确设计能使汽车具有良好的操纵稳定性和_____。
    A. 驾驶舒适性　　B. 转向轻便性　　C. 方向正确性　　D. 转向灵活性

22. 柴油机尾气中排出的炭烟要比汽油机高_____倍。
    A. 30~60　　B. 40~70　　C. 50~80　　D. 60~90

23. 物资储备应有一个合理的储备数量，多储，将会造成占用大量流动资金和_____；少储，则会造成供不应求，影响生产。
    A. 劳动力　　B. 物资积压　　C. 车辆　　D. 预算

24. _____是指计划期内保证正常生产进行，必须消耗的物资数量。
    A. 物质需要量　　B. 资金需要量
    C. 物资需要量　　D. 物资计划

25. 要做好汽车尾气的治理工作，首先需要做好汽车尾气的_____工作。
    A. 检查　　B. 检测　　C. 诊断　　D. 预测

26. 发动机自诊断系统，故障诊断测试插座常用英文缩写_____表示。
    A. PCV　　B. EGR　　C. TDCL　　D. ABS

27. 随着城市的发展、公路交通的发展，驾驶员队伍迅速扩大，因此，_____，保证行车安全已成为企业五全管理的主要工作。
    A. 交通法规的完善　　B. 行人的遵纪守法
    C. 驾驶员的遵纪守法　　D. 加大执法力度

28. 财务和运输的保险费、契约、合同、公证费、咨询费、专有技术使用费和排污费都属于汽车运输企业的_____。
    A. 运输费用　　B. 运输成本　　C. 企业消耗　　D. 成本消耗

29. 车用物资涵盖的面非常广泛，包括黑色金属，有色金属、汽车配件、汽车燃料、润滑料、传动液、制动液、_____、检测设备等。
    A. 固定资产　　B. 流动资金　　C. 劳务费用　　D. 维修设备

30. 在交通法规和企业安全行车各项规定的_____中，要使驾驶员明白把自由交通行为变成依法交通行为的重要性和必要性。
    A. 内容　　B. 指标　　C. 业务　　D. 教育

三、判断题（第31~40题。请将判断结果填入括号中，正确的填"√"，错误的填"×"。每题1分，共10分）

31. 汽车的制动液在使用过程中，各种品质的制动液可以混合使用。（　　）
32. 制动防抱死装置中有两个故障指示灯，它们位于仪表板上，一个是红色指示灯，另一个是白色指示灯。（　　）
33. 教育步骤是在教育过程中对教学活动所做的具体安排。（　　）
34. 认真做好成本管理的基础工作，首先应建立健全客、货招揽业务记录，财产物资移动记录等原始记录。（　　）
35. 统一调度是指企业物资供应部门的各级仓库，有权视企业内部物资余缺情况进行采购。（　　）
36. 营运业务费、养路费、过路过桥费、代理费，都属于汽车运输企业的运输成本。（　　）
37. 在教师队伍建设上要按职工总数的3%~5%的比例配备专职教师。（　　）
38. 在一定的物资消耗量和一定的时间间隔内，物资储备定额主要取决于两个因素：订购次数和订购数量。（　　）
39. 柴油机排出的炭烟成分非常复杂，包括炭、未燃烧的燃料、不同程度的燃料中间裂解物、润滑油等。（　　）
40. 汽车前轮定位包括前轮外倾角、主销后倾角、主销内倾角和前轮前束。（　　）

四、简答题（第41~44题。每题5分，共20分）

41. 简述使用尾气分析仪的一般程序。
42. 简述汽车运输成本计划编制的步骤。
43. 道路交通法规贯穿的基本原则有哪些？
44. 安全教育教案的内容有哪些？

五、论述题（第45~47题。第45题必答，46、47题任选一题，若三题都作答，只按前两题计分。每题15分，共30分）

45. 论述汽车外观检测的内容。
46. 试述燃油喷射装置使用中的注意事项。
47. 试述自动变速器各挡位的功用。

理论知识考核试卷答案

一、填空题

1. 心理因素 2. 节气门开度在一定 3. 减少转向时的转动力矩和保持汽车直线行驶 4. 能量转换介质和实现液压控制的工质 5. 故障诊断仪（计算机解码器） 6. 发光强度 7. 劳务价值 8. 物资储备定额 9. 全面质量管理 10. 对象 11. 电磁阀驱动的油气悬架 12. 0.1~10 13. 统一订购 14. 脱岗 15. 定容取样法 16. 麻痹思想 17. 行车事故 18. 成本管理 19. 实事求是 20. 工作容积

二、选择题

21. B 22. B 23. B 24. C 25. B 26. C 27. C 28. B 29. D 30. D

三、判断题

31. × 32. × 33. √ 34. √ 35. × 36. √ 37. √ 38. √ 39. √ 40. √

四、简答题

41. 答：（1）仪器的定期标定。使用 GZFULI 分析仪每天测量前，仪器预热 30 min 后，对仪器进行标定（每 7 天必须标定仪器），保证检测精度。

（2）检测发动机尾气时应注意的事项

1）必须正确确认车辆所用的燃料，否则测试结果将失准。

2）取样管插入发动机排气管的长度必须达到 400 mm ± 10 mm，过长、过短均影响检测结果的准确性。

3）分析仪是计量仪器，必须在法定检测准许使用的时间内，才能使用。

4）仪器每次使用前要按规定进行密封测试。

42. 答：汽车运输成本计划是按运输成本项目和车辆类别分别编制的，主要有客车成本计划，货车成本计划，客、货综合成本计划，分车型、类别的成本计划。编制计划的步骤如下：

（1）收集和整理资料。资料主要包括成本降低的指标；计划期企业生产、物资供应、劳动工资等计划资料；计划燃料、润滑料、轮胎的消耗定额；车辆维修、维护里程定额；原材料消耗定额；劳动定额；上年度成本核算资料等。

（2）分析上年度成本，对计划期内成本进行预测。在编制成本计划时，成本降低额和降低率均以上年度为参照。对上年度成本资料要认真分析，从中找出降低成本的途径，对计划期内成本进行预测。

（3）依据企业计划期内成本降低率，测算各因素变化对成本的影响。测算的重点放在燃料、原材料、全员或驾驶员劳动生产率、事故损失的变化上。

43. 答：道路交通法规的基本原则是维护道路交通秩序，预防和减少交通事故，保护人身安全，保护公民、法人和其他组织的财产安全及其他合法权益，提高通行效率。

44. 答：安全教育的内容非常广泛，汽车运输行业的行车安全教育主要有交通法规和企业安全行车规定教育；安全行车知识教育；事故案例教育；光荣传统、先进事迹教育。

五、论述题

45. 答：车辆外观检测的主要项目包括：

（1）车身漆色检测。整车漆色要求色泽均匀一致，后补漆色与原漆色泽相容性好，漆面光泽无明显流痕。

（2）漏油检查。漏油检查可分为燃油（燃气）部分检查和润滑油、制动液、自动传动液的泄漏检查。

（3）车体平整检查。外观检查中，要求车体平正，左右对称部位的高度差不大于40 mm。车体平整检查时，将被检车辆停放在外观检测工位进行目测，发现横向或纵向斜歪时，用高度尺检测是否超出规定值。与此同时，检查车架和车身是否变形，悬架是否断裂或刚度下降，轮胎气压是否正常等。

46. 答：（1）蓄电池是汽车电控系统的主要电源，使用中对蓄电池进行各种操作时应注意以下几点：

1）正常使用，不要随意拆下蓄电池的正极导线和负极导线，以免微机因断电而丢失数据。

2）更换蓄电池时，应在电控系统处于正常状态时更换。在更换蓄电池前，读取控制单元内储存的故障码。

3）电控汽车均为负极接地，更换蓄电池时，要正确判断蓄电池正极、负极不要接反，以免造成故障。

4）在更换蓄电池时，必须关闭所有用电器。

（2）应避免可能产生的瞬间高压对电控系统的损坏，在操作时要注意：

1）在进行电控系统检修时，必须关闭点火开关。

2）换接蓄电池时，必须关闭点火开关，才可进行蓄电池的拆、装。

3）在对电控汽车进行电弧焊接时，必须断开电控单元的供电线路。

（3）不要使用输入阻抗过小的测量工具。

（4）电控汽车严禁用搭铁（接地）试火、拆线试火的方法对电路进行检查。

（5）尽量避免空间强磁场对微机系统的干扰。

（6）当确认是电控单元故障时，应由专业人员对其进行测试、维修。

47. 答：自动变速器换挡操纵时，有六个挡位P、R、N、D、2、L（或1）供驾驶员操作选择，各挡位代号的含义为：

（1）代号P：停车挡位

当换挡手柄拨到P位置时，自动变速器的停车锁止机构将变速器的输出轴锁止，使驱动轴不能转动，防止汽车移动。此时，换挡执行机构使制动变速器处于空挡。

（2）代号R：倒车挡

当换挡手柄拨到R位置时，换挡执行机构将接通自动变速器倒挡的传动油路，倒挡的动力传递油路接通，汽车驱动车轮反转实现车辆倒退行驶。

（3）代号 N：空挡

当换挡手柄拨到 N 位置时，换挡执行机构使自动变速器处于空挡，发动机的动力虽然能经输入轴输入变速器，但各个挡齿轮空转，变速器输出轴不能输出动力。

装备自动变速器的车辆，起动车辆时必须将换挡操作手柄拨到 P 或 N 挡位置，才能启动发动机；此功能由空挡启动开关控制。

（4）代号 D：前进挡

当换挡手柄拨到 D 位置时，大部分轿车的自动变速器可获得 4 个传动比传递动力，即一挡、二挡、三挡和超速挡。在道路条件良好的情况下行驶时，换挡手柄应放在 D 挡。

（5）代号 2：前进高挡（发动机高速制动挡）

当换挡手柄拨到 2 位置时，自动变速器的控制系统将限制前进挡的变化范围，只能接通一挡、二挡的油路，自动变速器只能在一挡、二挡之间变换挡位，不能升入高速挡，使汽车具有足够的驱动力稳定地上坡；下坡时利用发动机制动控制车速，因此也称其为"发动机高速制动挡"，此时车速仍较高。

（6）代号 L（或 1）：前进低挡（发动机低速制动挡）

当换挡手柄拨到 L（或 1）位置时，自动变速器的控制系统将限制前进挡的变化范围，只能接通一挡的油路，不能升入高挡。因此，当换挡手柄拨到 L（或 1）位置时，可以获得比换挡手柄拨到 2 位置时更强的发动机制动效果，故又称"发动机低速制动挡"。此挡适宜汽车在山区行驶、坡度较大的情况，使汽车具有足够的驱动力稳定上坡，而在下坡时，利用发动机更强的制动作用，能有效地控制车速，保证行车安全。

操作技能考核试卷

汽车驾驶员技师操作技能考核准备通知单（考生）

姓名：_____ 准考证号：_____ 单位：_____

试题1

序号	名称	型号与规格	单位	数量	备注
1	钢笔或签字笔		支	1	蓝色或黑色
2	工作服		套	1	长发必须戴工作帽

试题2

序号	名称	型号与规格	单位	数量	备注
1	钢笔或签字笔		支	1	蓝色或黑色
2	工作服		套	1	长发必须戴工作帽

试题3

序号	名称	型号与规格	单位	数量	备注
1	钢笔或签字笔		支	1	蓝色或黑色
2	工作服		套	1	长发必须戴工作帽

试题4

序号	名称	型号与规格	单位	数量	备注
1	钢笔或签字笔		支	1	蓝色或黑色
2	工作服		套	1	长发必须戴工作帽

汽车驾驶员技师操作技能考核准备通知单(考场)

试题1
设备设施准备:

序号	名称	规格	单位	数量	备注
1	大型客车 (中型载货汽车或小型车辆)		辆	1	装备齐全、性能良好、带有离合器
2	场地		块	1	如图1所示
3	秒表		块	1	
4	桩杆		根	6	
5	玻璃容器		杯	1	

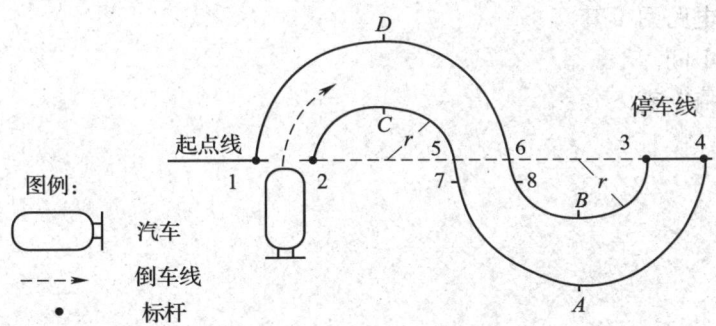

图1 "S"形路线倒车

标杆1—2,3—4为大型车车宽加100 cm,小型车车宽加80 cm;
r为内圆半径,是车辆最小转弯半径的1.5倍

试题2
(1) 设备及设施准备

序号	名称	规格	单位	数量	备注
1	电控发动机台架		辆	1	性能良好
2	万用表		块	1	
3	试灯		个	1	
4	解码器		台	1	
5	检测常用工具		套	1	
6	秒表		块	1	
7	清理擦洗用品		件	若干	

(2) 故障设置

序号	故障设置原则	故障选择原则
1	点火系故障	从所列故障中任意选取三项
2	高压次级故障	
3	传感器故障	
4	怠速波动故障	

试题3

设备及设施准备：

序号	名称	规格	单位	数量	备注
1	电控发动机台架		辆	1	性能良好
2	尾气分析仪		台	1	

试题4

准备要求

(1) 识读电路图1套。

(2) 教室1间。

(3) 课桌椅1套。

汽车驾驶员技师操作技能考核试卷

考件编号：_____

注 意 事 项

一、本试卷依据2002年颁布的《汽车驾驶员》国家职业标准命题。
二、请根据试题考核要求，完成试题内容。
三、请服从考评人员指挥，保证考核安全顺利进行。

试题1　S路匀速行驶
（1）本题分值：100分。
（2）考核时间：2 min。
（3）考核形式：实操。
（4）具体考核要求：用正确的方法进行匀速行驶。
（5）否定项说明：碰杆2次以上不得分；匀速时速误差大于3 km/h不得分；中途熄火或停车不得分。

试题2　电控发动机故障的诊断与排除
（1）本题分值：100分。
（2）考核时间：30 min。
（3）考核形式：实操。
（4）具体考核要求：1）按程序进行发动机故障的诊断与排除；2）能正确地判断分析结果；3）能独立判断主要故障原因。
（5）否定项说明：出现重大事故不得分。

试题3　汽油机尾气排放检测
（1）本题分值：100分。
（2）考核时间：15 min。
（3）考核形式：实操。
（4）具体考核要求：1）正确使用尾气分析仪；2）能独立读取所测数值；3）依据数值能判定出尾气是否合格。
（5）否定项说明：出现重大事故不得分。

试题4　识读汽车电路图
（1）本题分值：100分。
（2）考核时间：30 min。
（3）考核形式：实操。
（4）具体考核要求：1）正确分析电路并画出电路图；2）能独立填写电流走向。
（5）否定项说明：电路走向与电路图不符不得分。

汽车驾驶员（技师）

汽车驾驶员技师操作技能考核评分记录表

考件编号：_____ 姓名：_____ 准考证号：_____ 单位：_____

总成绩表

序号	试题名称	配分	得分	权重	备注
1	S路匀速行驶	40			
2	电控发动机故障的诊断与排除	30			
3	汽油机尾气排放检测	15			
4	识读汽车电路图	15			
	合　　计	100			

年　月　日

试卷